旅行社经营与管理实务

主　编　解程姬　李晓标　李文艳
副主编　吴晨欣　于亚娟
参　编　张　颖

北京理工大学出版社
BEIJING INSTITUTE OF TECHNOLOGY PRESS

图书在版编目（CIP）数据

旅行社经营与管理实务/解程姬，李晓标，李文艳主编.—北京：北京理工大学出版社，2018.2（2021.8 重印）

ISBN 978-7-5682-5303-1

Ⅰ.①旅…　Ⅱ.①李…②解…③李…　Ⅲ.①旅行社-企业管理-高等学校-教材　Ⅳ.①F590.63

中国版本图书馆 CIP 数据核字（2018）第 027052 号

出版发行 / 北京理工大学出版社有限责任公司
社　　址 / 北京市海淀区中关村南大街 5 号
邮　　编 / 100081
电　　话 /（010）68914775（总编室）
　　　　　82562903（教材售后服务热线）
　　　　　68944723（其他图书服务热线）
网　　址 / http：//www.bitpress.com.cn
经　　销 / 全国各地新华书店
印　　刷 / 北京虎彩文化传播有限公司
开　　本 / 787 毫米×1092 毫米　1/16
印　　张 / 17.25
字　　数 / 402 千字
版　　次 / 2018 年 2 月第 1 版　2021 年 8 月第 3 次印刷
定　　价 / 42.80 元

责任编辑 / 陈　玉
文字编辑 / 李玉昌
责任校对 / 周瑞红
责任印制 / 李志强

前　言

旅游活动不仅给当代经济发展和社会生活带来了新的活力，也为旅游业和旅游高等职业教育带来了新的发展契机。面对着旅行社行业的变化，高等职业教育旅游管理专业必须根据行业发展趋势进行教学设计，只有这样，才能培养出行业所需要的人才。

“旅行社经营与管理”是高职高专旅游管理专业的一门必修课程。但是应如何开设这门课程，选择什么样的教材，如何与其他课程很好地配合与衔接，如何把握理论教学和实践教学的深浅、难易、比例等问题，都是摆在高等职业教育工作者面前的难题。为了适应旅游业快速发展对人才的需求，为了适应高职教育专业改革和教学、课程改革的需要，同时为了能更好地将理论与实际应用相结合，我们编写了本书。

本书是以培养旅游管理专业学生实际经营和管理能力为目的，在征求多位旅行社业界专家意见的基础上，参照相关行业标准，结合目前我国旅行社行业现状编写的。与同类教材相比，本教材还具有如下特点：

1. 项目主导、任务驱动

本书在编写过程中以“项目主导，任务驱动”为指导思想，从编写体例、模式、内容和方法等方面进行了的必要改革，突出实践性、可操作性。每个任务都设置了任务介绍、任务目标、相关知识、任务实施等内容，并且安排了与该任务相关的实训内容。通过旅行社典型的业务为任务载体，使学生在完成具体业务操作的过程中，学习必要的知识，掌握旅行社业务的操作技能。这样既可以加深学生对知识目标和能力目标理论的理解，又可以在实践中提高学生的实际操作能力。

2. 内容丰富、可读性强

充分考虑了高职高专学生的特点与培养目标的要求，理论叙述力求简洁明了，注重培养学生的实践操作能力。在本书编写中穿插了相关的资料链接，同时还辅以案例分析、行业动态、业务示例等栏目内容，既加深了学生对所学知识的理解，又丰富了教材内容，增强了教材的趣味性和可读性。

3. 立足行业、工学结合

旅游管理专业立足于旅游行业的发展，以企业需求为人才培养的依据，注重在教学过程中实现工学结合。基于此，本书在编写过程中，充分调研了旅行社行业的人才知识需求，并收集了大量的案例及业务资料。这些资料既丰富了本书的内容，也为同学们提供了旅游管理实践的学习机会。

本书由解程姬（内蒙古建筑职业技术学院）、李晓标（内蒙古财经大学）、李文艳（内蒙古商贸职业学院）担任主编，由吴晨欣（内蒙古建筑职业技术学院）、于亚娟（内蒙古财经大学）担任副主编，张颖（内蒙古农业大学职业技术学院）参与了本书的编写。具体编写分工为：解程姬编写项目六、项目七；李晓标编写项目四、项目九；李文艳编写项目五、项目八；吴晨欣编写项目一；于亚娟编写项目三；张颖编写项目二。解程姬负责全书的统稿工作；吴晨欣、于亚娟负责文字校对工作。

本书在编写过程中，得到了多位旅行社行业专家的支持与关注，在此要特别感谢内蒙古中青旅国际旅行社有限责任公司陈娟女士、北京绘途国际旅行社有限公司总经理罗辉先生，因为有了他们的参与，本书内容才更加丰富、实用。

本教材的编写过程中，参考和借鉴了许多专家的相关著作、文章、教材，各院校网络精品课程，知名相关旅游网站及其他科研成果，在此，谨向相关作者表示敬意和衷心的感谢！本书在编写上力求做到内容丰富、条理清晰。但由于编者水平有限，难免有疏漏和欠妥之处，真诚地希望得到各位专家、同行和读者的批评与指正。

编　者

目 录

项目一

旅行社认知

项目分析

旅行社是社会经济活动发展到一定阶段的必然产物，是经济、科技和社会分工发展的直接结果，也是人类旅行活动长期发展的结果。那么，旅行社是何时产生的，又是如何发展的？它的分类及主要业务有哪些？旅行社的性质与职能是什么？这些就是本项目要阐述的内容。其中，旅行社的性质与职能是学习的难点，旅行社的业务是学习的重点。

学习目标

※知识目标

（1）了解旅行社的产生和发展过程；

（2）熟悉旅行社的性质和职能；

（3）了解旅行社的分类；

（4）熟悉旅行社的业务。

※能力目标

（1）具备对旅行社业务的整体认知能力；

（2）能够对不同类型的旅行社职能进行分析。

任务一 旅行社的产生与发展

任务介绍

旅行社现已成为旅游业的支柱产业，但是旅行社产生于何时呢？产生后又如何发展的呢？本任务以世界和中国两个视角阐述了旅行社的产生及发展。

任务目标

（1）了解世界旅行社的产生条件及发展历程；

（2）熟悉中国旅行社的产生及发展。

相关知识

旅行社是社会经济发展到一定阶段的产物，是商品经济、科学技术和社会分工发展的必然结果。世界上最早的旅行社起源于19世纪40年代的英国，它的产生与发展给人类的旅游活动带来了重大变革。纵观国内外旅行社的发展历程，国外旅行社起步早、发展较快，我国旅行社起步较晚、发展相对滞后。

一、国外旅行社的产生和发展

（一）国外旅行社的产生

18世纪中叶，英国发生了工业革命，这一革命迅速波及法国、德国等欧洲国家和北美地区。19世纪中叶，工业革命在这些国家和地区取得了重大进展，使全世界的经济和社会结构发生了巨大的改变，也使世界范围内旅游活动的发展受到了以下几个方面的影响：

1. 工作重心的改变

产业革命加速了城市化进程，使人们的生活与工作的重心从农村转移到了城市和工业区。快节奏的城市生活和嘈杂拥挤的社会环境，使得人们产生适时逃离紧张、嘈杂的环境的需要和回归大自然的追求。

2. 工作性质的改变

产业革命还改变了人们的工作性质，以前随农时忙闲有致的多样性的农业劳动变成了枯燥、重复的单一性的大机器工业劳动。单一枯燥及快速的机器操作使工人感觉疲劳紧张，他们渴望远离这种压抑的城市生活。因此，一部分人开始改变他们的生活方式，外出旅行逐渐成为他们经常性的活动，他们从旅行中得到了放松与调整。

3. 社会结构的改变

产业革命加速了人类社会生产力的发展。社会财富急剧增加，有产阶级的规模日益扩大，为旅游的发展奠定了必要的市场基础。产业革命使社会结构发生了很大变化，旅游已不再是上层社会的专利，一大批新兴资产阶级因为有了时间和金钱的保证，已将度假、旅游看作他们生活中的重要内容；产业革命促使工商业空前发展，工商企业因为经营的需要经常派人外出考察、洽谈业务和开拓市场，进行全球范围的旅行；产业革命还极大地提高了生产效率，使得工人阶级也有一定的闲暇时间，他们通过与工厂主的不懈斗争，增加了工资，还获得了一些带薪假期，使他们外出旅游成为可能。

4. 交通服务设施的进步

产业革命以来，随着科技的进步，运输能力得到空前提高，特别是蒸汽机技术在交通运输中的运用，蒸汽机轮船、蒸汽机车等为旅行提供了快速省时、低价方便、容量大的交通工具，这使得人类大规模、长距离的流动终于成为可能。而随着轮船航运的日益兴旺、铁路在欧美大陆的四处延伸，在铁路、公路沿线和港口码头纷纷建立了供过路行人和游客使用的旅馆、餐馆和咖啡屋以及现代饭店的雏形。这些服务机构不仅方便了旅途中的人们，而且促使铁路、公路沿线的主要城镇、交通枢纽等产业结构发生了相应的变化。这些都为旅行社的产生和发展提供了机会和条件。

欧美各国经济的繁荣，交通的便利与廉价，生活方式的改变，极大地刺激了人们外出旅游的需求。但是大多数人缺少旅行经验，不了解外面的世界，不知道如何办理旅行手续，加上语言不通、货币兑换等问题的困扰，许多人仍然对旅游望而却步，这些具备旅游动机的潜在旅游消费者需要专业化的旅行服务。于是，一批敏锐捕捉市场信息的先行者意识到了旅行服务的重要意义和市场价值，开始创办旅行代理事业。其中，世界上第一位专职的旅行代理商，就是英国人托马斯·库克（Thomas Cook），他创办了世界上首家旅行社，因此他至今仍被尊为“近代旅游业之父”。

【知识链接】

世界旅游业的开创者——托马斯·库克

托马斯·库克（1808—1892年），英国旅行商，出生于英格兰墨尔本，近代旅游业的先驱者，也是第一个组织团队旅游的人。1841年7月5日，托马斯·库克包租了一列火车，运送了570人从莱斯特前往拉夫巴勒参加禁酒大会，往返行程22英里①，团体收费每人一先令②，免费提供带火腿肉的午餐及小吃，还有一个唱赞美诗的乐队跟随，这次短途旅游活动标志着近代旅游及旅游业的开端。此后，经过多年的准备，他于1845年正式创办了世界上第一个旅行社——托马斯·库克旅行社（即现今的通济隆旅行社），成为旅行代理业务的开端。托马斯·库克与他的旅行社的名字蜚声于英伦三岛。为此，托马斯·库克被世界公认为商业性旅游的鼻祖。

1845年8月4日，托马斯·库克自任领队第一次组织了消遣性的观光旅游团，即莱斯特至利物浦之行，参加人数350人。库克本人对这次的团体旅行进行了周密的计划，并事先亲自考察旅游线路，确定沿途的游览点，与各地客栈老板商定旅客的吃住等事宜，回来后，整理出版《利物浦之行手册》发给旅游者，成为早期的旅游指南。

1851年，库克组织了有16.5万多人参加的"伦敦水晶宫"世界博览会。

1855年，库克组织了从英国莱斯特前往法国巴黎的旅游，在巴黎停留游览4天，全程用一次性包价，其中包括在巴黎的住宿和往返旅费，总计36先令。事实上，这也是世界上组织出国包价旅游的开端。到1864年，经托马斯·库克组织的旅游人数已累计100多万。

1872年，托马斯·库克自任导游，第一次开办了有10人参加、历时70天的环球旅游。这次环球旅行的成功受到世人的称颂。

1878年，托马斯·库克退休，业务由其子约翰·梅森·库克主持。（1939年，通济隆旅行社在世界各地设立了350余处分社。）

1892年，他创办了最早的旅行支票，可在世界各大城市通行，通济隆旅行社还编印了世界最早的旅行杂志，曾被译成7国文字，再版达17次之多。

（二）国外旅行社的发展

从1845年世界上第一家旅行社成立至今，世界旅行社行业已经历了170多年的发展历程。按时期大致可分为近代旅游时期、大众旅游时期、当代旅游时期，详见表1-1。

表1-1 世界旅行社行业发展历程

阶段	近代旅游时期	大众旅游时期	当代旅游时期
时间	1845—1949年	1950—1989年	1990年至今
市场特征	市场容量小，市场发育不成熟，绝大多数人没有旅行经验	社会经济环境不断优化，使旅游市场迅速扩大，市场特征表现为"大规模、无差别"	市场需求呈现差异化、复杂化、个性化和多样化的特征
供给特征	1845年托马斯·库克创办第一家旅行社，企业规模小，经营范围有限	旅行社行业规模迅速扩大，一些旅行社开始大规模跨越国界设立自己的分支机构，形成了跨国旅游企业集团	旅行社通过细分市场特征，进行弹性生产和产品创新，提供多样化产品，网络经营成为潮流

① 1英里=1609.344米。
② 1先令≈0.7元。

1. 近代旅游时期的世界旅行社业（1845—1949 年）

继托马斯·库克之后，为适应人们不断增长的旅游需求，旅行社在世界各地迅速发展起来。19 世纪下半叶，欧洲成立了许多类似的旅游组织，英国 1857 年成立了登山俱乐部，1885 年又成立了帐篷俱乐部。1850 年亨利·威尔斯和威廉姆·法戈创办了美国运通公司，兼营旅行代理业务，并于 1891 年率先使用了与现代使用方法相同的旅行支票。法国和德国 1890 年成立了观光俱乐部。日本 1893 年成立了专门接待外国游客的“喜宾会”。

20 世纪初，旅行社得到了更大的发展，美国的运通公司、英国的托马斯·库克父子公司和比利时的铁路卧车公司成为当时世界旅行社行业的三大巨头。

到 20 世纪 20 年代末，已有 50 多个国家开展了旅行社业务，设立了专门的旅游管理机构和旅游公司，形成了世界规模的旅行社业务。

2. 大众旅游时期的世界旅行社业（1950—1989 年）

第二次世界大战以后，特别是 20 世纪 50 年代以后，世界局势相对稳定，经济的快速发展和新技术的广泛应用促进了社会生产力的迅速提高。人们可自由支配收入的大幅度增加，为旅游活动的迅速发展和普及奠定了物质基础；社会生产力的提高使人们获得了越来越多的闲暇时间，“带薪假期”在西方社会普遍实施，使人们有时间从事旅游活动；喷气客机等新型交通工具的出现和私家车的逐渐普及，为人们进行旅游活动提供了更为便利的交通条件，极大地缩短了人们在旅途中用于交通的时间。经济收入的增加、闲暇时间的增多和交通条件的改善，为旅游业的发展创造了条件，使旅游活动不断向规模化、大众化方向发展。

3. 当代旅游时期的世界旅行社业（1990 年至今）

据不完全统计，目前全世界旅行社总数在 7 万家左右。这些旅行社逐渐形成了一个庞大的旅游销售网络，为世界各地的旅游者提供了各种服务。从地区分布看，80% 以上的旅行社分布在旅游业较为发达的欧美地区。

进入 20 世纪 90 年代以来，旅游市场开始出现个性化旅游的新特征。而互联网等技术的出现，为人们实现个性化旅游提供了更加丰富的信息。旅行社界出现了一些依赖网络技术兴起的“网上旅行社”，网络化经营成为旅行社发展的必然趋势。

与此同时，世界旅行社业出现两极分化的趋势，以超大旅行社和数量庞大的小旅行社为主，共同构成了世界旅行社业。欧美发达国家的大型旅行社企业，利用自身强大的资本实力，进行全球范围的兼并、收购与战略联盟，逐渐形成了一批实力雄厚、市场占有率高、经营业务范围广、能够对市场产生重要影响的旅行社业巨头。

二、中国旅行社的产生和发展

（一）中国旅行社的产生

中国是世界上旅行游览活动兴起最早的国家之一，周代已经有了旅行游览活动。诗歌总集《诗经》中就有诸如“游于北国，四马既闲”“驾言出游，以写我忧”等反映出游的描述，车、船、马等成为当时主要的出行工具。

中国古代社会各阶层的旅行游览活动非常频繁，主要表现为帝王巡视、官吏宦游、买卖商游、文人漫游、宗教云游和佳节庆游。1840 年鸦片战争后，中国进入半封建半殖民地社会，各领域发生了深刻的变化。帝国主义国家在我国开辟通商口岸，办工厂、建铁路、修马路，客观上为我国近代旅游业的发展和旅行社的产生提供了一定的物质条件。此时西方的传教士、商人、学者和冒险家也纷纷踏上中国的土地，在我国沿海和内陆腹地经商、传教和探险。与此同时，我国一些有识之士和爱国青年为寻求救国真理，出国求学和考察，国际往来由此日益增多。直至20世纪初，中国还没有一家专门从事国内外旅行接待业务的机构。因此，英国通济隆旅行社、美国运通银行上海分行旅行部等外国旅行社在我国设立的办事处，基本上包揽了所有旅行项目，瓜分中国市场。换言之，当时中国人要出国旅行必须依赖外国旅行社。

由于历史原因，上海与国外其他城市的交往一直十分密切。它不仅交通十分发达，并且集中了旧中国较多的民族资本。外国旅行社对中国旅行业务的控制，刺激了中国民族资本家，他们决定开办中国自己的旅行社。

1923年8月，当时主持上海商业储蓄银行工作的陈光甫先生在上海创办该行旅行部，开始为旅客办理代售车船票、预定旅馆、派遣导游、代管行李和发行旅行支票等手续事宜。1924年春，上海商业储蓄银行旅行部组织了首批国内旅行团，由上海赴杭州游览；随后，他们又成功地组织了秋季浙江海宁观潮旅行团。1925年春季，他们第一次组织出国旅游业务，由20多人组成旅行团，以赴日本观赏樱花为主要活动内容。1927年6月，上海商业储蓄银行旅行部单独挂牌，向国民政府交通部申请注册。1928年1月，经国民政府交通部核准，领取到第一号旅行社营业执照，旅行部正式更名为中国旅行社，是今香港中国旅行社股份有限公司的前身。旅行社下设7部1处，即运输、车务、航务、出版、会计、出纳、稽核部和文书处。其主要职责是“导客以应办之事，助人以必需之便。如舟车舱之代订，旅舍铺位之预订，团体旅行之计划，调查研究之人手，以至轮船进出日期，火车来往时间，均在为旅客所急需者。”这就是中国最早的旅行社。

此后，中国又相继出现了一些旅行社及相似的旅游组织，如铁路游历经理处、公路旅游服务社、浙江名胜导游团、中国汽车旅行社、国际旅游协会、友声旅行团、精武体育会旅行部、萍踪旅行团、现代旅行社等。它们是中国旅行社行业处于萌芽期的旅行社，承担了近代中国人旅游活动的组织工作。但是，它们的业务开展得并不顺利，行业规模尚未形成。到1949年中华人民共和国成立前夕，受战乱及其他相关因素的影响，中国的旅行社业务活动已濒于停顿。

【知识链接】

陈光甫与中国第一家旅行社

我国的旅游业起步较晚，它创办于20世纪20年代，是由著名银行家陈光甫先生首创。20年代初期，中国的旅游业还处于空白状态，当时旅游业务皆由外国在中国的金融机构包揽，如英国人经营的“通济隆公司”、美国的“运通银行”等皆设有旅行部，这些银行在上海、香港等各地的分行，也设有旅行部，包办中外旅客一切旅行业务。这些旅行部还发行旅行支票，时人称为“通天单”（在当时军阀割据地币制不统一情况下，可通行使用）。当时政府对旅游业素不注意，更无人想到收回此项外溢之利权。

1923年夏，颇负盛名的金融家陈光甫在香港拟往云南旅行考察，便到一外商经营的旅行社购买船票，见该社售票处的外籍职员与一女子笑语谑声地交谈，陈静立良久也无人理睬，乃愤然而退，转往运通银行购票。途中他思潮起伏，遂毅然决定创办中国人的旅行社，并即搜集有关书籍资料带至船上阅读。当时全国教育会第九次会议定于10月22日在昆明举行，各省代表均须集中由上海经香港转越南乘滇越铁路前往。陈光甫不愿教育界人士在旅行中吃苦头，故致电他的上海银行总行，与该会议主管人员接洽，包办各省代表在上海之车船食宿，与会人员咸称便利。上海银行即于是年8月设立旅行部，并呈请交通部准代售铁路车票。当时交通部正在召集全国铁路联运会议，素无先例的申请案甫经交议，即遭洋人代表反对，中国代表对这与洋人争权的新鲜事物竭力支持，卒获通过。上海商业银行旅行部最初仅在上海代售沪宁、沪杭的火车票，后陆续与长江航运、南北海运及外国各轮船公司订立代办客票合同，不久便推广至京绥、京汉、津浦各铁路，并在各地分行添设了若干旅行社分社。1924年，陈光甫针对当时通用银圓携带不便，在各地又须“贴水”（兑换当地钱币时的损耗），银行钞票有流行区域限制等困难，故随着旅游业务的扩大，1927年陈光甫决定将旅行部从银行中分出来，成立中国旅行社，各分行的旅行部为下属分社。至此，中国始正式出现大型旅游事业。

1930年12月，陈光甫北上旅行经徐州车站时，看到三等车乘客风餐露宿于车站之情形，又嘱中国旅行社在若干地区设立了招待所和食堂。并于该年聘赵君豪为主编，创办了我国第一家旅游刊物《旅行》，该杂志图文并茂，介绍国内外名胜古迹，启发提高中国人对祖国大好河山的热爱及旅游兴趣。

（二）新中国旅行社的发展历程

纵观新中国旅行社发展，可将其发展历程分为以下四个阶段。

1. 初创时期（1949—1966年）

1949年中华人民共和国成立后，旅行社行业开始逐步恢复和发展。1949年11月9日，厦门华侨服务社成立，是为新中国的第一家旅行社。不久，福建的泉州、福州等地也相继成立了华侨服务社。1956—1957年，天津、沈阳、无锡、大连、长春、哈尔滨、抚顺、汉口、南京、苏州、上海、杭州、昆明等城市均建立了华侨服务社。1957年4月22日，华侨旅行服务社总社在北京成立，至1974年更名为中国旅行社（简称中旅CTS），成为当时接待港澳台同胞、海外华侨及海外华人的专业旅行社。

新中国成立后，我国的国民经济迅速恢复和发展，国际地位不断提高，国际交流与合作日趋频繁，一些国家的自费旅游者也前来中国观光和度假。为了做好接待工作，经政务院批准，中国国际旅行社总社于1954年4月15日在北京成立，同时在全国一些省会城市、直辖市和相关口岸城市成立了12家分（支）社，负责接待来华的外国自费旅游者。不久，国旅总社与苏联国旅签订了互换自费旅游者的合同（1956年）。1965年，国旅总社与百余家外国旅行社建立了代理关系或有业务往来，接待自费旅游者人数首次突破万人大关，达12 877人。1966年，国旅总社的规模进一步扩大，其在国内各地的分支社发展到46个。

在新中国的旅行社行业发展初期，华侨服务社（即1974年以后的中国旅行社）和中国国际旅行社（简称国旅CITS）作为我国两大旅行社系统，通过长达20年的旅游接待实践，积累了一定的旅游接待经验，培养了相当数量的旅游业务人才，对旅行社的经营和管理进行了有益的探索，为我国日后的旅行社行业大发展奠定了良好的基础。但是，由于当时历史条件的限制，中国的旅行社行业没有得到充分发展的机遇，其发展的速度相对迟缓，与国外旅行社行业相比，其产业规模和经营业务的范围相对狭小，经营效益和管理水平亦相对落后。

2. 徘徊时期（1967—1978 年）

1966 年“文化大革命”开始后，正在成长中的新中国旅行社行业受到极大的冲击。由于社会的不稳定，旅游者没有安全感，来我国旅游的境外客人急剧减少，1968 年中国国际旅行社总社只接待了 303 人。我国的旅行社行业基本瘫痪，停滞不前。“文化大革命”后期，中国在联合国的合法地位确立后，中国国际旅行社才逐步恢复业务，接待人数慢慢增加。

3. 大发展时期（1979—1989 年）

1978 年 12 月召开的党的十一届三中全会明确了我国的工作重心是社会主义现代化建设，并提出促进技术进步，提高经济效益，对外实行开放，对内搞活经济等一系列重大政策，为中国旅行社业的发展带来前所未有的机遇和活力。1979 年 9 月召开的全国旅游会议上进一步明确了新时期旅游工作的方针、政策与任务。由此，中国的旅行社业进入大发展阶段。1980 年 6 月归属于中国共产主义青年团中央委员会的中国青年旅行社正式成立，它标志着中国旅行社业三足鼎立的局面形成。

为了加速中国旅游业的发展，1984 年国务院就我国旅行社的体制改革做出了两项决定：一是规定旅行社的性质由行政或事业单位转变为企业性质；二是打破行业垄断局面，允许各旅行社之间进行竞争；同时国家旅游局决定下放外联权，允许更多的企业经营国际旅游业务，并授予它们业务经营必需的签证通知权。这些措施对我国旅行社的发展具有极其重要的意义，是旅行社业由行政事业向产业化发展迈出的重要一步。

1985 年 1 月 31 日国务院批转国家旅游局《关于当前旅游体制改革几个问题的报告》（以下简称《报告》）。《报告》提出当前旅游体制改革首要的任务是政企分开。同年 5 月 11 日国务院又颁发《旅行社管理暂行条例》。作为我国旅行社业的第一部管理法规，它按照业务范围将我国旅行社分为三类，同时《旅行社管理暂行条例》说明只要符合规定条件并经旅游主管部门批准，中央和地方各部门均可以办旅行社，凡是经批准开办的一类社就都有外联权。这些措施的实施，极大地促进了我国旅行社业的发展。这一时期我国旅行社如雨后春笋般发展起来，规模逐年扩大，1985 年年底旅行社总数为 450 余家，1987 年就达到了 1 245 家，而到了 1988 年年底，中国旅行社总数更达到了 1 573 家。随着旅行社数量的增加，国旅、中旅和青旅三家旅行社的垄断地位开始动摇，并在 20 世纪 80 年代末宣告结束。

4. 全面发展时期（20 世纪 90 年代至今）

进入 20 世纪 90 年代，旅行社数量持续上升，旅行社行业迎来了新的发展阶段。在这个阶段，我国旅行社行业的宏观经营环境、旅游市场、行业规模和经营效益均发生了显著的变化。

国务院、国家旅游局及相关部门相继出台了一系列的旅游法规和政策。1995 年，国家旅游局颁布了《旅行社质量保证金暂行规定》和《旅行社质量保证金暂行规定实施细则》。1996 年，国务院颁布了《旅行社管理条例》，调整了我国旅行社的分类，按照经营业务范围的不同，将旅行社划分为经营入境旅游业务、出境旅游业务和国内旅游业务的国际旅行社和专营国内旅游业务的国内旅行社两大类型。同年，国家旅游局为实施《旅行社管理条例》，发布了《旅行社管理条例实施细则》。1997 年，国家旅游局颁布了《旅行社质量保证金赔偿暂行办法》《旅行社质量保证金赔偿试行标准》《旅行社经理资格认证管理规定》和《旅行社办理旅游意外保险暂行规定》。同年，经国务院批准，国家旅游局和公安部联合发布了《中国公民自费出国旅游管理暂行办法》。1999 年，国务院颁布了《导游人员管理条例》。2001 年，国家旅游局颁布了《旅行社投保旅行社责任保险规定》。这些旅游法规的颁布和实施，为保障旅游者的合法权益，提高旅行社的服务质量和经营管理水平提供了法律依据，也为旅行社的经营和行业发展提供了良好的旅游法治环境。

20 世纪 90 年代中期以来，我国国民经济进入快速发展的阶段，城镇和乡村居民的收入水平明显提高，并产生了强烈的外出旅游动机。国家实行的双休日制度和较长的节假日使人们拥有了较多的余暇时间，能够从事较长距离的外出旅游活动。民航部门增加班机和包机，铁路部门数次提速、全国高速公路网的建设以及大量新型旅行客车的生产为人们外出旅行提供了更大的便利。这一切都推动了旅游市场的发展和繁荣，为旅行社的经营提供了大量的客源。1998 年以来，我国旅游市场上出现的春节、“五一”和国庆节三大旅游黄金周，就是明显的例证。

伴随着旅游宏观环境和旅游市场的改善，旅行社的行业规模日益壮大。中国旅行社行业规模的扩大和经营效益的增长，使旅行社的旅游服务供给能够更好地满足国内外旅游市场上日益增长的旅游需求。

【行业动态】

2015 年旅行社的规模和经营情况

截至 2015 年年底，全国旅行社总数为 27 621 家（按 2015 年第四季度旅行社数量计算），同比增长 3.64%。新疆、宁夏、河南等 7 个省份旅行社数量减少，减幅最大的新疆为 4.44%；其余 25 个省份旅行社数量都有不同程度的增长，增幅最大的西藏为 92%，另有兵团、吉林、湖南 3 个省份增长超过 10%。江苏、山东、浙江 3 个省份旅行社数量超过 2 000家，数量最多的江苏为2 160家；有 9 个省份旅行社数量少于 500 家，数量最少的宁夏为 111 家。

全国旅行社资产合计为 1 342.95 亿元，同比增长 2.47%，其中，负债 898.02 亿元，同比增长 5.89%；所有者权益 426.93 亿元，同比减少 4.03%。全国旅行社直接从业人员 334 030人，同比减少 2.13%，其中大专以上学历244 112人，同比增长 0.30%。其中签订劳动合同的导游人数111 903人，领队人员45 503人。

2015 年度全国旅行社营业收入 4 189.01 亿元，同比增长 3.96%；营业成本3 901.77亿元，同比增长 2.08%；营业利润 18.60 亿元，同比减少 29.41%；利润总额 21.88 亿元，同比减少 34.14%；营业税金及附加 16.12 亿元，同比减少 2.89%；所得税 8.58 亿元，同比增长 13.49%；旅游业务营业收入3 747.77 亿元，同比增长 10.29%；旅游业务利润 198.79 亿元，同比增长 16.72%。

2015 年度全国旅行社入境旅游营业收入 273.83 亿元，同比减少 3.25%，占全国旅行社旅游业务营业收入总量的 7.30%；入境旅游业务利润为 19.58 亿元，同比增长 22.30%，占全国旅行社旅游业务利润总量的 9.85%。

2015 年度全国旅行社国内旅游营业收入1 790.24亿元，同比增长 0.37%，占全国旅行社旅游业务营业收入总量的47.77%；国内旅游业务利润91.06亿元，同比增长0.86%，占全国旅行社旅游业务利润总量的45.81%。

2015年度全国旅行社出境旅游营业收入1 683.69亿元，同比增长26.47%，占全国旅行社旅游业务营业收入总量的44.93%；出境旅游业务利润为88.16亿元，同比增长37.69%，占全国旅行社旅游业务利润总量的44.34%。

资料来源：http：//www.cnta.gov.cn/zwgk/tzggnew/201609/t20160908_783202.shtml

（三）中国旅行社行业现状及未来发展趋势

1. 中国旅行社行业现状

（1）在线旅游对传统旅游行业的冲击。21世纪是信息化的时代，第三产业在各国的比重不断上升，特别是服务业，信息服务业已成为21世纪的主导产业，这导致了在线旅游的产生和发展。自2000年开始，以在线搜索、咨询、预订与交易为主要内容的在线旅游迅猛发展，已经覆盖了国外近60%的休闲旅游市场和近40%的商务旅游市场。这不仅改变了传统的旅游信息发布方式，同时也改变了游客的信息搜索和消费方式，给传统旅游业带来巨大的冲击。

①推动了旅游者由传统跟团游到自由行的转变。旅行社是一个具有一百多年历史的企业形式，由于供需双方信息的不对称，一直以来，旅行社担负着收集信息、传递信息并综合利用信息组合旅游产品向旅游消费者销售，这一中介地位决定了传统的旅游出行方式基本是跟团旅游的全包价旅游形式。在线旅游的出现，则影响了人们传统的出行方式。因为在线旅游本身就是一个信息系统，具备信息高度集中、操作方便快捷等优势，可以在互联网直接订票，订酒店，查攻略，因此，人们的出行由传统的跟团全包价旅游转变为散客自由行的类型“景+酒”“机+酒”等多种小包价旅游形式。

②彻底颠覆了旅行社传统的经营方式。传统旅行社的经营思维是：把自己已有的资源组合成产品，通过固有渠道推向市场，产品运作模式是：产品设计—采购—旅游线路（产品）—促销—形成一定规模的旅游团队。旅游团沿着事先选定好的线路和日程落实行程。跟团游早已为公众所诟病，而互联网的思维是，旅游消费者需要什么样的产品，采取什么渠道去实现旅游消费，然后根据旅游消费者需求组合产品。在线旅游的网络营销和在线预订，特别是智能手机的普及和APP手机客户端的下载使用，使一切旅游信息都可以通过手机进行查询和预订，彻底颠覆了传统的营销和预订模式。

③降低了旅游产品供应对传统旅行社的依赖。根据美国旅游行业1992年的销售情况统计数据显示，在传统旅行社盛行的时代，85%的机票预订、70%以上的酒店相关预订、98%的船运以及67%的汽车租赁等服务都是通过旅行社来完成的。各旅游产品供应商要把产品大批销售出去，就必须依靠旅行社这条渠道。随着在线旅游业的兴起，各产品供应商对传统旅行社的依赖越来越小，旅行社在采购产品时可议价的空间也越来越小，采购费用不断上升。由于在线旅游透明、亲民的价格以及便捷的预订操作系统，使越来越多的旅游者从线下转移到了线上；标准化的产品从前是旅行社的优势，现在是旅游电子商务OTA的优势。

④促进了旅游市场的良性竞争和服务标准的提升。随着在线旅游业的迅速崛起，会有

一大批旅行社被淘汰掉。加之“强迫购物”和“零负团费”等行业潜规则不断被曝光，正规的旅行社尽可能地把所提供服务的标准、价格通过网站进行公布，使整个的旅游接待服务标准化和透明化，这样一来又会淘汰一批靠零负团费、宰客、卖客为生的小、乱、差旅行社，从而使中国旅行社业从无序的、恶性的价格竞争转变为有序的、良性的服务品质竞争，进一步使旅行社将产品标准化、服务流程标准化作为提高自己竞争力的有效手段。

⑤改变了传统旅行社的盈利模式。一批实力比较雄厚的旅行社，其盈利重心已经从旅游产品上转移了出来。以传统旅行社中的“国中青”三大巨头为例。中国国旅 2012 年年报显示，其毛利率的 43. 32%来自商品销售业务，只有 9. 85%的毛利率来自旅游服务业务；而中青旅只有 7. 95%来自旅游产品服务；港中旅也是旅行社及相关业务比重在不断萎缩。旅行社由原来的接团、组团单一模式开始向会展、差旅、游学等多种盈利模式发展，业态也越来越趋向成熟。

（2）价格战争持续，“零负团费”大量存在。近年来随着旅行社的数量不断增加，旅游市场竞争日益激烈，为了争夺市场份额，把降价作为争夺客源的主要手段甚至是唯一手段。一些旅行社以低价格吸引旅游者和打击竞争对手，竞争对手则以更低价格为手段进行报复，致使旅游市场上的旅行社产品价格越来越低，各家旅行社竞相削价，走进了恶性价格竞争的误区，造成旅行社行业处于无序竞争的恶性循环，不论国内旅游还是国际旅游，恶性价格竞争的现象非常普遍，甚至出现了“零团费”“负团费”。旅行社在恶性价格竞争的旋涡中利润率越来越低，旅游行业成了“微利”行业。

（3）旅行社的数量较多，但经营规模小。我国大部分地区旅行社数量比较多，但规模比较小，管理水平较低，还没有形成现代化旅游企业集团，不能够适应现代旅行社行业的发展需要。目前，国内大多数旅行社所占的市场份额都较小、旅游业务受季节性影响比较大，只能进行区域性旅游线路，无力进行全国性旅游市场资源的整合。而市场经济的旅游行业需要的是能够协调旅游资源、具备现代化旅游集团性质的旅行社，实行科学管理和多样化灵活经营的大规模旅行社。

（4）旅游产品开发不足，产品雷同。从总体上看，我国旅游产品较单一，大多数旅行社主要经营一种产品，即标准的团体观光旅游。并且旅行社大多沿用原有的旅游线路，而缺乏开拓新的旅游目的地，忽视了旅游产品的创新，这就阻碍了旅行社进一步的发展。旅行社产品雷同是我国旅行社行业长期存在的突出问题。由于旅行社产品缺乏诸如商标权之类的准入政策，对于那些实力较弱的中小旅行社来讲，更乐于充当市场跟随者而不是市场领导者的角色，更舍不得投资开发新产品，大家互相“克隆”别人的旅游线路，一旦发现备受欢迎的旅游线路，许多旅行社都会争相模仿，在各自的领域内搞低水平的重复建设，产品没特色，只能在价格上做文章，而价格战的结果只会是多败俱伤。久而久之，形成了旅游线路单一、老化的普遍情况，无法满足游客的需求。

（5）网络化、集体化程度较低。目前，我国旅行社行业真正意义上的旅行社网络和集体还是特别少的，大部分旅行社仍是各自为战，业务操作处于临时、简单协作阶段，业务伙伴关系不稳定。已经建立的旅行社集体，要么规模还比较小，要么联系不稳定，集团内部机制比较落后，行政色彩较浓，真正以资产为纽带紧密联系的全国性、区域性旅行社网络和集团还很少见。

（6）旅行社的内部管理不规范。由于旅行社没有实行科学的企业管理，也没有建立合理的激励机制，对于旅行社内部经营管理没有约束力。在旅行社人力资源方面，不能吸引优秀的管理人才和旅游专业人才。旅行社的财务管理方面，由于大多中小旅行社基本都是家族式的企业，财务人员都是亲属，不具备财务专业技能和知识，因而财务制度和财务管理不够科学规范，财务监管薄弱。这些都导致旅行社只注重短期目标，缺乏长远发展战略目标，对品牌、信誉、质量、形象的重视程度普遍不高。

2. 中国旅行社行业未来发展趋势

第一，集团化趋势。中国的旅行社行业将出现集团化的趋势，一批具有一定规模并且覆盖一定区域的旅行社集团将出现在中国的大地上，成为中国旅行社行业的一道亮丽风景线。目前中国的旅行社行业的格局亦将为之一变。这种集团化的趋势既适应中国旅行社行业的发展需要，也符合国际上旅行社行业的发展进程。中国的旅行社行业集团化，既有利于旅行社发挥其在采购、预订、营销、资金、人才等方面的优势，实现规模经营和获得规模经济效益，也可以引导和稳定市场，克服旅行社市场因过度分散和紊乱造成的问题。

【知识链接】

香港中旅（集团）有限公司简介

中国旅游集团公司暨香港中旅（集团）有限公司前身是中国早期爱国银行家陈光甫先生1928年设立的香港中国旅行社，1953年由中央人民政府华侨事务委员会接管，1954年由国务院侨务办公室管理；1985年注册成立香港中旅（集团）有限公司；2005年12月，整合招商局集团属下的“中国招商旅游总公司”后，成立了中国港中旅集团公司，并与香港中旅（集团）公司实行“两块牌子、一套班子”领导体制；2007年6月，“中国中旅集团公司”正式并入中国港中旅集团公司；2016年6月，经国务院批准，“中国港中旅集团公司”与“中国国旅集团有限公司”实施战略重组，国旅集团整体并入“中国港中旅集团”成为其全资子公司，“中国港中旅集团公司”正式更名为“中国旅游集团公司”，为国家授权投资机构。目前，中国旅游集团是中央直接管理的国有重要骨干企业，也是总部在香港的三家中央企业之一。2012年成为国资委建设规范董事会试点企业，实行集团、板块公司、专业公司三级管控架构。

集团打造以旅游文化为主业，旅游地产、旅游金融、物流及相关业务并举的产业格局，形成了香港、内地和海外一体化产业布局，涵盖旅行社、线上旅游、酒店、景区、免税、地产、金融、邮轮、旅游客运、文化演艺、房车、高尔夫球会等相关旅游业态和细分领域，是中国最大的旅游央企，也是目前中国历史最悠久、旅游产业链条较为完整、旅游要素较为齐全、经营规模较大、品牌价值较高的旅游企业。

第二，专业化趋势。随着中国旅游市场的不断发展和旅行社行业的逐渐成熟，将会出现专业化的发展趋势。旅行社行业的专业化，是指旅行社为了最大限度地满足特定细分市场旅游者的需求，适当调整其经营方向，针对某些细分市场，对某些产品进行深度开发，形成特色产品或特色服务。专业化经营将主要出现在中国的中型旅行社，为了避开在经营标准化产品方面的比较劣势，集成本优势与产品专业化优势于一身，中型旅行社应该实现专业化开发和专业化经营，使产品更加多样化，从而增强其产品的总体吸引力。

第三，品牌化趋势。中国旅行社行业的竞争已开始从价格竞争逐步转向质量竞争和品牌竞争。随着旅游者的旅游消费需求水平的提高，旅行社所奉行的低价格战略已经不再像过去那样奏效了，必须采用新的竞争战略，以应对我国加入世界贸易组织后，特别是国际名牌旅行社进入中国旅游市场后所带来的严峻挑战。所以，名牌旅行社瓜分市场必将成为我国旅游市场走势的一个必然趋势。中国的旅行社必须大力发展名牌战略，否则将会在日趋激烈的市场竞争中落败。目前，中国旅行社业的一些有识之士已经开始注重建立中国的旅行社品牌，努力争取得到旅游者的认同，产生对其服务的亲近感和信任感，以便在市场上立于不败之地。

【知识链接】

中国国际旅行社总社有限公司简介

中国国际旅行社总社有限公司（其前身为中国国际旅行社总社，以下简称国旅总社）成立于1954年，于2008年3月更名为中国国际旅行社总社有限公司（简称中国国旅）。目前已发展成为国内规模最大、实力最强、享有国际盛誉的旅行社企业集团。累计招揽、接待海外来华旅游者1 000多万人次。国旅总社是新中国第一家接待海外游客的旅行社、第一批获得国家特许经营出境旅游的旅行社、世界旅游组织在中国的第一家企业会员、中国旅行社协会会长单位。2008年，作为奥运会火炬接力境内外传递的后勤保障服务单位、唯一进驻奥运村和奥林匹克总部饭店的旅游服务提供商和奥组委邀请宾客（配偶）的唯一接待服务单位，中国国旅圆满完成了各项任务，为北京奥运会的成功举办做出了积极的贡献。2010年，作为上海世博会北京地区唯一指定服务商，中国国旅成立了“中国国旅2010上海世博联盟”，联合各地参控股国旅、理事成员单位，通过全方位一体化经营模式，确保了世博游的高品质服务，中国国旅也赢得北京市场发团量第一的杰出成绩，取得了良好的经济效益和社会效益。目前，“CITS”已成为国内顶级、亚洲一流、世界知名的中国驰名商标，在世界60多个国家和地区通过注册。

第四，网络化趋势。旅行社的网络化趋势是由旅游需求的特点所决定的。随着社会经济的发展和人们所受教育水平的提高，旅游需求必将日益普及，导致旅游需求可能在任何一个地方产生。为了便于消费者的需求和购买，旅行社营业的场所必须广泛设立于消费者便于购买的所有地方，即所谓的网络化布局。中国的旅行社行业实行网络化，不仅是完全必要的，而且是十分可行的。信息技术的普及和互联网的发展，为旅行社的网络化经营奠定了坚实的技术基础。旅行社的内部改造或增设经营网点，则为旅行社的网络化经营提供了组织基础。因此，旅行社的网络化，必将成为中国旅行社行业的一个发展趋势。

【行业动态】

2016年我国旅行社十大品牌企业排行榜

1. 中国旅行社总社 CTS

中国港中旅集团公司，中国旅行社总社有限公司，旅行社十大品牌，中国旅行社协会会员，中央直属国有重要骨干企业之一，国内知名的综合性大型国际旅行社，国内规模较大、品牌优势最强的旅游企业之一。

2. 中国国旅

中国国际旅行社总社有限公司，始于1954年，全球著名旅游业品牌，联合国世界旅游组织会员，大型跨国旅游运营商，中国旅游产业领域中拥有旗舰地位的企业集团。

3. 中青旅

中青旅控股股份有限公司，旅行社十大品牌，北京市优秀新技术企业，中国服务业500强，中国旅行社协会副会长，国际航空运输协会会员，国内旅游服务领航者，中国最具发展潜力上市公司之一。

4. 中国康辉

中国康辉旅行社集团有限责任公司，旅行社十大品牌，5A级旅行社，北京市著名商标，中国500最具品牌价值，国内知名旅游及旅行综合服务商，全国大型旅行社集团企业之一，极具国际竞争力的大型旅游运营及服务商。

5. 春秋旅游

上海春秋国际旅行社（集团）有限公司，旅行社十大品牌，上海市著名商标，上海市名牌产品，上海市优秀民营企业，2010年上海世博会世博游指定旅行社，全国旅游服务标准化试点单位，世界小姐大赛组委会指定接待单位。

6. 广之旅

广州广之旅国际旅行社股份有限公司，旅行社十大品牌，全国旅游服务质量标杆单位，华南旅游航母岭南集团旗下成员企业，国家电子商务试点单位，华南地区规模较大、实力最强、美誉度最高的旅行社之一。

7. 锦江旅游

上海锦江国际旅游股份有限公司，整合多个旅游公司组建而成，主要经营入境旅游和出境旅游两大业务，上市公司，锦江国际集团旗下，国内规模较大的综合性旅游企业集团。

8. 广东中旅

广东省中国旅行社股份有限公司，旅行社十大品牌，成立于1949年，极具影响力的台湾游组团社，较早开展港澳游和出境游的旅行社之一。

9. 中信旅游

中信旅游集团有限公司，旅行社十大品牌，始于1987年，5A级旅行社，旅行社协会副会长单位，主要经营入境市场、出境市场、国内市场、签证业务、中国公民因私出入境的咨询和代办服务等旅行社业务以及旅游酒店业务和旅游资源开发业务。

10. 众信旅游

北京众信国际旅行社股份有限公司，旅行社十大品牌，上市公司，中国旅行社协会会员单位，国际航空运输协会会员单位，出境旅游产品的制造者和服务的提供者，中国较大的出境游运营商之一。

资料来源：http：//www. chinabgao. com/k/lvxingshe/23871. html

任务实施

实训项目：实地考察、调研某旅行社。

实训目标：通过学生实地调查，了解当地某家旅行社的发展历程。

实训内容：走访旅行社，搜集宣传品（彩页宣传单、画册、光盘等）；将访谈与搜集的资料整理，写出不少于1 000字的走访调查报告。

实训方式：调查访问、搜集资料。

实训指导：（1）指导学生上网查找当地旅行社业务情况；

（2）指导学生如何写作走访调查报告。

实训考核：根据学生所写报告，由主讲教师进行点评。

【案例分析题】

中国国际旅行社总社成立于1954年，于2008年3月更名为中国国际旅行社总社有限公司（以下简称中国国旅）。经过几代国旅人的艰苦创业，现已发展为国内规模最大、实力最强的旅行社企业集团，累计招揽、接待海外来华旅游者1 000多万人次。“CITS”已成为国内顶级、亚洲一流、世界知名的中国驰名商标，在世界60多个国家和地区通过注册。

进入21世纪，中国国旅制定了入境游、出境游、国内游“三游并重”“三游互促”的企业发展战略，并根据市场需要重点发展会展业务和自由行业务，继续全力打造“中国国旅、CITS”入境旅游品牌，加快培育“环球行（Total Travel）”出境旅游品牌、“国旅假期”国内旅游品牌及“自游天下”自由行品牌，努力提升品牌形象，提高企业软实力与综合竞争力。

中国国旅先后加入PATA（太平洋亚洲旅行协会）、IATA（国际航空运输协会）、ASTA（美国旅行代理商协会）、WTTC（世界旅游业理事会），是联合国世界旅游组织（UNWTO）在中国的唯一企业会员。

中国国旅在全球12个国家和地区拥有8家全资、控股的海外公司和8家签证中心，在全国拥有36家全资、控股子公司和2家参股公司，近700家门市网点，以及百余家国旅集团理事会成员旅行社，与100多个国家的1 400多家旅行商建立了长期稳定的合作关系，形成立足国内、放眼全球的现代化经营网络。目前，中国国旅是众多国内外知名公司旅游服务的指定供应商，并与国内20多家主要旅游目的地省市政府部门建立起长期而紧密的战略合作伙伴关系。

资料来源：http：//www. cits. cn

问题：根据案例材料，进一步搜集相关资料，分析中国国旅的集团化、专业化、品牌化和网络化的具体表现。

任务二　旅行社的性质与职能

任务介绍

理解旅行社的性质与职能，对其经营管理工作以及旅行社发展是至关重要的。那么，旅行社的性质是什么？其职能又有哪些？本任务将首先明确旅行社的概念，在此基础上阐述旅行社的性质及职能。

任务目标

（1）认知旅行社的概念；

（2）熟悉旅行社的性质；

（3）掌握旅行社的职能。

相关知识

一、旅行社的概念与性质

（一）旅行社的概念

旅行社是为旅游者提供各种服务的专门机构，它在不同的国家和地区有不同的含义。

1. 国际官方旅游组织联盟关于旅行社的定义

国际官方旅游组织联盟分别为旅游经营商和旅游代理商两大类西方旅行社性质进行定义。旅游经营商性质的定义是：一种销售企业，它们在消费者提出要求之前事先准备好旅游活动和度假地，组织旅游交流，预订旅游目的地的各类客房，安排多种游览、娱乐活动，提供整套服务（包价旅游），并事先确定价格及出发和回归日期。即准备好旅游产品，由自己属下的销售处，或由旅行代理商将产品销售给团体或个体消费者。

旅行代理商性质的定义是：服务性企业，它的职能包括：

①向公众提供有关旅行、住宿条件以及时间、费用和服务项目等信息，并出售产品。

②受交通运输、饭店、餐馆及供应商的委托，以合同规定的价格向旅游者出售它们的产品。

③接受它所代表的供应商的酬劳，代理商按售出旅游产品总金额的一定比例提取佣金。

2. 我国关于旅行社的定义

2009 年 5 月国务院颁布的《旅行社条例》对我国旅行社的概念做出明确规定：旅行社是指从事招徕、组织、接待旅游者活动，为旅游者提供相关的旅游服务，开展国内旅游业务、入境旅游业务和出境旅游业务的企业法人。

（二）旅行社的性质

不同国家和地区对旅行社的定义不尽相同，但是通过各种定义还是可以看出，旅行社具有自身独特的性质。具体而言，主要包括：

1. 服务性

从行业性质来讲，旅行社属于服务业，其主要业务是为旅游者提供服务，包括食、住、行、游、购、娱六个方面，全方位地为旅游者服务。旅行社可以为旅游者提供单项服务，也可以将各项服务组合成包价旅游产品提供给旅游者。旅行社的服务性是经济效益和社会效益的双重体现，是一个国家、地区形象的代表之一，因而旅行社业被称为“窗口行业”。

2. 营利性

旅行社首先是一种企业形态，营利性是所有企业的共性，也是旅行社的根本性质。旅行社的最终目的是追求利润最大化，它是一个独立自主、自负盈亏的企业，具有营利性的特点。

3. 中介性

旅行社作为企业，本身并没有更多的生产资料，要完成其生产经营过程，主要依托各类旅游目的地的吸引物和各个旅游企业及相关服务企业提供的各种接待服务设施。所以，旅行社作为一种中介性的服务企业，主要依附于客源市场、供应商和其他协作单位来完成其生产销售职能。也就是说，旅行社是旅游消费者与旅游服务供应商之间的桥梁与纽带，所以它具有中介性。

【知识链接】

我国台湾地区旅行社的性质界定

我国台湾地区《发展观光条例》第二条第八项规定："旅行业是指为旅客代办出国及签证手续，或安排观光旅客旅游、食宿及提供有关服务而收取报酬的事业。"

可见，尽管对旅行社的界定不同，但包含的两个特征是共通的：

1. 提供与旅行有关的服务是旅行社的主要职能；
2. 以营利为目的，决定了旅行社的企业性质。

二、旅行社的职能

旅行社最基本的职能是设法满足旅游者在旅行和游览方面的各种需要，同时协助交通、饭店、餐馆、游览景点、娱乐场所和商店等旅游服务供应部门和企业将其旅游服务产品销售给旅游者。具体来说，旅行社的职能分为以下五个方面，详见表 1-2。

表 1-2 旅行社的基本职能类型

旅行社基本职能	主要表现形式
生产职能	设计和开发包价旅游产品和组合旅游产品
销售职能	销售包价旅游产品和组合旅游产品；代销单项旅游服务产品
组织协调职能	组织各种旅游活动；协调与各有关部门/企业的关系
分配职能	分配旅游客源和旅游收入
提供信息职能	向有关部门/企业提供旅游市场信息；向旅游者提供旅游目的地、有关部门/企业及其产品的信息

（一）生产职能

旅行社是旅游产品生产线的源头，其生产职能也可以称为组装职能。在我国，旅行社大多以低于市场价的价格向饭店、旅游交通和其他相关部门批量购买旅游者所需的各种服务项目，然后进行组装加工，并融入旅行社自身的服务内容，形成具有自己特色的旅游产品。就团体旅游而言，旅行社最终出售的是一件完整的旅游产品，而非组成旅游产品的零散部件。就此意义而言，旅行社具有生产职能。

（二）销售职能

旅行社是销售者。一方面，旅行社招徕旅游者，促进了单项旅游产品生产企业的销售；另一方面，作为旅游产品的销售渠道，旅行社又代客预订各种单项旅游产品，便于旅游者进行统一购买，大大简化了旅游过程中的交换关系。这种旅游产品的无形性和生产与消费的同一性，使得旅游产品的销售较物质产品更为复杂，同时也使得旅游产品的销售对销售渠道的依赖变得更强。

（三）组织协调职能

旅行社是组织者。旅游活动涉及食、住、行、游、购、娱等众多方面，旅行社要保障旅游活动的顺利进行，就离不开旅游业各部门和其他相关行业的合作与支持。旅游业各部门之间以及旅游业与其他行业之间存在的都是一种相互依存、互利互惠的合作关系，旅行社作为其中的一个组成部分，并不具备对其他部门的管辖指挥权。旅行社要想确保旅游者旅游活动的顺利进行，就必须进行大量的组织与协调工作，在确保合作各方实现各自利益的前提下，协同旅游业各有关部门和其他相关行业，保障旅游者旅游活动过程中各个环节的衔接与落实。

（四）分配职能

旅行社是分配者。旅游者旅游活动过程中的消费是多种多样的，特别是在包价旅游的情况下，旅游者通常为其各种旅游活动一次性预付全部或部分费用。这意味着旅行社不仅要根据旅游者的要求，在不同的旅游服务项目之间合理分配旅游者的支出，最大限度地满足旅游者的需要，而且要在旅游活动结束后，根据接待过程中各相关部门提供服务的数量和质量合理分配旅游收入。

（五）提供信息职能

旅行社是信息的发布者。旅行社提供信息的职能主要表现在两个方面：一方面，旅行社作为旅游产品重要的销售渠道，始终处在旅游市场的最前沿，熟知旅游者的需求变化和市场动态，应向旅游者提供旅游供给方面的信息咨询服务，使其了解有关线路、交通、景点、饭店、娱乐等方面的产品情况，激发旅游动机，充当旅游决策顾问，应向旅游服务部门提供旅游市场需求，并将之传递给相关企业，调节供给；另一方面，旅行社应及时、准确、全面地将旅游目的地各相关部门最新的发展和变化传递到旅游市场去，才能使旅游者进行正确的选择。

任务实施

实训项目：理解旅行社的职能。

实训目标：通过案例分析与讨论，掌握旅行社的职能。

实训内容：以小组为单位，针对所给出的实训资料进行分析讨论，谈谈对旅行社职能的认识，写出分析报告。

实训方式：案例分析、小组讨论。

实训指导：（1）指导学生研读实训资料；

（2）指导学生针对资料进行小组分析，写出分析报告。

实训考核：主讲教师进行点评。

实训资料：

中国第一家旅行社

改革开放以来，中国旅游业高速成长，已经成为一大产业，成为国民经济新的增长点。然而在70多年前，中国旅游业务仅为少数洋商所办的旅行机构所垄断。他们主要以西方侨民为服务对象，中国旅客常遭藐视，上海商业储蓄银行的创始人陈光甫也曾遭到冷落。这引起了他的深思，考虑再三，决定创办中国人自己的旅行社。

1923年8月，上海商业储蓄银行旅行部正式宣告成立，以后又在各地设立分部。陈光甫满腔热血，本着对抗洋人，为国争光的精神，在经营方针上狠下功夫。他以"服务社会"为宗旨，确立了"发扬国光，服务行旅，阐扬名胜，改进食宿，致力货运，推进文化"的24字方针，开创了旅行部早期艰难的创业道路。

旅行部以上缀黄色"旅"字的蓝边五角红星为标志。这是根据古人迷途，可以依靠星宿方位确定方向的传统而定的。但也表明了旅行部以向导行旅为责任的精神。旅行部职员身穿制服，帽上的"旅"字标志熠熠生辉，五星红光闪耀，颇引人注目。

陈光甫要求员工对旅客做到以下几点：第一要笑脸迎人。改变当时国人面貌死板的通病，"使人于见面之时就有好感"。第二要"面手清洁，衣服整齐"。第三要"造成柜台上热闹气氛"。

旅行部早期业务以客运为主，其服务项目众多，诸如代售国内外火车、轮船票，预定舱位，代办出国手续，运输行李，发兑旅行支票等，均包罗其中。办理这些事繁利微，甚至纯属义务，为洋商旅行社不屑一顾的业务正反映了旅行部"服务社会"的特色，旅行部对前来购票的旅客均一一赠予烫金的特别票夹，以资纪念。为了满足旅客的特殊要求以及保持本部的信誉，有时连经理也自驾汽车代客购票。陈光甫以"人争近利，我图远功，人嫌细微，我宁烦琐"的服务态度赢得了众多的旅客。

1927年6月1日，旅行部自立门户，改名"中国旅行社"，经向国民政府交通部注册、核准，领到了第一号旅行执照，与此同时，加强经营管理，增加服务项目。1929年秋，我国民航开办之初，中旅社便开始为旅客代售机票。

中旅社又先后与英、美、苏、日等国著名旅行社订立互惠合作协议。组织团体旅游，是中旅社的主要业务之一。为此又设立了游览部，加强对旅游业务的指导。旅游节目多种多样，丰富多彩，既有长短之分，又有远近之别。长者如1937年4月由上海分社组织的赣、闽、湘、桂、粤五省旅行团；短者如1924年起每年举办的春季游杭专车、秋季海宁观潮团。其范围之广，北起长城，南至百越，东尽海隅，西达黔滇。此外，中旅还多次组织游客赴日本、德国等观光游览。

从1935年8月起，游览部还主办了一种旨在倡导集体旅行，领略祖国名胜风光的经常性的游览团——"中旅社游览团"。参加的团员可以优惠旅游及购买中旅社出版的刊物，总社专门准备了房间供团员聚会、消遣、联络感情，到1937年春，团员人数从初创的150人增加到900多人。招待重要团体及为集会服务，也是中旅社一项重要业务。凡是在中国举行的较大规模的中外学术会议、博览会和运动会也都少不了请中旅社的人员参加服务。其中著名的如1928年11月1日，南京国民政府工商部在上海南市新普育堂路举办"中华国货展览会"，历时两个月，参展厂商近百家，中旅社和上海银行均在会场设立办事处。中旅社还印了《国货向导》一书广为散发。除了解答有关旅行的问讯外，还为来自租界及北市较远的观众，提供租车便利。第二年，在杭州举行西湖博览会时，中旅社同样投入大量的物力和人力。中旅社参与接待重要的团体，如1932年因日本侵占我国东三省而由国际联盟派来的"李顿调查团"。

中旅社特别注意旅游设施的配套和自成体系，把建筑旅馆、饭店，开办招待所，看成是招致游客，吸引资财的手段，认为这些设施的建设，不仅解决了游客的食宿之需，使中旅社及时地增加收益，而且更有利于国家的声誉，是利国、利民、利社三全其美的好事。如中旅社在徐州首设“招待所”，黄山旅社、首都饭店、洛阳招待所均为成功之例，值得一提的是其中一些旅馆、饭店、招待所，在抗战时期发挥了非常重要的作用。

为服务行旅，发扬国光，普及旅游知识，闻扬各地名胜，中旅社还出版了有关旅游的书刊。早在1932年为方便学生留美，出版了《游美手续提要》一书，同年又出版了该社最早的旅游书籍《游川须知》。1927年创刊的《旅行杂志》更是由于其图文并茂，深受读者欢迎而闻名中外。以后，又出版发行了《行旅便览》月刊及游记与导游书籍20余种。此外，又大量编印中英文对照的名胜折页，免费赠送。1933年夏，更请美籍记者埃德加·斯诺撰写英文小册子5册，分别介绍我国风景名胜，分寄海外各机关，各交通运输公司，总数多达20万份。

1931—1937年，随着交通线的不断开辟，中旅社的业务有了长足的发展，先后在西安、广州等处设立了56所分支社及办事处。还在香港和新加坡设有分社。

中旅社以其热情的态度、周到的服务招徕了业务，赢得了顾客，很快便由创办初期的亏损转为日后盈利，正如陈光甫先生所说：“上天不负有心人，为社会服务，利在其中矣!”

相比之下，许多官办的旅行营业所，因管理腐败，官商作风严重，而纷纷倒闭，有的则被中旅社所接收。原先那些趾高气扬的洋商旅行社，由于种种原因，均竞争不过中旅社，而纷纷败下阵去。

资料来源：http：//mil. eastday. com/epublish/gb/paper451/2/class045100001/hwz1244755. htm

【案例分析题】

江西ABC旅行社

2010年3月，上海世博局正式向江西省相关部门发来了“关于上海世博会世博游指定旅行社资质证明的函”，重申江西ABC旅行社是江西省唯一上海世博会“世博游指定旅行社”，并强调上海世博局仅向“世博游指定旅行社”发放登录系统的密码、账户，其他机构无法登陆开展团体票订购业务。

3月18日，记者从江西ABC旅行社了解到，“周末世博游”的报名非常火爆。“很有可能出现抢名额的情况。”江西ABC旅行社世博组负责人说。江西省“世博游”的首发团名额为1 300个，名额报满后旅行社是不可能再争取到名额的。记者在采访中还了解到，由于上海世博会开幕初期大批的游客涌向上海，5月1日至5月7日期间，江西ABC旅行社只争取到了限量的入园参观名额，经过前期的报名，目前剩下的名额已经不多。“不过，5月7日以后，旅行社每天都会发团。”王经理向记者透露，5月7日以后每天可申请到1 000个以上的名额，可以保证每天都正常发团。而在6月份，随着中高考结束、中小学生陆续放暑假，旅行社将有针对性地推出“亲子游”产品，其首发团预计在端午节发团，而6月底将迎来亲子游的高峰。在“亲子游”首发团中，需要家长陪同出游的低龄孩童可以享受到一系列的优惠政策，比如1.2米以下的儿童，只需缴纳门票费和在上海的交通费等。

问题：江西ABC旅行社在组织世博游中体现了哪些职能?

任务三　旅行社的分类

任务介绍

不同国家和地区旅行社分工体系方面的差异，决定了旅行社分类方面的差异。为了更好地了解旅行社的运作，我们主要了解欧美国家、日本及中国旅行社的分类情况。旅行社作为为旅游者提供服务的组织，从事招徕、组织和接待旅游者的业务，并在旅游活动结束后开展售后服务等业务，由此我们可以依照旅行社业务流程和业务特点概括出旅行社的主要业务。

任务目标

（1）了解欧美国家旅行社的分类；

（2）了解日本旅行社的分类；

（3）掌握中国旅行社的分类；

（4）熟悉旅行社的基本业务内容。

相关知识

一、旅行社的分类

由于各国经济发展水平不同和旅行社行业发展水平以及分工的差异，旅行社分类标准存在着较大的差异。

（一）欧美国家旅行社分类

在欧美国家中，人们根据旅行社所经营的业务类型，即是经营批发业务还是经营零售业务，将旅行社划分为以下几种类型：

1. 旅游批发商

低价批量预订交通、住宿、旅游设施和景点使用权，并将其组合成整套旅游产品（旅游线路、项目和日程）以包价批发形式出售给旅游经营商。根据法律规定，旅游批发商不与旅游者发生直接关系，既不出售也不从事接待业务。

2. 旅游经营商

通过自己的零售网点或代理商向公众销售旅游产品的经济组织。他们从旅游批发商中购买旅游产品后，负责组织团队和具体旅游接待服务。根据旅游产品中规定好的日程表，以提供陪同、导游员的服务形式为其经营的基本手段。

3. 旅游零售商

直接面对旅游者并向其推销旅游产品并招徕旅游者的旅行社。主要工作是负责旅游宣传、推销和旅行服务。旅行零售商的具体业务包括：

（1）为潜在旅游者提供有关旅游点、客运班次、旅游公司产品及旅游目的地情况的咨询等；

（2）代客预订（交通、食宿及游览和娱乐门票等）；

（3）发售旅行票据和证件；

（4）陈列并散发有关旅游企业的旅游宣传品；

（5）向有关旅游企业反映顾客意见。

以上只是对以欧美国家为代表的世界上多数国家中旅行社类型的基本划分。实际上，有不少旅行社既经营批发业务，也从事零售业务。

（二）我国旅行社的分类

1. 按照经营业务范围分类

2009年发布的《旅行社条例》中对旅行社的分类没有进一步说明，所以，根据国务院1996年发布的《旅行社管理条例》，我国的旅行社按照经营市场和业务范围分为国际旅行社与国内旅行社。

（1）国际旅行社。国际旅行社是指经营入境旅游业务、出境旅游业务和国内旅游业务的旅行社。需要指出的是，国际旅行社的经营范围包括出境旅游业务，但并不是所有的国际旅行社都可以经营出境旅游业务。国际旅行社如果要经营出境业务，须另行申报并经过旅游行政管理部门的批准，还要增加一定数额的质量保证金。其经营范围具体包括以下几方面。

①招徕外国旅游者来中国，华侨与中国香港、澳门、台湾同胞归国及回内地旅游，为其代理交通、游览、住宿、饮食、购物、娱乐事务及提供导游、行李等相关服务，并接受旅游者委托，为旅游者代办入境手续。

②招徕我国旅游者在国内旅游，为其代理交通、游览、住宿、饮食、购物、娱乐事务及提供导游、行李等相关服务。

③经国家旅游局批准，组织中华人民共和国境内居民到外国和中国香港、澳门、台湾地区旅游，为其安排领队、委托接待及行李等相关服务，并接受旅游者委托，为旅游者代办出境及签证手续。

④经国家旅游局批准，组织中华人民共和国境内居民到规定的与我国接壤国家的边境地区旅游，为其安排领队、委托接待及行李等相关服务，并接受旅游者委托，为旅游者代办出境及签证手续。

⑤其他经国家旅游局规定的旅游业务。

（2）国内旅行社。国内旅行社是指经营国内旅游业务和入境旅游业务的旅行社。其经营范围具体包括以下几方面。

①招徕我国旅游者在国内旅游，为其代理交通、游览、住宿、饮食、购物、娱乐事务及提供导游等相关服务。

②为我国旅游者代购、代订国内交通客票，提供行李服务。

③招徕外国旅游者来中国，华侨与中国香港、澳门、台湾同胞归国及回内地旅游，为其代理交通、游览、住宿、饮食、购物、娱乐事务及提供导游、行李等相关服务，并接受旅游者委托，为旅游者代办入境手续。

④其他经国家旅游局规定的与国内旅游有关的业务。

2. 按照业务特点分类

根据旅行社业务特点，可将旅行社分为组团旅行社和地接旅行社。这是根据各自在旅行服务中所起的作用不同而形成的，并不是由国家相关法律法规制定的。地接旅行社是指负责组织、安排旅游者在当地参观游览等活动，并提供地方导游服务的旅行社，也称地接社。组团旅行社是指组织、招徕旅游者去异地参加旅行、游览等活动并提供全程导游服务的旅行社，也称组团社。

地接社与组团社两者是相互依存、相互配合的关系。

（1）在收入来源方面，地接社的收入主要来自在当地采购各类旅游服务供应商的批零差价或佣金；组团社的收入一般来自全程服务所获取的综合服务费以及代收代付形成的利息。

（2）在业务关系上，组团社和地接社之间的角色是可以相互转化的，而不是一成不变的。例如，北京中国国际旅行社组织旅游团到内蒙古旅游，委托内蒙古春秋国际旅行社实地接待。此时，北京中国国际旅行社为组团社，内蒙古春秋国际旅行社为地接社。反过来，当内蒙古春秋国际旅行社组团到北京旅游时，若委托北京中国国际旅行社负责实地接待，那么此时的内蒙古春秋国际旅行社则变为组团社，而北京中国国际旅行社则是地接社了。

（3）在收入的分配关系及经济利益的获取方面，地接社“先垫后收”，组团社“先收后付”，旅游者的团款是在出游前交付给组团社，组团社则是在旅游结束后，按照实际发生的费用情况向地接社结算付款。

【知识链接】

我国旅行社分类制度的演变

1978 年改革开放后，特别是 1985 年《旅行社管理暂行条例》颁布后我国旅行社真正开始市场化进程，旅行社行业才有了法律意义上的分类制度，至今经历了三个时期。

（1）根据来华旅游者的类别分为三类社时期。1985 年《旅行社管理暂行条例》将我国旅行社分为一类社、二类社、三类社。其中一类社和二类社为国际旅行社，三类社为国内旅行社。

（2）根据是否经营国际业务分为两类社时期。1996 年颁布的《旅行社管理条例》将旅行社分为两大类：国际旅行社、国内旅行社，其中国际旅行社经营国内旅游业务、入境旅游业务、出境旅游业务（要经国家旅游局批准）；国内旅行社只经营国内旅游业务。

（3）根据是否可经营出境旅游业务分为两类社时期。2009 年 5 月 1 日开始实施的《旅行社条例》将我国旅行社分为两大类：一类是可以经营国内业务和入境业务的旅行社；另一类是可经营国内业务、入境业务和出境业务的旅行社。

资料来源：2009 年 5 月版《旅行社条例》

二、旅行社的基本业务

（一）旅行社的业务范围

旅行社是为旅游者提供各类服务、从事旅游业务的企业，因此，旅游者的购买决策和消费过程决定了旅行社的业务范围。一般而言，旅游者的购买决策和消费过程可划分为六个阶段：旅游动机、信息搜寻、意向性咨询、购买、旅游经历和游后行为。与这六个方面相对应，旅行社的业务范围可概括为：市场调研与产品设计、促销、咨询服务、销售、采购、接待和售后服务等。

（二）旅行社的基本业务

一般来说，按照旅行社的操作流程，其基本业务有以下几个方面：

1. 产品设计与开发业务

按照旅行社业务操作流程，其第一项基本业务是产品开发。旅行社的产品开发业务包括产品设计、产品试产与试销、产品投放市场和产品效果检查评估四项内容。

首先，旅行社在市场调查的基础上，根据对旅游市场需求的分析和预测，结合本旅行社的业务特点、经营实力及各种旅游服务供应的状况，设计出各种能够对旅游者产生较强吸引力的产品。

其次，旅行社将设计出来的产品进行小批量的试产和试销，以考察产品的质量和旅游者对其喜爱的程度。

再次，当产品试销成功后，旅行社便应将产品批量投放市场，以便扩大销路，加速产品投资的回收和赚取经营利润。

最后，旅行社应定期对投放市场的各种产品进行检查和评价，并根据检查与评价的结果对产品做出相应的完善和改进。

2. 旅游采购业务

旅行社的第二项基本业务是旅游采购。旅游采购业务是指旅行社为了生产旅游产品而向有关旅游服务供应部门或企业购买各种旅游服务项目的业务活动。旅行社的采购业务涵盖旅游活动食、宿、行、游、购、娱六个方面，涉及交通、住宿、餐饮、景点游览、娱乐和保险等部门。另外，组团旅行社还需要向旅游路线沿途的各地接待旅行社采购接待服务。旅行社采购业务充分体现了旅行社行业的依附性和综合性。

3. 产品销售业务

旅行社产品销售业务是旅行社的第三项基本业务，包括制定产品销售战略、选择产品销售渠道、制定产品销售价格和开展旅游促销四项内容。

首先，旅行社应对其所处的外部环境和企业内部条件进行认真分析，确定企业所面临的机会和挑战，并发现企业所拥有的优势及存在的弱点。在此基础上，旅行社制定其产品销售战略。

其次，旅行社根据所制定的产品销售战略和确定的目标市场选择适当的产品销售渠道。

再次，旅行社根据产品成本、市场需求、竞争力状况等因素制定产品的价格。

最后，旅行社根据其经营实力和目标市场确定和实施旅行社的促销战略并选择适当的促销手段以便将旅行社产品的信息传递到客源市场，引起旅游者的购买欲望，推销出更多的产品。

4. 旅游接待业务

旅行社接待业务是旅行社通过向旅游者提供接待服务，以最终实现旅游产品的生产与消费。旅行社接待业务是旅行社的重要业务，体现了旅行社企业的服务性。接待业务包括团体旅游接待业务和散客旅游业务。

概括来讲，旅行社的基本业务可以如图 1–1 所示。

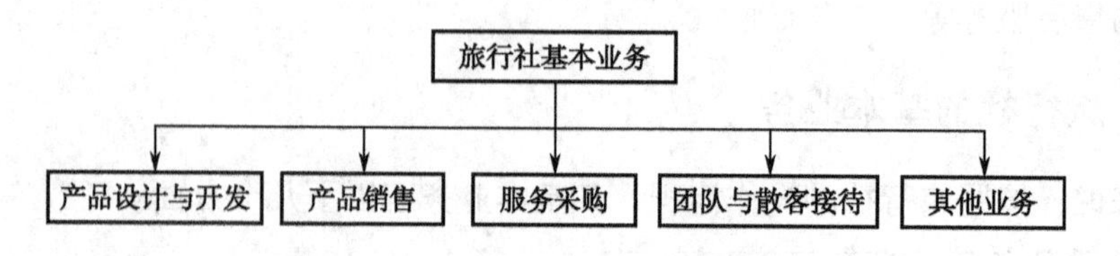

图 1-1 旅行社基本业务示意图

任务实施

实训项目：旅行社的业务与社会评价。

实训目的：通过调查问卷和走访，了解你家乡所在地或学校所在地旅行社发展概况，了解其主营业务。了解当地居民以及来此地旅游的旅游者对旅行社的评价。

实训方式：调查问卷、走访、访谈。

实训内容：（1）制作调查问卷。每个小组根据实训目的设计一份调查问卷，要求能较为全面地反映题目所涉及的内容。

（2）分小组行动。以 6~8 人为一组，组长对组员分工安排，包括走访当地居民、访谈旅游者等。

（3）小组讨论。在组长带领下，组员将大家的数据进行最终汇总和讨论。

（4）形成报告。最后写出本次实训的小组报告。

实训考核：由主讲教师进行点评、打分。

【案例分析题】

我国在线旅行社的分类管理

自 20 世纪 90 年代起，以互联网为核心，以在线旅游咨询、搜索、在线订购与交易为主要内容的在线旅游新兴业态正在引起人们的关注。在国外，60%的休闲旅游及 40%的商业旅游都是通过线上预订，在线旅游在欧洲的渗透比例为 42%，在美国则是 60%。根据市场调研公司的分析，2012 年全球在线旅游预订市场规模已经达到 3 850 亿美元，占整个旅游市场的 40%，而四年前是 32%。在中国，随着互联网技术的进一步成熟，信息技术特别是互联网的普及不仅改变了传统的旅游信息发布方式，同时也改变了游客的信息搜索方式和消费方式。巨大的商机不仅促进了本土在线旅行服务商的崛起，也促使了诸如淘宝、腾讯、百度、新浪等多家互联网门户网站巨头纷纷“跨界”进军在线旅游市场，更多的个性化旅游产品服务网站也正在应运而生，从而推动了在线旅游市场的强劲增长。

中国在线旅游市场的发展最早是在 1997 年，由国旅总社参与投资的华夏旅游网的创办标志着中国旅游电子商务预订网的兴起。此后，各类旅游预订网站纷纷成立，中国在线旅游市场规模不断扩大。相关数据显示：我国在线旅游市场的规模从 2009 年的 619 亿元，到 2011 年突破 1 000 亿元，达到 1 331 亿元。经过十几年的快速发展，我国在线旅游市场呈现出了蓬勃向上的发展趋势，同时，也存在着一些亟待解决的问题。比如，旅游网站的资质审查制度缺失，在线旅游市场的诚信监督体系不健全，在线旅游企业的线下服务质量难以保证等。

资料来源：张媛，薛兴国，张懿玮．我国在线旅行社的分类管理研究．旅游论坛，2013（6）．

问题：请根据案例，尝试提出对在线旅游市场如何进行分类管理。

项目二
旅行社的设立与组织设计

项目分析

旅行社是社会经济发展到一定阶段的产物，是商品经济、科学技术和社会分工发展的必然结果。通常所说的旅行社是指有盈利目的、从事旅游业务的企业。旅游业务是指为旅游者代办出入境和签证手续，招徕、接待旅游者旅游，为旅游者安排食宿等有偿服务的经营活动。在本项目中，主要是针对旅行社设立的条件、程序以及旅行社的组织机构等知识进行介绍。重点是掌握旅行社的设立条件和设立程序，难点是理解旅行社的组织结构。

学习目标

※知识目标

(1) 了解旅行社的设立条件；

(2) 掌握申请设立旅行社的程序；

(3) 熟悉申请设立旅行社分社与服务网点的条件与程序；

(4) 了解旅行社行业管理制度；

(5) 明确旅行社的组织机构。

※能力目标

(1) 认知旅行社设立的条件与程序；

(2) 对旅行社组织机构合理性进行分析的能力。

任务一　旅行社的设立

任务介绍

旅行社在现代旅游业的发展中具有举足轻重的地位。可以说，没有旅行社业就没有旅游业的繁荣。设立一家旅行社需要考虑的问题很多，包括从旅行社的设立条件到旅行社设立的基本程序。此外，旅行社还需考虑如何在全国范围内设立自己的分支机构，进行科学化网络布局，以及如何在大街小巷设立自己的服务网点，才能将企业的触角延伸到每一位潜在的客户。通过本任务的学习，可以了解相关法律、条例对旅行社的设立条件及旅行社设立的基本程序的具体规定，同时也可以熟悉旅行社分社与服务网点的设立条件及程序。

任务目标

(1) 认知旅行社的设立条件；

(2) 熟悉申请设立旅行社的程序；

(3) 掌握申请设立旅行社分社与服务网点的条件与程序。

相关知识

《旅行社条例》于2009年2月20日中华人民共和国国务院令第550号公布，自2009年5月1日起施行。根据2016年2月6日中华人民共和国国务院令第666号公布、自公布之日起施行的《国务院关于修改部分行政法规的决定》第一次修改，根据2017年3月1日中华人民共和国国务院令第676号公布、自公布之日起施行的《国务院关于修改和废止部分行政法规的决定》第二次修改，2016年12月6日国家旅游局第17次局长办公会议审议通过、2016年12月12日国家旅游局令第42号公布施行的《国家旅游局关于修改〈旅行社条例实施细则〉和废止〈出境旅游领队人员管理办法〉的决定》，《中华人民共和国旅游法》2013年4月25日中华人民共和国主席令第3号公布并于2013年10月1日起施行，这些法律、条例成了各级旅游主管部门对旅行社进行监管的法律和法规依据。旅行社设立的条件和程序也在其中体现。

一、旅行社的设立

根据《旅行社条例》和《旅行社条例实施细则》的相关规定，在我国申请设立旅行社，经营国内旅游业务和入境旅游业务的，应具备以下条件。

（一）取得法人资格

根据最新《旅行社条例》第六条的规定，申请经营国内旅游业务和入境旅游业务的，应当取得企业法人资格。

（二）注册资本

注册资本不少于30万元。

新修改的《旅行社条例》删除了原有对固定经营场所和必要营业设施等方面的相关要求。

二、旅行社设立的程序

（一）申请经营国内旅游业务和入境旅游业务的旅行社

根据《旅行社条例》第七条规定，申请经营国内旅游业务和入境旅游业务的，应当向所在地省、自治区、直辖市旅游行政管理部门或者其委托的设区的市级旅游行政管理部门提出申请，并提交符合《旅行社条例》第六条规定的相关证明文件。受理申请的旅游行政管理部门应当自受理申请之日起20个工作日内作出许可或者不予许可的决定。予以许可的，向申请人颁发旅行社业务经营许可证；不予许可的，书面通知申请人并说明理由。

根据《旅行社条例实施细则》第八条规定，申请设立旅行社，经营国内旅游业务和入境旅游业务的，应当向省、自治区、直辖市旅游行政管理部门提交下列文件：

（1）设立申请书。内容包括申请设立的旅行社的中英文名称及英文缩写，设立地址，企业形式、出资人、出资额和出资方式，申请人、受理申请部门的全称、申请书名称和申请的时间。

（2）法定代表人履历表及身份证明。

（3）企业章程。

（4）经营场所的证明。

（5）营业设施、设备的证明或者说明。

（6）工商行政管理部门出具的《企业法人营业执照》。

旅游行政管理部门应当根据《条例》第六条规定的最低注册资本限额要求，通过查看企业章程、在企业信用信息公示系统查询等方式，对旅行社认缴的出资额进行审查。

旅行社经营国内旅游业务和入境旅游业务的，《企业法人营业执照》的经营范围不得包括边境旅游业务、出境旅游业务；包括相关业务的，旅游行政管理部门应当告知申请人变更经营范围；申请人不予变更的，依法不予受理行政许可申请。

（二）申请经营出境旅游业务的旅行社

根据《旅行社条例》第八条规定旅行社取得经营许可满两年，且未因侵害旅游者合法权益受到行政机关罚款以上处罚的，可以申请经营出境旅游业务。

根据《旅行社条例》第九条规定申请经营出境旅游业务的，应当向国务院旅游行政主管部门或者其委托的省、自治区、直辖市旅游行政管理部门提出申请，受理申请的旅游行政管理部门应当自受理申请之日起 20 个工作日内作出许可或者不予许可的决定。予以许可的，向申请人换发旅行社业务经营许可证；不予许可的，书面通知申请人并说明理由。

根据《旅行社条例实施细则》第十条规定，旅行社申请出境旅游业务的，应当向国务院旅游行政主管部门提交经营旅行社业务满两年且连续两年未因侵害旅游者合法权益受到行政机关罚款以上处罚的承诺书和经工商行政管理部门变更经营范围的《企业法人营业执照》。

旅行社取得出境旅游经营业务许可的，由国务院旅游行政主管部门换发旅行社业务经营许可证。国务院旅游行政主管部门可以委托省级旅游行政管理部门受理旅行社经营出境旅游业务的申请，并作出许可或者不予许可的决定。旅行社申请经营边境旅游业务的，适用《边境旅游暂行管理办法》的规定。旅行社申请经营赴台湾地区旅游业务的，适用《大陆居民赴台湾地区旅游管理办法》的规定。

（三）旅行社设立分社

旅行社分社不具有法人资格，以设立分社的旅行社的名义从事《旅行社条例》规定的经营活动，其经营活动的责任和后果，由设立社承担。

分社的名称中应当包含设立社名称、分社所在地地名和“分社”或者“分公司”字样。

根据《旅行社条例》第十条规定旅行社设立分社的，应当向分社所在地的工商行政管理部门办理设立登记，并自设立登记之日起 3 个工作日内向分社所在地的旅游行政管理部门备案。旅行社分社的设立不受地域限制。分社的经营范围不得超出设立分社的旅行社的经营范围。

根据《旅行社条例实施细则》第十九条规定，设立社向分社所在地工商行政管理部门办理分社设立登记后，应当持下列文件向分社所在地与工商登记同级的旅游行政管理部门备案：

（1）分社的《营业执照》；

（2）分社经理的履历表和身份证明；

（3）增存质量保证金的证明文件。

没有同级的旅游行政管理部门的，向上一级旅游行政管理部门备案。

分社备案后，受理备案的旅游行政管理部门应当向旅行社颁发《旅行社分社备案登记证明》。

（四）旅行社设立服务网点

服务网点是指旅行社设立的，为旅行社招徕旅游者，并以旅行社的名义与旅游者签订旅游合同的门市部等机构。

设立社可以在其所在地的省、自治区、直辖市行政区划内设立服务网点；设立社在其所在地的省、自治区、直辖市行政区划外设立分社的，可以在该分社所在地设区的市的行政区划内设立服务网点。分社不得设立服务网点。

服务网点的名称、标牌应当包括设立社名称、服务网点所在地地名等，不得含有使消费者误解为是旅行社或者分社的内容，也不得作易使消费者误解的简称。

根据《旅行社条例》第十一条规定旅行社设立专门招徕旅游者、提供旅游咨询的服务网点（以下简称旅行社服务网点）应当依法向工商行政管理部门办理设立登记手续，并向所在地的旅游行政管理部门备案。旅行社服务网点应当接受旅行社的统一管理，不得从事招徕、咨询以外的活动。

根据《旅行社条例实施细则》第二十三条规定，设立社向服务网点所在地工商行政管理部门办理服务网点设立登记后，应当在3个工作日内，持下列文件向服务网点所在地与工商登记同级的旅游行政管理部门备案：

（1）服务网点的《营业执照》；

（2）服务网点经理的履历表和身份证明。

没有同级的旅游行政管理部门的，向上一级旅游行政管理部门备案。

服务网点备案后，受理备案的旅游行政管理部门应当向旅行社颁发《旅行社服务网点备案登记证明》。

（五）外商投资旅行社

外商投资旅行社，包括中外合资经营旅行社、中外合作经营旅行社和外资旅行社。2009年颁布的《旅行社条例》根据我国加入WTO的承诺，删除了2001年修订《旅行社管理条例》时规定的关于外商投资旅行社注册资本最低限额和投资者条件的特殊要求，对外商投资旅行社实行国民待遇。在设立条件方面与设立内资旅行社所必备的条件完全相同。根据《旅行社条例》第二十三条规定：外商投资旅行社不得经营中国内地居民出国旅游业务以及赴香港特别行政区、澳门特别行政区和台湾地区旅游的业务，但是国务院决定或者我国签署的自由贸易协定和内地与香港、澳门关于建立更紧密经贸关系的安排另有规定的除外。

外商投资企业申请经营旅行社业务，应当向所在地省、自治区、直辖市旅游行政管理部门提出申请，并提交符合《旅行社条例》第六条规定条件的相关证明文件。省、自治区、直辖市旅游行政管理部门应当自受理申请之日起30个工作日内审查完毕。予以许可的，颁发旅行社业务经营许可证；不予许可的，书面通知申请人并说明理由。设立外商投资旅行社，还应当遵守有关外商投资的法律、法规。

三、旅行社行业管理制度

（一）旅游服务质量保证金制度

旅游服务质量保证金（以下简称“质量保证金”）是指根据《中华人民共和国旅游法》及《旅行社条例》的规定，由旅行社在指定银行缴存或由银行担保提供的一定数额用于旅游服务质量赔偿支付和团队旅游者人身安全遇有危险时紧急救助费用垫付的资金。

旅行社应当自取得旅行社业务经营许可证之日起3个工作日内，在国务院旅游行政主管部门指定的银行开设专门的质量保证金账户，存入质量保证金，或者向作出许可的旅游行政管理部门提交依法取得的担保额度不低于相应质量保证金数额的银行担保。

经营国内旅游业务和入境旅游业务的旅行社，应当存入质量保证金20万元；经营出境旅游业务的旅行社，应当增存质量保证金120万元。旅行社每设立一个经营国内旅游业务和入境旅游业务的分社，应当向其质量保证金账户增存5万元；每设立一个经营出境旅游业务的分社，应当向其质量保证金账户增存30万元。质量保证金的利息属于旅行社所有。

有下列情形之一的，旅游行政管理部门可以使用旅行社的质量保证金：

（1）旅行社违反旅游合同约定，侵害旅游者合法权益，经旅游行政管理部门查证属实的；

（2）旅行社因解散、破产或者其他原因造成旅游者预交旅游费用损失的。

人民法院判决、裁定及其他生效法律文书认定旅行社损害旅游者合法权益，旅行社拒绝或者无力赔偿的，人民法院可以从旅行社的质量保证金账户上划拨赔偿款。

旅行社因解散或破产清算、业务变更或撤减分社减交、三年内未因侵害旅游者合法权益受到行政机关罚款以上处罚而降低保证金数额50%等原因，需要支取保证金时，须向许可的旅游行政主管部门提出，许可的旅游行政主管部门审核出具《旅游服务质量保证金取款通知书》。银行根据《旅游服务质量保证金取款通知书》，将相应数额的保证金退还给旅行社。

旅行社在旅游行政管理部门使用质量保证金赔偿旅游者的损失，或者依法减少质量保证金后，因侵害旅游者合法权益受到行政机关罚款以上处罚的，应当在收到旅游行政管理部门补交质量保证金的通知之日起5个工作日内补足质量保证金。

（二）旅行社公告制度

旅行社公告制度是指旅游行政管理部门对其审批设立的旅行社通过报纸或者其他新闻媒体向社会公开发布告知某类信息的制度。旅行社公告制度以行政法规形式确立，有别于工商登记部门发布的企业法人登记公告，是旅游行政管理部门对旅行社实行行业监督的一项重要措施。其目的是将经过依法设立的旅行社向社会公开告知，从而把旅行社的监督工作推向全社会，扩大对旅行社的监督范围，强化对旅行社实行行业管理的效力。

旅行社公告事项包括：

（1）旅行社业务经营许可证的颁发、变更、注销、吊销；

（2）许可或暂停、停止旅行社经营出境、边境旅游业务；

（3）旅行社经营或暂停、停止经营赴台旅游业务；

（4）旅行社分社、服务网点设立与撤销备案；

（5）旅行社委托代理招徕旅游者业务备案；

（6）旅行社的违法经营行为；

（7）旅行社的诚信记录；

（8）旅游者对旅行社投诉信息；

（9）旅行社质量保证金交存、增存、补存、降低交存比例和被执行赔偿等情况；

（10）旅行社统计调查情况；

（11）全国和地区旅行社经营发展情况；

（12）旅游行政管理部门认为需要公开发布的其他有关旅行社的事项和情况信息。

（三）旅行社业务经营许可制度

旅行社业务经营许可证是旅行社经营旅游业务的资格证明，由国家旅游局统一印制，由具有审批权的旅游行政管理部门颁发。旅行社设立之初申请的旅行社业务经营许可证允许的经营范围包括国内旅游业务和入境旅游业务。

旅行社业务经营许可证上标注的许可经营业务可分为国内旅游业务、入境旅游业务和出境旅游业务。不同旅行社因其经营年限和经营状况不同，其许可权限也有所不同。

旅行社应当将其业务经营许可证与其营业执照一起悬挂在营业场所的显要位置。

【知识链接】

旅游服务质量保证金存取管理办法

第一章　总　则

第一条　为规范对旅游服务质量保证金的管理，根据《中华人民共和国旅游法》《中华人民共和国商业银行法》《中华人民共和国担保法》《中华人民共和国合同法》和《旅行社条例》的规定，制定本办法。

第二条　旅游服务质量保证金（以下简称“保证金”）是指根据《中华人民共和国旅游法》及《旅行社条例》的规定，由旅行社在指定银行缴存或由银行担保提供的一定数额用于旅游服务质量赔偿支付和团队旅游者人身安全遇有危险时紧急救助费用垫付的资金。

第三条　依据《旅行社条例》第十三条第一款的规定，为旅行社开设保证金专用账户或提供保证金担保业务的银行，由国家旅游局指定。国家旅游局本着公平、公开、公正的原则，指定符合法律、法规和本办法规定并提出书面申请的中国境内（不含港澳台地区）商业银行作为保证金的存储银行。

第四条　旅行社须在国家旅游局指定的范围内，选择一家银行（含其银行分支机构）存储保证金。保证金实行专户管理，专款专用。银行为旅行社开设保证金专用账户。当专用账户资金额度不足时，旅行社可对不足部分申请银行担保，但担保条件须符合银行要求。

第五条　银行本着服务客户的原则受理旅行社的保证金存储业务，按期办理保证金的存款、取款和支付手续，不得为不符合担保条件的旅行社提供担保。

第六条　旅行社要按照《旅行社条例》的规定，到指定银行办理存款、取款和支付手续。

第二章　存　款

第七条　旅行社需要存缴保证金时，须持《营业执照》副本、《旅行社业务经营许可证》副本到银行办理存款手续。存缴保证金的旅行社须与银行签订《旅游服务质量保证金存款协议书》(附件1)，并将复印件送许可的旅游行政主管部门备案。

第八条　为最大限度提高资金效益、简化续存手续，银行按照不少于一年定期、到期自动结息转存方式管理保证金，中途提取部分改按活期结算利息。利息收入全部归旅行社所有。

第九条　为防止保证金存单质押，银行应在存单上注明“专用存款不得质押”字样。

第十条　银行提出保证金担保的，由银行向许可的旅游行政主管部门出具《旅游服务质量保证金银行担保函》(附件2)。银行担保期限不得少于一年。担保期限届满前3个工作日，应续办担保手续。

第三章　取　款

第十一条　旅行社因解散或破产清算、业务变更或撤减分社减交、三年内未因侵害旅游者合法权益受到行政机关罚款以上处罚而降低保证金数额50%等原因，需要支取保证金时，须向许可的旅游行政主管部门提出，许可的旅游行政主管部门审核出具《旅游服务质量保证金取款通知书》(附件3)。银行根据《旅游服务质量保证金取款通知书》，将相应数额的保证金退还给旅行社。

第十二条　发生《旅行社条例》第十五条规定的情形，银行应根据旅游行政主管部门出具的《旅游服务质量保证金取款通知书》及《旅游行政主管部门划拨旅游服务质量保证金决定书》，经与旅游行政主管部门核实无误后，在5个工作日内将保证金以现金或转账方式直接向旅游者支付。

第十三条　发生《旅行社条例》第十六条规定的情形，银行根据人民法院判决、裁定及其他生效法律文书执行。

第十四条　发生《旅游法》第三十一条规定的旅游者人身安全遇有危险时紧急救助费用垫付的情形，旅行社提出申请的（申请书样式见附件4），旅游行政主管部门应立即予以审核；旅游行政主管部门决定垫付的，需按实际所需确定垫付额度。申请额度和决定垫付额度均应在保证金账户现有额度内。

银行根据旅游行政主管部门出具的《旅游服务质量保证金取款通知书》及《关于使用旅游服务质量保证金垫付旅游者人身安全遇有危险时紧急救助费用的决定书》(附件5)后24小时内，经与旅游行政主管部门核实无误后，将保证金以现金或转账方式直接向《旅游服务质量保证金取款通知书》中确定的单位或账户提供。

第十五条　提供保证金担保的银行，因发生《旅行社条例》第十五条、第十六条规定的情形，在收到《旅游服务质量保证金取款通知书》及《旅游行政主管部门划拨旅游服务质量保证金决定书》或人民法院判决、裁定及其他生效法律文书5个工作日内履行担保责任；因发生《旅游法》第三十一条旅游者人身安全遇有危险时紧急救助费用垫付的情形，在收到《旅游服务质量保证金取款通知书》及《关于使用旅游服务质量保证金垫付旅游者人身安全遇有危险时紧急救助费用的决定书》24小时内履行担保责任。

第四章 附 则

第十六条 银行应及时和定期通报保证金情况信息，具体通报内容和方式如下：

（一）当旅游行政主管部门、人民法院依法划拨保证金后3个工作日内，将划拨单位、划拨数额、划拨依据文书等情况，通报给旅行社和许可的旅游行政主管部门。

（二）银行应每季度将保证金存款对账单一式两份，发给旅行社和许可的旅游行政主管部门。

第十七条 本办法自发布之日起实行。

【案例分析】

2011年西安某旅行社违规设立分社案

案情简介：2011年3月7日，西安某旅行社在杨凌示范区工商局注册，工商执照登记名称为“西安某旅行社杨凌高新区营业部”，未向杨凌示范区旅游局备案就经营旅游业务。2011年6月22日，西安某旅行社“杨凌营业部”更名为西安某旅行社“杨凌分社”。期间，杨凌示范区旅游局多次要求该分社提供备案资料，但该分社一直未予备案。

处理：2011年9月21日，陕西省旅游局对杨凌示范区进行十一黄金周旅游市场检查时，发现该分社经营手续不全，未取得《旅行社分社备案登记证明》，违反了《旅行社条例》第十条的规定，陕西省旅游局依据《旅行社条例》第五十条“设立分社未在规定期限内向分社所在地旅游行政管理部门备案的，由旅游行政管理部门责令改正；拒不改正的，处1万元以下的罚款”的规定，决定对西安某旅行社处以罚款5 000元的行政处罚。

分析：本案涉及的主要法律问题是旅行社分支机构的登记备案制度。旅行社分支机构分为分社和服务网点，现行法规、规章对两者性质的界定和经营规范要求既有相同之处又有不同之处。

旅行社的分支机构，是指旅行社在注册地之外设立的分社和服务网点，服务网点通常也称营业部、门市部。旅行社分社和服务网点具有不同的功能。分社的主要功能是在异地从事设立社经营范围内的活动，即设立社可以开展的经营活动，分社都可以开展；而服务网点的主要功能则是为设立社招徕旅游者，与旅游者签订旅游合同。因此，法规对旅行社分社和服务网点的要求也不尽相同。首先是设立要求不同。分社的设立不受地域限制，而服务网点则只能设在设立社注册地所在行政区划内；设立分社应增存质量保证金，每设立一个经营国内旅游业务和入境旅游业务的分社，应当向其质量保证金账户增存5万元；每设立一个经营出境旅游业务的分社，应当向其质量保证金账户增存30万元；设立服务网点却不需要。其次法规、规章要求旅行社对分社和服务网点的管理也不尽相同。旅行社应当对分社实行统一的人事、财务、招徕、接待制度规范，对服务网点实行统一管理、统一财务、统一招徕和统一咨询服务规范。此外，分社还应当和旅行社一同接受旅游行政管理部门对其旅游合同、服务质量、旅游安全、财务账簿等情况的监督检查，并按照国家有关规定向旅游行政管理部门报送经营和财务信息等统计资料。

尽管二者有诸多不同，其法律性质却相同，都是设立社的分支机构，不具有法人资格，以设立社的名义从事经营活动，其经营活动的责任和后果，由设立社承担。旅行社的设立及旅游业务经营范围都需要获得许可，旅行社分支机构以设立社的名义、在设立社的经营范围内开展经营活动，因此，对旅行社分支机构的管理就显得十分必要。除了设立登记、经营规范、监督检查外，设立备案也是重要的管理手段之一。

关于旅行社分社，《旅行社条例》第十条规定，旅行社设立分社的，应当持旅行社业务经营许可证副本向分社所在地的工商行政管理部门办理设立登记，并自设立登记之日起3个工作日内向分社所在地的旅游行政管理部门备案。第五十条设定了处罚措施，规定旅行社设立分社未在规定期限内向分社所在地旅游行政管理部门备案的，由旅游行政管理部门责令改正；拒不改正的，处1万元以下的罚款。

关于旅行社服务网点，《旅行社条例》第十一条规定，旅行社设立服务网点应当依法向工商行政管理部门办理设立登记手续，并向所在地的旅游行政管理部门备案。《旅行社条例实施细则》第二十三条规定，设立社向服务网点所在地工商行政管理部门办理服务网点设立登记后，应当在3个工作日内向服务网点所在地与工商登记同级的旅游行政管理部门备案。没有同级的旅游行政管理部门的，向上一级旅游行政管理部门备案。第五十一条规定了法律责任，违反实施细则第二十三条的规定，设立服务网点未在规定期限内备案的，由县级以上旅游行政管理部门责令改正，可以处1万元以下的罚款。

资料来源：2012年5月第三版《中国旅游报》

任务实施

实训目的：模拟申请设立旅行社。

实训内容：以小组为单位，按照国家旅行社申请书模板，撰写设立旅行社申请书。

实训指导：

（1）指导学生了解设立旅行社申请书的具体规范要求；

（2）对同学们在撰写申请书时遇到的问题给予解答。

实训考核：根据每组所写申请书，由主讲教师进行评分和点评。

【案例分析题】

河南旅行社扎堆培训《旅行社条例》实施行业谋变

近日，河南省各省辖市旅游局及省直旅行社的相关负责人聚集新密，参加了在此举行的全省旅行社行业管理工作暨《旅行社条例》（在本案例剩下内容中简称《案例》）培训会。

规范市场：旅行社扎堆培训

培训会上，省旅游局法规处处长、省旅游局质监所相关负责人分别向与会人员做了《旅行社条例》《旅行社条例实施细则》的详细解读。

“这次培训很及时，下一步，我们旅行社还要自己做进一步的培训，好让员工知道怎么保护游客的利益，也知道怎么保护自己的利益。”河南中原国旅相关负责人说，《旅行社条例》与过去的有关条例相比，整体上体现了“宽入严管”的特点，现在旅行社的进入门槛很低，只要有一定的营业场所，20万元的质保金就可以开张。《条例》照顾到了旅行社、游客和导游等各方面的利益。目前整个旅游界都在调整，不仅国内，国外也在调整，特别是双方约定的合同，购物次数、行程也做得更细了。

保护游客：引发行业新调整

《条例》加大了对旅行社违规经营行为的处罚力度，也加大了对游客的保护力度。但正规的大旅行社并没有对此有太大抵触。相反，大家认为新条例对大的旅行社来讲，是件好事。“过去大的旅行社要生存就要拼价格，却难以拼过小旅行社。现在则可以腾出更多精力，提高服务质量，做品牌。”业内人士分析。

大河国旅等旅行社人士认为，《条例》在进入门槛、处罚力度、市场管理方面都有了很大的变化。特别增加了对游客权益的保护内容，比如合同的细化、宣传的真实性等，都有了明确的规定，并且处罚力度也大大超过了以往。如《条例》中规定，合同中必须注明14项内容，其中包括旅游行程中交通、住宿、餐饮服务安排及其标准；游客自由活动的时间及次数；旅行社安排的购物次数、停留时间及购物场所的名称；需要游客另行付费的游览项目及价格等，让游客明明白白地消费。在游客反映问题比较多的拼团、报价掺水、擅改行程等，也做出了明确规定和处罚措施。一旦违规，旅游管理部门对旅行社的处罚力度最高可达50万元，对导游和领队最高可达5万元，严重者还可吊销旅行社业务经营许可证、导游证或者领队证。

“旅行社现在按照《条例》的要求，在行程中明确标出景点游览时间，购物次数、内容及停留时间等更加正规，也使游客明白消费。《条例》的实施，有望使零负团费成为历史，因此低价团开始涨价，像以往最容易出现零负团费的港澳游、东南亚等国的游览线路，还有国内的海南、云南、北京等线路，现在的报价都涨了上去。”大河国旅有关负责人说，《条例》中明确对零负团费说“不”，违规者最高将处以50万元的罚款。旅行社推出的线路宣传中明确提出了“品质旅游新概念”。虽然《条例》实施将使一些隐性消费公开，表面上看产品价格高了一些，但却是更真实的价格，价格完全是旅游的费用，尤其是对一些正规经营的旅行社，目前的价格影响并不大。

河南光大旅行社相关负责人认为，《条例》出台以后，通过严管，旅游市场会更规范，价格会更真实，像海南游现在都涨价了，旅行社在适应，游客也要适应。

管理部门：硬起手腕治乱象

也有旅行社人士指出，《条例》对出境游和国内长线游从理论上讲影响非常大，它规范了旅行社操作规程，违规处罚力度也最高达到50万元。但从实践上讲，目前实施不久，威力尚未显现，因此一些旅行社错误地认为，游客一般不会去研究对照《条例》来找旅行社和导游的毛病。

记者在采访中了解到，大家对《条例》普遍叫好，并希望旅游行政管理部门在规范旅游市场方面能够“立竿见影”。一位旅行社人士直言，旅游市场长期以来存在一个怪现象，就是乱承包部门，严重扰乱市场。尤其表现在国际旅行社，国际社的部门包部门、部门包桌子、桌子包抽屉、一个抽屉几个人承包，即第六七代承包的现象都存在，且拿的都是国际社的正规合同，一个承包抽屉者和一个大客户签合同，这个客户并不知道他只是一个“小抽屉”，还认为其比国内社强得多。这些“小抽屉”几乎无成本，所以竞争力很强。例如，一个国际社承包一个部门4万元，这个部门可再把本部门承包给3~6人分摊费用，这3~6人再分给几个人来承担承包费用，直到“抽屉”分摊费用。《条例》对这些层层叠叠的分包现象有明确规定，希望旅游主管部门能够硬起手腕，使这一怪象得到切实治理。

资料来源：http：//www. henan. gov. cn

问题：

1. 河南省旅游局为何如此重视《旅行社条例》的出台？

2. 新旧《旅行社条例》在旅行社设立方面的规定有何不一样？

【思考与讨论题】

1. 请谈谈旅行社设立的具体条件有哪些？

2. 根据《旅行社条例》的规定，设立旅行社分社和服务网点需要具备哪些条件？需要哪些程序？

任务二　旅行社的组织设计

任务介绍

旅行社依据业务范围，组建业务部门和职能部门，并选择适合自身发展的组织结构开展经营管理活动。本任务首先介绍旅行社各部门的职能和几种典型的旅行社组织结构，在分析现行结构弊端的基础上，探讨旅行社进行组织结构变革的动因，并预测旅行社组织结构变革的发展趋势。

任务目标

（1）认识旅行社的基本部门及职责；

（2）掌握旅行社的组织机构类型。

相关知识

一、旅行社的部门及其职能

（一）旅行社的部门设置

目前，我国旅行社按照不同的性质和业务范围可以分为很多部门，不同的旅行社也有不同的部门职能分类，一般比较大型的旅行社机构设置会包含以下职能部门。

（1）办公室：统筹、管理、行政。

（2）销售部：联系客户，销售旅游线路和产品。

（3）计调部：旅游线路策划、旅游预订、导游人员和旅游交通的调度。

（4）出境部：出境手续办理、接洽酒店选择、长期客户谈判。

（5）国内部：国内各类手续办理、接洽酒店选择、长期客户谈判。

（6）策划部：旅游路线策划、产品推广策划。

（7）导游部：导游人员招聘、培训与管理。

（8）财务部：会计、出纳、审计、预算核算。

（9）电子商务部：网络建设、网站编辑、网络宣传策划、网上交易。

（10）客服部：客户信息管理、投诉咨询受理、售前售后支持。

（11）票务部：各类票务，如交通票、门票等。

（12）地接部：地面接待。

（13）门市部：分销旅行社旅游产品。

（二）旅行社主要部门职责

作为旅游业的销售渠道，旅行社的基本职能就是向旅游者提供旅游活动所需要的各种服务。旅行社向游客提供满意的服务，需要各个部门的分工与合作。近年来我国旅行社的部门设置并不一致，但是办公室、销售部、计调部、出境部、国内部、导游部、财务部均为旅行社主要部门，现就其部门职责做简单介绍。

1. 办公室主要职责

负责旅行社的行政管理和日常事务，当好领导的参谋，协助领导搞好各部门之间的综合协调，加强对各项工作的督促和检查，建立并完善各项规章制度，促进旅行社各项工作的规范化管理；负责旅行社的公文整理和保管工作，沟通内外联系及上传下达工作；负责旅行社内外来往文电的处理和文书档案的管理工作，负责对会议、文件决定的事项进行跟踪、检查与落实；负责购置、保管、收发办公用品及旅游纪念品，并做到清正廉洁；负责接待来访人员，并对来访事宜做出解答和处理意见。

2. 销售部主要职责

加强与顾客的沟通和联系，进行旅行社产品的宣传和销售；协调所属部门的各项业务，完成旅行社下达的各项经济指标。

3. 计调部主要职能

计调即计划、调度，是旅行社完成接待任务、落实接待计划的总调度。计调具有较强的专业性、自主性、灵活性，因此计调部在旅行社各业务部门中处于核心和中枢地位。计调部门负责旅行社旅游资源的研发采购，开发设计旅游线路；维护与旅游景点、旅游饭店、旅游交通部门及合作旅行社的关系；负责旅游景点门票、旅游饭店的预订，导游人员、旅游交通的调度等；根据旅行社经营目标、季节变换及社会实时活动等，开发新型旅游产品；协助旅行社管理人员对导游、前台及业务人员进行旅游专业知识培训；收集、听取其他部门的反馈信息，努力提高旅游产品质量，降低成本，对旅游产品定价提出合理化建议。

4. 出境部主要职能

负责旅行社出境旅游客户的开拓和维护工作，根据市场反馈情况制定或修改客户开拓策略；与出境游客联系沟通、办理出境手续；维护与海外地接社、旅游饭店、旅游交通等协作单位的合作关系；与海外地接社联系，安排海外旅游行程；根据旅行社的经营目标、季节变换等，不断开发新市场、新客源；收集海外地接社及出境游客的反馈信息，不断提高旅游服务质量。

5. 国内部主要职能

负责旅行社国内及入境旅游客户的开拓和维护工作，根据市场反馈情况制定或修改客户开拓策略；与国内及入境游客联系沟通、办理相关旅游手续；维护与国内地接社、旅游饭店、旅游交通等协作单位的合作关系；与国内地接社联系，安排国内旅游行程；代表公司拜访客户，介绍旅行社产品，与客户建立良好的合作关系；收集分析行业及市场情况，定期向公司反馈。

6. 导游部主要职责

负责接待各类旅游团队及散客，组织本地区各类旅游团队及散客赴外地旅游；导游员严格遵守《导游员管理条例》，提供规范的导游服务；负责旅游过程中同各地接待社的联系、衔接和协调工作；依据旅游接待计划，安排好游客整个旅游行程中的食、住、行、游、购、娱，保护游客的人身和财产安全；反映游客的意见和要求，耐心解答游客的询问。

7. 财务部主要职责

财务部负责公司财务的直接管理，对公司的经营活动起着至关重要的作用。财务部对旅行社资金的供应、回收、监督和调节负主要责任。财务部工作人员应做好财务监督，经济核算，对团队接待各个环节的资金使用实施监督，把好报账结算关；应建立商业经营意识，采取预防措施，处理好欠款、坏账、呆账；做好成本管理，监督。督促相关业务部门及计调部对成本进行多层次控制，尤其对间接成本要做到心中有数；与银行、税务、工商、物价等管理部门建立健康和谐的关系。及时缴纳税金、报表或提供所需数据，理顺债务管理的各个环节；按财务管理制度管账，做到日清月结，账目清楚，合理准确。

以上几个部门的职责涵盖了旅行社的主要业务，各部门业务也有部分是交叉与重叠的。

二、旅行社现行组织结构类型

旅行社组织结构是其进行经营管理的组织载体，是旅行社业务运行的制度保障和实现旅行社经营目标的必要手段。我国旅行社的现有组织结构主要分为三种：以生产过程为导向的组织结构形式、以业务职能为导向的组织结构形式和以“业务流程+信息化”为导向的组织结构形式。

（一）以生产过程为导向的组织结构形式

在我国，大部分的旅行社都是中小型旅行社，其进行业务部门设置和划分的依据主要是内部生产过程，主要的部门包括：外联部、计调部、接待部和综合业务部。同时结合部门职能和自身的规模等因素设置办公室、财务部和人事部等管理部门。这种组织结构形式包括直线制（图 2-1）和直线职能制（图 2-2）。

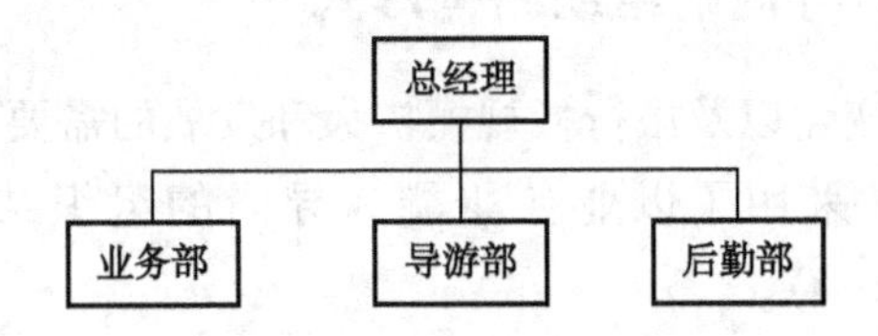

图 2-1 旅行社直线制组织结构图

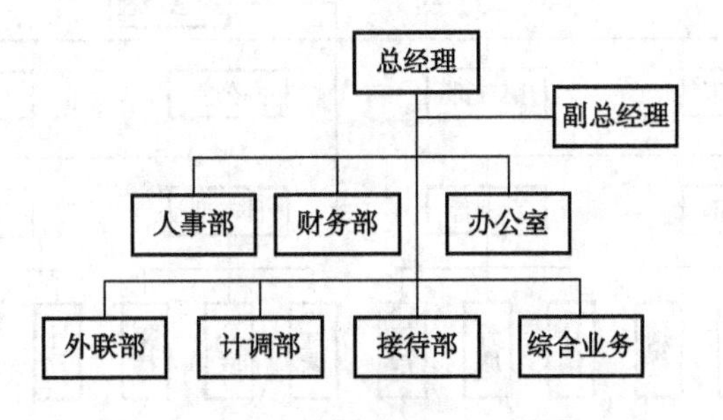

图 2-2 旅行社直线职能制组织结构图

以生产过程为导向的旅行社组织结构的设置，遵循了业界所称的“外联买菜、计调做菜、接待吃菜、总经理洗碗筷”的模式，无论是直线制还是直线职能制都是这种模式的反映。直线职能制是在直线制的基础上改进而来的，在保持统一指挥的原则下，设置相关职能部门。这两种旅行社组织结构具有如下优点：

（1）组织结构简洁明了，决策比较迅速。

（2）以生产过程为导向，每个部门以及每位职员的权限和责任很清晰，各司其职，各负其责。

（3）使业务操作得到简化，并能够对旅行社的员工进行有效的监督和跟踪管理。

当然这种组织结构也存在不可避免的缺陷：

（1）这种组织结构的设置将旅行社的业务流程人为地分割为不同的单元和模块，虽然提高了工作效率，但是没有一个员工对整个流程负责，没有人监督和管理整个生产过程，这就容易导致顾客的不满和产品质量的低劣。

（2）强调纵向命令的下达和执行力，容易忽视下级员工和部门的意见，横向的联系比较少，不利于各部门之间的协调和沟通。

【知识链接】

直线职能制组织结构——郑州凤凰旅行社

凤凰旅行社成立于2000年5月，位于河南郑州市中原区，主营国内各地精品旅游线路、最新旅游线路等，注册资本人民币50万元。

凤凰旅行社的组织机构采用了典型的直线职能制结构。该旅行社主要经营国内旅游业务，因此所涉及的业务较为简单，以内部生产为导向分别设置了计调部、导游部、业务部，通过分工协作提高工作效率，也使各部门责任与权利的实现相统一。根据工作的需要，设立了办公室内勤、法律顾问、财务部和质检部四个职能部门，能够为生产部门提供专业优质的后勤服务。业务部、法律顾问、办公室内勤、导游部、财务部、计调部统一由总经理管理，有利于总经理对整个公司的严格控制，管理权力集中度高。

（二）以业务职能为导向的组织结构形式

为了适应市场环境的变化以及旅行社规模扩大和发展的需要，旅行社组织结构也进行了相应调整，很多旅行社采用了以业务职能为导向的组织结构形式，包括事业部制（图2-3）和矩阵制（图2-4）。

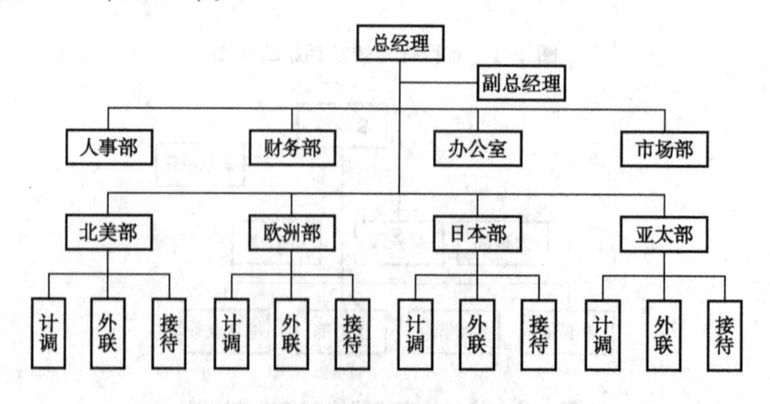

图2-3 旅行社事业部制组织结构图

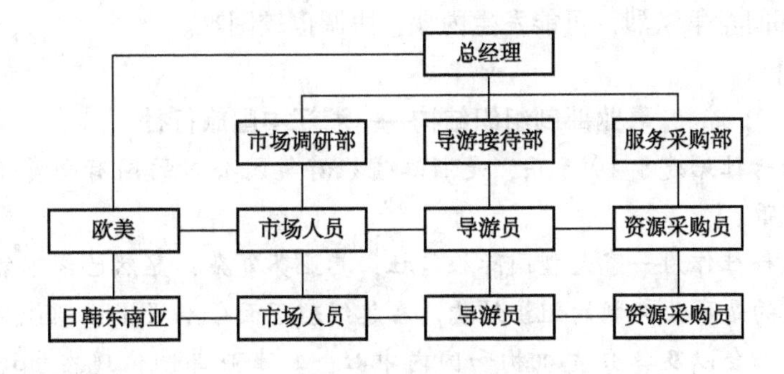

图 2–4 旅行社矩阵制组织结构图

事业部制按照业务职能设置旅行社的部门，对具有独立产品市场、独立责任和利益的部门实行分权管理，将相关的业务集中在统一的部门之下，统一指挥和调度。这种组织结构适合规模较大、产品种类较丰富和竞争力较强的大中型旅行社。因此在我国大中型旅行社都采用事业部制的组织结构形式，除了职能部门之外，按照地区（市场）将旅行社划分为不同的事业部，如欧洲部、美加部、日本部和东亚部等。每个地区都设有计调、外联、接待职能和人员，实际上每一个业务部门都是一个分化的旅行社，在总公司的统一领导下，实行独立核算、独立经营、自负盈亏。

事业部制具有明显优点：

（1）每个事业部都有自己的产品和市场，能够规划其未来发展，也能灵活自主地适应市场，对出现的新情况迅速做出反应。所以，这种组织结构既有高度的稳定性，又有良好的适应性。

（2）有利于最高领导层摆脱日常行政事务和对具体经营工作繁杂事务的直接管理，而成为坚强有力的决策机构，同时又能使各事业部发挥经营管理的积极性和创造性，从而提高企业的整体效益。

（3）事业部经理虽然只是负责领导一个比所属企业小得多的单位，但是，由于事业部自成系统，独立经营，相当于一个完整的企业，所以，他能经受企业高层管理者面临的各种考验。显然，这有利于培养全面管理人才，为企业的未来发展储备干部。

（4）事业部作为利润中心，便于建立衡量事业部及其经理工作效率的标准，进行严格的考核，易于评价每种产品对公司总利润的贡献大小，用以指导企业发展的战略决策。

（5）按产品划分事业部，便于组织专业化生产，形成经济规模，采用专用设备，并能使个人的技术和专业知识在生产和销售领域得到最大限度的发挥，因而有利于提高劳动生产率和企业经济效益。

（6）各事业部门之间可以有比较、有竞争。由此而增强企业活力，促进企业的全面发展。

（7）各事业部自主经营，责任明确，使得目标管理和自我控制能有效地进行，在这样的条件下，高层领导的管理幅度便可以适当扩大。

当然以业务职能为导向的旅行社事业部制也有不足之处：

（1）需要较多素质较高的专业人员来管理事业部。

（2）管理机构多，管理人员比重大，对事业部经理要求高。

（3）分权可能架空公司领导，削弱对事业部的控制。

（4）事业部间竞争激烈，可能发生内耗，协调也较困难。

【知识链接】

事业部制组织结构——浙江中国旅行社

浙江中国旅行社始建于1956年，是浙江省旅游集团公司的国有全资子公司。注册资本589万元人民币。

浙江中国旅行社作为一家大型国际旅行社，其业务复杂，显然已经不能适应直线职能制。因此，采用的是事业部制的组织结构。在总经理下面分别设置了职能部门办公室、财务部、客户部、工会以及各分支机构和国内中心，其事业部制体现在出境中心和入境中心。根据旅行社出入境旅游业务范围，分别设置了出境中心和入境中心两个事业部，在每个事业部下根据市场划分为不同的部门。

矩阵制由纵横两个管理系列组成，一个是职能部门系列，另一个是为完成某一临时任务而组建的项目小组系列，纵横两个系列交叉，构成矩阵结构。其显著特点是为了弥补流程割裂、部门隔阂而导致的横向沟通不足，设置了项目组。比如，为了接待一个会议团队，就要从市场调研部、导游接待部和服务采购部抽调相关业务人员组建成会展服务项目组，任务完成之后项目组人员回到原来所在部门。矩阵制的显著特点是“促进了一系列复杂而独立的项目取得协调，同时又保留了将职能专家组合在一起所具有的经济性”。但是项目组不仅受到项目领导指挥，同时受到原来职能部门的领导，双线领导制容易导致责任模糊、组织混乱。同时项目组成员位置不固定，致使有临时工作的观念，责任心不强。虽然矩阵制存在诸多缺点，但是在旅行社管理实践中是一种处于演变当中的组织结构。它从根本上意识到了原有组织结构的弊端，开始抛弃以分工为基本思想和科层制的组织结构思想，着手从流程的角度思考和变革组织结构，这是组织结构设计的极大进步，为业务流程再造提供了经验。

（三）现行组织结构的弊端

由于我国大部分旅行社是小型旅行社，适用于小型企业的直线制在我国旅行社中运用得最为普遍。但是直线制组织结构并不适合大中型旅行社的组织结构设计，而且在新形势下，直线制组织结构对企业的发展带来了越来越明显的阻碍作用。因此随着旅行社规模、新技术的发展、市场环境等因素的变化，旅行社的组织结构出现了改进和发展，直线职能制、矩阵制和事业部制就是为了弥补直线制的不足而存在的。但是以上四种组织结构形式都是以亚当·斯密的“劳动分工论”为理论基础，以泰勒的科学管理和法约尔的管理职能制为基本原理设置的。旅行社这种金字塔式的等级制组织结构，强调各部门的详细分工，职权明确，下级对上级负责。

目前，旅行社市场竞争更加激励，行业商业模式正在转变，市场需求更加复杂多变，信息技术日新月异，在这些因素的影响下，旅行社金字塔式的组织结构显现出了明显的缺陷。它强调纵向的上下级关系，而容易忽视横向的部门沟通。传统的旅行社组织结构从总经理到最底层的员工，指令的下达和信息的上传，严格按照逐级的原则进行上下级的沟通，这就容易导致管理机构膨胀和官僚作风盛行。同时部门之间的横向沟通通常是由部门经理出面执行，导致部门之间的割裂、知识信息在旅行社业务流程割裂和“倒管理”现象。很多旅行社实行“多劳多得”的政策，在这样的政策指导下，业务部门就会以本部门利益为重，忽视企业的整体效益和利益。而且重要的业务部门还会拥兵自重，不听从上级的调派和指挥，总经理只能倚重下属部门，导致旅行社管理中的“倒管理”现象，部门经理对部门的控制权过大，并会出现部门经理带领部门员工集体跳槽事件的发生，导致旅行社不断分裂成若干更小的旅行社，不利于行业的整体发展。总而言之，旅行社的先行组织结构造成了部门之间的横向沟通不畅，导致信息沟通困难和业务流程的断裂。为了对瞬息万变的市场信息做出及时的反应，旅行社就必须变革自身的组织结构，建立具有快速反应特征的组织结构。

三、旅行社组织结构的变革

正是由于传统组织结构不能适应我国旅行社的发展需要，同时旅行社又面临着竞争形势、市场需求、企业发展规模等因素的巨大变化，因此旅行社必须变革自身的管理模式和重新设计组织结构。

（一）变革的影响因素

导致旅行社变革自身组织结构的因素是多方面的，主要分为外部因素和内部因素。旅行社外部环境的变化是导致旅行社变革的直接压力。如果旅行社不能适应新的变化，就会被淘汰；若想实现旅行社的持续发展和壮大，就要进行一定的变革。这种变革或多或少包含着组织结构的改进和变动。因此，外部环境的变化对旅行社造成的压力是旅行社进行组织结构变革的基本原因。我们将从三个方面了解导致旅行社变革组织机构的外部影响因素：顾客、竞争、信息技术。

1. 顾客

顾客对旅行社产品的认可与否决定着企业在激烈的行业竞争中能否生存。目前，在我国旅游市场上顾客及其需求发生了翻天覆地的变化，旅行社要想处于竞争优势地位就必须将顾客及其需求放在首位。一是旅游需求多样化；二是旅游需求个性化；三是人们获得旅游产品信息的渠道多样化。以上三点导致旅游市场从需大于供转变为供大于需，因此旅游市场也由卖方市场转变为买方市场，旅游者在市场上占据着主动和支配地位。

2. 竞争

竞争是给旅行社经营管理者带来压力的直接因素。其一，截至2015年年底，全国纳入统计范围的旅行社共有27 621家，数量庞大的旅行社必然加剧竞争。其二，旅行社市场的竞争因素发生了变化。除了价格外，必须加强旅游产品在售前、售中和售后的服务质量。其三，随着我国旅行社市场的对外开放，更多的国外旅行社进入我国市场，给我国本土旅行社带来了极大冲击。

3. 信息技术

首先，信息技术使得旅行社的信息可以在旅行社内部各部门之间、顾客以及供应商之间实现共享，这就使得旅行社中间管理层的作用日渐式微，高层管理者可以通过网络或者信息化平台及时了解最底层的信息。因此信息技术推动了旅行社组织结构的扁平化，减少了中层管理人员，提高了效率，降低了旅行社内部管理成本。

其次，信息技术使旅行社的业务流程发生根本性的变化，改革了旅行社经营所需的资源结构，信息资源的重要性大大提升。旅行社的信息化必须以业务流程为导向，变革旅行社组织结构和管理思想，而不是手工操作的自动化和简单复制。

（二）变革的趋势

正是由于旅行社的现行组织结构具有诸多弊端，同时为了更好地应对顾客、竞争和信息技术等市场环境的影响，旅行社开始变革其组织结构。在诸多的变革趋势中以业务流程再造为根本指导思想建立起来的流程型组织结构最为引人关注。以信息技术为基础，以业务流程再造为导向的扁平化旅行社组织结构将更能适应当前和未来旅行社市场的变化和挑战，是企业组织变革的必然选择（图 2-5）。

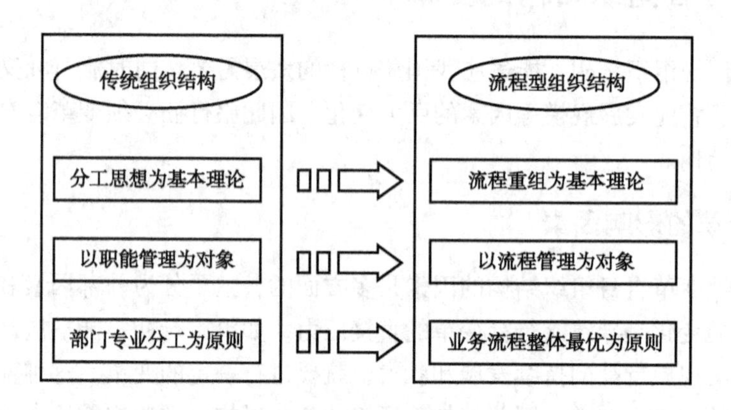

图 2-5 传统组织结构与流程型组织结构的比较

流程型企业与传统企业相比具有如下优点。

第一，这种组织结构减少了管理的纵向跨度，消减了中层管理机构，增加了横向的协调和沟通，能够使旅行社在面对复杂多变的市场需求时变得灵活、敏捷和富有创造性。

第二，以往各个部门的分工很明确，沟通比较少，基本上是“各扫门前雪”，导致了部门割裂和业务流程的割裂。流程型组织结构以业务流程为导向，对业务实行流程化管理，每一项业务都能够实现全程跟踪管理、监督和反馈，提高了服务的质量和速度，也提高了顾客的满意度。

第三，由于信息技术的使用，所以减少了人工的操作，提高了旅行社内部、供应商和顾客之间的信息传递速度和精确度。

总之，流程型旅行社更能适应现代旅游市场的特点。

【知识链接】

旅行社组织结构设计的原则

组织结构是一个组织内构成要素之间确定的关系形式，或者说是一个组织内各要素的排列组合方式。组织结构设计的原则包括：

1. 任务目标原则

组织结构设计要服从每一项工作的任务和目标，尤其是价值链上的目标，体现一切设计为目标服务的宗旨。

2. 分工协作原则

一家现代企业无论设置多少个部门，每一个部门都不可能承担企业所有的工作。企业部门之间应该是分工协作的关系，也就是说企业中有管财务的，有管人力资源的，有做后勤保障的，还有主导业务流程中各个环节的部门。因此，把握好分工协作原则对于现代企业来说至关重要。

3. 统一指挥原则

无论公司怎么设计，都要服从统一指挥的原则，要在公司的总体发展战略指导下工作。公司所有部门要按照董事会的方针进行工作，在总经理和总裁的统一指挥下工作。

4. 合理管理幅度原则

每一个部门、每一位领导人都要有合理的管理幅度。管理幅度太大，无暇顾及；管理幅度太小，可能没有完全发挥作用。所以在组织结构设计的时候，要制定合理恰当的管理幅度。

5. 责权对等原则

设置的部门或单位有多大的责任，就应该使其拥有相应的权力。如果没有对等的权力，根本无法完成相应的职责。所以责和权应该对等。

6. 集权和分权原则

在整个组织结构设计的时候，权力的集中与分散应该适度。集权和分权控制在合适的水平上，既不影响工作效率，又不影响积极性。

7. 执行部门与监督部门分设原则

例如财务部负责日常财务管理、成本核算，审计部专门监督财务部。执行部门和监督部门分设，也就是通常所说的不能既当裁判员又当运动员。

8. 协调有效原则

组织方案的设计应遵循协调有效的原则，而不应在执行组织设计方案之后，部门之间无法相互监督控制，或者一旦出现这一现象导致运营机制效率低下，就说明组织方案设计没有遵循协调有效原则。

【案例分析】

昆明康辉旅行社组织结构分析

昆明康辉旅行社有限公司（原昆明中国康辉旅行社有限公司）成立于1999年，其中中国康辉旅行社有限责任公司投资300万元人民币，占注册资金的51%，公司自然人投资现金290万元人民币，占注册资金的49%，该公司是由企业法人和自然人共同组建的有限责任制公司。注册资金590万元人民币，股本金总额为5 900万元。公司在云南省昆明市永丰路6号购置了面积为3 000多平方米拥有独立产权和土地使用权的独立办公楼一幢；另外还先后控股并入驻：昆明市永安路1号（云南烟草国旅大厦）、永安路88号（前卫饭店）两幢办公大楼。经中国国家旅游局批准经营入境、出境、港澳、边境、国内、商务、会议、考察等旅游业务。

昆明康辉旅行社有限公司在国内旅游市场和国际旅游市场中一直保持着优秀的成绩及良好的信誉，在西南三省独家获得泰国国家旅游局颁发的“安心泰国游”认证标志。

集团公司的组织机构为：总裁室—管理公司—各分公司（或各市场部）—各部门—各员工。每一个分公司都有自己的分公司总经理和副总经理（市场部的总经理则相当于分公司的部门经理）。所以，康辉有近20个总经理，100多个部门经理，当然，法人代表负责人则只有一个的，就是周新民先生（营业执照上的法人代表仍是北京康辉总部的李继烈先生）。公司将向集团化方向发展，网络化、品牌化经营为目标。建设100个门市部；拟在大理、丽江、香格里拉、腾冲、瑞丽、普洱、西双版纳、河口8个州、市、县组建以地接为主体的控股公司。集团公司将以“4321”为管理根本，即4个体系：以资本为纽带的法人治理体系，以客源为核心的批零业务体系，以标准化管理为控制点的风险防范体系，以规范化操作为考量的诚信评价体系；3个核心：康辉品牌、投资控股、母子公司、批零结构，标准管理、以块为主、诚信经营、规范操作，年检准入、达标升级、优胜劣汰、强者生存；2个功能：投资功能和管理功能；1个目标：实现年营业收入10亿元以上，年自组接待100万人次以上，年利税1 000万元以上。康辉旅游在不断健全完善批发业务体系的同时，积极发展“连锁经营”——直客营销服务体系的建设。“康辉旅游”连锁经营体系保持统一形象、统一产品、统一价格、统一服务，以及开展网络服务，为旅游消费者提供立体化、多渠道的客户服务。一个网络化的全国直销服务体系的建设是“康辉旅游”贴近市场、贴近客户、确立“以客户需求为导向”的市场营销模式的具体表现，更是“中国康辉”长远发展的一个战略目标 。

随着出境目的地国家的不断开放与旅游消费者市场的日渐成熟，“康辉旅游”不断开发个性化、家庭化的“生活方式”旅游，“休闲游”“自由行”“自驾车逍遥游”等休闲旅游产品不断丰富，客户服务日趋完善。目前，“中国康辉”随着“康辉旅游”这一品牌的成长而发展壮大，通过建立高品质的个性化产品体系、网络化的细分市场营销体系、专业化的客户服务保障体系，为社会各界提供更加热情、周到、安全、便捷、高效、专业的服务，并致力于将“康辉旅游”发展成为中国公民旅游大型旅行社集团企业第一品牌。

分析：这种组织机构属于直线职能制与事业部制的结合，比较适合康辉集团化发展的趋势。这种结构的优势有：保证直线制领导，有利于统一指挥，职能部门任务专业化，避免人力资源和物质资源的重复配置，同时也调动了事业部的积极性，有利于企业的扩张与业务多元化的要求，公司积极发展“连锁经营”——直客营销服务体系的建设。有利于促进公司规模的扩大，增强影响力。然而这种结构也存在缺点。一是职能部门与业务部门的协调差，加大管理难度，降低效率。二是公司与事业部的职能机构重叠，造成了人力资源的浪费，公司难以掌控事业部，沟通协调差。大力发展连锁经营也存在弊端，容易造成盲目追求规模，质量下降，一些连锁门市部难于提供高品质服务，影响企业品牌建设。

任务实施

实训目标：熟悉旅行社的组织机构设置。

实训任务：模拟旅行社部门岗位设置。

实训内容：

（1）要创立一家小型旅行社，主要业务定位为散客专线，你会采取何种方式建立？用这种方式建立，你该做哪些准备？旅行社建立后，你将如何设计旅行社的结构、部门和职位？

（2）根据所学内容，学生按5~6人分组讨论。

（3）做出方案并在课堂上派出代表介绍本小组方案。

（4）各组同学分别指出其他组在部门设置中存在的问题。

【案例分析题】

快速发展的上海春秋旅行社

上海春秋旅行社成立于1981年，是上海第一家拥有著名商标的旅游企业。多次荣获上海市“守合同重信用”企业、上海市“用户满意企业”、上海市“用户满意服务”称号，春秋上海总部从1994年开始至今已连续14年蝉联国内旅游百强第一名。自2005年上海市评选名牌产品以来，春秋已连续三次荣膺“上海市名牌产品”称号。

在国内旅游业为基础的前提下，上海春秋旅行社走出国门进一步开拓国际旅游业务。1987年“春秋国旅”成为二类社，获准经营国际旅游业务，1992年“春秋国旅”成为一类社。1993年在美国洛杉矶成立了美国分公司，打入美国主流市场，打破“华资旅游公司在美没有成功的先例”的历史。经过10年多的拼搏，已经在美国洛杉矶地区站稳了脚跟，并在旧金山、纽约、休斯敦、西雅图、圣地亚哥等地设立了代售点，现已成为洛杉矶地区颇具规模的，招徕美国人到中国旅游的五大华人旅游公司之一。在春秋美国分公司成功开办的基础上，相继在加拿大、泰国和香港地区开设了分公司。

1997年把原票务部门扩建成了春秋票务中心，成为国际航协会员，经营国内外几十家航空公司在全球各条航线的机票业务。票务中心设立了商务旅行管理部，为各类大中型企业提供全球饭店预订、国际国内机票预订等各项服务，取得了很好的效应，2003年虽受“非典”重创，营收收入仍达到3.5亿元，比1997年增长了9倍。

1998年国内部门市员工率先使用由“春秋国旅”自己研制开发的NOVEL散客售票软件系统，告别了票板操作的传统，在国内首创科技兴旅先河。在信息技术的支持下在国内率先实现旅游产品的标准化和实时化分销，“春秋国旅”在江浙地区有四百余家、全国有三千余家网络成员，成为中国最具规模的旅游批发商。200多家代理店中电脑联网近百家，营收比上年增长近3倍。1999年7月11日至20日，上海区域网络营收高达733万元，是1997年同期的近6倍。

1997年“春秋国旅”建立了春秋会议展览服务有限责任公司，承办国内外各类会议、展览业务，为他们提供会议策划、订房订票、会展布置、礼仪接待、广告宣传、口笔翻译和会后组织旅游观光等各项活动。1998年年底加入了国际大会和协会联盟（ICCA），成为中国大陆同业中第一个正式成员。至今“春秋国旅”顺利地组织了30多个大型会议和展览活动，其中2003年11月举办的第53届世界小姐总决赛，“春秋国旅”作为唯一的指定接待旅行社，接待工作受到世界小姐机构主席莫莉夫人“高效、热情、专业”的高度赞扬（之后连续作为指定接待旅行社接待54届、55届世姐总决赛）。

2004年5月26日，经国家民航总局批准，春秋航空以注册资本8 000万元人民币在上海正式筹建，就此全面打通旅游业上下游产业链，保障整个旅游业网络的全面铺陈和顺畅，形成独一无二的春秋模式。

目前“春秋国旅”在全国各地拥有35家全资子公司，在境外拥有8家全资子公司，全国联网销售网络成员4 000多家，专业导游900多名。“春秋国旅”旗下拥有“春之旅”“中外宾客同车游”“贵族之旅纯玩团”“自由人”“爸妈之旅”等高品质旅游产品，为全国最大规模的民营旅行社、上海市用户满意企业和上海旅行社业中唯一拥有著名旅游商标的企业，高端旅游产品“贵族之旅纯玩团”被评选为上海市首批服务类名牌产品。“春秋国旅”已经发展成为一家多元化发展的综合性旅行企业，业务涉及旅游、航空、酒店预订、机票预订、会议、展览、商务、因私出入境、体育赛事等行业。

问题：根据上述上海春秋旅行社的案例，谈谈你对旅行社组织结构与创新的理解。

【思考与讨论题】

请思考并讨论目前我国旅行社企业常见的组织管理模式有哪些？各有哪些优缺点？

项目三

旅行社产品设计与开发

项目分析

旅行社产品是旅行社存在与发展的基础。通常所说的旅行社产品是指旅行社为满足旅游者在旅游过程中的需要而向旅游者提供的各种有偿服务。本项目主要是针对旅行社产品的内涵、特征、类型、旅游线路设计等基本知识的认知。重点是掌握旅游路线设计的基本原则及流程，难点是进行旅行社产品设计与开发。

学习目标

※知识目标

（1）了解旅行社产品的概念及构成；
（2）掌握旅行社产品的特征和类型；
（3）了解旅游路线的类型；
（4）掌握旅游路线设计的基本原则及流程。

※能力目标

（1）能够对旅游产品进行类别分析；
（2）能够进行旅游线路的设计与开发。

任务一　旅行社产品的开发

任务介绍

产品是企业市场营销组合中最重要最基本的因素。现代市场中，企业之间的激烈竞争是以产品为中心的，企业其他营销因素也是围绕产品策略进行的。同样，旅行社产品是旅行社存在和发展的基础，旅行社经营管理中的重要内容之一就是看旅行社产品的种类、数量、质量及能否满足旅游者的需要。旅行社产品对企业的生存和发展起着决定性的作用。旅行社只有开发出适合旅游市场需要的产品才能获得经济利益。

任务目标

（1）了解旅行社产品的定义和构成；
（2）掌握旅行社产品的类型。

相关知识

一、旅行社产品的含义

虽然旅游业在我国的发展已有几十年的历史，但对于什么是旅行社产品，国内旅游学术界没能形成一个统一的认识，如有的学者直接把旅游产品作为旅行社产品，也有的学者和业界人士直接把旅游路线作为旅行社产品。在《中国旅游业50年》一书中，对旅游产品给出的定义是：旅游产品是指旅游经营者凭借一定的旅游资源和旅游设施向旅客提供的满足其在旅游过程中综合需求的服务；从旅游者角度，它是指游客支付一定的金钱、时间和精力后所获得的满足其旅游需求的经过。它是旅游业食、宿、行、游、购、娱的综合体，并具有生产和消费的同步性、无形性、整体性及不可转移和不可储存等特点。从这个定义中可以看出：旅游产品并不等同于旅行社产品，旅行社产品也并不仅仅是旅游路线。旅行社产品是典型的旅游产品。旅行社产品是旅行社考虑到市场的需求，为旅游者提供的各类产品的总和，并且它以固化形态的"产品包"的形式出现，将旅行社的各项承诺和服务融入其中。

旅行社产品的含义可以从两个方面来理解：

第一，从旅游者的角度来说，旅行社产品是指旅游者为了获得物质上或精神上的满足而花费一定的时间、费用和精力所换取的一种旅游经历。这种经历包括旅游者从离开常住地开始到旅游活动结束的全过程中对所接触的事物、事件和所享受的服务的综合性感受。

第二，从旅游经营者的角度来说，旅行社产品是旅行社为满足旅游者在旅游过程中食、住、行、游、购、娱等各种需求，而凭借一定的旅游资源及旅游设施向旅游者提供的各种有偿服务。这种服务具有不可感知的特性，也不涉及所有权的转移，但是可以满足旅游者的需求，包括各种形式的旅游线路。

二、旅行社产品的构成

旅行社产品不同于一般的物质产品，它是一种以无形服务为主体内容的特殊产品，它是由食、住、行、游、购、娱等各个要素构成的"组合产品"。旅行社产品的生产者都是从这一构成出发，去从事旅行社产品的生产的。

（一）旅游餐饮

"食"是旅行社产品不可缺少的要素之一，也是旅游者重要的需求内容。尤其是驰名中外的特色饮食，更是旅游者的主要追求目标，因此旅行社在进行旅游线路设计安排时大多会安排品尝当地特色风味餐的项目。同时，旅游中的餐饮质量直接会影响旅游者对旅行社产品的满意度，对旅行社的信誉和形象来说也是非常重要的。

旅行社对安排餐饮的原则是：卫生、新鲜、味美、量足、价廉、营养、荤素搭配适宜。

（二）旅游住宿

住宿一般占旅游者旅游时间的三分之一。因此，旅游者对住宿的满意程度，也是关系旅行社产品信誉的重要一环。旅游住宿是涉及旅行社产品质量的重要因素，销售旅行社产品时，必须注明下榻饭店的名称、地点、档次以及提供的服务项目等，一经确定，不能随便更改，更不能降低档次、改变服务项目。

旅游住宿包括旅游宾馆、酒店、度假村、青年旅社、家庭旅馆、招待所等类型。旅行社对安排旅游住宿的原则通常是根据旅游者的消费水平来确定的，对普通旅游者而言就是：卫生整洁、经济实惠、服务周到、美观舒适、位置便利。

（三）旅游交通

旅游交通作为旅游业三大支柱之一，是构成旅行社线路产品的重要因素。实际上，旅游的发展是伴随着交通的发展而发展起来的。可以说，没有现代化的交通就没有现代化的旅游。在旅游中，如果旅游交通不能保证供应价格合理、舒适安全、快速准确的优质服务，就会影响旅行社产品的质量，制约旅行社的发展。

旅游交通可分为长途交通和短途交通，前者指城市间交通（区间交通），后者指市内接送（区内交通）。交通工具有：民航客机、旅客列车、客运巴士、轮船（或游轮、游船）。旅行社安排旅游交通方式的原则是：便利、安全、快速、舒适、价平。

（四）游览观光

游览观光是旅游者最主要的旅游动机，是旅行社产品产生吸引力的根本来源，也反映了旅游目的地的品牌与形象。旅行社对安排游览观光景点的原则是：资源品位高、环境氛围好、游览设施齐全、可进入性好、安全保障强等。

（五）购物项目

“购”是旅行社产品的构成要素之一。旅游者在旅游过程中购买一些商品、土特产品、旅游纪念品，以自用或做纪念或馈赠亲友，是旅游活动中的一项重要内容。

旅行社安排购物的原则是：购物次数要适当（不能太多）、购物时间要合理（不能太长）；要选择服务态度好、物美价廉的购物场所，切忌选择那些服务态度差（如强迫交易）、伪劣商品充斥的购物场所。旅行社产品中的购物项目分为定点购物和自由购物两种。

（六）娱乐项目

娱乐项目是旅行社线路产品构成的基本要素，也是现代旅游的主体。只有娱乐项目的多样化、知识化、趣味化、新颖化，才能广泛地吸引各类旅游者。娱乐项目包括歌舞表演、戏曲、杂技、民间艺术以及其他趣味性、消遣性的民俗活动。许多娱乐项目都是参与性很强的活动，能极大地促进旅游者游兴的保持与提高，加深旅游者对旅游目的地的认识。

（七）导游服务

旅行社为旅游者提供导游服务是旅行社产品的本质要求，大部分旅行社产品中都含有导游服务。导游服务包括地陪、全陪、景点陪同和领队服务，主要是提供翻译、向导、讲解和相关服务。导游服务必须符合国家和行业的有关标准及有关法规，并严格按组团合同的约定提供服务。

（八）旅游保险

旅行社提供旅行社线路产品时，必须向保险公司投保旅行责任险，保险的赔偿范围是因旅行社的责任而导致旅游者在旅游过程中发生人身和财产意外事故而引起的赔偿。

（九）其他服务

包括交通票务服务、订房服务、订票服务、签证服务等委托代办业务，它们是旅行社产品的必要补充。

以上各种要素的有机结合，构成了旅行社产品的重要内容。旅行社产品是一个完整、科学的组合概念，完美的旅行社产品是通过最完美的组合而形成的。

三、旅行社产品的特征

旅行社产品属于服务产品的一种，具有所有服务产品的共同属性，但是它又有其独有的特征，集中体现在以下几个方面：

（一）综合性

由于旅游活动的丰富性，旅行社产品表现出高度的综合性。这种综合性体现在其产品本身就是由旅游交通、住宿、餐饮、景点、线路、娱乐、购物、服务等多项服务组成的综合型产品。这些产品所涉及的部门和行业众多，不仅涉及直接为旅游者提供产品和服务的旅游行业的各个部门，还涉及很多旅游行业之外的其他行业，如建筑业、交通运输业等。

（二）无形性

任何服务性产品都具有无形性的特征。旅行社产品的无形性表现在旅行社产品不是实体，而是旅游者花费一定的时间和费用获取的一种体验和感受，这种体验和感受对旅游者来说是无形的。这种产品的无形性在消费前甚至消费中都无法估量，一般在实际消费后才能真正感知并做出评价。

（三）生产和消费的同步性

一般商品，生产和消费是相互分离的，而旅行社产品具有不可分离性，这表明旅行社产品的生产和消费是同时进行的。旅行社产品一般都是在旅游者亲自参与下生产的，旅行社提供产品的同时，消费者也在消费，并且是在同一时间、同一地点发生的。旅游者使用旅行社产品的过程，也就是旅行社生产和交付产品的过程。

（四）不可转移性

旅行社产品具有不可转移性，这表明旅行社产品的生产和消费过程中，不涉及任何所有权的转移。一方面，旅行社产品进入流通领域后，其商品仍然固定在原地，旅游者只能到旅行社产品的生产所在地进行消费（如旅游景点、旅游饭店等）；另一方面，旅游者在购买旅行社产品后，这种买卖交易并不发生所有权的转移，而只是使用权的转移。换言之，旅游者只是在某一特定的时间和地点得到或使用有关服务，所以，旅游者所获得的主要是一种满意或失望的感受和经历。

（五）不可储存性

对旅行社来讲，旅行社产品的效用是不能储存的。旅行社产品是一种行为，不能像有形产品一样储存起来，供以后销售或使用。例如：旅游线路，今天没有销售，就失去了今天的价值。所以，旅行社产品的效用和价值不仅附着在地点上而且也附着在时间上。因此，旅行社产品突出表现有不可储存性。为此，旅行社不仅要千方百计提高产品质量，而且要科学预测旅游需求。

（六）差异性

旅行社产品具有差异性，这表明旅行社产品的构成成分及其质量水平经常变化，很难统一界定。旅行社产品的服务是以人为核心，由于每个人的需求不同，使得对旅行社产品质量的检验很难采用统一的标准。例如：同一导游，同样的导游服务，但在同一团队不同旅游者可能评价就不一致，而不同旅游团队的评价可能大相径庭。

（七）公共性

旅行社产品具有公共性，这表明旅行社产品一旦进入市场，其他旅行社可以竞相模仿，无条件受益。因此，各旅行社产品很容易雷同。旅行社产品的公共性：一是表现在餐饮、住宿、交通运输等单项旅游产品上；二是表现在常规观光旅游产品上。

（八）脆弱性

旅行社产品具有脆弱性，这表明旅行社产品易受影响。这种脆弱性的特征可以从两个方面来理解：从旅行社角度来说，旅行社产品的生产涉及多个部门和行业，比如说产品立项时，需要市场部门的调研配合；做需求分析时，需要生产部门的配合；在开发过程中，更需要各个部门之间的相互配合，这些部门中任意一个部门发生变化，都会直接或间接影响到旅行社产品的生产和消费的顺利进行。从旅游者的角度来说，旅游虽然是人们生活中的一种需要，但又不像食物、衣服等是生活必需品，其代替性比较强。同时，旅游活动还受到社会和自然因素的影响，如战争、政治动乱、国际关系、经济状况、汇率变化和自然灾害等。这些因素的变化都会影响旅游需求的变化，并由此影响旅行社产品的生产和消费。

四、旅行社产品的类型

对旅行社产品进行分类对于旅行社产品的开发具有重要意义。根据不同的分类标准，旅行社产品呈现不同的形态。

（一）按旅游者的组织形式划分

1. 团体旅游产品

团体旅游也称“集体综合旅游”，一般由 10 人或 10 人以上的旅游者组成，旅行社提供路线，游客选择购买，然后游客在规定的时间、地点、景区、在导游的陪同下，乘坐交通工具，住预定的宾馆，按照规定的路线完成食、住、行、游、购、娱等旅游过程。在我国的旅行社产品中，这种团体旅游占绝大多数。

2. 散客旅游产品

散客旅游又称自助或半自助旅游，一般由 10 人以下的旅游者组成，它是由游客自行安排行程，零星现付各项旅游费用的旅游形式。散客旅游和团体旅游在行程安排、付费方式、价格、自由度、旅游人数等方面都有所不同。

（二）按产品包含的服务内容划分

1. 全包价旅游产品

全包价旅游是指包括 10 人及以上的团体和不足 10 人的团体将旅游过程中的食、住、行、游、购、娱等各种相关的旅游服务全部委托给一家旅行社办理，一次性预付所有的旅游费用。这种包价方式，从旅游者登上旅行社提供的交通工具开始，直到旅程结束，把游客送到出发地为止，游客的所有旅游费用全部已包括，不再发生另外的费用。这种包价服务对于旅游者来说价格比较优惠，对于旅行社来说，易于批量操作，可以提高工作效率，降低经营成本。

2. 部分包价旅游产品

部分包价旅游是指在全包价旅游的基础上，扣除中、晚餐费用的包价形式。采用这种部分包价旅游对于旅游者来说可以更好地满足旅游者在餐饮方面的个性需求，到达不同的地方可以吃到当地的特色美食，享受旅游带来的欢乐；对于旅行社来说降低了旅游产品的直观价格，提高了产品的竞争能力。

3. 小包价旅游产品

小包价旅游又叫作可选择性旅游，一般由 10 人以下的旅游者组成，它是指旅游者可按本人意愿选择所需的旅游项目。它由可选择部分和非可选择部分组成。非选择部分包括接送、住房和早餐，旅游费用由旅游者在旅游前预付；可选择部分包括导游、风味餐、节目欣赏和参观游览等，旅游者可根据时间、兴趣和经济情况自由选择，费用既可预付，也可现付。这种包价旅游对于旅游者来说经济实惠、手续简便、机动灵活、方便舒适；对于旅行社来说人少易于操作。

4. 零包价旅游产品

零包价旅游是一种独特的产品形态，多见于发达国家。参加这种旅游的旅游者必须随团前往和离开旅游目的地，但在旅游目的地的活动是完全自由的，形同散客。参加零包价旅游的旅游者可以获得团体机票价格的优惠，并可由旅行社统一办理旅游签证。这种包价旅游对于游客来说可以享受到比纯自费优惠得多的团队付费待遇；对于旅行社来说可以获得航空公司或相关经营单位的佣金回报。

5. 组合旅游产品

组合旅游是一种产生于 20 世纪 80 年代的旅行社产品，多流行于饭店、交通等旅游服务设施相对过剩的地区。组合旅游产品的主要形式是旅游线路。这种产品的经营者主要是旅游目的地旅行社，他们根据对旅游客源市场需求的调查和了解，设计出一批固定的旅游线路，并将这些旅游线路的具体内容广泛通知旅游客源市场的旅行社，由后者负责向旅游者推销，并按时将旅游者送到旅游目的地。购买这种产品的旅游者在预定的日期到达旅游线路的起始点，由目的地旅行社将他们集中起来组团旅游，每团人数不限，只要语言相同即可。旅游者既可随团活动，也可自由活动。旅游活动结束后，旅游团在旅游活动结束的地点解散，旅游者各自返回居住地。

组合旅游是一种较灵活的旅行社产品。旅行社把来自不同旅游客源地的零散旅游者汇集起来，组成旅游团进行旅游，避免了一些旅游客源地旅行社因当地旅游者人数少，不能单独成团，而造成客源浪费的弊病。另外，组合旅游的组团时间较短，有利于旅行社在较短的时间内招揽大量的旅游客源。

对于旅游目的地旅行社来说，旅游团的人数越多，边际成本越低，利润就越大。因此，旅行社应该尽量扩大招揽网，以保证有足够的客源。另外，旅行社还必须做好旅游交通、住宿、餐饮等服务项目的采购工作，建立一个高效率、低成本的采购网络，确保旅游服务的充分供应。

6. 非包价旅游产品

非包价旅游产品主要是指单项服务，它是旅行社根据旅游者的具体要求而提供的各种非综合性的有偿服务。旅游者吸引的多样性决定了旅行社单项服务内容的广泛性，但其中常规性的服务项目主要包括导游服务、交通集散地接送服务、代办交通票据和文娱票据、代订饭店客房、代客联系参观游览项目、代办签证和代办旅游保险等。

旅行社单项服务的对象十分广泛，但主要是零散的旅游者，包价旅游团中个别旅游者的特殊要求一般也视为单项服务。单项服务在旅游业界又称委托代办业务，旅游者可采取当地委托、联程委托和国际委托等不同的方式交旅行社办理。

近年来，委托代办业务日趋重要，许多旅行社都成立了散客部或综合业务部，专门办理单项服务。旅行社重视单项服务的根本原因是近年来全球性散客旅游的迅速发展。目前，全世界散客旅游所占比重与传统的团体旅游相比越来越高，已达到80%左右。在我国部分旅游城市，如北京，散客旅游者占旅游者总数的60%。散客旅游的兴起，是旅游者心理需求个性化、国际旅游者旅游经验日趋丰富和信息与科技的推动等因素综合作用的结果。

【行业动态】

散客化　中国旅游业发展的必然趋势

1. 国人旅游观念变迁：从极少出游到全民休闲

俗话说，读万卷书不如行万里路。游山玩水一直以来都是国人喜爱的休闲方式。然而，早些时期，旅游休闲并非人人都能享受，出游似乎只是文人墨客或纨绔子弟、抑或是有钱人的特殊消遣。直到近年来，随着生活水平的提高，旅游才逐渐发展成为国民生活最主要的休闲方式，并渐渐成为中国好生活的一个重要标志。

2. 出游观念从无到有，国民从极少出游到全民休闲

在中国古代，出门游山玩水的不外乎几类人：文人墨客、侠士、游医、僧人道士、王侯将相、富贵人家等。平常百姓人家，几乎极少出游，甚至如果普通人家孩子想撂下担子出去游玩几天，还会被骂不务正业。这固然是与当时的社会历史环境有关。然而，我们不难看出，在古代，旅游休闲只是有钱人家的娱乐，或是浪人的生活足迹，与寻常百姓相距甚远。

直到改革开放以后，国家大力发展旅游业，随着各地旅游景点的修建，出行交通、酒店、餐饮等相关配套的完善，国家法定节假日的确立，国民旅游休闲意识逐渐从无到有，并且成为国民生活重要组成部分。

尤其是近几年来，随着国民旅游休闲计划纲要的提出，带薪休假制度的建立和完善，旅游休闲已然成为国民热爱的一种生活方式，从近年“五一”“十一”民众出游井喷的壮景便可见端倪。

3. 从景点参观到休闲度假，国民旅游需求不断提升

随着旅游观念的转变和旅游业的发展，国民在旅游休闲方面的投入不断增多，民众对旅游的需求也在不断提高。

在旅游业发展初期，国民旅游主要是以景点参观为主，“上车睡觉、下车撒尿、到景点拍照，回来一问啥都不知道”是这种走马观花式旅游的真实写照。显然，这种旅游方式并没有带给人们期望的享受，人们很快便不满足于这种休闲方式，于是有了更多针对游客需求的体验式度假休闲旅游。

从旅行社报团参加的景点旅游，到现在蓬勃发展的个人游、自助游等，体现了国民对旅游需求的不断提升。大城市周边的农家乐、打折季出境购物游，黄金周自驾游等，琳琅满目的旅游项目，五花八门、应有尽有。国民也从只为拍照留念的“到此一游”转变为越来越注重心情是否愉悦、身心是否得到放松休养等精神享受。

4. 景区门票迈入“百元”时代 黄金周依然火爆

同国民旅游观念与时俱进的，还有景区门票的价格。近年来，随着旅游市场的蓬勃发展，各地景区门票也是“日新月异”，虽然国家三令五申，并出台法规规范市场，但仍避免不了景区门票三年必涨的怪圈。

国民旅游需求的井喷，各地景区门票节节攀升、纷纷过百，迈入“百元”时代，网上民众大呼“玩不起”，然而黄金周依然火爆。尤其是今年中秋国庆黄金周，恰逢小客车节假日高速免费政策实施，极大地刺激了国民出游热情，于是黄金周变成了“黄金粥”，游客被堵在高速上叫苦连连。

国民旅游热情极高，需求旺盛，各地名胜古迹，除了提高门票价格外，更应提升景区服务水平，使物有所值，达到全民休闲的目的。

旅游休闲等第三产业的发展，不仅反映出国民经济的发展状况，还反映了国人精神文化的需求。从不知何谓旅游到全民休闲，从景点参观到讲究休闲体验，国民生活随着社会发展不断变迁。国人不仅在物质上得到满足，精神上也得到极大丰富，这或许就是中国好生活。

散客时代，旅行社仍大有可为

从以往“唱主角”的报团出游，到如今变身“主力军”的散客游。旅行社该如何“补课”迎接散客时代？

1. 自由行大行其道

业内人士表示，随着大众旅游深入发展，游客的消费内容日趋个性化，对产品和服务也更加挑剔。与此相应，旅游业转型升级，旅游产品不断更新，旅游方式灵活多样，自由行必将大行其道。

如今，携程、同程等旅游电子商务网站异军突起，各大旅行社纷纷跟风推出在线旅游

交易服务。前不久，我市也出现了专门的旅游电子商务网站——“慧游天下”旅游电子商务平台，满足散客群在线支付需求。同时，我市部分旅行社也在尝试推出自由行线路，以此吸引游客。

“自由行虽有别于报团出游，但旅行社可提供部分预订服务。”河南科技大学旅游管理系副教授仝红星说。旅行社提供的预订服务，一般包括四个部分，除传统的订票和预订酒店外，还可包括旅游目的地地接以及增值服务。例如，从机场到酒店的接送、当地用车、优惠门票、代办保险、旅行签证等。因此，散客时代，旅行社仍大有可为。

2. 休闲旅游有金掘

洛阳国旅副总经理翟曼红认为，如今市民的出游需求和出游方式日趋多样化，已从传统的观光游向度假休闲游、体验游等方面转变，缺乏创新的旅行社是无法紧跟市场变化的。

仝红星表示，随着散客自助游不断增多，人们在具体旅游消费行为上表现为消费动机和出游方式多样化、出游时间分散化，对旅行社服务的要求越来越高。

据调查，我市不少旅行社，尤以中小旅行社缺乏旅游产品创新能力，普遍存在线路同质化、旅游方式单一等问题，大部分仍集中于观光旅游，对休闲游、商务游、会展游等潜力巨大的旅游产品开发不够。

业内人士认为，如今，观光旅游已转向倚重新生旅游客源和老年人市场，代表旅游市场客源主体的散客日益青睐休闲度假游。因此，旅行社着力创新、抢抓休闲旅游先机就显得尤为重要了。

3. 旅行社应顺“势”而为

“自助游花费与报团出行差不多，但时间自由，想玩就玩，想休息就休息。”喜欢外出旅游的孟琪说。与跟团的“走马观花”不同，散客游更注重对行程的体验，游客有更多时间体会旅游目的地的人文风情，品尝特色美食。

“自助游风靡，对旅行社既是挑战也是机遇。”仝红星表示。面对这种变化，旅行社一方面应把握游客“口味”的变化，在迎合、预测市场需求上下功夫，推出一系列适应游客需求的休闲游、深度游产品，而不能一味地推出那些“大众化”路线。另一方面，针对自己的优势打组合牌，提供性价比更高的酒店、门票等，针对不同顾客群开发不同档次、不同特色的产品，形成种类齐全、结构完善的产品体系，满足不同层次游客需求。

业内人士表示，随着游客需求的转变，消费市场结构在发生明显变化。旅行社的服务内容也应随之转型升级，应从原来的主导消费转变为服务消费，更加重视质量和品牌，进一步扩大服务范围。例如，开发代订车票和酒店、代办签证、提供机场接送等服务项目。

资料来源：http：//cats. org. cn/lilunyuandi/zhanlue/21819

（三）按产品档次划分

1. 豪华等旅游产品

豪华等旅游产品旅游费用较高，旅游者一般住宿和用餐于四五星级酒店或豪华游轮里；享受中高级导游服务；享用高档豪华型进口车；享用高水准娱乐节目等。

2. 标准等旅游产品

标准等旅游产品旅游费用适中，旅游者一般住宿和用餐于二三星级酒店或中等水平的宾馆、游轮里；享用豪华空调车。标准等旅游产品是目前大多数旅行社主营的旅游产品类型。

3. 经济等旅游产品

经济等旅游产品价格低廉，旅游者住宿和用餐于普通招待所和旅社内；享用普通汽车。

【行业动态】

高端精品游出现　最低报团费都是万元之上

旅游旺季的到来，越来越多的人旅行。据笔者了解到，近来，各类旅行社开始瞄准"有钱人"推出高端精品游，专做高端定制的旅行社也出现。业内人士认为，高端定制旅行社的出现说明业界开始反思低价扩张的经营模式，但高端定制需要旅行社有大量采购资源支撑，服务也要十分专业到位，客源渠道也很重要。有业内人士坦言，专做高端定制游的投资回报期会"比较长"。

高端定制游目前以海外游为主

2012年5月19日，一家名叫"新历游"的旅行社在中国香港、广州两地同时成立。其中位于广州的分公司，专门只做国内的高端定制游。记者看过新历游提供的线路，其中一条北京六天游线路，安排入住颐和园内一家只有51个房间的酒店，每天只游玩两个景点，价格为24 888元/人。旅行社负责人说，客人可以按照自己的喜好删改景点，旅游时不用起早贪黑，客人可以睡到自然醒再慢慢游玩，而且配备"旅游管家式服务"，24小时全天候待命，1人就能成行。

传统旅行社曾推近似产品

国内旅行社试水高端精品旅游并非新鲜事。今年第二届"中国旅游日"上，广之旅就第二次推出其高端精品游"大美之阅"，6条线路中有4条属于出国线路，2条是国内线路，价格以一两万元/人为主，最高45 800元，最低5 799元。广之旅有关负责人介绍，去年也曾推出6条精品线路，当时只有1条线路是国内线，全部都有成团。

不过新历游旅行社的有关负责人指出，广州许多老牌传统旅行社都曾推出过高品质团、小包团等概念，这些概念与高端游、定制旅游有些近似，但均未脱离常规旅游的范畴。之后，俱乐部或是会所、网络公司纷纷试水高端定制产品。但在行程上多为南北极游等特种旅游，或是海外游市场，却没有一间旅行社专注于高端定制游。

广之旅最新推出的"大美之阅"，大部分是探险猎奇类旅游，只有两条线路是邮轮游或品酒游。携程旗下顶级旅游品牌鸿鹄逸游最近推出的"南极+巴西嘉年华20~22天行程"等线路，也都是境外游。

投资回报期比较长

广之旅市场推广中心总经理温前也认为，高端定制游的市场是有的，值得尝试。过去很多旅行社也都尝试过兼营，广之旅每年也接到不少小包团定制式产品的订单。

有钱人的钱是否真这么好赚？广州新历游总经理江帆坦言，专做高端定制游的投资回报期会比较长。"什么时候赚钱真不能回答，不过我相信会赚。"他说。目前旅行社采用"零利润采购"，比如酒店网站上的价格是多少，他们给客人的价格就是多少，旅行社赚取的是"服务费"，"我们的客户对价格不敏感，反而是管家式的服务能吸引客人。我认为加收13%~15%的服务费也无所谓，因为客户自己去也是差不多的费用。"

采购资源和客户源是难题

广东省旅游协会副会长兼秘书长李进茂认为，近年旅行社为求市场占有率，不断采取低价竞争方式，逐渐形成恶性循环，高端定制游的经营理念实际上是旅游概念的回归。现在的问题是品牌还没有树立，市场也没有对接上。

广东决策研究院旅游产业研究中心副主任劳毅波也指出，传统旅行社发展已经面临瓶颈，而从技术层面上说，要做高端旅游必注重“私”“贵”“少”。

温前认为，专做高端定制旅游对旅行社要求很高，首先是采购资源上，旅游旺季很难与传统大社竞争，其次是要看客户渠道有没有打开，也就是怎样找到客户群。产品和服务的专业程度要求也很高，需要了解每一个客户的“口味”，而不仅仅是酒店、交通工具的升级那么简单。

资料来源：http：//www. daocheng. net/news/21369105. html

（四）按旅游目的划分

1. 观光型旅游产品

观光型旅游产品是一种传统的，最为常见的旅行社产品。它是以游览、观赏自然风光、文物古迹、民族民俗风情和都市风貌为主要内容的旅游活动。传统的观光型旅游以自然景观、历史遗存或城乡风光作为游览、观赏对象。

随着人们生活水平的提高和游览经历的丰富，传统的观光型旅游难以满足社会的需求。20 世纪后半叶，一些大型的主题公园、游乐设施、人造“野生动物园”以及用高科技手段开发的新型旅游产品，如海底观光、虚拟太空游览等层出不穷，这类产品不仅丰富了传统的旅行社产品，而且具有较高的观赏价值，深受广大旅游者喜爱。

2. 文化型旅游产品

文化型旅游产品是以了解目的地的文化为主要内容的旅游活动。它包括学术考察旅游、艺术欣赏旅游、修学旅游、宗教旅游、寻根和怀旧旅游等。

随着旅游者文化素质的提高和游览阅历的丰富，对旅游活动文化品位的要求越来越高，文化内涵也越来越多样化，旅游将成为一种普遍的社会教育活动。比如，我国近年来学校组织的各类“夏令营”“红色旅游”“修学旅游”等，尤其以假期修学旅游为主的针对学生的旅游线路更是丰富多彩。如广东一些旅行社推出的“中国近代史”“伟人孙中山”“黄埔军校”等为题材的历史教育修学线路；以粤北、粤西民间文化和民俗风光为题材的地方文化修学线路；以观光城市建设和现代化企业为内容的现代化教育修学旅游线路以及出国修学旅游等。文化旅游是 21 世纪旅游的一大热点。

3. 商务型旅游产品

随着世界经济全球化进程的发展，商务型旅游也成了旅行社客源的新的增长点。经贸往来的增加，商务交流的频繁，会展业务的推广，奖励旅游的兴起，各类考察活动的展开都为商务型旅游提供了客源和收益的保障。商务型旅游与其他形式的旅游相比，其特点更为显著。

第一，旅游频率高。由于商务活动的经常性，而且不受气候、淡旺季影响，需要经常外出。

第二，消费水准高。商务旅游者的旅行费用是公司开支，为了生意需要，旅游消费的标准常常比其他类型旅游者高。

第三，对旅游设施和服务质量要求高。商务旅游者一般都是要求下榻的饭店具有完善的现代化通信设施和便利的交通工具，期望服务人员素质较高，配置高档的娱乐健身设备和会务、金融场所等。

相对于旅行社而言，商务旅游是企业利润最新、最重要的来源。

4. 度假型旅游产品

度假型旅游是指利用假期进行修养和娱乐的旅游方式。近年来颇受旅游者的青睐，且占据旅游市场不少的份额。过去传统的度假旅游以享受 3S（阳光、海水、沙滩）为主。到了 20 世纪后半叶，一些经济发达的国家，度假旅游形式发生了变化。如夏季阳光度假、冬季滑雪度假、森林露营度假、豪华游轮度假、海滨乡村度假、品尝美食度假、体验高尔夫球运动型度假、新婚蜜月度假等不断地兴起。

度假型旅游虽然也是一种休闲旅游活动，但它不同于观光型旅游。

首先，度假旅游者不像观光旅游者那样到处游动，而往往是选择一个较为固定的度假地，在那里住一段时间。

其次，度假者多采用散客旅游的方式，一般以家庭和亲朋为单位，而不像观光旅游者那样组成团队进行旅游。

最后，度假旅游者的消费水平高，对度假的设施要求要比较舒适。

5. 特种型旅游产品

特种型旅游和其他旅游方式相比，具有明显的“新、奇、险、少”特征。人类探求自然、亲近自然、战胜自然的激情从来都是汹涌澎湃。对未知的东西，总是抱着一种希望去了解它、去体验它。探险、登山、徒步、自驾车、横渡、穿越丛林、跨越峡谷以至于将来去太空等。这些似乎是人类精神的展现，尤其在现代激烈竞争的经济环境中，人们需要战胜困难的力量，而通过特种旅游活动的实现就能获得这样的信心。

特种型旅游属于运动型旅游，两者的意义不可分割。因此，深受广大青少年和勇敢者的喜爱。我国特种型旅游的开展方兴未艾，成为旅行社产品的全新热点。旅行社利用人们的好奇心理和寻求新生事物的欲望而设计开发的特种旅游，满足了人们磨炼意志、挑战自我、炫耀价值的心理需求。不过，特种型旅游的高风险性、高投入性、单一性和时间性使得参与的人群面较窄，尤其是前期的准备工作和开发工作难度很大。所以，它的发展还需要一个渐进的过程。但是，特种型旅游的趋势已经显露端倪。

【知识链接】

旅游产品的其他分类

1. 按旅游者空间范围划分：国际旅游产品和国内旅游产品。

2. 按服务形式划分：组团赴外地旅游产品、接待外地的旅游团来本地旅游产品。

3. 按旅行社业务分工划分：旅游经营产品、旅游批发产品、旅游零售产品、旅游代理产品、特殊旅游产品。

4. 按旅游行程距离划分：短程旅游产品、中程旅游产品、长线旅游产品。

5. 根据所使用的主要交通工具划分：航空旅游产品、火车旅游产品、游轮旅游产品。

【知识链接】

文化旅游

文化旅游泛指以鉴赏异国异地传统文化、追寻文化名人遗踪或参加当地举办的各种文化活动为目的的旅游。寻求文化享受已成为当前旅游者的一种风尚。素称“音乐之都”的维也纳，凭借众多著名音乐家的遗迹成为欧洲著名的文化旅游中心。布拉格、威尼斯、巴黎卢浮宫、敦煌莫高窟等也分别以音乐会、电影节或艺术宝库而成为举世闻名的文化旅游胜地。在形式多样的文化旅游中，以亲身体验虽已消失但仍然留在人们记忆中的某些生活方式为主题的怀古文化旅游，是当今颇为风行的专题游览项目之一。如坐落在詹姆斯河与约克河间的美国古城威廉斯堡，完整地保存了18世纪英国殖民地时代的城镇风貌，使参观者仿佛时间倒流了200多年，从而成为美国最重要的历史名胜之一：亚洲的泰国古城、香港宋城和北京大观园也都以模拟古代生活方式而成为门庭若市的文化旅游胜地。

中国文化旅游可分为以下四个层面，即以文物、史记、遗址、古建筑等为代表的历史文化层；以现代文化、艺术、技术成果为代表的现代文化层；以居民日常生活习俗、节日庆典、祭祀、婚丧、体育活动和衣着服饰等为代表的民俗文化层；以人际交流为表象的道德伦理文化层。在我国，发展旅游业，开展文化旅游是相当重要的，它不仅可以增强产品吸引力，提高经济效益，还可大力弘扬中国文化，让世界了解中国，同时也可改变目前越来越多的中国人不懂中国文化这一状况。

任务实施

实训目的：旅行社产品认知。

实训内容：通过网络或报纸、海报等媒体中的旅游专版寻找旅游线路，分析这些线路属于那种类型的旅行社产品。

实训指导：

（1）指导学生通过相关媒体搜集旅行社的旅游线路。

（2）指导学生对旅游线路进行分析并分类。

实训考核：由主讲教师根据同学们的分析成果进行点评。

【案例分析题】

泰国清迈生态游 清新感受扑面来

泰国北部清迈是一座非常出名的城市，它以清新、淡雅的风格，给人们带来美好的憧憬。无数的西方游客涌到那里，为的是能亲身感受那里纯朴清新的自然气息，领略那里精彩迷人的民风民俗。

清迈生态旅游线路产品有别于普通的蜻蜓点水式的大众旅游产品，专为爱玩且会玩的“旅游玩家”精心设计，并突出了“生态旅游”的热点，把目前中国所有旅行社为中国公民出境旅游设计的“好玩”路线，推到了细腻淳厚、格雅质高的极致。

步入清迈生态游，我们便缓缓进入了梦幻般的境地。清迈这个水一般的城市，是由自然的生态和迷人的微笑组成的。在泰北名城清迈的山林中，游客可以骑在温顺的大象背上徜徉游览。一会儿穿林越坡，一会儿走溪步涧，映入眼帘的是田间耕作的农人，嗅到的是清爽的负离子的清新空气，摄入镜头的是涓涓溪流泛起的水波涟漪。其感受与象征性的平地骑象截然不同。

泰国人是最不同意“大笨象”的说法的，实际上大象的确也不笨。游客坐在山坳的林间看大象打鼓、吹口琴、踢足球、搭房子等各式各样的表演时，也一定会改变原有的看法。

船家是那种总也无忧无虑，自然的微笑启自心底的人。他用长长的竹篙轻轻点触，小小的竹筏便缓缓离岸顺溪流而下。游客坐在竹筏的小竹椅上悠然欣赏两岸美景，感受这大自然造化的温馨，其乐融融。

山乡野景可人，“人化的自然”亦以幽雅的格调充满了诱惑。清迈市郊簇拥着一个个兰花园，构成了一个兰花的大世界。种类繁多清雅高贵的兰花，为游客提供了一个绝好的去处。不到清迈赏兰，人们也许不知道婀娜多姿的兰花品种会如此纷繁。

清迈的蝴蝶园里忽闪纷飞的彩蝶，使静处的绿色植物、绽放的花朵儿也获取了动的感觉。人、花、蝶在同一个画面里的场景，闭目想一想，美感就会油然而生。蝴蝶园的主人精心制作的各色蝴蝶标本，是一种很好的旅游纪念品。园门口有卖真兰花胸针的，尤受到女游客的欢迎。带着它，引来彩蝶飘飘，悠然落在你的胸前。

离开蝴蝶园，可以享受一下亲身攀山越岭的乐趣。美飒山的九叠瀑布，沿山势曲曲弯弯攀缘，十分有名。游客在山林中石桌椅前小憩，常常会只闻涛声不见瀑布。

在游览了清迈的各种自然景观后，再到最具泰国民间特色的泰国工艺品制作场地看看，游客的收获定会不小。泰国纸质手绘伞的制作工艺，能以原始的面貌完整地保留至今，并让游客从树皮制纸、伞骨制作、伞面裱绘等一个一个步骤认真看个清楚，实在令人称奇。纸伞工场面积虽小，但名气甚大。工场门口放着的一只巨大的粉伞，看说明才知晓，原来那是英国的戴安娜王妃来到这里参观时，工场为欢迎王妃刻意精心制作的。

泰国丝绸的制作也是如此。民间工艺作坊的古朴无华，采桑育蚕、缫丝漂染，一道道工序带游客走入了一个古老的世界。而泰丝成衣之现代感，在垂重、挺括、艳丽、雅致的外貌下，又分明让人们感到一种时髦。

清迈生态旅游，是一首清丽的歌，一首幽雅的诗。

资料来源：王健民．旅行社产品理论与操作实务．中国旅游出版社，2004.

思考：泰国清迈为旅游者提供了哪些旅游产品？

任务二　旅游线路设计

任务介绍

旅游路线是构成旅行社产品的主体，旅游路线包含旅游者从离开居住地到返回居住地开展旅游活动的一切要素。它是旅行社根据市场需求，结合旅游资源和接待服务的实际状况，为旅游者设计的包括整个旅游过程中全部旅游项目内容和服务的旅游游览路线。通过本任务的学习，可以了解旅游线路的定义和类型，在此基础上进一步掌握旅游线路设计的基本原则和流程。

任务目标

（1）了解旅游线路的定义和类型；

（2）掌握旅游线路设计的基本原则；

（3）熟悉旅游线路设计的流程。

相关知识

旅游线路是旅游产品的重要组成部分，是联结旅游者、旅游企业及相关部门、旅游目的地的重要纽带，对区域旅游开发、旅游企业的生存与发展、旅游者的旅游体验等都有重要意义。

一、旅游线路的定义

旅游线路是指为了使旅游者能够以最短的时间获得最大的观赏效果，由旅游经营部门利用交通线串联若干旅游点或旅游城市（镇）所形成的具有一定特色的合理走向。

二、旅游线路的类型

由于划分方法的不同，旅游线路的类型也就有很多种。

（一）按照旅游线路的空间距离来划分

按照旅游线路的空间距离来划分，旅游线路可分为远程旅游线路、中程旅游线路和近程旅游线路，其具体特点详见表 3–1。

表 3–1　旅游线路类型及特点

类型	远程旅游线路	中程旅游线路	近程旅游线路
特点	旅游线路长	旅游线路较长	旅游线路短
	旅游范围大	旅游范围较大	旅游范围小
	旅游时间长	旅游时间较长	旅游时间少
	旅游费用高	旅游费用适中	旅游费用低
	设计难度大	设计难度一般	设计难度小

（二）按照旅游线路的运行轨迹特征来划分

1. 两点往返式旅游线路

此类线路在远距离旅游时主要表现为乘坐飞机往返于两个旅游城市之间；在旅游城市内则表现住地与景点的单线联系。

2. 单通道式旅游线路

远距离以乘火车进行旅游为典型，在旅游城市中则表现为若干景点被一条旅游线路串连，旅游者一路上可以观赏不同的旅游项目。

3. 环通道式旅游线路

此类旅游线路是单通道式旅游线路的变化形式，此种线路没有重复道路，基本不走回头路，接触的景观景点也较多，旅游者感到游览行程最划算。

4. 单枢纽式旅游线路

该类路线以一个旅游城市为核心，其他所有旅游目的地都与之连接，形成一个发射系统。有明显的集散地，便于服务设施的集中和发挥规模效益。

5. 多枢纽式旅游线路

该类路线以若干个重要的旅游城市为枢纽连接其他的旅游目的地，几个枢纽旅游城市间有线路直接连接。

6. 网络分布式旅游线路

此种网络分布式旅游线路通过公路将区域内景点覆盖其中，可供旅游者任选景点与道路，是理想的旅游线路。

具体线路特点，如图 3-1 所示。

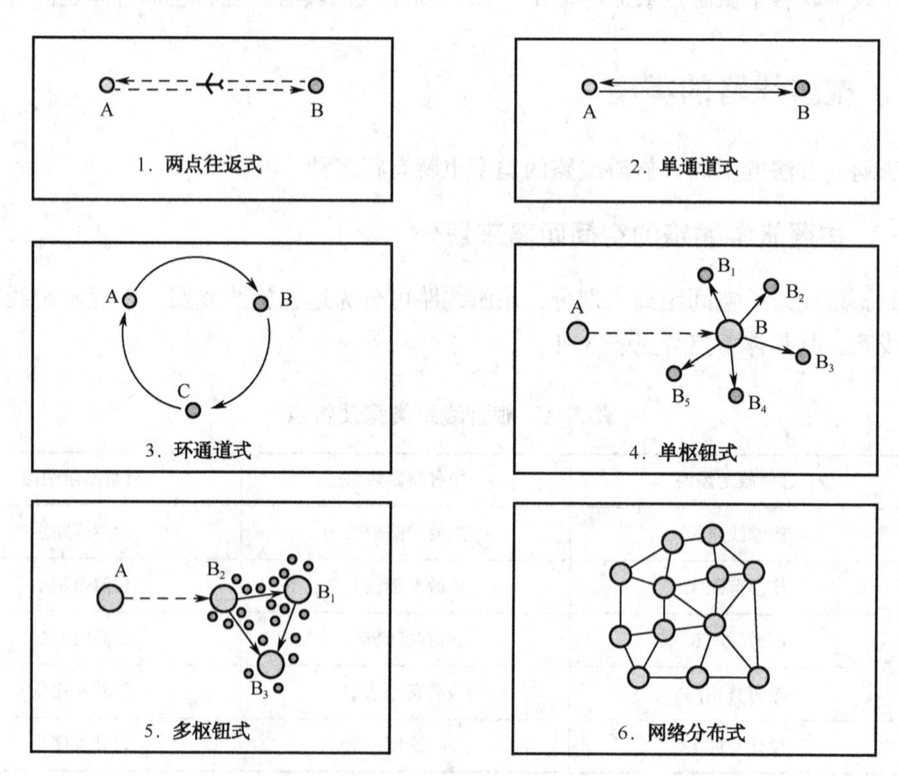

图 3-1 旅游线路示意图

（三）按照旅游活动的天数来划分

从时间上来说，旅行社线路产品有一日游、二日游、三日游、四日游、多日游等，采用这种方式划分旅行社线路产品，在我国国内旅游中比较普遍。其优点是旅游者一眼便可看出所需旅游时间的长短，对于旅行社来说，可根据时间长短来安排旅游内容，并且比较容易确定价格。从我国旅行社的操作情况来看，它的不足是对旅游主题的表述不明确，体现不出旅行社线路产品的特色。

（四）按照旅游线路的等级来划分

旅游资源、旅游设施、旅游服务有等级区分，如旅游城市就有热、温、冷的区别，旅游景区（景点）也有AAAAA、AAAA、AAA、AA、A的区别，宾馆酒店也有五星、四星、三星等的区分。所以构成的旅游线路也就有了等级之分。这种级别最直接的体现就是在价格上，即往往以价格高低来表示。级别高则价格高；反之就低。在行业中，一般把旅游线路的等级分为三个级别，即豪华、标准、经济。

（五）按照国界来划分

按照国界来划分，旅游线路可以分为国际旅游线路和国内旅游线路。国际旅游线路是为满足跨越国界的旅游者而设计的旅游线路：一是为本国旅游者出境旅游而设计的出境国际旅游线路，如新马泰旅游；二是对外国旅游者到本国进行旅游而设计的入境国际旅游线路。国内旅游线路是为了满足国内旅游者在本国范围内旅游而组织设计的线路。

【知识链接】

旅游线路的主要内容

由于研究角度不同，不同角度对旅游线路的理解不同，而我们所提到的旅游线路主要是从旅行社的角度出发去理解，它是旅行社产品的核心组成部分。旅游线路应该包括以下要素：

旅游时间：包括总的旅游时间以及整个旅游过程中的时间安排。

旅游目的地：包括主要旅游资源的类型、级别，主要游览景区、景点的特色等，旅游目的地决定了旅游活动的主要内容。

旅游交通：包括旅游交通方式及工具，即从旅游客源地到旅游目的地的交通方式和等级、某些特种交通方式的使用等。

旅游食宿：包括旅游住宿的酒店或宾馆的等级和客房的标准、旅游餐饮的种类和标准等。

旅游活动安排：旅游线路设计核心所在和重点内容，旅游活动的安排直接影响到旅游线路对旅游者的吸引力。

旅游服务：主要以接待和导游服务为主，旅游服务的好坏，直接影响旅游线路的质量和旅游活动的效果。

三、旅游线路设计的基本原则

对于大多数旅游者来说，都希望在舒适度不受影响并且体力允许的情况下，能够花费较少的费用和较短的时间游览较多的风景名胜。这一愿望的实现要求旅游线路的设计必须遵循科学的原则。总的来说，旅游线路设计的基本原则主要有以下六点：

（一）市场导向原则

旅游线路的设计的关键是适应市场需求，具体而言，也就是它必须最大限度地满足旅游者的需求。旅游者对旅游线路选择的基本出发点是：时间最省、路径最短、价格最低、景点内容最丰富，最有价值。由于旅游者来自不同的国家和地区，具有不同的身份以及不同的旅游目的，因而，不同的游客群有不同的需求。这就要求旅行社在开发旅游线路之前，必须对市场进行充分的调研，使企业能了解所处的环境和预见环境的发展趋势。辨别所处环境给企业带来的各种各样的威胁和可能的机会，从而制定、实施相应的战略与策略，设计出适销对路的旅游线路，只有这样才能打开销路，最大限度地满足旅游者的需求，实现其价值。具体要求如下：

第一，根据市场需求变化的状况开发产品。

第二，根据旅游者或中间商的要求开发产品。

第三，创造性地引导旅游消费。

（二）突出特色原则

特色是旅游线路的灵魂，突出特色可以使旅游线路获得强大的生命力和竞争力。由于人类求新求异的心理，单一的观光功能景区和旅游线路难以吸引游客回头，即使是一些著名景区和旅游线路，游客通常观点也是“不可不来，不可再来”。因此，在产品设计上应尽量突出自己的特色，唯此才能具有较大的旅游吸引力。这就要求对旅游线路的资源、形式要精心选择，力求充分展示旅游的主题，做到特色鲜明，“人无我有，人有我特”。

国内一次抽样调查表明，来华美国游客中主要目标是欣赏名胜古迹的占26%，而对中国人的生活方式、风土人情最感兴趣的却达56.7%，而民俗旅游正是一项颇具特色的旅游线路，它以深刻的文化内涵而具有深入肺腑，震撼心灵的力量。如云南的少数民族风情旅游线：

昆明—大理—丽江—西双版纳旅游线路展现了我国26个少数民族绚丽的自然风光、浓郁的民俗文化和宗教特色。如古老的东巴文化；大理白族欢迎客人寓意深长的“三道茶”；“东方女儿国”泸沽湖畔摩梭人以母系氏族的生活形态闻名于世界；美丽而淳朴的丽江古城；以及纳西族妇女奇特的服饰“披星戴月”装等。这些都以其绚丽多姿的魅力深深吸引着广大的中外游客流连忘返。这些旅游线路和旅游项目在世界上都是独一无二的，具有不可替代性，这也即人们常说的“人无我有，人有我特”。

（三）旅游点结构合理原则

旅游点结构合理原则是指科学地优化组合构成旅游线路的各个旅游点。旅游线路安排是否合理关系到旅游者的旅行效果，关系到旅行社产品是否有吸引力。旅游的六要素要求将饭店、酒店、交通、景点、购物点、娱乐场所这些要素进行科学的优化组合。具体要求如下：

第一，避免重复经过同一旅游点。

第二，旅游点之间的距离适中。

第三，旅游点数量适中。

第四，旅游点顺序合理。

第五，旅游点特色各异。

（四）交通安排合理原则

旅行社在组合产品、安排交通要素时，应注意以下几方面：

（1）目的地交通要遵循“进得去、散得开、出得来”的原则，不要造成交通“瓶颈”。

（2）交通工具的选择标准是“快捷、安全、舒适、方便”。

(3) 在一条旅游线路中，有可能的话尽量采用多种交通工具的组合。

(4) 安排城市间交通时，尽量放在夜间，不占用白天游览时间。

(五) 推陈出新原则

旅游市场在日新月异地发展，游客的需求与品位也在不断地变化、提高。为了满足游客追求新奇的心理，旅行社应及时把握旅游市场动态，注重新产品、新线路的开发与研究，并根据市场情况及时推出。一条好的新线路，有时往往能为旅行社带来惊人的收入与效益。

即使一些原有的旅游线路，也可能因为与当前时尚结合而一炮走红。

如广东“国旅假期”曾借电影《卧虎藏龙》问鼎奥斯卡最佳外语片和最佳摄影等四个奖的东风，在全国率先推出一条“卧虎藏龙”徽州古民居旅游线路，让更多的游客步入“中国画里的乡村”，观赏被称为“徽州三绝”的牌坊、古祠、民居。皖南徽州古村落的民居群，虽时有所闻，但与黄山的盛名相比，所知者却不多。但联合国专家大河直躬博士、建筑大师贝聿铭、台湾作家琼瑶、导演张艺谋、导演李安等有识之士不远千里到黄山脚下寻找“中国画里的乡村”，对他们而言，徽州古民居是世界文化的遗产、建筑的立体史书、梦中的世外桃源、《菊豆》的拍摄地、《卧虎藏龙》的梦工场。也正因为此，这条旅游线路一经推出便成为旅游热线，为当地旅行社创下了不菲的经济效益。

(六) 节奏感原则

一条好的旅游线路就好比一首成功的交响乐，有时是激昂跌宕的旋律，有时是平缓的过渡，都应当有序幕—发展—高潮—尾声。在旅游线路的设计中，应充分考虑旅游者的心理与精力，将游客的心理、兴致与景观特色分布结合起来，注意高潮景点在线路上的分布与布局。旅游活动不能安排得太紧凑，应该有张有弛，而非走马观花，疲于奔命。旅游线路的结构顺序与节奏不同，产生的效果也不同。

目前，中国旅游者越来越多地将目光投向具有独特风情的澳洲。以澳洲经典十日游的日程安排为例，一般在旅游者经过 10 小时的飞行之后，首先安排墨尔本市区观光，参观教堂、艺术中心等景点。这是因为旅游者旅途劳顿，并且环境生疏，故先安排以艺术之都著称的墨尔本市内景点游览。这样体力消耗较少，也便于熟悉环境。然后去被喻为“考拉之都”的布里斯班观赏澳洲特产的动物；在冲浪者天堂（Surfers Paradise）——黄金海岸，参加对游人极具吸引力的水上活动如沙滩排球、游泳、冲浪等；以及到悉尼参观举世闻名的悉尼歌剧院，形成旅游三大高潮。作为尾声，则安排堪培拉市区观光，堪培拉以宁静的“大洋洲花园之都”著称。此时旅游者的情绪有所放松，几天紧张而兴奋旅游活动之后，体力和精神都得到调整，结束愉快的澳洲之旅。

四、旅游线路设计的流程

旅游线路的设计是一项技术性工作，线路设计的成功与否主要反映在行程安排、价格和市场认可度等方面。设计旅游线路的流程主要分为以下五个步骤。

（一）市场调研调查

1. 实地考察与调查

对旅游目的地的旅游资源、交通、住宿、餐饮、娱乐、购物等情况进行调查，内容包括价格水平、发展规划、潜力预测及游客评价等，在条件允许的情况下还应该对旅游目的地周边的旅游景区进行考察，比较该旅游线路中景点的优势所在，明确与其他景点的竞争与合作关系。

2. 分析与预测

实地分析旅游线路的可行性；分析预测该旅游线路的价格及其类似产品价格的比较，大体确认旅游者可接受的范围，预测竞争态势。

（二）突出主题，确定旅游线路名称

要确定旅游线路的名称和主题、产品特色、服务和设施等级。确定旅游线路名称应该综合各方面因素，力求体现简约、突出主题、时代感强、富有吸引力。

（三）优化资源，策划旅游线路

旅游线路的始端是第一个旅游目的地，是该线路的第一个节点；终端是最后一个节点，是旅游活动的终结或整个线路的最高潮部分。而途经地则是线路中的其他节点，是为主题服务的旅游目的地。策划旅游线路就是从始端到终端以及中间途经地之间的游览顺序在线路上合理布局节点。旅游线路有很多类型：如两点往返式旅游线路、单通道式旅游线路、环通道式旅游线路、单枢纽式旅游线路、多枢纽式旅游线路、网络分布式旅游线路。

（四）充实内容，安排活动日程

活动日程是指旅游线路中具体的旅游项目内容、地点及各项进行的时间。活动日程的安排应体现劳逸结合、丰富多彩、节奏感强、高潮迭起的原则。

（1）交通方式的选择应体现“安全、舒适、经济、快捷、高效”的原则。

（2）食宿安排上应遵循经济实惠、环境优雅、交通便利、物美价廉的原则，进行合理安排。当然旅游者有特殊要求的除外。

（3）合理安排购物和娱乐活动。娱乐活动要丰富多彩、雅俗共赏、健康文明。

（五）总结反馈，修改完善

与计调部、销售部、旅游者等协作修改旅游线路；对旅游线路的相关事项做出备注说明，推出旅游线路；收集整理旅游者反馈的意见，对产品做进一步修改。

一条完整的旅游线路应包括线路名称、线路特色、日程安排、交通形式、用餐标准、住宿标准、最终报价、备注说明等内容。

【案例分析】

旅游线路设计要随时监控

国庆期间，某旅行社组织一个旅游团游览神农—三峡，途经江城武汉，顺便游览市内著名景点。下午，旅游团游览武汉归元寺，从寺里出来后，游客便被一群算命先

生围住。这群人能言善辩，且强拉游客算命，他们事先说算命不要钱，可是算完后却非收钱不可，甚至伸手去游客兜里掏钱，弄得游客游兴全无，纷纷指责导游小姐，说旅行社不应该安排类似景点，表示要投诉。

分析：现代社会，旅行社经营的旅游线路也要受到社会环境的影响，像本例中的算命先生骚扰游客就属此例。对此旅行社在安排旅游时，一定要先进行调查研究，掌握现状，以便妥善安排。同时旅行社也应将旅游实际中碰到的情况，及时反映给旅游行政管理部门，以便及时有效地对旅游市场环境进行整顿，让游客玩得高兴。

旅游线路途经旅游点的各种服务设施必须得到保障。这一般指向旅游者提供旅游服务的物质保证，但游客的身心健康方面更不应忽视，要避免游客接触不健康的活动，加强精神文明建设。在强化物质保证的同时，更应创造一个使旅游者身心健康的旅游环境。旅游产品投放市场并非产品设计过程的终结，旅行社还应对产品进行定期的检查与评价，对产品进行必要的修订和改进，并广泛搜集各种反馈信息，为进一步开发产品提供依据。

【知识链接】

西方旅游线路的设计生产流程

在西方，旅游线路的设计与生产的任务主要由旅游经营商负责，通过多年的经营与发展，旅游经营商无论是在实力还是在经验上都成熟一些，在线路的设计与生产中已经形成了一套比较规范的流程，大致分为四个阶段：

第一，市场调研阶段。西方国家旅行社特别重视对旅游市场的调查，市场调研是任何旅游线路设计的开始，与其他产品相比，旅游线路更容易受不断变化的环境因素的影响，而市场调研可以在很大程度上减少这些不确定性对旅行社的影响。调查重点包括旅游者的消费趋势的调查与外部环境趋势的调查。

第二，产品计划。根据调查结果，制订出旅游线路的详细计划。包括目的地的选择、每个旅游团接待量的确定、行团时间以及行程设计、城市间交通方式、交通工具选择等方面。

第三，谈判与定价。一旦旅游目的地、旅游季节、起程日期确定后，旅行社就需要与相关的旅游企业进行谈判直至最后签约。

第四，宣传手册的制定。在西方国家，宣传手册被视为是旅行社最为重要的营销工具，因此，宣传品的设计至关重要，要把线路所设计到的内容都鲜明地囊括在宣传品中。

【业务示例】

昆明、大理、丽江、版纳环飞 8 日古城时光游

产品特色：

★不走回头路——丽江直接飞版纳，省去丽江—大理—昆明近 600 千米，十小时的艰辛车程，使旅游变得更加休闲、惬意！

★快乐美食：全程用餐 10 菜一汤，充分保证用餐质量，让您在尽享美丽风景的同时遍尝云南三大特色美味。

★快乐盛景：五 A 级景区—石林、玉龙雪山、玉水寨、世界文化遗产——丽江大研古镇；文献名邦—大理古城；张艺谋导演的大型实景演出——《印象·丽江》；原始森林公园。

★快乐享受：全程四星设施酒店，让您在饱览湖光山色之余，尽情放松你的身心……

★快乐安心：全程为您购买6大保险公司承保的云南旅游安全组合保险，让您出行彻底无忧！

★快乐贴心：每人每天一瓶矿泉水（共6瓶）；昆明优秀导游的一路陪同，给你无微不至的贴心照顾。

★快乐舒心：独家研发，全国散客拼团操作，保证绝不卖团！

★快乐盛宴：著名导演张艺谋策划的大型实景原生态民族表演——《印象·丽江》。

参考行程安排见表3-2。

表3-2 参考行程安排

日期	行程	景点	交通	餐	住宿
第一天	呼市—昆明	乘机8L9946/20：00—00：30飞昆明，安排入住酒店	飞机	X	昆明
第二天	昆明—楚雄 石林	昆明🚌楚雄（180千米，车程约2小时） 游览著名风景名胜区——石林（游览时间2小时左右）。乘车赴楚雄，入住酒店	汽车	早中晚	楚雄
第三天	大理—鹤庆 大理古城、洋人街	大理🚌丽江（180千米，车程约3小时） 乘机赶至大理后游览大理古城、洋人街（游览时间120分钟）下午体验白族三道茶歌舞表演（90分钟左右）。后欣赏洱海，观看白族鱼鹰表演（游览时间约60分钟）。后乘车赴鹤庆或丽江；至鹤庆2.5~3小时或至丽江3.5小时，抵达后入住酒店	飞机	早中晚	鹤庆或丽江
第四天	丽江 虎跳峡风景区	早出发至丽江乘车前往虎跳峡，途中观长江第一湾，抵达虎跳峡后用中餐，后游览虎跳峡风景区（游览约2小时）。乘车返回丽江，车程约2小时。入住酒店	汽车	早中晚	丽江
第五天	丽江—版纳 玉龙雪山、白水河、蓝月谷、玉水寨	丽江🚌玉龙雪山（33千米，车程约40分钟），🚌丽江古城（33千米，车程约40分钟） 早餐后，游览玉龙雪山风景区，欣赏大型实景原生态民族表演——《印象·丽江》（60分钟），游蓝月谷、黑龙潭公园（30分钟左右），晚餐自理。根据时间乘车至机场，乘机前往西双版纳	汽车飞机	早中晚	版纳
第六天	版纳 野象谷景区	版纳🚌野象谷（45千米，车程约60分钟） 游览野象谷风景区。观看大象表演、百鸟园、蝴蝶园、树上旅馆。乘车赴西双版纳市区	汽车	早中晚	版纳
第七天	昆明 原始森林公园	版纳🚌原始森林（11千米，车程约20分钟） 游览原始森林公园（整个景区游览时间180分钟左右）之后返回景洪市区。晚餐后根据时间送机，版纳乘机飞昆明，抵达后入住酒店	汽车 飞机	早中晚	昆明
第八天	昆明—呼市	早餐后，根据航班专车送到机场，结束愉快旅程	飞机	早	

报价：××××元/人

行程标准

1. 住房：全程入住舒适型酒店双人标准间，酒店加床为床垫或钢丝床。

昆明：西城花园酒店、鸿润酒店、滇宫酒店、旺穗酒店、弘旭酒店、V8假日、恒都商务、华都大酒店、昆明都市高尔夫花园酒店。

楚雄：玉波酒店、金太阳酒店、世纪星酒店、世纪星、东宝、金太阳、银恒、雄州、玉波、索菲、雄彝酒店。

丽江：白鹤宾馆、玉碧峰酒店、竹苑酒店、湘府大酒店、康达大酒店 九州饭店、七彩龙凤、香江商务、大和酒店。

版纳：五悦酒店、华信118商务酒店、天顺商务酒店、金棕榈酒店、金色港湾酒店、景法酒店、月光、丽景苑、鑫海酒店。

2. 餐饮：普通团队餐，7早11正，10人/桌，每桌10菜一汤，餐标20元/人（包含3个特色餐，如遇特殊情况未用，则改用正常团队餐），酒店均含早餐；如儿童不占床，需按照当地实际产生费用自理早餐费，若客人自愿取消行程中所含正餐，视为自愿放弃，无退费。

3. 交通费：包括大交通和小交通费用。大交通：往返飞机大交通为团队特价舱，不得退、改、签转，含税（注：因此团为全国散拼团，全国到达航班较多，昆明段的接送，为我社单独安排车子接送，无导游）；小交通：全程空调旅游车，按我社拼团人数选择车型，每人确保正座。

4. 门票：景点第一大门票。

5. 导服：云南优秀导游服务（全程均有昆明导游陪护，实现全程无缝隙接待）。

6. 购物：纯玩不进购物店。

7. 自费项目：

(1) 个人消费、单房差、酒店入住匙牌押金，航空保险。

(2) 大理：大理古城电瓶车35元/人。

丽江：蓝月谷电瓶车60元/人；东巴谷电瓶车50元/人。

版纳：野象谷单程索道50元/人，双程70元/人，原始森林电瓶车40元/人。

★赠：旅行包。

注：儿童收费：2~12周岁以下儿童按儿童标准含用餐及旅游车车位，其他费用自理。

温馨提示：

请提供准确无误的名单及身份证号码。

参团时发生单房差的客人，我社又不能拼房的，请按规定补足单房差。

以上是正常参考行程，接待社有权对行程、车次、航班、酒店入住城市等做出调整（不降低标准），尽力确保行程的顺利进行，如果遇人力不可抗拒因素或政策性调整所产生的费用由游客承担。

赠送项目发生优惠、免票、自愿放弃或因航班时间，天气等人力不可抗拒原因导致不能赠送的，我社不退任何费用！

我社不实行老年证、军官证等优惠证件的退费：放弃景点游览的，不予退还门票费用；客人中途脱团的，我社不退任何费用，并根据情况补齐已发生的成本。行程中的车程时间不包含景点的游览时间，当日景点游览顺序在不影响游程的情况下，我社可调整游览顺序。

任务实施

实训目的：根据旅游线路设计流程，设计一条为期3天的省内旅游线路。

实训内容：以小组为单位，每组4~6人，组长负责制。培养学生收集资料以及运用所学知识分析解决问题的能力，通过项目让学生更好地掌握旅游线路设计方面的知识。

实训指导：

（1）指导学生掌握资料搜集方法以及掌握旅游线路设计方面的知识。

（2）给学生提供必要的线路参考资料。

实训考核：各小组提交PPT汇报成果，由一名代表负责介绍小组成果。小组互评，教师点评。

【案例分析题一】

线路设计未雨绸缪

2001年初，天津观光旅行社的周凯总经理在进行市场分析时发现，当年是中国共产党成立80周年，一些高等学校打算组织学生到革命老区进行革命传统教育。周总经理认为，应该抓住这一契机，设计和开发“革命传统教育游”产品。由于这种产品以前未曾面市，究竟能否成功，周总经理并非有十分的把握。于是，他首先到革命老区河北省平山县西柏坡村进行实地勘察，了解当地的景点、参观线路、接待设施、导游水平以及往返于天津和西柏坡村所需的时间。同时，他还与当地的乡、村干部及接待单位的负责人座谈，了解景点门票、食宿的价格。通过实地勘察，周总经理认为新产品有成功的可能。周总经理认为新产品不仅有较大的市场需求，能够吸引较多的旅游者前来，而由于西柏坡村及附近地区可用于接待旅行者的住宿设施数量较少必须提前预订，以保证在旅游旺季时的供给。于是，他便同当地的旅馆和招待所签订了客房包租协议，以较低的价格包租了当年的全部客房。同时同有关部门签订了交通、景点、住宿、餐饮等供应协议，以较低的价格采购到质量较高的各种旅游服务产品。

此时，由于北京、天津等地的旅游者报名踊跃，各家旅行社应接不暇。但是，由于西柏坡村及其附近地区的住宿设施已经被天津观光旅行社全部包租，其他旅行社只好将旅游者安排到平山县，甚至石家庄住宿。这样既增加了往返的交通费用，也减少了旅游者在西柏坡村的停留时间，从而引起一部分旅游者的不满。

资料来源：梁智．旅行社经营管理．旅游教育出版社，2003.

思考：1. 该旅行社为什么会选择西柏坡作为新产品？又是如何进行设计和开发的？

2. 周总经理为什么要预订当地旅馆和招待所当年的全部客房？这样做的好处有哪些？

【案例分析题二】

国家旅游局评选出“中国十大精品旅游线路”

2016年9月5日，由国家旅游局主办，中青旅遨游网承办，人民网、新华网协办的“中国十大精品旅游线路”评选活动正式启动。自2016年9月5日至9月16日，网民只需登录国家旅游局官方网站、中青旅遨游网，或关注国家旅游局、遨游旅行微信公众号，即可进入活动页面，在PC端网页、创意H5上参与线路评选。

“中国十大精品旅游线路”评选活动旨在挖掘我国丰富旅游资源、特色旅游线路，树立中国旅游新形象。本次活动通过旅游大数据分析，根据过去五年国内游客实际游览线路的活跃度高低，按照1∶3比例推出30条候选线路。

评选活动按网络票数高低确定20条初选线路，再由中科院、新闻媒体、旅游企业代表组成的专家委员会对初选线路进行投票复评，按专家票数高低确定最终10条线路。

2016年11月9日，国家旅游局按得票数高低排序，对当选的“中国十大精品旅游线路”进行了公示，并公布了入选线路：

1. 丝绸之路精品旅游线路
2. 京杭运河精品旅游线路
3. 长江精品旅游线路
4. 黄河精品旅游线路
5. 珠江精品旅游线路
6. 北方冰雪精品旅游线路
7. 香格里拉精品旅游线路
8. 南海风情精品旅游线路
9. 海上丝路精品旅游线路
10. 长征红色记忆精品旅游线路

请根据以上案例进行分析：

1. 这些线路有何特点？对这些线路入选你有何看法？你所在省区是否有景点、景区入选？
2. 你认为还有哪些线路可以入选中国国家旅游线路？说说你的理由。

项目四
旅行社采购管理

项目分析

旅行社产品是一种综合性很强的特殊产品，它涉及食、住、行、游、购、娱等方面。然而旅行社并不具备生产所需要的所有服务，除了诸如导游服务等少数服务项目由旅行社直接提供外，其余多数服务均购自其他旅游服务部门和行业。因此，采购是旅行社一项重要业务。本项目就围绕旅行社采购管理进行阐释。其中重点是掌握旅行社采购的方法，难点是理解采购各类旅游服务的方法。

学习目标

※知识目标

（1）了解旅行社采购的定义和特点；

（2）熟悉旅行社采购的原则和方法；

（3）掌握旅行社采购各类旅游服务的方法；

（4）熟悉各类旅行社采购合同。

※能力目标

具备进行旅行社采购工作的能力。

任务一　认知旅行社采购

任务介绍

采购是旅行社经营的核心。有效掌握和准确运用采购原则和策略，对提高旅行社经济效益和市场竞争力具有重大的现实意义。本任务通过对旅行社采购的概念、特点、原则和方法的分析和阐述，使同学们对旅行社的采购业务有基本的认识。

任务目标

（1）了解旅行社采购的定义；

（2）理解旅行社采购的特点；

（3）明确旅行社采购的原则；

（4）掌握旅行社采购的方法。

相关知识

一、旅行社采购的定义

旅行社的产品是旅行社为满足旅游者旅游过程中的需要而向旅游者提供的各种有偿服务。旅行社的产品主要是由购自其他旅游服务产业或部门的旅游服务项目所构成。因此，旅行社在其产品设计完成之后，应该根据产品内容的构成，向相关产业或部门采购所需要的各种旅游服务。在我国，目前旅行社向旅游者提供的产品除了各种单项服务外，更多的则表现为包括“食、住、行、游、购、娱”各要素在内的综合包价旅游。这就使旅行社的产品不可避免地将住宿、交通工具和餐饮等经营服务项目包括在其中，由此而产生了旅行社旅游服务的采购行为。

旅行社的采购，是指旅行社为组合旅游产品而以一定的价格向其他旅游企业及与旅游业相关的其他行业和部门购买相关服务项目的行为。

旅行社的产品是一种特殊的产品。旅行社购买的服务项目是构成旅行社产品必要的组成部分。在旅行社的产品中，除了如导游服务等少数内容由旅行社直接提供外，其余的多数内容均购自其他部门或行业。旅行社根据旅游者的需求将这些内容组合成各种产品向旅游者推销。所以，旅游服务的采购是旅行社的一项重要业务。

二、旅行社采购的特点

（一）比重大

在旅行社的产品构成中，除了导游服务等少量内容来自旅行社自身外，其余的住宿、餐饮、交通、景点、娱乐、购物、保险等产品内容皆须从相关的企业或部门采购。这些旅游服务及相关服务的总成本在旅行社产品的价值中占很大的比例，必须得到足够的重视。

（二）涉及面广

为了保证旅行社产品能够满足旅行者在整个旅游过程中各方面的需求，旅行社必须采购各个相关行业的产品和服务。因此，旅行社采购业务所涉及的范围广泛，必须搭建起有效的采购网络以保障旅行社产品生产“原材料”的供应。

三、旅行社采购的原则

（一）保证供应原则

保证供应是旅行社在其采购业务中必须遵守的首要原则。旅行社产品大多购自其他部门或企业。由于旅行社的产品多数采用预售的方式，所以一旦旅行社不能从有关的部门或企业购买到已经预售出去的产品所包含的服务内容，就会造成无法履约的恶果，引起旅游者的不满和投诉，并给旅行社带来经济损失和声誉损害。因此，旅行社在旅游服务采购中，必须坚持保证供应的原则，设法保证采购到已售出的产品中所包含的全部内容。

例如，北京某旅行社在旅游旺季接待了一个美国旅行团，全团有 60 名客人，大连某国际旅行社作为组团社已发出计划，通知北京地接社预订北京烤鸭风味餐。当导游晚上带领旅行团来到该社计调部所安排的北京著名餐馆就餐，才知道餐馆根本没接到旅行社预订的通知，远道而来的客人由于旅行社的疏忽，没有吃到烤鸭，客人非常不满，其结果可想而知。

（二）保证质量原则

旅行社在采购各项旅游服务时，不仅要保证买到所需旅游服务项目的数量，还要保证所购旅游服务项目符合规定的质量。如果旅行社只关心所购旅游服务项目的数量，而忽视旅游服务项目的质量，将会造成旅游者的不满和投诉。所以，旅行社在采购各种旅游服务项目时，必须按照保质保量的原则，为旅游者购买到符合与其所达成的旅游合同中规定的产品。

例如，上海某旅行社组织了 20 人前往海南旅游，该团抵达海南后，游览了天涯海角等景点，客人游兴很高，到了晚上，导游带领游客来到下榻的某酒店，客人发现酒店同他们所要求的三星级标准相差很远，充其量是二星级酒店，客人非常不满，拒绝入住，要求更换酒店，不然就投诉旅行社。

（三）成本领先原则

旅行社产品中的主要成分是购自其他旅游服务部门或企业的旅游服务项目，所以购买这些旅游服务项目的价格构成了旅行社产品的主要成本。旅行社降低成本的主要目标应该放在决定直接成本高低的关键性因素——采购价格方面。

现阶段我国旅行社业的价格战进行得很激烈，旅行社利润率不断下降。在此情况下，如果旅行社的采购工作得力，采购价格比别的旅行社低，就可以争取到更多的客源；反之，就会失去许多客源。降低采购价格对于增加旅行社利润具有重要意义。旅行社经营的成败在很大程度上取决于旅行社采购来的各种旅游服务项目的价格。因此，旅行社必须在保证旅游服务的供应和旅游服务质量的前提下，设法降低成本。

（四）互惠互利原则

旅行社的产品质量和价格在很大程度上取决于所采购的旅游服务产品的质量和价格。相关企业的价值链和旅行社的价值链之间的各种联系为旅行社增强其竞争优势提供了机会。旅行社与相关企业的关系，不应该是一方受益而另一方蒙受损失的零和游戏，而应该成为一种双方都能受益的关系。因此，旅行社在采购活动中，应该坚持互利互惠的原则，建立起与相关企业和部门之间互利互惠的合作关系，以实现合作最优化和降低总成本的目标。

四、旅行社采购的方式

作为以营利为目的的旅游企业，旅行社在其旅游服务采购活动中，要从本企业的经济利益出发，应该根据具体情况，采用不同的采购方式，采购方式包括：集中采购、分散采购和建立采购协作网络三种。

（一）集中采购

集中采购是旅行社在采购中经常利用的一种采购策略。集中采购包括两个方面的含义：

（1）旅行社将其各个部门的采购活动集中于一个部门，统一对外采购；

（2）旅行社将其在一个时期（一个星期、一个月、三个月、半年，甚至一年）营业中所需的某种旅游服务集中起来，全部或大部投向经过精心挑选的某一个或少数几个旅游服务供应部门或企业，以最大的购买量获得最优惠的价格和供应条件。

集中采购的主要目的是通过扩大采购批量，减少采购批次，从而降低采购价格和采购成本。集中采购策略主要适用于旅游温、冷点地区和旅游淡季。

【行业动态】

武汉 215 家旅行社集体采购景点门票

2008 年年内，武汉市民到省内或周边几省市游玩，至少可少掏一二十元。武汉地区旅行社协会门票团购大会昨天传出消息，武汉 215 家旅行社将联合起来集体采购景点门票，市民出游将更便宜。

4 日，该协会已成立门票洽谈小组，初期将向省内及周边 20~25 个景点，伸出“橄榄枝”，如神农架、武当山及江西、湖南、安徽等地的中短线游景点。今后，还将向国内其他热门景点延伸。过去，单个旅行社从一些知名景区只能拿到 8 折、8.5 折的门票。215 家旅行社共有约 600 多个门市，联合起来，向景区“要价”的底气会更足，预计部分景点门票最低可打 6 折。

此外，年底景区一般会根据组团量向旅行社返利。过去，单个尤其是中小旅行社因组团人数达不到标准，无法享受此项补贴。整体采购后，景区将集中向协会返利，由协会根据各自组团量分配给旅行社，“哪怕一年只给景点送一个人也能拿到返利”，使得旅行社利润空间增加。

业内人士表示，两项优惠叠加，旅行社利润空间增大，游客也能受惠，享受更便宜的出游价格。

资料来源：2008 年 7 月 4 日《楚天都市报》

（二）分散采购

分散采购策略主要适用于以下两种情况：

1. 淡季市场

当旅游市场上出现供过于求十分严重的现象时，旅游服务供应部门或企业无法通过其他渠道获得大量的购买者，而旅游服务又不能够加以储存或转移，迫切需要将其大量空闲的旅游服务项目售出以获得急需的现金收入。在这种市场条件下，旅行社应该选择在旅游团队或旅游者即将抵达本地时，以一团一购的方式进行采购，往往能够用较低的价格获得所需的旅游服务供给。

2. 旺季市场

当旅游服务因旅游旺季的到来而出现供不应求的情况时，旅行社无法从一个或少数几个旅游服务供应部门或企业那里获得其所需的大量旅游服务供应。在这种形势下，旅行社应该采取分散采购的采购策略，设法从许多同类型旅游服务供应部门或企业获得所需的旅游服务。

（三）建立采购协作网络

旅行社采购协作网络是指旅行社与其他旅游服务供应部门或企业的互利合作的关系网络。旅行社通过与其他旅游服务供应部门或企业洽谈合作内容与合作方式，签订有关合同或协议，明确双方的权利义务关系及违约责任，从而保证旅行社所需旅游服务的供给，降低旅行社采购的成本。

旅行社之所以要建立采购协作网络，是因为：

（1）旅行社产品具有高度的综合性，一项旅游产品往往包含餐饮、住宿、交通等多项服务，这些服务项目多数是旅行社不具备的，因此，旅行社要顺利地组合自己的旅游产品并将其顺利销售出去，就必须与相关的旅游服务供应部门或企业进行协作，从这些单位采购自己所需要的服务项目。否则，旅行社的工作将无法进行。

（2）旅行社工作具有强烈的季节性特点，在旅游旺季到来时，旅游服务的供应全面紧张，这时如果旅行社临时去联络供应单位，旅行社所需的服务项目将难以得到保证，而一个采购协作网络的存在将增加旅行社获得紧缺服务的能力。在旅游淡季或出现旅游服务供过于求的情况时，一个采购协作网络的存在也将使旅行社更容易取得一个优惠的价格。

（3）采购协作网络的存在可能使旅行社获得更优惠的采购价格和更高质量的服务，使旅行社降低购买成本，增强企业的竞争力。

（4）由于采购协作网络的存在，旅行社与其他合作单位形成了长期的协作关系，双方互惠互利有利于企业降低整个企业的运营成本。

旅行社在建立采购协作网络的过程中，应该做到以下几点：

第一，协作网络必须比较广泛，覆盖面比较广。

当一个地区存在大量的旅游服务供应部门和企业时，旅行社应该根据自身的需要和经营实力，尽量同各种旅游服务供应部门和企业加强联系，设法获得它们的合作。这样，旅行社就能够获得比较理想的供应渠道，保证旅行社能够以比较合理的价格获得所需的旅游服务。

第二，运用经济规律，在互利互惠的基础上长期合作。

旅行社建立采购协作网络的目的，是发展同相关部门和企业的长期合作关系。因此，旅行社在与这些部门或企业的交往过程中，必须坚持互利互惠的原则，因为只有合作的双方都能够获得利益，这种合作关系才能够长期保持下去。旅行社在采购活动中，应该从长远利益着眼，不应急功近利，为图一时的利益而伤害对方的利益，也不应该乘人之危，利用对方的不利处境迫使对方做出过大的经济利益牺牲。

第三，加强公关活动，建立良好的人际关系。

旅行社的采购工作要靠本旅行社的采购人员与旅游服务供应部门或企业的销售人员及其他相关人员的通力合作才能够完成。因此，旅行社的有关部门领导和相关人员应该加强公关活动，设法与对方的相关领导和部门建立起良好的人际关系，使旅行社的采购协作网络能够不断加强和发展。

【知识链接】

预订与退订

旅行社产品的销售是一种预约性的交易。旅游者在预订了旅行社的产品后，有时会因各种原因要求取消旅游计划。另外，对于旅游目的地的组团旅行社及各地的接待旅行社来说，他们同旅游客源地的旅行社之间签订的旅游合同并无法律上的约束力。在旅行社实际经营中，旅游客源地的旅行社以各种原因和理由要求临时增加或临时取消旅游计划更是屡见不鲜。由于旅行社产品销售的预约性特点，旅行社必须提前制订旅游服务采购计划，并按照这些计划向相关的旅游服务供应部门或企业预订各种所需的旅游服务项目。这样，一旦出现临时增加旅游计划或临时取消旅游计划时，旅行社就必须向有关的旅游服务供应部门或企业提出临时增订或退订旅游服务项目的要求。由于临时性的增订或退订往往会给提供这种服务的部门或企业带来一定的压力或经济损失，所以这些部门往往要求提高临时增订的旅游服务的价格或收取一定比例的退订损失费用。为了尽量减少损失，旅行社应该设法通过友好协商，尽量使对方降低提价的幅度或减少退订损失费用。

【案例分析】

采购方式获得成功的原因

1996 年，中国康辉旅行社的总经理张孝坤做出了一个令人惊讶的决定：撤销计划调度部，将旅游服务采购权下放到各个营业部门。张经理做出这一决定基于以下考虑。一方面，该旅行社是一家中型旅行社，每年组团量和接待量都难以形成批量购买的规模，无法从酒店、旅游汽车公司、景点等旅游服务供应部门获得批量采购的优惠。另一方面，计划调度部的人员不直接与旅游者及旅游客户打交道，无法直观了解旅游市场上消费需求的最新动向，只能从相关的业务部门获得二手信息。计划调度部的人员所采购的服务产品往往价格过高，导致旅行社产品销售价格居高不下，难以吸引旅游者和旅游中间商。再就是服务产品不能满足旅游者的需求，造成旅游者和旅游中间商的不满，影响旅行社的声誉和客源。在旅行社内部，处于一线的营业部门因旅游服务产品的质量和价格问题责怪计划调度部门，而计划调度部门也抱怨一线部门难伺候，费力不讨好。一、二线部门之间的矛盾日益加深，严重影响了旅行社的正常经营。

旅游服务采购权下放到各个营业部门后，相关部门能够及时根据市场上的变化，调整其采购策略，在保证供应的前提下，充分利用其直接从旅游市场上了解到的旅游服务供求的最新消息，打时间差，争取最优惠的价格。1997 年以后，该旅行社在旅游服务采购方面走出了以往的困境，确保旅行社获得质优价廉的旅游服务产品，提高了旅行社的接待质量，扩大了市场份额，同时也消除了一、二线部门之间的矛盾。

分析：旅游服务采购是旅行社一项重要的业务，它直接影响到旅行社的经营效果、市场份额和企业声誉。旅行社究竟采用集中采购还是分散采购，一直是旅行社行业及旅游学术界讨论的热门话题之一。一般来说，大型旅行社拥有充足的客源，能够形成较大的采购规模，在与旅游服务供应商砍价过程中，往往居于有利的地位，采取集中采购的方式既可以获得优惠的价格，又能够因采购次数的减少而降低采购费用。但是，这种采购方法并不一定适用于客源相对较少的中小型旅行社。对于它们而言，像中国康辉旅行社那样，采取分散采购的方法，可以收到更好的效果。

【行业动态】

后世博旅行社抱团成立全国大联盟，批零体系新尝试从“团购”起步

旅游已被国家确定为战略性支柱产业，但旅游业的核心板块之一的旅行社业的规模和盈利能力并不成正比。时下，走“哑铃式”快速复制路线的“宝中模式”、中小旅行社抱团登上淘宝网借船出海模式，相继成为携程神话模式后的最新关注点后，一种借助世博成果成立“后世博旅行社全国大联盟”，近日在沪横空出世，她的基因图谱，注定成为我国建立旅行社批零体系的一个全新尝试。

固化世博经验，传承世博票务模式

这个名为“后世博旅行社资源采购大联盟（TARP）”，是由上海锦江国际旅游股份公司、山东旅游公司和上海棕榈电脑系统公司三家联合发起，由40多家全国世博指定社加入组成，以沟通交流、资源和信息共享为宗旨。TRAP秘书长、金棕榈CEO潘皓波告诉中国旅游报记者：成立TARP的最直接目的，就是要探索在现有模式之外尝试建立旅行社批零体系，通过Web2.0的资源采购互动平台，搭建一个遍布全国的旅行社GDS体系，特别是通过“团购”的模式，增强旅行社集体采购的议价能力，从而实现大联盟的凝聚力和多维互赢能力。

“催生这个大联盟的基础，就是一个世博票务销售平台和世博制定旅行社的光环链接。”沪上有分析人士指出。

潘皓波把世博游指定社团体票务运营归纳为“IMPROVE模式”，即理念（Idea）、模式（Model）、价格体系（Price）、规则约束（Rule）、组织落实（Organization）、价值目标（Value）和电子化信息平台（Electronic）。在他看来，大联盟的运营模式脱胎于世博团体票“IMPROVE模式”。“大联盟将在电子化商务平台的基础上，秉持市场运作的理念，创新‘寡头垄断、有序竞争’的模式，构建符合市场规律的团体票价格体系和规则约束机制，通过专业的运营团队来实现共同的价值目标——即将世博会成果转化为推动旅游业调结构、促转型的指导理念。”潘皓波强调道。

有关方面对这种模式创新投去赞许的目光。

出席大联盟成立仪式的上海世博会事务协调局副局长陈先进认为：“世博会团队票务的运作模式，通过本次大联盟得到了新一轮的创新发展，不仅有利于将世博会的经验保存下来，也可以改变我国旅行社传统的小、散、乱、差形象，最终促使我国的旅游业发展更上一个台阶。”

上海世博会事务协调局票务中心副主任陈雪羽对此看得很远：“世博指定旅行社在世博会期间共同携手，不断为完善世博会的票务分销而努力；现在，大联盟可以将世博会‘寡头垄断、有序竞争’的模式发扬开去，设立各级代理机构，形成旅行社业的垂直分工体系，将有助于改善我国旅行社长期以来形成的水平分工结构。”

强强联合抱团，实现互利共赢

参与大联盟的42家世博游指定旅行社，遍布全国30个省份，在2010年的世博游团队门票销售中超过1 500万人次，大联盟成员年营业额达到400亿元，占中国旅行社行业总收入20%以上之强，可谓是我国旅游业中坚力量的强强联合。“最重要的是，以往我们合同中的甲方与乙方，现在同一个利益平台建立了互为依存的关系。”山东旅游公司总经理常德军特别感慨。

与美运通、JTB等相比，中国旅行社业小而散成为旅游人的心中永远之痛，利益多元和诉求多元，往往让松散的联盟昙花一现。

“大联盟这种行业联合形式，是我们的一种尝试，不仅是我们世博游指定社之间交流的一个平台，更是我们合力撬动全国市场的支点。”经过两轮民主选举产生的大联盟理事长、上海锦江国旅股份公司董事长宋超麒在发言中还表示：“在今后的推进过程中，我们必须调动每个成员的积极性，统筹协调、利益分享、成果共享，这样大联盟才有可持续发展的动力。”

要想将抱团发展的合力最大化，必须重视大联盟品牌的建设。宁波浙仑海外旅行社有限公司董事长蒋凯玲提出了自己的观点。她认为：“传统旅行社受到新势力、新模式的冲击很大，因此，大联盟必须突破传统理念，重点把握品牌建设，立足长远。对于每个已经采购来的项目，我们大家也必须对其分别进行宣传运作。”

“不回避竞争、更崇尚合作，是在当前市场经济条件下，我们联盟各单位必须坚持的原则。”潘皓波说道。

预付包销采购，建立旅行社垂直分工体系

一个联盟能否成功，能否有很强的向心力，关键在于让加盟者能否获得实实在在的利益。

TARP的设计者，首先把目光聚焦在旅游景区门票的“团购”上。这次首次试水的是张艺谋的“印象普陀”和2011年的西安园博会。

上海锦旅股份规划发展部经理宋晓军告诉记者，首个团购谈判十分成功，大联盟已经拿到了“印象普陀”演艺票的最低价，成为联盟成员对外销售的最有力的竞争武器。“我们谈判的利器，就是世博票务模式：预付款和大票量的采购。”

从西安闻讯赶来的2011年西安世界园艺博览会市场开发处任路伏也十分认同这种“团购”模式，“与大联盟一家谈好，等于谈了全国40家有实力的旅行社。”

潘皓波指出：“在大联盟运作过程中，必须把握好采、购、分、销四个环节，采要确定项目；购要透明、公开；分必须把握好认购额度；销是指要建立分销体系。”

据介绍，大联盟的全国成员旅行社签约发展的区域性分销商或代理商，负责自营旅游团队的组织和营销接待，同时也肩负着管理下游代理商、设计旅游产品、销售和申报预约等职责。

TARP创始者的聪明之处，还在于各成员共同操作的信息平台系统，还可在自己的账户下建立分销系统，这就为无限扩展提供了可能，垂直分销体系的雏形已经隐约可见。

诚然，TARP能否最终成功，取决于加盟方都能否从中获益和获利。专家指出：若能将中国主要旅行社的利益诉求成功集成在一个交易平台上，那么，这种全新的旅行社抱团发展模式，将书写新的历史。

资料来源：http：//www. tarp. net. cn

任务实施

实训目的：掌握旅行社采购的方法。

实训内容：

（1）在实习指导老师的带领下，走访当地几家旅行社，调查各家旅行社采购各种服务的情况。

（2）选择其中一家旅行社，对其采购方法的利弊和可行性进行分析。

（3）根据分析结果，明确旅行社采购的方法和技巧，为其制订一份更为合理的旅行社服务采购计划。

实训指导：

（1）根据教材内容结合教师指导列出完成实训的步骤，认真完成规定的实训内容，真实记录实训中遇到的各种问题和解决问题的过程。

（2）实训结束后，根据实训情况写出实训报告。实训报告具体内容应包含：实训目的、实训内容、实训步骤、实训结果、问题讨论与心得。

实训考核：各小组上交实训报告，主讲教师进行点评，打分。

【案例分析题】

旅行社的失误在哪里

顺丰旅行社接待了一个由20人组成的入境旅游团。为了满足客人品尝当地风味菜的要求，该社安排该旅游团在市中心的一家餐厅就餐。该旅游团被餐厅安排在大厅里用餐。由于该餐厅在当地名气很大，所以就餐的人很多。客人就座后，服务员端上了茶水和饮料。过了一会儿，服务员又陆续将菜肴端上。菜肴十分可口，服务员的服务也十分热情周到。餐厅的四周安放了电视机，正在播放当地的一场足球比赛。精彩的场面不时引起就餐的国内客人的喝彩声。有些国内客人边喝酒边猜拳，热闹非凡。另有少数国内客人在就餐时吸烟，烟雾不时飘到该入境旅游团就餐的餐桌上。旅游团的客人匆匆吃完饭，立即离开了这家餐厅。其中有些客人抱怨旅行社的安排不当，表示要向旅行社的领导投诉。

资料来源：徐石松．旅行社经营管理．浙江大学出版社，2005.

问题：

1. 试分析旅游团客人对旅行社服务不满意的原因？
2. 该旅行社采购服务的失误在哪里？应如何改进？

【思考与讨论题】

旅行社采购可以采取哪些方式？这些采购方式的适应范围是什么？

任务二 旅行社旅游服务采购

任务介绍

旅行社旅游服务采购是指旅行社为组合旅游产品而以一定的价格向其他旅游企业与旅游相关的其他服务行业和部门购买旅游服务项目的行为。旅行社购买的服务项目是旅行社产品必要的组成部分。一般而言，旅行社旅游服务采购包括交通服务、旅游住宿服务、餐饮服务、旅游景区、购物娱乐、旅游保险、地接服务等。本任务重点是掌握各类旅游服务的采购方法。

任务目标

（1）掌握采购交通服务的方法；

（2）掌握采购旅游住宿服务的方法；

（3）掌握采购餐饮服务的方法；

(4) 掌握采购游览与参观项目的方法；

(5) 掌握采购购物与娱乐项目的方法；

(6) 掌握采购旅游保险的方法；

(7) 掌握采购地接旅游服务的方法。

相关知识

在旅行社的采购过程中，旅行社的采购人员必须善于同各种旅游服务部门和企业打交道，在保证旅游服务供给的前提下，设法为旅行社采购到价廉质优的各种旅游服务产品，保证旅行社经营能够顺利进行。

一、交通服务采购

旅行社的旅游交通服务采购业务主要包括航空、铁路、公路和水运交通服务采购。

（一）航空交通服务采购

航空交通是世界上远距离旅行活动中主要的交通方式，被看作是旅行社中长线旅游产品大交通的首选，具有安全舒适、快速省时的优点。

航空交通服务采购是指旅行社根据旅游团队的旅游计划或散客旅游消费者的委托，为旅游消费者和旅游团队的领队及全程陪同代购旅游途中所需的飞机票。

航空交通服务采购分为两种形式，即定期航班飞机票的采购和旅游包机的预订。

1. 定期航班飞机票的采购

定期航班飞机票的采购业务包括飞机票的预订、购买、确认、退订与退购及遗失与变更五项内容。

(1) 飞机票的预订。

无论是团体还是散客旅游者，旅行社采购人员在预订其飞机票之前，必须了解两个方面的信息：旅游消费者方面的信息有乘坐飞机者，包括旅游者姓名的全称、同行人的有关信息、旅游者的联系电话、旅游目的地、日期、支付方式、特殊要求等；航空公司方面的信息有飞机设施设备方面的信息、机票价格方面的信息等。

(2) 飞机票的购买。

根据旅行社的经营业务，旅行社采购的飞机票主要为团体机票和散客机票、国内段机票和国际段机票。

散客机票的购买：旅行社可以使用航空公司指定的售票平台或者购票软件采购机票，例如，携程网、去哪儿网、同程网、中国航信等网上预订系统预定。预定成功后会得到预定编码，在航空公司给定的时间内付款，就可以完成机票的订购。到了乘机日期，客人可以凭身份证直接到机场相关航空公司柜台办理登记手续。

团体机票的购买：团体游客机票的购票一般通过专门的具有购票资质的机票代理机构，为旅游团或游客代理机票。

这里还需要对儿童票价及相关规定进行说明。

满两周岁不满十二周岁的儿童，按国内航线成人普通票价的50%计价，国际航线根据航线不同而有差异。未满两周岁的婴儿，使用成人普通票价 10%的客票乘机，不单独提供座位；如需要单独占用座位，则应购买儿童票。每位成人旅客只能携带一名婴儿，超过的人数请另行购买儿童票。儿童、婴儿乘坐国内航班，可以自愿选择购买航空运输企业在政府规定政策范围内确定并公布的其他种类票价，并执行相应的限制条件，但仍免收机场管理建设费。

（3）飞机票的确认。

有些旅游者事先已自行购买了飞机票，对于这类旅游者，旅行社提供的服务是为旅游者确认机位。旅行社计调需要明确 OK 票与 OPEN 票的区别。OK 票，指已经订妥日期、航班和机座的机票。持 OK 票的旅客在该联程或出程站停留 72 小时以上，国内机票须在联程或回程航班起飞前两天中午 12 时以前、国际机票须在 72 小时前办理座位再证实手续，否则原订座位不予保留。OPEN 飞机票一般是不指定具体航班信息的飞机票，有半 OPEN 的，就是指定航空公司，不指定航班号，还有全 OPEN 的，就是航空公司、航班号都不指定。国际飞机票 OPEN 得较多，国内一般不允许 OPEN。往返票、回程不定日期，回程飞机票上标记为 OPEN 字样的飞机票。未订妥乘机日期的客票为 OPEN 飞机票，在机票上标记为 OPEN 字样。持 OPEN 票客的乘客乘坐飞机前须持机票和有效证件（护照、身份证等）去民航办理订座手续。

（4）飞机票的退订与退购。

旅行社采购人员在为旅游团队或旅游者预订或购买飞机票后，有时会遇到因旅游计划变更造成旅游团队的人数减少或旅游者（团队）取消旅行计划等情况。

若旅行社退购飞机票，则应按照民航部门的规定办理。

（5）机票遗失与机票变更。

在旅游过程中，因为各种原因，会发生机票丢失的情况。当遗失客票时，以书面形式迅速向航空公司或其销售代理人申请挂失。如果申请挂失前，客票已被冒用或冒退，航空公司不承担责任。申请挂失后，经查证客票未被冒用或冒退，待客票有效期（通常是一年）满后的 30 天内，办理退款手续。国际客票应在航空公司规定的时限内办理。购票后要求改变航班、日期、舱位等级等，属于自愿变更。自愿变更有一定限制，折扣票有不同的限制条件，甚至不允许变更。

2. 旅游包机的预订

旅游包机是由旅行社和航空公司达成协议，以旅游目的地为终点，开辟特殊航线。旅游包机是旅行社因无法满足旅游者乘坐正常航班抵达目的地的要求而采取的一种采购方法。需要采购包机业务时，旅行社计调需要同经营旅游包机业务的航空公司联系进行包机业务操作。

进行包机业务操作时，短途航班一般采用当日对飞的方式，而一般旅游团都是至少 4 日往返，航空公司不能让飞机在国外停 4 天等着客人，所以旅行社和航空公司通常会采用与当地旅行社合作的方式。

（1）包机的手续。凡需要包机的旅行社应事先与民航联系，填写包机申请书，说明任务的性质、游客的人数和身份、包用机型和架次、使用日期及航程事项。旅行社的包机申请经民航同意后，应签订包机合同。

（2）包机变更。包机合同签订后，如果包机的旅行社要求取消包机，需按规定交付退包费。

（3）包机费用。按民航规定，包机费用根据包用机型的每千米费率和计费里程或包用机型的每小时费率和飞行时间计收。

【知识链接】

国内城市三字代码见表4-1，国内部分航空公司二字代码见表4-2。

表4-1　国内城市三字代码

代码	城市	代码	城市	代码	城市
AKA	安康	KHN	南昌	WUH	武汉
AQG	安庆	KMG	昆明	WUS	武夷山
BAV	包头	KOW	赣州	WUZ	梧州
BHY	北海	KWE	贵州	XFN	襄樊
BSD	保山	KWL	桂林	XIL	锡林浩特
CAN	广州	LHW	兰州	XMN	厦门
CGD	常德	LJG	丽水	XNN	西宁
CGO	郑州	LYA	拉萨	XUZ	徐州
CGQ	长春	LYA	洛阳	YBP	宜宾
CKG	重庆	LYG	连云港	YIH	宜昌
CSX	长沙	LYI	临宜	YIN	伊宁
CTU	成都	LZH	柳州	YIW	义乌
CZX	常州	LZO	泸州	YNT	烟台
DDC	丹东	MDG	牡丹江	YXJ	延吉
DLC	大连	MIG	绵阳	ZAT	韶通
DLU	大理	MXZ	梅县	ZHA	湛江
DNH	敦煌	NDG	齐齐哈尔	ZUH	珠海
DYG	张家界	NGB	宁波	HRB	哈尔滨
ENY	恩施	NKG	南京	HSN	舟山
ENY	延安	NNG	南宁	HYN	黄岩
FOC	福州	NTG	南通	HZG	汉中
HAK	海口	SHA	上海	INC	银川
HEK	黑河	SHE	沈阳	JDZ	景德镇
HET	呼和浩特	SHP	秦皇岛	JGN	嘉峪关
HFE	合肥	SHS	沙市	JHG	西双版纳
HGH	杭州	SIA	西安	JIL	吉林
HLD	海拉尔	SJW	石家庄	JJN	晋江
HLH	乌兰浩特	SUM	恩茅	JMU	佳木斯
JNZ	锦州	UYN	榆林	JZH	九寨沟
JUZ	衢州	WEF	潍坊	WEH	威海

表 4-2 国内部分航空公司二字代码

代码	航空公司	代码	航空公司	代码	航空公司
3U	中国四川航空公司	FM	中国上海航空公司	X2	中国新华航空公司
8C	中国山西航空公司	G5	中国华夏航空公司	XO	中国新疆航空公司
8L	云南祥鹏航空公司	G8	中国长城航空公司	ZH	中国深圳航空公司
9C	中国春秋航空公司	HU	中国海南航空公司	NX	中国澳门航空公司
BK	中国奥凯航空公司	J5	深圳东海航空公司	SC	中国山东航空公司
CA	中国国际航空公司	KA	香港港龙航空公司	SZ	中国西南航空公司
CI	台湾中华航空公司	KN	中国联合航空公司	WU	中国武汉航空公司
CJ	中国北方航空公司	MF	中国厦门航空公司	F4	上海国际航空货运公司
CX	香港国泰航空公司	MU	中国东方航空公司	F6	中国航空股份有限公司
CZ	中国南方航空公司	EU	中国鹰联航空公司		

（二）铁路交通服务采购

铁路交通服务是旅行社向旅游者提供的一种重要的交通服务方式。铁路客运交通分为直达快车、普通快车、旅游专列、特快直达客车等类型。各类火车一般设有硬席座位、软席座位、硬席卧铺、软席卧铺及餐车等，是比较受旅游者喜欢的交通方式。铁路交通的优点是价格低、安全、受天气影响较小；缺点是速度慢，不太适合长途旅游。但是，近几年火车提速和高速铁路的建设，在一定程度上弥补了这一缺点。

1. 火车票的采购

旅行社计调可以向铁路售票处提出预定计划，填写预订信息，包括火车票的数量、种类、车次、抵达车站名称、时间等。旅游者也可通过 12306. cn 网站等火车售票软件自行进行网络购票。乘坐火车时必须携带身份证办理换票及乘车手续。

2. 退票

当游客旅游计划发生变化或者取消时，旅行社计调需按照铁路部门相关规定办理退票手续，在票面载明的开车时间前到车站办理，退还全部票价，核收退票费。特殊情况经购票地车站或票面乘车站站长同意的，可在开车后 2 小时内办理。团体旅客不晚于开车前 48 小时。原票使用现金购票的，应退票款退还现金。原票在铁路售票窗口使用银行卡购票或者在 12306. cn 网站使用在线支付工具购票的，按发卡银行或在线支付工具相关规定，应退票款在规定时间退回原购票时所使用的银行卡或在线支付工具。

旅客开始旅行后不能退票。但如因伤、病不能继续旅行时，凭列车开具的客运记录，可退还已收票价与已乘区间票价差额，核收退票费；已乘区间不足起码里程时，按起码里程计算；同行人同样办理。退还带有“行”字戳迹的车票时，需要先办理行李变更。开车后改签的车票不退。必要时，铁路运输企业可以临时调整退票办法，需咨询当地车站或关注车站公告。

在铁路售票窗口购票的，需到车站售票窗口办理退票：乘车人本人办理的，需提供车票和购票时所使用的本人有效身份证件原件；无法出示本人有效身份证件原件的，需到车站铁路公安制证口办理乘坐旅客列车临时身份证明后，办理退票。代乘车人办理的，需提供车票和购票时所使用的乘车人有效身份证件原件；没有购票时所使用的乘车人有效身份证件原件的，需提供车票及代办人本人的有效身份证件原件和购票时所使用的乘车人有效身份证件复印。在12306.cn网站购票后，在车站售票窗口退票时，需提供购票时所使用的乘车人有效身份证件原件；居民身份证无法自动识读或者使用居民身份证以外的其他有效身份证件购票的，需提供订单号码。

开车前15天（不含）以上退票的，不收取退票费；票面乘车站开车时间前48小时以上的按票价5%计，24小时以上、不足48小时的按票价10%计，不足24小时的按票价20%计。开车前48小时~15天期间内，改签或变更到站至距开车15天以上的其他列车，又在距开车15天前退票的，仍核收5%的退票费。办理车票改签或“变更到站”时，新车票票价低于原车票的，退还差额，对差额部分核收退票费并执行现行退票费标准。上述计算的尾数以5角为单位，尾数小于2.5角的舍去、2.5角以上且小于7.5角的计为5角、7.5角以上的进为1元。退票费最低按2元计收。改签或变更到站后的车票乘车日期在春运期间的，退票时一律按开车时间前不足24小时标准核收退票费。

3. 火车车次编制

旅行社计调在编制旅游线路和进行团队操作时，往往有多班车次可以选择，计调应根据团队的实际情况，综合考虑车次时间、价格、舒适度等因素。

（三）公路交通服务采购

旅行社采购公路交通服务主要是用于市内游览和近距离旅游目的地之间的旅行。而在内陆航空交通服务和铁路交通服务欠发达的地区，公路交通服务则是主要的旅游交通方式。公路交通的优点是方便。游客可以乘坐汽车进行景区间位移，还可以在可下车地点下车观景或者休息。缺点是不适合进行长时间、远距离的旅行。

旅行社计调在每次接到旅游者或旅游团队用车计划之后，应根据旅游者的人数及收费标准向提供公路交通服务的汽车公司提出用车要求，并通报旅游者或旅游团队的旅游活动日程，以便使汽车公司在车型、驾驶员配备等方面做好准备。在团队操作时，计调必须对车辆的车型、座位数、车况等情况了解清楚。

（四）水上交通服务采购

旅行社采购人员在采购水运交通服务时，应根据旅游者或旅游团队的旅行计划和要求，向轮船公司等水运交通部门预订船票，并将填写好的船票订票单在规定日期内送交船票预订处。计调取票时需要核对船票的日期、乘客名单、离港时间、航次、船票金额及船票数量等内容。购票后如因旅行社计划变更造成乘船人数增加、减少或者旅行计划取消等情况时，计调应及时办理增购、退票手续，保证旅游者能够按计划乘船，同时减少旅行社的损失。

【知识链接】

电子客票验真

您购票后可拨打所乘航空公司服务电话，核实客票真假，并请了解客票是否处于正常可使用状态。

电话验真：致电400-8158888。

网站验真：登录 http：//www. travelsky. com；如不需打印行程单，请索要订座记录编号进行验证。

短信验真：中国移动的用户发送英文字母 JP 到 10669018，收到回复短信后，按照温馨提示输入 13 位电子票号进行操作，就可以检验机票真假。

二、旅游住宿服务采购

旅游住宿服务的费用在旅行社产品总费用中位居第二，住宿服务是旅行社采购中又一重要内容。住宿服务的采购业务主要包括选择住宿服务设施、选择预订渠道、确定客房租住价格和办理住宿服务预订手续四项内容。

（一）住宿服务设施的选择

选择住宿服务设施是保证住宿服务质量的重要手段之一。旅行社采购人员应该从以下几个方面考察住宿服务设施。

1. 饭店位置

饭店所处的位置有这样两方面的意义：所处地段不同，饭店的价格往往大不一样，不同类型旅游者对于饭店的位置有着不同的要求和偏好。

2. 市场定位

在卖方市场下，许多饭店都有自己的经营定位。必须考虑将要采购的饭店所接待的对象主要是哪类旅游消费者。

3. 饭店设备

如饭店是否配备会议室、商务中心、多功能厅、宴会厅、健身设施等。

4. 服务水平

采购饭店的服务水平和整个产品也非常密切。

5. 停车场地

对于团队旅游来说，饭店是否拥有一定面积的停车场地很重要。

（二）饭店预订渠道的选择

旅行社主要通过组团旅行社、饭店预订中心、饭店销售代表和地方接待社四个渠道预订饭店。

1. 直接预订

它是指组团旅行社直接向旅游目的地饭店提出预订要求，因此也叫组团旅行社预订。

直接预订的优点是：

①能够直接从饭店获得客房信息，及时掌握饭店客房的出租情况；

②能直接同饭店达成预订协议，既能保证旅游者的住宿需要，又能免去中间环节所需的费用，降低采购成本；

③直接订房能够不断地加强和饭店的联系，可以与之建立起密切的合作关系，可以为采购业务的进一步开展打下一个坚实的基础。

直接预定的缺点是：

①采购人员必须同所要预订的各家饭店逐一打交道，不仅在预订时要同它们联系，还要在随后寄送预订申请，确认住房人数及名单、付房费等，占用大量时间和人力；

② 有时，外地的饭店未必了解组团旅行社，因而不愿意向组团旅行社提供最优惠的价格，并可能在缴纳租房金、付款期限、客房保留截止日期等方面不给予优惠。

2. 代订

代订就是组团旅行社委托旅游目的地的地接社预订饭店，所以也叫委托预订。

代订的优点是：

①往往能够根据旅游者的要求，比较称心地安排饭店；

②能拿到组团社心理范围能接受的价格；

③有些时候，地处异地的组团旅行社只能通过当地的旅行社才能预订到该地区的饭店客房。

代订的缺点主要是：

①地接社往往截留饭店给予的一部分折扣，作为其代订的佣金；

②如果组团旅行社不是选择具有一定经济实力和信誉的接待社或者选错了地接社，那么就容易造成代订失约，从而导致组团社工作的失误；

③为了获得更多的折扣。

3. 委托饭店预订中心预订

一些知名的国际连锁饭店，拥有一个共享的客房预订中心。

委托饭店集团预订中心预订的优点是：

①方便。

②可靠。

缺点是：

①选择手段单一。

②多次操作。

在选择预订时，组团旅行社必须分析自己的长处、短处，做到扬长避短，选择最恰当的渠道进行预订。

（三）客房价格的确定

饭店客房的价格主要包括下面几种：门市价格、团体价格、协商价格、净价格。

（四）饭店客房预定程序

1. 提出住房申请

申请时，采购人员应提供下列信息：旅行社名称、客房数量和类型、入住时间、离店退房时间、结算方式；旅游者国籍（海外旅游者）或居住地（国内旅游者）、旅游者姓名或旅游团队代号、旅游者性别、夫妇人数、随行儿童人数及年龄；旅游消费者的特殊要求，如楼层、客房朝向等。

2. 缴纳预订金

每个饭店都有关于预订金缴纳的时间、缴纳预订金的比例、取消预定的退款比例等事项的规定。计调人员必须熟悉相关规定，按时缴纳预订金。

3. 办理入住手续

旅游团（者）在预定时间抵达饭店后，凭团号、确认函等办理入住手续。

【案例分析】

黄金周出游没有住处成问题

2014年5月2日19时许，武汉市某旅行社组织40名游客前往张家界游览，当赶到预订宾馆时，他们被告知客满，不得不另寻住处。经过一个多小时的颠簸，导游员小魏将游客带到了一处地处荒郊的“野火人家”。然而，游客发现此处并非正式旅馆，且条件极差，便强烈要求返回市区住宿。僵持了近2个小时，导游员小魏将游客带回市区，并按旅行社指示要求游客自己找旅馆住宿，待回到武汉后酌情退还住宿费。直到22时55分，才将游客分散安排完毕。

该旅行社一直不注重与旅游服务供应部门签订采购合同，代之以口头协议。过去，该旅行社曾经因为组团人数不足，临时取消住宿预订，并没有及时通知旅馆，导致旅馆蒙受损失，所以，口碑较差。此次，旅馆将旅行社口头预订的房间全部给了散客，造成了该旅行社团队在黄金周出现了游客无住房的窘境。

三、餐饮服务采购

餐饮服务采购是指旅行社为了满足旅游者在旅游过程中对餐饮方面的需求而进行采购的业务。旅行社的采购人员要根据旅游者的特点，安排旅游者到卫生条件好、餐饮产品质量高、餐饮服务规范、价格公道的餐馆就餐。餐饮服务是旅游供给必不可少的一部分，对旅游者来说，用餐既是需要，又是旅游中的莫大享受。餐馆的环境、卫生，饭菜的色、香、味、形，服务人员的举止与装束，餐饮的品种以及符合客人口味的程度等，都会影响旅游者对旅行社产品的最终评价。

国内旅行社在采购餐饮服务时，一般采用定点的办法。所谓定点是指旅行社经过对采购的餐馆、酒店进行综合考察筛选后，和被选择的餐馆、酒店进行谈判，就旅行社的送客人数、各类旅游者、旅游团队的就餐标准、付款方式等达成协议。

四、游览与参观项目采购

旅游和参观是旅游者在目的地进行的最基本和最重要的旅游活动。旅行社采购人员应该对本地区的重要游览景点和参观单位进行考察和比较。并分别同这些景点、单位进行联系，在双方自愿的基础上同他们建立合作协议，争取获得优惠价格。因此，旅行社与游览单位的合作关系也就显得特别重要。

五、购物和娱乐服务采购

在购物和娱乐的采购中，旅行社采购人员一定要树立正确的观念，全面认识购物、娱乐和旅游产品之间的关系。

六、地接服务采购

地接服务采购是指组团旅行社向旅游目的地旅行社采购接待服务的一种业务，在行业内通常称之为选择地接社。旅行社应在各旅游目的地旅行社中进行挑选和比较，选择适当的旅行社作为接待社。

（一）选择地接社的标准

1. 信誉良好

作为接待服务的合作伙伴，旅行社必须具备良好的信誉。接待社必须严格地按照与组团社商定的接待标准向旅游者提供接待服务。接待社不得以任何借口拒绝履行合作协议。接待社如果无法落实旅游接待计划活动内容时，必须及时通知组团旅行社，并征得组团社的同意后，方可改变原先的接待计划。

2. 具备较强的接待能力

接待旅行社必须有较强的接待能力，能够提供组团社委托的各项旅游服务，并提供优质的导游服务。

3. 有真诚的合作愿望

接待社必须和组团社进行真诚的合作。目前，旅游业竞争激烈，为了生存，旅行社必须广开财源。要树立良好的企业形象，还要注重与外地旅行社的密切联络，并建立良好的合作关系，以增强旅行社自身的生存能力。为此，接待社应积极地配合组团社履行与旅游者签订的合同，提高服务质量，从而赢得良好的信誉。

4. 收费合理

接待社的收费不能过高，超过组团社的承受能力。接待社不能违反事先达成的协议，擅自提高收费标准或增加收费项目。不能降低接待服务的标准，损害旅游者和组团社的合法权益。组团社要考察接待社是否在上述三个方面有上乘的表现，并签订合作协议，建立长期的合作关系。

（二）选择地接社的渠道

1. 选择有合作经验的地接社

如果旅游目的地旅行社中有之前合作过，并且信誉良好、合作愉快的，可以作为首选地接合作社。

2. 通过熟人介绍寻找地接社

可以通过同行业熟人推荐来寻找地接合作社，但需综合考察地接社各项资质。

3. 通过旅游电子商务网站寻找地接社

途牛、携程、同城等旅游企业交易平台上有旅游同业批发中心，如北京批发城、西安批发城等。组团社可以以采购商名义询价，这样就可与各地旅行社同行建立业务交流。

4. 通过 QQ 方式寻找地接社

目前，QQ 依然是旅行社办公的常用沟通工具。各地旅行社业内有各种各样的 QQ 群，如山东半岛专线群、北京旅行社联盟等。可以通过加入 QQ 群的方式寻找合适的合作地接社。

5. 通过旅游局网站寻找地接社

通过登录地接社所在地的旅游局官方网站可以查询相关旅行社名录，在其中选择“十佳”“十强”“优秀”旅行社作为合作伙伴。

七、旅游保险采购

根据《旅行社管理条例》及相关法律，旅行社应该为旅游者提供规定的保险服务。由计调部门负责采购保险服务，为旅游者购买旅行社责任险。

（一）旅游保险的主要险种

1. 旅行社责任保险

旅行社责任保险，是指旅行社根据保险合同的约定，向保险公司支付保险费，保险公司对旅行社在从事旅游业务经营活动中，致使旅游者人身、财产遭受损害应由旅行社承担的责任，承担赔偿保险金责任的行为。

2. 旅游意外保险

旅游意外保险，是指旅游者个人向保险公司支付保险费，一旦旅游者在旅游期间发生意外事故，由承保的保险公司按合同约定，向旅游者支付保险金的保险行为。

3. 航空旅客意外伤害保险

航空旅客意外伤害保险，简称“航意险”，属自愿保险的个人意外伤害保险。

4. 中国境外旅行救援意外伤害保险

中国境外旅行救援意外伤害保险，属附加性保险，即附加在主保险合同上的保险险种。

总之，旅行社的采购业务涉及许多方面和许多企业、部门，旅行社应在确保服务质量的前提下，同相关的旅游服务供应企业和部门建立起互惠互利的协作关系，正确处理旅游服务采购中的各种关系，为旅行社的经营和发展建立起一个高效率、低成本、优质的旅游服务采购网络。

【知识链接】

旅行社投保责任保险的意义

1. 提高旅行社的抗御风险能力

由于自然力和非自然力的作用，旅行社存在着大量的经营风险。各种经营风险的存在，不但会给旅行社带来利益上的损失，甚至还会造成旅行社的破产。

2. 减少意外事故造成的损失

旅行社投保责任保险，有利于转移和分散旅游活动中产生的各种意外事故造成的经营风险。

3. 维护旅游者的合法权益

由于旅行社投保责任保险及旅游者投保其他旅游保险，旅游者在旅游过程中，如果遇到旅游事故使其合法权益能够得到更大程度的保障。

（二）旅游保险的办理程序

（1）选择保险公司投保。

（2）办理保险手续。

（3）赔付程序。

①提供有关资料。

②办理索赔手续。

根据保险法和保险公司相关规定办理。

【知识链接】

旅游保险的主要内容

一、保险责任

（一）旅行社责任保险

1. 因人身伤亡发生的经济损失、费用。

2. 因人身伤亡发生的其他相关费用。

3. 行李物品的丢失、损坏或被盗导致的损失。

4. 事先经保险公司书面同意的诉讼费用。

5. 发生保险责任事故后，旅行社为减少赔偿责任，抢救受伤的旅游者及施救旅游者的财产所支付必要的、合理的费用。

（二）旅游意外保险

在下列情形之一发生后，保险公司应承担保险责任：

1. 旅游者急性病发作之日起 7 日内因同一原因死亡的。

2. 旅游者自意外伤害发生之日起 180 日内因同一原因死亡的。

3. 旅游者因意外事故下落不明，经人民法院宣告死亡的。

4. 旅游者自意外伤害发生之日起 180 日内因同一原因身体残疾的。

5. 旅游者在县级以上（含县级）医院或者保险公司认可的医疗机构诊疗所支出的、符合当地社会医疗保险主管部门规定的可报销的医疗费用。

6. 旅游者因急性病或意外伤害死亡后的死亡处理及遗体遣返所需的费用。

（三）航空旅客意外伤害保险

1. 意外身故保险金。

2. 意外残疾保险金。

（四）中国境外旅行救援意外伤害保险

1. 紧急救援保险责任。

2. 紧急门诊和牙科门诊保险责任。

二、保险期限

（一）旅行社责任保险

旅行社责任保险的保险期限为一年。

（二）旅游意外保险

1. 入境旅游。

2. 国内旅游、出境旅游。

3. 被保险人自行中止旅游行程。

（三）航空旅客意外伤害保险

航空意外伤害保险的保险期限自旅游者（被保险人，下同）持保险合同约定航班班机的有效机票到达机场通过安全检查始，至旅游者抵达目的港走出所乘航班班机的舱门时止。

（四）中国境外旅行救援意外伤害保险

中国境外旅行意外伤害保险的保险期限，以合同保险单中列明的时日为准。保险期限超过90日的，保险公司通过授权的境外救援机构承担每次旅行连续不超过90日的保险责任。

三、保险金额

（一）旅行社责任保险

旅行社办理旅行社责任保险的保险金额不得低于下列标准：

国内旅游每人责任赔偿限额人民币8万元，入境旅游、出境旅游每人责任赔偿限额人民币16万元。

国内旅行社每次事故和每年累计责任赔偿限额人民币200万元，国际旅行社每次事故和每年累计责任赔偿限额人民币400万元。

旅行社组织高风险旅游项目可另行与保险公司协商投保附加保险事宜。

（二）旅游意外保险

1. 入境旅游：30万元人民币。

2. 出境旅游：30万元人民币。

3. 国内旅游：10万元人民币。

4. 一日游：3万元人民币。

（三）航空旅客意外伤害保险

1. 每份保险金额为人民币40万元。

2. 同一旅游者（被保险人）最高保险金额为人民币200万元。

（四）中国境外旅行意外伤害保险

1. 保险金额由合同双方约定并于保险单中载明，保险金额一经确定，在保险期间中途不得变更。

2. 夫妻两人同行且均投本保险，其随行的未满18周岁的子女（限2名）可免交本保险费参加本保险，但其保险金额以父母两人中保险金额较低一方为准。

四、责任免除

旅游者参加旅行社组织的旅游活动，应保证自身身体条件能够完成旅游活动。因下列情形之一，造成旅游者身故、伤残或财产损害的，旅行社不承担赔偿责任：

1. 旅游者在旅游行程中，由自身疾病引起的各种损失或损害。

2. 由于旅游者个人过错导致的人身伤亡和财产损失，以及由此导致需支出的各种费用。

3. 旅游者在自行终止旅行社安排的旅游行程后，或在不参加双方约定的活动而自行活动的时间内，发生的人身、财产损害。

旅游保险赔付需提供的资料

1. 旅行社责任保险：旅行社或受益人应于知道或应当知道保险事故发生之日起5日内通知保险公司，并收集相关索赔证据或证明。

2. 旅游意外保险：旅游者（被保险人）或受益人自知道或应当知道保险事故发生之日起5日内通知保险公司。

旅游者（被保险人）死亡证书、旅游者致残证书、旅游者支出医疗费用票据等。

3. 航空旅客意外伤害保险：旅游者（被保险人）或受益人自知道或应当知道保险事故发生之日起5日内通知保险公司。

旅游者身故证书、旅游者致残证书、旅游者支出的医疗费用票据等。

4. 中国境外旅游救援意外伤害保险：旅游者（被保险人）或受益人自知道或应当知道保险事故发生之日起5日内通知保险公司，并收集相关索赔证据或证明。

【案例分析】

“蒙”游客是违规行为

游客钱某委托旅行社办理订房业务。按照合同规定，钱某抵达旅行社预订的某地宾馆。谁知宾馆服务总台告诉他住房已客满，唯独一间小客房给他留着，须再交200元房差价。钱某不同意。于是，宾馆服务总台通过电话与附近的一家饭店取得联系，并且写好一张便条让钱某打的过去。钱某无奈，只好根据他们的要求去了那家饭店。到了饭店才得知，其标准房要比原先宾馆差一些，还要他另交80元的房差费。这时天色已晚，游客钱某为了安全，只得付钱入住。等到旅游结束后，钱某立即向当地旅游质监部门投诉，要求宾馆赔偿他的经济损失，同时也要求饭店退还房差费。

分析：众所周知，宾馆与游客的住宿合同一旦成立，宾馆就要按合同的规定向游客提供住房及相应的服务。如果宾馆没有遵循合同规定，那么是宾馆违约，也就是说宾馆要承担违约责任。该起旅游案例的情况也很清楚。宾馆首先违约，然后再介绍游客钱某去另一家饭店入住，一般来说也属正常现象，但问题在于由此产生的责任和经济损失由谁来承担。显然，宾馆服务并没讲清责任问题，这是一种“蒙”游客的违规行为。正如当地旅游质监部门经调查研究后的结论那样：宾馆因某种客观原因产生违约情况，要在游客同意的前提下，可入住附近标准相同饭店，并承担游客的打的费用。如果那里住房费用高，超出部分应由宾馆负责支付；如果那里住房费用低，多余部分也应由宾馆退给游客，这是宾馆应尽的义务。

随着我国旅游事业的不断发展，宾馆、饭店的竞争也相当激烈，有时还到了“白热化”的程度。在这种情况下，有一些宾馆、饭店则采取了不规范的操作行为，明知不对或者是违约行为，却不肯承担赔偿责任，有的还把客人一推了之。类似本案中“蒙”游客的现象，其实反映出那些服务性企业的职业道德和诚信度令人怀疑。这种宾馆以后还有哪位客人敢光临？因此在某种程度上讲，服务性行业提倡的就是“招牌”效应，宾馆“蒙”游客只能“蒙”一时，却“蒙”不了长久。游客钱某敢于投诉，说明了消费者的维权意识在不断增长，同时也说明了旅游市场在不断地走向成熟。

资料来源：李云霞．现代旅行社管理与运作．云南大学出版社，2007.

任务实施

实训目的：旅行社服务采购训练。

实训内容：通过网络、电话等方式训练住宿、餐饮的采购实操。

实训指导：

（1）学生根据教材并结合教师指导列出实训步骤，认真完成规定的实训内容，真实记录实训中遇到的各种问题和解决问题的过程。

(2) 根据实训情况写出实训报告。

实训考核：各小组上交实训报告，主讲教师进行点评，打分。

【思考与讨论题】

旅行社交通服务采购的类型有哪些？如何进行航空交通采购的采购？

任务三　旅行社采购合同

任务介绍

合同是当事人之间为了实现一定经济目的而明确相互权利义务关系的协议。旅游采购不是一手交货一手交钱的简单交易，而是一种预约性的批发交易，是一次谈判多次成交的业务。基于这种特点，旅行社的采购合同也与一般的采购合同不尽相同。本任务通过一系列旅行社采购合同的介绍，可以使同学们了解旅行社采购合同。

任务目标

(1) 了解旅行社采购合同主要内容；

(2) 熟悉常见的旅行社采购合同。

相关知识

一、认知旅行社采购合同

旅行社为购买各种旅游服务项目而与旅游企业或相关部门订立的各种购买契约通称为旅游采购服务合同。它以一定价格向其他旅游企业及与旅游相关的其他行业和部门购买相关的服务行为，是一种预约性的批发交易，通过多次成交完成。这种采购特点决定了旅行社同采购单位签订经济合同的重要性，以避免和正确处理可能发生的各种纠纷。

根据《中华人民共和国合同法》的规定："买卖合同是出卖人转移标的物的所有权于买受人，买受人支付价款的合同。"旅行社的采购合同与一般的采购合同不尽相同，主要原因是旅游采购具有预约性的特点。旅行社的采购往往是一次谈判多次成交的业务，不是一手交货、一手交钱的简单交易，而是一种预约性的批发交易，谈判和成交之间既有时间间隔又有数量差距。旅游采购的这种特点，使得旅行社与协作部门之间的经济合同显得更为必要。随着我国法制建设步伐的加快和旅游市场法制环境的不断改善，旅行社应高度重视合同要约，利用法律来保护自己的合法权益，并推动旅行社的采购活动日益规范化。

旅行社采购合同的基本内容有以下五个方面：

（一）旅行社采购合同标的

合同标的是指合同双方当事人权利义务指向的事物，即合同的客体。旅游采购合同的标的就是旅行社购买旅游服务供应企业出售的旅游服务，如客房、餐饮、汽车运输等服务。

（二）旅行社采购合同的数量和质量

由于旅游采购合同是预购契约，不可能规定确切的购买数量，而只能由买卖双方商定一个计划采购量，或者是规定一个采购和供应幅度。关于质量则由双方商定一个最低的质量要求。

（三）旅行社采购合同的价格和付款办法

旅行社采购合同价格是旅行社采购商品同货币交换比例的指数，或者说价格是价值的货币表现。旅行社采购合同价格是旅行社采购商品的交换价值在流通过程中所取得的转化形式。而付款办法则是旅行社采购合同价格的结算方法。

旅行社采购合同中应规定拟采购的服务的价格。由于价格常常随采购量的大小而变动，而合同中又没有确定的采购量，因此，可商定一个随采购量变动的定价办法，还要规定在合同期内价格可否变动及其条件。在国际旅游业中还要规定交易所用的货币以及在汇率变动时价格的变动办法。此外，还要规定优惠折扣条件、结算方法及付款时间等。

（四）合同期限

合同期限指签订合同后开始和终止买卖行为的时间，一般是一年签一个合同，也有的每年按淡、旺季签两个合同。

（五）违约责任

违约责任是指当事人不履行或不完全履行合同所列条款时应负的法律责任。按照我国经济合同法规定，违约方要承担支付违约金和赔偿金的义务。

二、各类旅行社采购合同

（一）中外旅行社组团合同范本

中外旅行社组团合同范本

中国________旅行社（以下称甲方）与________国________旅行社（以下称乙方），为发展共同事业，双方愿在平等互利及友好的基础上，就双方的权利、义务关系达成如下协议，签订本合同。

第一条　乙方计划自________年____月____日至________年____月____日组织________个旅行团共________名旅行者到中国旅行。

第二条　双方商定的旅行团，乙方应于旅行团进入中国口岸日期的30天前向甲方确认，甲方应在接到乙方确认函后的3个工作日内予以确认。乙方至少应在每个旅行团入中国口岸日期的20天前，以书面形式向甲方提供下列资料：旅游人数、所需房间数、入境航班或车次、全团成员名单（含姓名、性别、出生年月、职业、国籍、证件号码）以及接待要求。

第三条　乙方可随时向甲方提出计划外新组织的旅行团计划，甲方在收到乙方函电后，应在3个工作日内发出答复函电；乙方在收到甲方的答复函电后，也应在3个工作日内予以确认。(预报时间要求和报送资料与第二条相同)。

第四条 乙方同意至少在旅行团进入中国国境日期的15天前，用电汇方式把该团的全部费用汇入甲方账户。如乙方同时汇两个以上旅行团费，应在电汇单上注明每个旅行团的费用数额。旅行团费均不以人民币结算。

第五条 如乙方未按本合同第四条规定的日期付款，甲方有选择以下3种处理方式的权利：

1. 无论该旅行团是否已进入中国境内，甲方可以不予以接待，乙方应负担由此引起的一切责任。

2. 向中国各级旅游管理机构报告情况并建议所有旅行社停止接待乙方未付旅行费用的旅行团。

3. 甲方向乙方加收未付的旅行费用的滞纳金。在中国的旅行结束后，如有尾欠，应在一个月内结算全部费用；未结算部分，从下月起加收滞纳金。滞纳金按日加收未结算部分的千分之________。

第六条 甲方应按照本合同和合同附件所确认的日程及内容提供服务。甲方应要求外联人员、导游、司机等工作人员按照规定标准提供服务，严格禁止向旅行者索取小费。

第七条 除人力不可抗拒的因素外，甲方如未向旅行团提供符合规定标准的服务，应为旅行者提供补偿服务或将低于服务标准的费用差额退还乙方。

1. 除人力不可抗拒的因素外，如因甲方故意变更旅行日程、交通工具、食宿等所增费用由甲方负责。因下列原因变更旅行日程，甲方不予赔偿：

(1) 如乙方临时改变旅行团入境日期，引起交通、住房及游览日程、项目的变更，使客人投诉、索赔，应由乙方承担；由此造成甲方的经济损失，由乙方承担。

(2) 乙方旅行团进入中国后，因旅行者要求修改日程而造成的经济损失应由旅行者自己补偿，甲方不予承担。

(3) 因民航、铁路、车船等交通部门的原因（如机械故障、气候等）改变日程所造成的损失，甲方不予赔偿。

2. 各项旅游设施（区）中受到的损害，不属甲方的责任，但甲方应尽人道主义的义务协助乙方处理。

第八条 由于甲方违反服务质量条款，造成旅行者直接物质损失，乙方保留向中国政府旅游管理机构投诉并要求赔偿的权利。

第九条 甲方如因特殊原因须调整双方已确认的旅行团报价，应在旅行团进入中国日期的3个月（90天）前通知乙方。自通知之日起3个月（90天）内甲方按原报价收费。

第十条 甲方有责任使乙方了解中国的法令和规定，乙方应要求旅行者遵守中国的法令和规定。由于旅行者违反中国的法令和规定则依法处理，甲方不承担责任。

第十一条 甲方按照中国价格政策规定，提出旅行团报价，经乙方认可后，订立合同附件。本合同共有________份附件。

第十二条 甲方总代理乙方旅行团在中国各地的旅行活动安排，乙方不得另作分段委托。甲方可以将旅行接待活动委托给中国有接待资格的旅行社。甲方作为乙方直接代理商，对广告活动负有直接责任。

第十三条 为保证旅行者在中国旅行期间的安全，甲方为旅行者投保旅游意外保险。

旅游团报价含此保险。甲乙任何一方如违反中国政府关于旅行社接待的海外旅游者的在华旅游期间统一实行旅游意外保险的规定，责任自负。

第十四条 本合同的订立、变更、解除、违约责任处理须遵守合同法的规定。未经双方共同同意，任何一方不得将根据本合同所享有的权利和承担的义务转给第三方。

第十五条 双方在执行合同过程中发生的争议应通过友好协商加以解决。不能协商解决时，双方同意将争议提交中国国家旅游局协调处理。在处理本合同争议时，以中国法律为准据法。

第十六条 本合同自最后签字的一方签字之日起生效，有效期至________年____月____日。合同期满后，经双方同意，可以书面协议确定延长执行期限。

第十七条 本合同有中文和________文两种文本，两文本具有同等效力。在两种文本解释不一致时，以中文文本为准。

第十八条 本合同甲乙双方签字后，甲方须将副本报所属旅游主管部门备案。

本合同和合同附件为不可分割的整体，合同正文与合同附件的条款具有同等的效力。

甲方（盖章）：________　　　　乙方（盖章）：________

法定代表人（签字）：________　　　　法定代表人（签字）：________

签订地点：________　　　　签订地点：________

________年____月____日　　　　________年____月____日

（二）旅行社与酒店合同范本

旅行社与酒店合作协议书

协议编号：

甲方：____________________旅行社

乙方：____________________酒店

为加强合作，甲乙双方经友好协商签订如下协议：

一、本协议有效期

________年____月____日—________年____月____日。

二、客房部分

乙方向甲方提供的房型、价格见表4-3。

表4-3 房型与其价格

元/间夜

价格 \ 房型	门市价	散客价	团队价
标准单间			
豪华单间			
豪华标间			
豪华套房			
行政套房			

说明：

1. 甲方当日用房超过3间（含）可定义为团队，不足3间为散客价，住满十间，乙方需向甲方提供一间免费房陪同房（10+1）。

2. 甲方在团队抵达乙方前5天书面通知乙方，并注明团号、用房数及入住天数、用餐情况等。乙方在收到甲方通知后，应于24小时内予以传真确认，确认后即为生效。

3. 甲方团队因故不能按计划抵达乙方，甲方应至少提前3天通知乙方以便乙方变更预定信息，否则应按相应标准赔偿乙方损失。

4. 对于双方确认后生效的订房，乙方必须提供相应客房，如遇特殊情况不能提供，则由乙方按以下方式另行解决，其产生差价由乙方承担。

（1）升级至本酒店高一级的房型；

（2）协助安排其他同级别酒店的相应类型的房间。

5. 甲方退房时间最迟为次日中午12点，甲方如遇特殊情况在经乙方同意后，可适当延时退房，但最迟不得超过次日中午14点。

三、餐饮部分

1. 甲方有权选择乙方提供的用餐标准和包间、宴会厅；

2. 乙方根据甲方用餐标准和要求，保证甲方用餐质量。如出现客人不满或投诉，由双方共同协调解决，并尽最大可能使客人满意。

四、会议部分

会议室类型与其价格类型见表4-4。

表4-4 会议室类型与其价格类型

元/天

会议室类型 价格类型	大会议室 （300人左右）	中会议室 （80人左右）	小会议室 （40人左右）
门市价			
散客价			
团队价			

说明：

1. 本价格包含投影仪、音响、话筒、茶水、铅笔、纸，如需鲜花果盘费用另计；

2. 甲方需提前三天确定具体会议室和参会人数，以便乙方做好相关准备。

五、结算方式

甲方须在抵达乙方后，向乙方缴纳总消费额1.5倍的费用作为押金，以便团队在酒店的消费挂账。

六、其他

1. 乙方有权对其所有的相关信息包括用于促销活动价格的变动等保留最终解释权。

2. 甲、乙双方承诺对本协议的所有内容保密，如有外泄，外泄方须承担相应责任，并须向对方赔偿由此带来的损失。

3. 本协议一式两份，双方各执一份，经双方签字盖章后生效，自协议有效期日起开始执行。

甲　方：　　　　　　　　乙　方：

电　话：　　　　　　　　电　话：

签署人：　　　　　　　　签署人：

预订联络人：　　　　　　　　　　　　预订联络人：
开户行：　　　　　　　　　　　　　　开户行：
开户名：　　　　　　　　　　　　　　开户名：
账　号：　　　　　　　　　　　　　　账　号：
盖　章：　　　　　　　　　　　　　　盖　章：
签订日期：　　　　　　　　　　　　　签订日期：

（三）旅行社与餐厅合同范本

旅行社与餐厅协议书

________旅行社（以下简称甲方）与________餐厅（以下简称乙方）就旅行团（者）用餐事宜经双方友好协商一致达成如下协议：

一、客人便餐用餐标准

1. 标准等：10人以上________元/人；6~9人________元/人；2~3人，________元/人；1人________元。

2. 豪华等：10人________元/人，6~9人________元/人；2~5人________元/人；1人________元。

3. 经济等：10人以上________元/人。

4. 乙方须保证客人够吃，如菜不够吃，添菜不另收费。

二、客人风味用餐标准

最低标准：________元/人（酒水除外）。

三、陪同、司机用餐标准

1. 地陪、司机：________元/人（便餐），________元/人（风味）。

2. 全陪与客人一同用餐，按客人标准计付；与地陪一同用餐，按地陪标准计付。

四、酒水

便餐酒水提供啤酒________元/瓶；可乐________元/瓶；汽水________元/瓶，矿泉水________元/瓶。除上述饮料外，饮用其他酒水，其费用客人现付。风味酒水，除上述饮料外，可提供红、白葡萄酒及中档白酒（不提供茅台）。

五、结算

1. 甲方陪同以餐饮结算单向乙方结算每餐费用。

2. 甲方财务人员每次凭陪同填写的结算单核对发票向乙方结账付款。

六、报损

1. 两小时前退餐，不收损失费；

2. 两小时内退餐，收取50%费用；

3. 订餐后未去用餐，收取100%费用（饮料不计）。

七、本协议有效期自________年____月____日至________年____月____日止。

八、本协议正式文本一式两份，甲、乙双方各执一份，签字或盖章后生效。

甲方：________旅行社（盖章）　　　　　　乙方：________餐厅（盖章）
________年____月____日　　　　　　　　________年____月____日

（四）旅行社与旅游景点合同范本

旅行社与旅游景点合作协议

甲方：________旅行社　　　　　乙方：________风景区旅游发展有限公司

在诚信远见、互惠双赢、自愿的基础上，经友好协商，甲乙双方就________风景区销售代理达成如下协议：

一、甲方需具备的条件及应尽义务

1. 甲方有强劲的组团、发团能力，同时有运作旅游专线市场的经验。

2. 甲方本着诚信、互利的目的，作为________风景区的销售代理商，致力于______风景区的销售工作。

3. 甲方在工作的开展过程中本着诚信的态度，为乙方的品牌、形象信誉等负责。

4. 甲方在与乙方合作期间，须加强对________风景区的宣传力度，主要是通过相关媒介在客源市场上的宣传和同行之间的信息沟通。

5. 甲方向乙方提前预购的门票，只能在所在城市区域内预售，不得在景区现场转手销售，否则乙方将没收现场转手的门票。

6. 甲方根据和乙方的协议可以享受由乙方提供的组团旅游量返政策，量返标准以及执行办法见附件。

二、乙方为甲方提供的有利条件及应尽义务

1. 乙方负责在景区现场做好对甲方客户的服务工作，并负责与甲方保持良好的信息沟通，收集甲方返回的意见并及时做出反馈工作等。

2. 乙方确保甲方在达到双方约定的发团人数时，按照协议，执行量返政策和相应奖励政策；为保障合作双方利益，甲方每次购票时，乙方将向甲方出具凭证，最终由双方共同核对确认发团总人数。

3. 乙方承担景区市场营销工作，确保全年向社会发布景区形象广告、活动广告，并不定时做促销工作，促进市场影响力，为甲方在旅游市场上提供必要的外围支持，营造良好的氛围。

4. 乙方制定的《旅行社价格优惠政策》所涉及的条款将作为协议附件，具同等法律效应。

三、本协议有效期

________年____月____日至________年____月____日。

四、协议未尽事宜，双方应本着互利互惠、诚信合作的原则友好协商解决。

五、本协议一式两份，两方各执一份，双方签字盖章后生效。

甲方：________旅行社　　　　　乙方：________风景区旅游发展有限公司

甲方签章：　　　　　　　　　　乙方签章：

________年____月____日　　　　________年____月____日

（五）旅行社与旅游汽车公司合同范本

旅行社与旅游汽车公司合作协议

甲方：________旅行社　　　　　　　　乙方：________旅游汽车有限公司

为强化安全生产责任，确保旅游团队接待用车的质量以及用车安全，甲乙双方友好协商。本着安全生产，互惠互利、诚信经营的原则，就旅游团接待用车事宜达成如下协议：

一、乙方的资源

乙方必须是经道路运输管理部门批准，具备合法旅游客运、旅游包车客运资质的企业。乙方承诺并保证所提供的旅游接待车辆均符合旅游营运安全法定标准与保障人身、财物安全的标准。

乙方在签订协议书时应向甲方提供以下资质证明：企业《道路营运许可证》《营业执照》、车辆的《车辆行驶证》《道路营运证》以及法定要求机动车辆保险单（乘客座位责任险、第三责任险）等相关文件的复印件（加盖公章）；乙方保证所提供的以上文件复印件真实可靠；如乙方提供虚假的证书与凭证，由此引发的法律责任由乙方负责。乙方并承诺，在本协议书履行期间，其维持前项资质与要求。

二、双方的义务与责任

1. 甲方保证在日常的业务中，在同条件下优先使用乙方的车辆：逢黄金周或其他重大接待时，乙方有义务优先保证甲方的用车计划。

2. 乙方必须建立完整的车辆安全管理制度。提供用于接待的旅游车辆，必须按照有关规定进行维护和保养，确保车辆始终处于良好的安全状态，在团队接待前车辆进行全面的检查，严禁故障运行。乙方确保车辆驾驶员是公安等部门登记在册的并有丰富驾驶经验及符合车辆驾驶资质的人员，并持有上岗证。

3. 乙方提供给甲方的旅游接待车辆，必须是属于乙方登记备案在册的符合旅游营运资质要求的旅游营运车辆：如乙方在车辆安排过程中提供非乙方的车辆用于接待甲方团队。乙方必须事先告知甲方，在征得甲方同意后方可用于接待，且向乙方提供车辆的旅游汽车公司应与乙方签订有至少在资质及有关人身、财务安全保障方面与本协议书相同标准与要求的协议。乙方有义务将此公司的相关资料报备甲方，并对资料的真实性负责。如乙方未按照本协议要求而提供非营运资质或不符合安全保障要求的车辆用于接到甲方的旅游团队，一经发现，甲方有权扣除车款，直至解除本协议，且由此造成的一切刑事、民事、经济责任由乙方承担。

4. 甲方应按照双方约定的工作日向乙方预定拟使用车辆。甲方以书面传真形式向乙方发出预约，在预约单中注明拟使用车辆型号、乘坐人数、服务要求、团队行程，如甲方行程发生变更或取消应及时通知乙方。

5. 乙方应向甲方提供优惠价格，双方约定的车辆使用价款（以下简称用车费用）含过桥过路费、同车费、高速公路通过费、驾驶员费用等。甲方团队长途如有高速公路段必须行驶高速公路，乙方不得以任何理由减低服务标准，团队在外过夜驾驶人员的住宿费原则上由甲方负责。

6. 甲方有权要求乙方按照行业服务标准做好旅游团队的接待工作，经双方确认用于接待的车辆、用车时间、车型、车况，乙方在未征得甲方同意时不得更换、顶替。乙方提供的接待车辆在接待过程中不得套团或换车，遇黄金周或旅游旺季、重大接待任务期间乙方车辆调度紧张时，乙方应事先将有关情况告知甲方，甲方应视实际情况配合乙方调整接待计划：经双方确认的团队，如乙方违反以上约定造成团队投诉时，造成的损失由乙方承担。

7. 乙方的司机应按照管理部门的要求持证上岗，上团时应着装整洁、文明接待：接待过程中如遇到乙方车辆、驾驶人员原因引发的投诉，双方应及时沟通，经查实属于乙方责任的，由此引发的经济和名誉损失由乙方负完全责任，如在团队接待过程中乙方驾驶人员未能按照行业规范提供接待服务的，甲方有权要求乙方及时调换并弥补损失。乙方车辆驾驶人员与乙方之间的雇佣关系，不因本协议的签订和履行而发生任何改变。乙方车辆驾驶人员的工资报酬及福利待遇等，由乙方自行负责解决和承担，并且不影响本协议书所述用车费用的计算与支付。

8. 乙方应按照营运部门和交通管理部门的要求，教育驾驶人员树立安全第一的观念，并严格审核驾驶人员的资质，高速单程600千米以上路程，乙方应派两名驾驶员，驾驶员必须在规定时速内驾驶，不得超时驾驶，疲劳驾驶，预防和杜绝事故的发生。

9. 乙方应全权负责提供的车辆正常安全营运，并对此承担全部责任，因乙方的原因或甲方以外的原因而发生安全事故、抛锚、漏接、车辆被查扣等造成的经济损失，由乙方负责赔偿。乙方应当对运输过程中游客的伤亡承担损害赔偿责任，但伤亡是由游客自身健康原因造成的或者是游客故意重大过失造成的除外。乙方驾驶员过错造成游客随车物品遗失、损坏，乙方应赔偿实际损失。

10. 双方的工作人员应按照双方的管理制度共同配合，不得因个人原因影响团队的接待质量，遇到有任何问题应及时报告双方调度人员，由双方调度人员协调处理，如是甲方人员未按行业规范提供服务的，乙方驾驶人员应及时通过乙方向甲方投诉，经甲方查实后，按照甲方的规章制度给予严肃处理。

11. 乙方不得私下给甲方操作人员回佣、好处或以其他形式贿赂甲方操作人员，甲方一经发现乙方以不正当方式争取业务，甲方有权解除本协议，由此所致损失由乙方承担。

12. 为确保接待质量，甲方的团队未安排购物的，不得到购物点购物：有安排购物点的团队按行程计划执行，团队购物点的安排必须是甲方计调人员指定的购物点，双方的随车工作人员不得安排团队进入非甲方指定购物点购物，如违反约定造成的损失由双方相关人员承担，在接待过程中，双方的工作人员不得随意增加甲方派团单以外的旅游景点和其他旅游项目，如遇客人临时提出增加景点或其他旅游项目，团陪人员应率先各自告知双方调度人员备案，按照有关程序办理相关的手续后方可执行。

13. 甲方有义务按照双方约定在规定的条件与期限内及时将用车费用付给乙方，不得无故拖延，乙方按照有关规定向甲方提供上述费用的符合法律要求的并经甲方认可的正式租车发票。

三、操作方式

1. 甲方工作人员以传真方式向乙方传去派车单，乙方须及时在派车单上回复，确认车型、车号、司机姓名、联络电话和用车费用。

2. 乙方调度人员：________ 联系电话：________ 传真：________

四、结算方式

1. 乙方须提供符合法律要求的并经甲方认可的正式发票结算。

2. 结算方式为月结，乙方结算人员应在每月底凭与甲方确认的报账单与甲方核对无误后，由乙方开具前述正式发票。甲方将与乙方对账无误后一个月内凭前述正式发票将费用汇入乙方账户。

五、本协议自双方签订之日起生效，未尽事宜可由双方协商解决。甲方有权根据自身经营情况或本协议的履行情况，在必要时解除本协议。乙方予以同意，并放弃就此对甲方的补偿或赔偿请求，但尚未结满的用车费用应及时结付完毕，甲、乙双方特此明确，本协议书的签订与履行，不构成也不应被理解成双方之间存在合伙关系，不能成为被要求共同或连带承担责任的依据。

本协议一式两份，双方各执一份，自双方签署后执行：执行过程中如遇未尽事项，双方可协商解决并签署补充协议作为本协议的附件。

本协议执行时间________年____月____日至________年____月____日，为期____年。

甲方：（盖章）	乙方：（盖章）
甲方代表签字：	乙方代表签字：
电话：	电话：
传真：	传真：
地址：	地址：
________年____月____日	________年____月____日

（六）旅行社与保险公司合同范本

旅行社与保险公司合作协议书

甲方：______________旅行社

乙方：______________保险股份有限公司

第一章 总则

随着人们生活水平的日益提高，休闲娱乐、外出旅游的需求也越来越大，为给广大游客出行提供保障，经协商，甲方和乙方达成如下合作协议。

第二章 合作范围

一、合作事项

由甲方协助外出旅游人员向乙方投保《旅行平安保险》，为出游人员在旅游期间提供保障。

二、合作原则

本合作奉行投保自愿、诚实信用及公平、合法原则。

三、保障对象

由甲方组织出游的所有游客，以下简称“被保险人”。

四、保障计划

被保险人可根据出游时间及出游地点选择表4-5所列保障计划，并按表4-6所列金额足额交纳保险费。

表 4-5 《旅行平安保险》保险金额表

元

险别	意外伤害	急性病身故	医疗费	遗体遣送费
入境旅游	240 000	20 000	10 000	30 000
出境旅游	240 000	20 000	10 000	30 000
国内旅游	80 000	12 000	5 000	3 000

表 4-6 《旅行平安保险》保险费表

险别	基本保费/元	基本天数/天	超过基本天数每天加收/元
出入境旅游	24	2~15	3
国内旅游（三）	5	4~10	1.5
国内旅游（二）	3	2~3	—
国内旅游（一）	2	1	—

五、特别约定

0~15 周岁的未成年人意外伤害保险金额为 5 万元，其他保额和保险费按上表保额和费率同比例降低；65 周岁以上的被保险人其保险金额及保险费在上表数额基础上减半。

六、保险责任

在保险责任有效期内，乙方承担下列保险责任。

1. 意外身故保险金：被保险人因遭受意外伤害事故，并自事故发生之日起 180 日内身故的，乙方按意外伤害保险金额给付“意外身故保险金”，保险责任终止。

2. 急性病身故保险金：被保险人因患急性病，并自急性病发作之日起 30 日内身故的，乙方按急性病身故保险金额给付保险金，保险责任终止。

3. 意外残疾保险金：被保险人因遭受意外伤害事故，并自事故发生之日起 180 日内造成本合同所附“残疾程度与给付比例表”所列残疾程度之一者，乙方按该表所列比例乘以意外伤害保险金额给付意外残疾保险金。如治疗仍未结束的，按第 180 日的身体情况进行残疾鉴定，并据此给付残疾保险金。被保险人因同一意外伤害事故造成“残疾程度与给付比例表”所列残疾程度两项以上者，乙方给付各对应项残疾保险金之和。但不同残疾项目属于同一手或同一足时，仅给付一项残疾保险金；若残疾项目所属残疾等级不同时，给付较严重项目的残疾保险金。该次意外伤害事故到残疾合并前次残疾可领较严重项目残疾保险金者，按较严重项目标准给付，但前次已给付的残疾保险金（投保前已患或因责任免除事项所致“残疾程度与给付比例表”所列的残疾视为已给付残疾保险金）应予以扣除。意外身故及意外残疾保险金的累计给付金额以意外伤害保险金额为限。

4. 医疗保险金：被保险人因遭受意外伤害事故或急性病发作进行治疗，乙方就其实际支出的合理医疗费用超过人民币 100 元部分给付医疗保险金，但累计给付金额以不超过医疗费保险金额为限。

5. 遗体遣送费保险金：被保险人因遭受意外伤害事故或因急性病发作而致身故，并需进行死亡处理或遗体遣返的，乙方就其实际支付的合理费用给付“遗体遣送费保险金”，但最高给付金额以不超过遗体遣送费保险金额为限。被保险人因第三者造成伤害而引起的医疗费用或遗体遣送费用依法由第三者承担的部分，乙方不负给付保险金责任。

七、除外责任

因下列情形之一，造成被保险人身故、发病、残疾、医疗费用支出、死亡处理或遗体遣返费支出的，乙方不负责给付保险金责任：

1. 投保人、受益人对被保险人故意杀害、伤害；

2. 被保险人故意犯罪或拒捕、自杀或故意自伤；

3. 被保险人殴斗、醉酒，服用、吸食或注射毒品；

4. 被保险人酒后驾驶、无照驾驶及驾驶无有效行驶证的机动交通工具；

5. 被保险人流产、分娩；

6. 被保险人因整容手术或其他内、外科手术导致医疗事故；

7. 被保险人未遵医嘱，私自服用、涂用、注射药物；

8. 被保险人从事潜水、跳伞、攀岩运动、探险活动、武术比赛、摔跤比赛、特技表演、赛马、赛车等高风险运动；

9. 被保险人患艾滋病（AIDS）或感染艾滋病毒（HIV 呈阳性）期间；

10. 战争、军事行动、暴乱或武装叛乱；

11. 核爆炸、核辐射或核污染。

发生上述情形，被保险人身故的，保险责任终止，乙方在扣除手续费后退还其未满期保险费。

八、保险期间

本保险的保险期间，入境旅游者自其入境后参加甲方安排的旅游行程时开始，直至该旅游行程结束并办完出境手续出境时止；国内旅游和出境旅游者自其在约定时间登上由甲方安排的交通工具开始，直至该次旅行结束离开甲方安排的交通工具为止。被保险人自行终止甲方安排的旅游行程，其保险期间至其终止旅游行程时止。

第三章 合作方式

九、甲方协助被保险人具体办理投保事宜，填写投保资料，收取保险费。

十、甲方在被保险人出游前将相关投保资料传真至乙方，乙方审核无误后盖章确认，将盖章后的投保资料回传甲方，保险责任按投保资料约定时间开始生效。

十一、甲方于每月二十五日（遇节假日顺延）将当月所收保险费划入乙方指定账户（开户行：________________，账号：________________），并将当月所签发的投保资料交还乙方。

十二、甲乙双方均应加强监督管理，妥善保管各类投保资料。

十三、乙方有义务对甲方人员进行保险基础知识和实务培训。

十四、乙方因故停止销售《旅行平安保险》，应及时书面通知甲方，以便双方对合作业务做相应调整。

十五、双方在合作办理保险业务时，须使用乙方提供的宣传资料、条款、费率、单证以及各种表格；甲方人员未经乙方同意不得翻印乙方的任何文件和资料。

十六、甲方对每月收取的保险费应按本协议约定及时交付给乙方。

十七、未尽事宜由双方协商解决。

第四章　合作期限

本协议有效期为一年，自双方签章之日起至________年____月____日止。

第五章　协议的变更和终止

十八、本协议生效后，甲、乙双方中任何一方不得单方擅自变更。

十九、甲、乙双方有一方要求解除合同，必须提前30日书面通知对方。

二十、甲方在合作过程中，有下列情形之一者，本协议自动终止，并由甲方自行承担相关法律责任：

1. 串通投保人、被保险人或受益人欺诈乙方；

2. 挪用或侵占、贪污保险费；

3. 变更保险条款、提高或降低保险费率。

第六章　争议解决

甲、乙双方之间一切有关本协议项下的争议应通过协商解决，协商不成的，可提交本协议签订地法院诉讼解决（本协议签订地法院为：______________）。

第七章　其他事项

二十一、本协议自双方签字盖章之日起生效。

二十二、本协议一式四份，甲、乙双方各执两份，均具同等效力。

二十三、本协议所涉及保险业的专用名词，其解释权在乙方。

二十四、任何个人包括甲乙双方所有员工和甲方相关人员就合作事宜所做出的明示、暗示、口头或书面的解释、说明或者承诺，与本协议不符的，不具有法律效力。

甲方：　　　　　　　　　　　　　　乙方：
（签章）　　　　　　　　　　　　　（签章）
授权代表：　　　　　　　　　　　　授权代表：
________年____月____日　　　　　　________年____月____日

【业务示例】

表4-7为旅行社责任保险统保示范项目投保单。

表4-7　旅行社责任保险统保示范项目投保单

投保提示：　　　　　　　　　　　　　　　　　　　　NO：××××××××

请您填写投保单前详细阅读保险条款。阅读条款时请您特别注意条款中的保险责任、责任免除、投保人被保险人义务、赔偿处理等内容。为保障您的合法权益，请您如实、完整、准确地填写本投保单。投保信息如有变动请及时办理变更手续。

投保人（被保险人）名称			
投保人（被保险人）地址		邮编：	电话：
业务许可证编号		组织机构代码	
是否具有出境游经营资格	□有出境游资格 □无出境游资格	旅行社风险管控调整因子优惠比例（以旅游行政主管部门提供为准）	□　%

续表

上年旅游组织、接待人天数（万）（含分社）	国内旅游组织人天_______（万） 国内旅游接待人天_______（万） 入境旅游接待人天_______（万） 具有出境游经营资格的旅行社还需填写以下人天数： 出国旅游组织人天_______（万） 港澳旅游组织人天_______（万） 赴台旅游组织人天_______（万）
	合计：上年旅游组织、接待人天数______（万）
上年度营业收入	□600 万元以下 □600 万～1 000 万元 □1 000 万～2 000 万元 □2 000 万元以上
最近 3 年出险情况（新投保旅行社填写）	□无 □有。如有，请填写： 年度赔偿总额：20××年___万元，20××年___万元，20××年___万元
是否设有下属非独立法人分社、服务网点	□无 □有非独立法人分社___个、服务网点___个（请将分社信息填写入下表，表格不够可后附名单。服务网点信息无须填写）

分社名称	组织、接待人天数合计（万）	组织机构代码	地址	联系人	电话

在保险期间内计划新设立分社___个，设立城市为____________________。
在保险期间内计划新设立服务网点___个

项目	责任限额类别	责任限额金额
基本险（必填）	每次事故责任限额及累计责任限额	每次事故责任限额：_____万元 累计责任限额：_____万元
	每次事故每人责任限额	每次事故每人人身伤亡责任限额：_____万元 每人有责延误费用责任限额：_____万元 每人精神损害责任限额：_____万元
	财产损失责任限额	每次事故每人财产损失责任限额：_____万元
	法律费用责任限额	每次事故责任限额的 30%
	无责救助费用责任限额	每次事故责任限额的 10%
附加险（请在选择投保项目的“□”前打“√”）	□紧急救援费用保险责任限额	每次事故及累计责任限额：_____万元
	□旅程延误保险责任限额	每次事故及累计责任限额：_____万元
	□旅行取消损失保险责任限额	每次事故及累计责任限额：_____万元
	□扩展费用保障保险责任限额	每次事故及累计责任限额：_____万元
	□抚慰金附加保险责任限额	每次事故及累计责任限额：_____万元 每次事故每人抚慰金责任限额为 2 万元人民币
免赔额	每次事故每人绝对免赔额为人民币 200 元（仅适用于基本险旅游者的财产损失），其他损失无免赔	

续表

项目	责任限额类别	责任限额金额
保费 （人民币元）	（小写）：¥ （大写）： 拾万 万 仟 佰 拾 元 角 分（保费以最终签发的保险单为准）	
保险期间	共 天，自 年 月 日零时起，至 年 月 日二十四时止（保险期间以最终签发的保险单为准） 为保证保险合同在拟定的保险起期生效，请您在保险起期前5个工作日前办理投保手续、提交投保资料并支付保费；保费到达旅行社责任保险统保示范产品保费专收账户隔日零时保险合同成立并生效。如您未能按时办理投保手续或保费未能按时到账，导致保险合同未在拟定的保险起期生效，发生保险事故，保险公司不承担保险责任	
追溯期	对20××年已经投保且20××年继续投保旅行社责任险统保示范项目的旅行社，给予免费追溯期（追溯期自其20××年保单生效之日起开始）	
保险条款	旅行社责任保险统保示范项目保险条款	
特别约定	1. 本投保单未约定事项，以《20××年度旅行社责任保险统保示范产品框架协议》为准，详见旅游保险网 2. 保险事故发生后，被保险人和受害方应提交的索赔材料详见旅行社责任保险统保示范项目保险条款第三十七条	
保费支付：请将保费划账至旅行社责任保险统保示范产品保费专收账户 户名：××保险经纪股份有限公司××分公司 开户行名称：中国工商银行××市××路支行 账号：×××× ×××× ×××× ×××××× 采用个人汇款方式支付保费的，请务必在汇款单上填写汇款人姓名并标注对应的旅行社名称，并于汇款当日将汇款单传真至当地××分公司。 旅行社责任保险统保示范项目由6家保险公司共保：中国人民财产保险股份有限公司、中国太平洋财产保险股份有限公司、中国平安财产保险股份有限公司、中国人寿财产保险股份有限公司、中国大地财产保险股份有限公司、太平财产保险有限公司 本保险的出单公司为______________		
投保附件（新投保旅行社适用）：投保人营业执照副本复印件加盖公章、业务许可证复印件加盖公章		
××公司告知事项：××保险经纪股份有限公司是国家旅游局的保险顾问。 住所/经营场所：北京市××区××大街××号××大厦××层。 业务范围：在中华人民共和国行政辖区（不含港、澳、台）内为投保人提供防灾、防损或风险评估、风险管理咨询服务；为投保人拟定投保方案、办理投保手续；为被保险人或受益人代办检验、索赔；为被保险人或受益人向保险人索赔；安排国内分入、分出业务；安排国际分入、分出业务；中国保监会批准的其他业务。 法律责任：在办理保险业务中江泰公司因过错给投保人和被保险人造成损失的，由××公司依法承担赔偿责任。 服务内容：《20××年度旅行社责任保险统保示范项目保险经纪服务协议书》约定的服务内容。 联系方式：电话××××××××转旅游行业风险部；公司网址 www. ××××. com		
投保人声明： 本投保人同意委托××保险经纪股份有限公司为本项目保险经纪人，并与其签订《20××年度旅行社责任保险统保示范项目保险经纪服务协议书》。 经纪人和保险人已向本投保人提供并详细介绍了《旅行社责任保险统保示范项目保险条款》，并对其中免除保险人责任的条款（包括但不限于责任免除、投保人被保险人义务、赔偿处理、其他事项等）以及本保险合同中保费支付、告知事项的内容做了明确说明，本投保人已充分理解并接受上述内容，自愿投保本保险，同意以此作为订立保险合同的依据。上述所填写的内容均属实。 投保人签章： 年 月 日		
旅行社联系人/填表人： 电话： 传真： 邮箱：		
××保险经纪股份有限公司复核人： 复核日期：		

任务实施

实训目的： 掌握旅行社订立采购合同方法。

实训内容： 到当地旅行社采购部门，深度观察采购合同的订立。

实训指导：

（1）到当地旅行社采购部门，观察、体会采购合同订立的过程，并注意发现问题；

（2）根据实训情况写出实训报告。

实训考核： 各小组上交实训报告，主讲教师进行点评，打分。

项目五

旅行社计调业务

项目分析

在旅游行业中，一直就有“外联买菜、计调做菜、导游带游客品尝大餐”的说法。可见，外联、计调、导游各司其职，都是旅行社业务中十分重要的角色。计调人员犹如饭店里的厨师一样，其素质与水平的高低，直接决定着旅游行程的服务质量，所以有人把“计调”比喻为“旅游行程中的命脉”。通过本项目的学习，同学们可以了解旅行社计调业务的概念、特点、分类、内容、计调人员素质要求等基本知识，可以熟悉旅行社计调工作的具体流程。

学习目标

※知识目标

(1) 了解旅行社计调业务的基本概念和类型；

(2) 理解旅行社计调业务的内容和特点；

(3) 掌握旅行社计调业务工作流程。

※能力目标

能够针对国内旅游线路、入境旅游线路开展计调工作。

任务一　认知旅行社计调业务

任务介绍

计调是计划调度的简称，担任计划调度作业的人员，在岗位识别上被称为计调员，旅游业内简称为计调。本任务旨在阐述计调业务的概念、分类、特点、内容，以及计调人员素质要求。

任务目标

(1) 了解计调工作的概念和分类；

(2) 掌握计调工作的内容和特点；

(3) 明确计调人员的素质要求。

相关知识

一、计调业务的含义

计调就是计划与调度的总称，是在旅行社内部专职为旅游团（散客）的旅游行程安排计划、统计与之相关的信息并承担与接待相关的旅游服务采购和有关业务调度工作的一种职业类别。在从事国际旅游业务的旅行社中通常又称为“OP”，译为“操作者”。旅行社的操作管理中，销售部、计调部、接待部构成了旅行社具体操作的三大块，与财务、人事等后勤部门组成了整个旅行社的运作体系。

旅行社计调业务，从广义上讲，既包括计调部门（或计划部）为业务决策而进行的信息提供、调查研究、统计分析、计划编制等参谋性工作，又包括为实现计划目标而进行的统筹安排、协调联络、组织落实、业务签约、监督检查等业务性工作的总和；从狭义上讲，主要是指旅行社在本地接待业务工作中为旅游团（者）安排各种旅游活动所提供的间接服务，包括安排食、住、行、游、购、娱等事宜，选择旅游合作伙伴，编制和下发旅游接待计划、旅游预算清单等，以及为确保这些服务而与其他旅游企业或旅游业相关行业和部门所建立的合作伙伴关系的总和。可见，计调业务既是旅行社全部接待业务中的重要组成部分，同时又是旅行社全部管理职能中的重要组成部分。

二、计调业务的分类

随着旅游业的发展、旅行社业务规模的扩大，计调业务也朝着专业化、细分化方向发展。

（一）从业务范围划分，计调人员分为组团类计调、地接类计调、批发类计调、专项类计调、专线类计调、散客类计调等

1. 组团类计调

组团类计调主要负责组织本地游客外出旅游。其业务操作主要以地接社安排为主，与地接社对接，满足组团社客户的需求。按游客对象出行目的地又可划分为中国公民国内游计调、中国公民出境游计调。例如：国内中长线计调、短线计调；欧洲地区计调、美加地区计调、澳新地区计调、东南亚地区计调、港澳台地区计调、日韩地区计调、非洲地区计调等。

2. 地接类计调

地接类计调主要负责安排落实游客在本地的行程。其业务操作主要是与组团社联系确定地接线路，与当地旅游服务接待单位联系落实接待事宜。包括国内地接计调和国际入境接待计调。例如：旅游地接待计调、中转联程接待计调等。

3. 批发类计调

批发类计调主要与同行打交道，有时也称同业批发计调。其业务操作主要是把旅游产品设计完成后批发给旅游业同行，即旅游代理商。旅游代理商把招徕的客人统一交给批发类计调来运作。包括国内游专线同业批发计调和出境游专线同业批发计调。

4. 专项类计调

随着社会经济的发展和旅游市场的不断成熟，旅游者的需求越来越个性化，旅行社中出现了专项类计调。他们专门进行专项类旅游的操作。包括商务会展计调、老年游计调、学生游计调、机票加酒店类计调、签证类计调等。

5. 专线类计调

专线类计调指的是专门从事某类或者某条旅游线路的操作，或者针对本地区同业定向

收集客源，以优惠价格让利于旅行社同行、定期发团的计调人员。规模较大的旅行社往往旅游产品比较多，市场大，计调员间会进行分工，分别负责某一个或者几个产品。比如有人专门负责华东线路，有人专门负责云南线路。负责这样线路的计调就是专线计调。

6. 散客类计调

散客类计调分为两种类型。

一种是组团社专门负责收散客的计调人员。散客，是指没有预约、没有规律的零散顾客。这些散客主要是通过前台或者网络平台销售，少量多批次地与旅行社签订合同。当这些散客达到一定数量时，组成一个团队进行操作。由于市场竞争加剧，现在一家旅行社往往很难招徕足够成团的散客，尤其在淡季或者是一些非热点旅游线路，此时就需要跟别家旅行社拼团操作，即散客拼团。操作散客拼图的计调则是散客计调。

另外一种是办事处性质的计调人员。办事处是指旅行社在异地（主要是客源地）设立的从事旅游宣传促销、协调联络、售后服务等工作的办事机构。办事处计调的主要任务是负责向客源地的旅行社推荐其所属旅行社的产品，客源地同行把收来的客人交给办事处，由办事处来统一操作。办事处的这些工作人员往往被称为办事处计调。

（二）按其职业技能与业务素养可划分为规范型初级计调、策划型高级计调、全能型主管计调三类

1. 规范型初级计调

对于初次接触旅游业的人员而言，经过一段时间的岗前培训及模拟即可胜任，相对简单、技术含量不高，对从业人员素质要求很低。具体包括：掌握简洁规范的现代 OP 操作模式，能够规范设定团号，了解餐饮、酒店、交通、景点的相关知识，并与之建立合作关系，了解同业的旅游资讯，熟练掌握询价、报价、确认、派导、派发出团通知等流程，能够尽量规避操作风险。规范型初级计调适合中小型旅游企业。

2. 策划型高级计调

策划型高级计调对从业人员的素质要求相对较高，要求具备一定的从业经历，具备独立策划能力。规范型初级计调或无从业经历者需要经过一段时间的强化培训及模拟操作，并在实际工作中加以培养和总结才能具备此素质。除掌握规范初级计调的技能外，要熟悉各区域旅游产品的特色，能够根据行车公里推算车价，能够策划并创新旅游线路，建立营销计划，甄选合作关系等。策划型高级计调适合于中小型旅游企业独当一面或在大型旅游企业担任高素质计调人员。

3. 全能型主管计调

全能型主管计调要求具备相应的从业年限、从业阅历，较强的业务操作能力及沟通能力。具体包括：利用航空、专列等规模效应，利用淡旺季等特点，推出主打产品及促销产品，擅长营销，熟练解析同行线路特点及成本报价，关注市场动态及同业信息，及时制订出旅游计划及营销任务，能够协调各种合作关系，掌握团队流程，正确处理失误及投诉，具备解决突出事件及各种状况的能力。此类型计调适合在大型旅游企业发挥特长。

【知识链接】

计调部在旅行社中的作用

旅行社的发展往往取决于旅行计划的实施，而计划的实施在于计调人员的贯彻和执

行。计调人员对上要配合旅行社发展计划，对中要核算成本、利润、支取备用款项、报账等，对下要和销售人员和导游人员进行沟通。具体有以下几方面作用：

一、计划作用

旅行社招徕客源后，计调人员根据市场需求或接团要约，收集旅游团的各种资料，进行分析，编制科学的接待计划，然后下发到接待部门做好接待工作。

二、联络作用

计调部门是各旅游企业的联络站，发挥着枢纽功能。组团社发来要约后，计调部门要根据其要求预订当地的食、宿、行、游等接待。同时，计调部门要保证旅游团整个行程中的衔接，避免延误及脱节的发生。

三、参谋作用

计调部门不仅有旅行社接待旅游者的全部资料，而且有与其他旅游企业合作的各种资料，这些资料的统计和分析为旅行社的决策层进行计划管理提供了非常有力的依据。

四、结算作用

旅行社和食、宿、行、游等接待单位的经济结算，是通过接待计划和合同来完成的，这些原始资料为财务部的结算工作提供了凭证。

三、计调业务的特点

（一）繁杂性

计调业务是纷繁复杂的，表现在：

（1）计调业务种类繁杂，涉及采购、接待服务以及落实安排旅游者的食、住、行、游、购、娱等各项工作。

（2）计调业务的程序繁杂，从组团社的接待计划到旅游团接待工作结束后的结算，无不与计调业务发生联系。

（3）计调业务涉及的关系繁杂，计调服务人员几乎与所有的旅游接待部门都有业务上的联系，而协调处理这些关系则贯穿在计调业务的全过程。

（二）具体性

无论是收集本地区的接待信息向其他旅行社预报，还是接受组团社的业务接待要约而编制接待计划，计调工作都是非常具体的事务性工作，总是在解决和处理与采购、联络、安排接待计划等有关的具体问题。

（三）多变性

计调业务的复杂多变性是由旅游团的人数和旅行计划的多变性决定的。旅游团的人数和旅行计划一旦发生变化，几乎会影响到计调工作的所有环节。此外，我国的交通和住宿条件也正处在发展中，有时还不能保证正常供给，这些也给计调工作带来很多的不确定性。

（四）灵活性

计调业务的灵活性表现在旅游线路的变更上。例如：旅游旺季时的车票紧张，或为满足旅游者个性的需求，不得不改变交通工具、行程线路等。

四、计调业务的内容

由于旅行社的规模、性质、业务、职能和管理方式不尽相同，各计调部门的工作也是因社而异的。但是总的来说，计调部的基本业务不外乎信息收集、计划统计、衔接沟通、订票订房订餐业务、内勤业务等。

（一）信息收集

主要收集各种资料和市场信息，并进行汇总编辑，编号存档，分析和提炼观点，供旅行社协作部门和领导参考和决策。

（1）收集整理来自旅游行业的专门信息。

（2）收集整理来自旅行社同行的专门信息。

（3）收集整理来自旅游合作部门的专门信息。

（4）收集整理来自旅游团队客人的反馈意见或建议。

（5）收集整理来自涉及旅游行业发展的各种政策或规定。

（6）收集整理来自当地经济建设的发展现状，以及公众对旅游所持有的各种观念或心态等。

（二）计划统计

主要编制计调部的各种业务计划，统计旅行社的各种资料，做好档案整理工作。

（1）拟订和发放旅游团队的接待计划。

（2）接收和处理有关单位发来的旅游团队接待计划。

（3）编撰旅行社的年度、季度和月度业务计划。

（4）详细编写旅行社接待人数、过夜人数、住房间天数等报表。

（5）向旅行社财务部门和领导提供旅游团队的流量、住房、餐饮、交通等方面业务的统计和分析报告等。

（三）衔接沟通

主要负责对外合作伙伴的联络和沟通、洽谈和信息传递。

（1）选择和对比行业合作伙伴，对外报价和接受报价。

（2）获取和整理信息，传达协调其他部门，汇报支持领导决策。

（3）做好义务值班，登记值班日志，及时准确转达和知会。

（4）充分了解和掌握旅行社的接待计划，包括团队编号、人数、旅游目的地、行程线路、服务等级和标准、抵离日期、交通工具、航班时间、导游员、地接社、运行状况等。

（5）全面监控旅游团队的实时变化，诸如取消、新增、变更等情况，并及时通知相关合作伙伴做出合理科学的调整。

（四）订票业务

主要负责旅游者（团队）的各种交通票据（火车票、飞机票、汽车票、游船票等）及景区门票的预订、验证和购买等事宜。

（1）负责落实旅游者（团队）的各种交通票据，并将具体信息及时准确地转达给有关部门或人员。

（2）根据有关部门和旅游者（团队）的票务变更信息，及时快速地与合作伙伴处理好取消、新增、变更等事宜。

（3）根据组团社的要求或旅游者（团队）的具体情况，负责申请特殊运输工具或航程票务，比如包机、包船、专列等，并通知有关部门或合作伙伴，及时组织客源和促销。

（4）根据旅游者（团队）的具体情况，落实景区景点的票务。

（5）全面负责各种票务的核算和结算。

（五）订房、订餐业务

主要担当旅游者（团队）的各种订房、订餐业务。

（1）与饭店洽谈房价，并签订协议书。

（2）认真负责地做好预订房的变更或取消工作。

（3）制作旅游团住房流量表及其单项统计。

（4）协同财务部做好旅游团（者）用房的财务核算工作。

（5）根据组团社或接地社的订房、订餐要求，为旅游者（团队）及导游、司机预订客房、预订用餐。

（六）内勤业务

主要担当计调部的各种内勤内务工作。

（1）与餐厅、车队进行洽谈，拟定合作协议和操作价格。

（2）与旅游景点或娱乐演出公司确定旅游者（团队）的游览参观或观看节目。

（3）安排旅游者（团队）运行过程中特殊的拜会、祭祀、访问或会见等。

（4）做好部门各种文件的存档和交接班日志等。

【知识链接】

计调工作的两大核心

成本领先与质量控制是计调工作的两大核心。

所谓成本领先，就是指计调要与接待旅游团队的酒店、餐馆、旅游车队及合作的地接社等洽谈接待费用，计调掌握着旅行社的成本。所以，一个好的计调人员必须要做到成本控制与团队运作效果相兼顾，也就是说，必须在保证团队有良好的运作效果的前提下，在不同行程中编制出一条能把成本控制得最低的线路出来。在旅游旺季，计调要凭自己的能力争取到十分紧张的客房、餐位等，这对旅行社来说，相当重要。

所谓的质量控制即在细心周到地安排团队行程计划书外，还要对所接待旅游团队的整个行程进行监控。因为导游在外带团，与旅行社唯一的联系途径就是计调，而旅行社也恰恰是通过计调对旅游团队的活动情况进行跟踪、了解，对导游的服务进行监管，包括对游客在旅游过程中的突发事件代表旅行社进行灵活地应变。所以说，计调是一次旅行的幕后操纵者。

在质量控制上，中小旅行社十分需要水平高的计调人员进行总控。整合旅游资源、包装旅游产品、进行市场定位等都需要计调来完成。计调是市场的敏锐器，要求懂游客心理，具有分销意识及产品的开发能力等。

五、计调人员的素质要求

旅游业正朝着国际化、大型化、网络化、个性化方向发展，对旅行社计调人员的素质要求也越来越高。对于一个优秀的计调人员，应该具备如下的九大素质。

（一）业务熟练

对团队的旅行目的地情况、接待单位的实力、票务运作都胸有成竹。

（二）具有敬业精神

计调工作应该说其实是很枯燥的，是由无数琐碎的工作环节组成，没有敬业乐业精神，是无法把这份工作做好的。

（三）认真细致的工作态度

旅游是一个环节紧扣另一个环节的活动，而负责将这些环节紧扣在一起的工作便由计调人员完成。计调人员在团队操作中绝对不能出现差错，稍有差池，就会给旅行社带来损失。

（四）精确的预算能力

必须要做到成本控制与团队运作效果相兼顾，也就是说，必须在保证团队有良好的运作效果的前提下，能在不同行程安排中编制出一条最经济、成本控制得最好的线路。

（五）具有不断学习、创新的能力

旅游市场千变万化，计调人员必须要认识到不断学习的重要性，认真了解旅游市场、旅游目的地的变化、地接单位实力的消长情况。

（六）良好的人际关系和较强的交际能力

计调人员大部分时间会与旅游者和旅游相关部门打交道，善于人际协调和沟通是做好计调工作的基本条件。例如，计调人员在与合作单位洽谈时，既要合作愉快，又常常要频繁地讨价还价，为旅行社取得优惠的协议价格，争取最大的经济效益。

（七）较强的应变能力

对于团队运作中出现的突发事故、紧急事件，计调人员要有应变和及时处理的能力，重大问题要及时请示，排除团队问题，保证团队质量。

（八）较强的法制观念

要严格遵守财务制度和遵守单位的各项规定。

（九）良好的计算机应用能力

网络化操作时代，计调人员要具备良好的计算机应用能力，能熟练地打字和运用各种应用软件。

（十）有一定的地理、历史知识及文案写作能力

如中国传统的六大行政区域的划分、国际几大板块的划分、国内外热点旅游城市的分布、自然景观的地域特性，人文景观的历史渊源等。

【知识链接】

计调人员应该具备的知识储备和信息储备

知识储备

1. 一名合格的计调应该熟悉各项旅游法规，包括《旅行社管理条例》《导游管理条例》以及合同方面的法规以及酒店管理、车辆运输、航空法规等相关行业的法律法规。

2. 应该有较强的文档处理知识，其中包括电脑办公自动化软件、简单的图形处理软件、旅行社各种经营管理软件，个别岗位还应该要求具有网页制作、网络操作以及档案制作和编制能力。

3. 交际和沟通知识。旅游是与人打交道的行业，要有良好的沟通能力，通晓礼仪常识。

信息储备

不同的计调类型有不同的分工，不同的计调分工需要有不同的信息储备。

（一）组团型计调信息储备

1. 组团型计调必须了解各条线路的价格、成本、特点以及可以影响这些因素的原因，还有各条线路的变化和趋势。初入门的这种类型的计调，建议最好从全陪做起，而且要时常调阅本社团队的卷宗，了解各条线路和各地接社的信息反馈，编写各条线路地接社的反馈总结，同时了解客户情况，对于自己所在的区域市场建立熟悉的人际关系，多渠道地了解客户信息。

2. 组团型计调必须要有一种以客户为中心，满足客户需要的理念，成为客户的朋友。

3. 每天查阅传真和信息，在报价前再次落实核准价格、行程、标准、所含内容，在签订合同前提前通知地接社做好准备。

4. 规范确认文件，在确认件中必须要同时具有到达时间、行程安排、入住酒店的标准、景点情况、餐标、车辆标准、导游要求、可能产生的自费情况。建议必须细致到车型、车龄、酒店名称，还有可变化情况和变化后程序和责任情况。

5. 熟悉全陪导游情况。了解每个导游的年龄、外形、学历、性格、特点、责任心，并了解社内导游的安排情况，以便做出针对客户做出最合适的导游安排。

（二）地接型计调信息储备

熟悉所有接待区和周边可利用的宾馆、车辆、导游、景区、景点情况。

1. 车辆细致到车龄、车型、车况、驾驶员特点、车属公司的情况、经营者的特点、经营状况的好坏、事故的处理能力。各种行程和季节不同的车费和每条线路车辆所需要的油费、过路费等情况。

2. 宾馆细致到位置、星级、硬件标准、软件管理水平，以及同级的竞争情况、经营情况、经营者的特点和经营状况。还有沟通和讨价还价的能力、各宾馆各季节的价格及变化情况。

3. 了解地接范围内所有的景区，包括景点的门票、折扣情况，自费景点、索道的价格，景点资源品位以及特点，尤其要关注不同客源地客人对该景点的评价。

4. 熟悉本社导游的管理方法，熟悉本社每一个导游的年龄、外形、学历、质量反馈、性格、作业特点、责任心、金钱观念、突发事故的处理能力、适合的团型，并了解社内导游的安排情况，以便针对客户做出最合适的导游安排。

5. 熟悉本社的竞争环境，尽可能多地了解竞争对手的特点、报价、操作方式、优势和劣势。

6. 熟悉和本社相关线路或者是合作、联动线路的特点，下站或上站的操作情况，合作社特点，竞争情况，通常报价内容，浮动状况。

7. 熟悉所有客源情况以及客源地的旅行社状况、特点、竞争情况以及信用程度。

（三）专线型计调信息储备

1. 必须要熟悉自己所负责专线的航班、航空公司，以及航空公司的营销及相关工作人员，有时候一家旅行社或者专线办事处在大交通上所取得的优势能够让公司在最短的时间内获得最大的利润。如何进一步地建立、发挥自己公司的公关资源是计调必须要面对和解决的问题，也是一个优秀计调的试金石。

2. 熟悉自己所负责线路的宾馆、车辆、景区情况和对应接待导游的情况，这些情况的了解应该不会逊色于一个接待型的计调。

3. 了解自己所在的市场情况，也就是客户来源，通常面对的是组团社，每个区域市场的组团情况，组团社的能力、信誉、负责人、计调实力和要求，以及资金信用情况，以及自己长期合作团队数量、质量。尽可能地要求全部了解。这样能在矛盾时做出准确的判断，确定自己的需求方向。

4. 了解自己的竞争状况，与自己雷同和类似的竞争对手的计调优势、实力、营销优势、诚信状况，以及沟通和合作能力。尽可能和他们保持一种既竞争又友好的状态。

5. 了解自己的财务状况，包括垫支和资金回笼。

6. 了解自己专线的时间和季节变化情况下的团队量，能够合理地安排时间进行系统销售，通过走访了解客户需要和市场潜力。

（四）散客型计调信息储备

1. 熟悉各条线路的价格及价格变化、团队计划，特点、问题所在、线路缺点、需要提醒或注意的地方。

2. 熟悉规范确认文件，在确认件中必须要同时具有到达时间、行程安排、入住酒店的标准、景点情况、餐标、车辆标准、导游要求、可能产生的自费情况。建议必须细致到车型、车龄、酒店名称，还有可变化情况和变化后程序和责任情况。

3. 熟悉旅游合同和细节以及注意事项和责任条款，对有可能产生的后果以及经常产生争议的地方了然于心。

4. 熟悉旅游意外险、责任险、航空保险的责任条款以及相关手续和办理办法，以及理赔的方式和程序。

5. 熟悉各种证件、入护照、通行证等办理程序和方式，以及需要证件的各线路、口岸的不同情况。

【案例分析】

误机，谁之错

2001年，北京某旅游团通知游客乘8月30日1301航班于14：05离京飞广州，9月1日晨离广州飞香港。7月26日有关人员预订机票时，该航班已经满员，便改订了同日3102次航班的票，12：05起飞。订票人当即在订票单上注明“注意航班变化，12：05起飞”，并将订票单附在通知单上送到计调部。但计调部工作人员并没有注意到航班的变化，仍按原通知中的航班起飞时间安排活动行程，并预订了起飞当天的中餐。日程表送达内勤人员后，内勤人员也没有核实把关，错误地认为导游员应该知道航班的变化。因此，内勤人员只通知了行李员航班变化的时间，而没有通知导游员。8月30日上午9：00，行李员发现导游员留言条上写的时间与他的任务单上的时间不符。经过提醒，也没有引起导游员的注意和重视，结果造成了客人误机的重大责任事故。

分析：首先，导游员既没有看到“注意航班变化”的订票单，更没有认真核实确认飞机起飞的准确时间，按照旅行社《接待工作操作规程》，应该对误机事故负有重要责任。

其次，计调部工作人员和内勤人员“没有注意到航班的变化，也没有核实把关，错误地认为……”，所以，计调部也负有一定的连带责任，毕竟在信息的传递和工作的严谨态度上存在不可推卸的失误。

最后，出现误机这种严重责任事故，作为计调人员，应该力所能及地处理好客人的抱怨和投诉，并竭尽全力地将旅游者（团队）的损失降到最低限度，做好弥补和善后工作。应设法与机场或票务中心联系，争取安排最早的航班把旅游者（团队）疏散，送达目的地；倘若正值旺季，机票确实不能满足的，要想尽一切办法，通过火车、汽车、游船等工具最快把客人运送到下一站；如果客人滞留，也应做好解释和安排工作，妥善协调游览和食宿事宜；送走客人后，还要及时总结情况，查明原因，处理责任者，避免类似事件再次发生。

资料来源：王斌，刘长洪．旅行社管理与实务．武汉大学出版社，2009.

任务实施

实训目的：了解计调工作的作用。

实训内容：通过实训资料的分析与讨论，解决以下问题：

（1）导游带团工作中受到游客投诉，你认为这都是因为游客的原因吗？

（2）资料提到了哪些导致游客不满乃至投诉的原因？

实训指导：指导同学，联系实际就案例问题进行讨论。

实训考核：针对同学的讨论发言进行点评。

实训资料：

游客在旅游过程中所遭受的各种不满意经常会归罪于导游。实际上，导游很可能充当了旅行社的替罪羊。其实问题通常会这样发生：

（1）计调人员与销售人员的沟通有误。没有与销售人员充分沟通，没有充分了解客人的要求，诸如团队中游客的组成，客人对行程首站、末站的要求等。在操作中过分地赋予了计调人员个人主观，甚至是想当然的东西，总以为这样安排客人通常都不会有意见。

（2）计调人员与接待人员沟通不足。没有完整、清晰、准确地向接待部门阐明接待的细则和要求，尤其是在常规线路的操作上面，以为已经驾轻就熟而导致麻痹大意，认为不说都明白了，结果是自以为是的主观臆断往往导致意想不到的问题发生。

（3）对行程松紧安排不当。把行程安排得时紧时松，弄得客人时而疲于赶路，以到达某预订的酒店入住；时而又百无聊赖地在某餐厅待上很长一段时间，以便在该指定餐厅用餐。松紧不当的活动安排容易导致客人体力分配不均，产生不安情绪，使游客对旅行社及导游人员的安排产生不信任感。

（4）对交通工具的监控不力。在向用车单位下订单时，仅就用车时间、接车地点、座位数进行落实，而忽略了对车容车貌、车况的了解。

（5）对住宿酒店了解不足。预订酒店时，仅强调酒店的星级选择，而忽略了对酒店的位置、服务设施、周边环境、使用年限等进行进一步的了解，或者说过于依赖接待社的安排，缺乏跟进，以至在团队的实际运作中产生不良的效果。

综上所述，很多问题的根源其实在计调过程中已经产生，到真正问题发生时，导游人员发挥主观能动性的余地已经不大。发生问题时，客人面对的是导游，可回旋的余地已经很小。可见，计调人员的作用在旅行社运作中是举足轻重的，计调人员的素质直接关系到团队运作是否顺利和成功。

【案例分析题一】

神农架通航

近年来，神农架旅游业得到快速发展，但受制于交通的阻隔，制约了神农架旅游经济的发展。以武汉到神农架林区为例，需在宜昌下高速以后再转入盘山公路，全程需要10小时；随着汉宜铁路的建成，大多数人都会选择从武汉坐动车到宜昌，再转乘宜昌到神农架的大巴，但5个半小时的盘山公路旅程同样让人疲惫不堪。

统计数据显示，最近两年神农架的游客量在300万人次左右，与桂林等旅游热点地区动辄上千万的游客量相比差距很大，要想实现旅游业的长远发展，改善交通迫在眉睫。

2013年10月1日，神农架机场正式通航以后，相对闭塞的神农架原始森林与外界的距离将大大缩短，“快进慢游”将成为现实。

问题：神农架机场通航后，神农架的旅游线路该如何设计？作为一名优秀的旅行社计调人员，你要做哪些方面的工作？

【案例分析题二】

家人参团出游旅行社弄错姓名无法登机

市民唐先生计划带妻子、父亲一同出游，到旅行社报名交了费，到机场却发现旅行社把妻子姓名弄错，无法登机，计划好的旅行不得不泡汤。今日，唐先生向重庆网络问政平台反映了自己的遭遇，称旅行社只愿意赔偿一个人的团费不合理。

一家三口报团出行到机场发现姓名出错无法登机

唐先生称，新婚不久的他想带妻子、父亲一起出去旅游。5月14日，他在重庆万友国旅旅行社解放碑店定了“华东五市+黄山千岛湖”团队游，并现款支付了三个人的所有团费4 800元，提供了参团人姓名、身份证号码。

当时，旅行社告知唐先生，出行时带上身份证，除黄山、无锡景点和附件中特别说明需要自费的项目外，就不需要再支付任何旅费，旅行社负责安排好一切行程。于是，一家人满心欢喜等着出团。

5月23日，唐先生一家起个大早，并按旅行社通知，于早上5：40之前赶到了江北机场，但到了才发现，机票上妻子“陈中平”的名字被写成了“陈小平”，无法登机。

消费者：离登机还有2小时旅行社没及时补票

在发现妻子姓名错误后，唐先生立即跟送机导游反映，但导游称不关自己的事，要他找旅行社。他按当时交费时留的电话联系到旅行社，旅行社查询后承认是工作失误，把他妻子的姓名弄错了。

这时，距离7：40的登机时间还有两个小时，如果能及时补办一张机票，唐先生一家人的旅行也不会受到影响。但唐先生说，在接下来的时间里，旅行社没有给他购票或更改机票，而是要求他自己先垫钱购一张机票。唐先生希望在现场的导游能给他出具一份书面的文字协议，对方不愿意。

于是，在同团其他游客登机开始旅行时，唐先生一家人只能从机场返回。

从机场返回后，唐先生找到旅行社，要求重新安排一个团完成旅程，或者全额退款，结果被拒绝。旅行社只同意赔偿一个人的团费。理由是只有一个人名字写错了，另外两个人的没错。

资料来源：http：//cq. cqnews. net/html/2013-05/28/content_ 26245990. htm

问题：请结合该案例，谈谈如果你是旅行社工作人员，你会怎么处理这一事件？

【思考与讨论题】

随着旅游业的发展和科学技术以及各种新媒体的出现，对计调人员的素质提出了哪些更高的要求？计调的工作特点与以往相比有何改变？

任务二 计调工作实务

任务介绍

计调工作在旅行社处于中枢位置，因为计调业务连接内外，牵一发而动全身。计调工作的操作流程是旅行社运作的重要知识点，本任务主要介绍计调工作的操作方法，并分别就组团计调、出境计调、地接计调和会展计调的具体业务流程进行了详细讲解。

任务目标

（1）了解计调工作的操作方法；

（2）掌握组团计调业务流程；

（3）掌握出境计调业务流程；

（4）掌握地接计调业务流程；

（5）掌握会展计调业务流程。

相关知识

一、计调工作操作方法

旅行社的计调人员对每个旅游团的接待计划逐项进行具体落实，目前一般常用的操作方法有以下两种：

（一）流水操作法

流水操作法就是几个业务员，每人负责一项工作，其常见的流程是：接待计划（A 业务员签收）；订车、船票（B 业务员负责）；订房（C 业务员负责）；市内交通（D 业务员负责）；安排游览活动（E 业务员负责）；预订文艺节目（F 业务员负责）；向接待部下达接团通知（G 业务员负责）。

这种操作方法常被接待量较大的旅行社所采用，它一环套一环，不太容易出现差错，即使在某个环节上发生差错，也容易发现。

（二）专人负责法

专人负责法就是将与本社有关系的旅行社（客户）分成几块，让每个业务员负责一块，从客户发来的接待计划起一直到向本社的接待部发接待通知为止，均有一个业务员负责到底。这也是一种行之有效的操作方法。

二、组团计调的业务流程

（一）策划产品

计调人员首先要根据旅游市场行情和季节变化策划、设计，推出具有卖点和竞争力的旅游产品，这是组团计调操作流程的第一步。

（二）向协作单位询价

向协作单位询价，包括两方面：交通的落实和接待社的选定。交通方面要向航空公司询问近期的机票政策、选择的航班时间等；向铁路部门、轮船客运单位、汽车客运单位询问有关火车票、船票、汽车票的价格（火车票可以通过网络查询自行核算时间、车次和价格）。此外，要将线路行程传给接待社询问接待价格。

（三）核价、包装产品

对线路行程的整体价格进行核算、调整和包装。

（四）编制团号、制订出团计划

为计划推出的产品线路编制团号，制订好公司每月的各类线路明细出团表。

（五）通过媒体、外联、门市各种渠道销售

产品策划整合完毕，就是销售和推向市场的问题。计调要将产品和出团计划通过媒体、外联、门市等各种渠道销售出去，将计划落实到实处。

（六）确定出团人数，落实交通

产品销售后，根据出团人数向航空公司、铁路部门等交通机构落实好行程或往返的交通。

（七）向接待社发传真确认最终行程及结算方式

给接待社发传真确认最终出团的行程、餐饮、住宿、标准、价格，特别要附上参团游客的人数及名单、接团方式、紧急联系人姓名、电话等，约定好结算方式。要是行程或团队人数有变化，须及时通知接待社，并就变更内容重新做确认。

（八）等待接待社回传确认出团等事项

等待接待社回传确认，落实好团队的所有细节。

（九）派发客人、导游出团通知书

根据最终落实的团队内容向游客及陪同派发出团通知书。给游客的出团通知书上应包含团队的行程、出发时间、地点、紧急联系人姓名及电话等信息，如果是团队派陪同，要将确认的行程、标准、出发时间及地点、游客名单及联系电话、接团导游姓名及电话、接待社联系人及电话等信息列明，并对陪同的职责和业务要详加提示，向导游交代接待计划，确定团队接待重点及服务方向。并督促导游员携带齐全各种收单据，团队在行程中，如要求改变各程或食宿等情况计调人员首先要征集对方接社经办人的同意，并发传真确认方可改变计划，不得只凭口头改变行程。

（十）跟踪团队

在出团前 24 小时要再次与接待社落实和确认，以防接待社疏忽和遗漏，发现问题及时补救。在团队旅游过程中，计调应和接待社、陪同、领队及游客保持联系，掌握团队的行程，如果发现问题，应该及时沟通和解决。

（十一）审核报账单据

团队结束后，接待社（除个别现付团队外）均会很快传来团队催款账单，组团计调人员根据团队实际运作情况进行单据和费用的审核和结算。

（十二）交主管审核签字，交财务报账

将审核无误的单据附上报账单，交由主管再度审核、签字，并交由财务部门报账，准时付清款项。

（十三）团队结束归档，跟踪回访

团队结束后，要将所有操作的传真及单据复印件留档，作为操作完毕团队资料归档，并对参团客人进行回访，建立好客户档案。

在接到团队投诉时，计调应及时问清哪个环节出现的问题，原因何在，能够处理的及时处理，处理不了时要马上报分管领导，讲清事情经过及出现问题的原因，不回避矛盾，实事求是，合情合理地处理好团队问题。特别重大的问题（如集体食物中毒事件）可直接汇报总经理。

（十四）根据产品销售情况进行调整

根据产品销售情况、出团量、团队质量对产品进行适当调整。销售好的产品继续销售，也可以适当改变出团计划，销售欠佳的产品要总结是线路本身不够有吸引力，还是由市场等情况不好造成的。如团队质量出现问题要追究责任，对于接待单位也要磨合、考验与再选择。

【案例分析】

济州岛之旅“告吹”，游客状告旅行社

上海市民黄先生等四人与上海新康辉国际旅行社有限责任公司签订出境游合同并缴纳了团费，旅行社却把原定安排的韩国济州岛游变更为日本冲绳岛游，双方由此产生纠纷。日前，上海市静安区人民法院对此案做出一审判决，要求新康辉公司退还4位游客旅游费1 000余元。

2006年6月23日，黄先生等4人与新康辉公司签订了《上海市出境旅游合同》。合同约定，黄先生等人自愿购买新康辉公司组织的邮轮出境旅游服务，主要游览点包括日本长崎、韩国济州等地，4人团费总价19 238元。合同明确，因不可抗力导致不能履行合同的，按不可抗力的影响，部分或者全部免除责任。

2006年7月8日，4位游客搭乘意大利歌诗达邮轮公司的轮船启程。不久，新康辉公司得知韩国济州岛因台风封港，把韩国济州岛行程改为去日本冲绳岛游览。

2006年11月7日，黄先生等4人起诉至法院称，在他们登船起航后才被告知韩国济州岛不能成行，此后失去人身自由被强行带往日本冲绳岛“首里城公园”和偏僻的卖场购物。他们认为，新康辉公司该行为属故意欺骗，违背合同约定，侵犯游客的选择权，要求赔偿各种损失折合5万余元人民币。

新康辉公司在法庭上辩称，济州岛海上有台风是客观事实，轮船公司临时改变航线属不可抗力。在4位游客启程前，旅游公司也不知晓。新康辉公司还提供了意大利歌诗达邮轮公司上海代表处的证明。

法院认为，旅游服务合同的履行确实会受到天时、地利等诸多无法掌控的因素影响。黄先生等人指控新康辉公司在启程前就知道韩国济州岛封港，却进行了隐瞒，对此负有举证义务，但没有提供相关证据；而新康辉公司提交的邮轮公司证明，却证实了新康辉公司事先并不知晓济州岛因台风封港事宜。

考虑到新康辉公司收取游览韩国济州的观光费，与游览日本冲绳发生的实际费用有差异，法院酌定旅行社返还每位游客343.28元，共计1 373.12元。

分析：作为旅行社计调在联系安排交通运输工具时应考虑到天气、环境等不可抗拒因素，从而做出合理安排或说明。

资料来源：http：//news. xinhuanet. com/legal/2007-04/03/content_ 5928700. htm

【业务示例】

旅行社计调业务操作确认单见表 5-1。

表 5-1 旅行社计调业务操作确认单

接单日期： 编号： 等级：□政府□企业□拼团

<table>
<tr><td colspan="5">业务员： 人数： 天数： 主题：</td></tr>
<tr><td colspan="5">去程交通：□飞机 □火车 □大巴 返程交通：□飞机 □火车 □大巴</td></tr>
<tr><td rowspan="8">去程</td><td>接客车辆</td><td>飞机</td><td>火车</td><td>大巴</td></tr>
<tr><td>驾驶员姓名：</td><td rowspan="2">航班号：</td><td rowspan="2">车次：</td><td>主驾驶员姓名：</td></tr>
<tr><td>车牌：</td><td>副驾驶员姓名：</td></tr>
<tr><td>车型：</td><td rowspan="2">起飞时间：</td><td rowspan="2">发车时间：</td><td>车牌：</td></tr>
<tr><td>接客地址：</td><td>车型：</td></tr>
<tr><td>接客时间：</td><td rowspan="2">起飞机场：</td><td rowspan="2">发车站台：</td><td>接客地址：</td></tr>
<tr><td>行车线路：</td><td>接客时间：</td></tr>
<tr><td>□已确认</td><td>□已确认</td><td>□已确认</td><td>□已确认</td></tr>
<tr><td rowspan="8">返程</td><td>接客车辆</td><td>飞机</td><td>火车</td><td>大巴</td></tr>
<tr><td>驾驶员姓名：</td><td rowspan="2">航班号：</td><td rowspan="2">车次：</td><td>主驾驶员姓名：</td></tr>
<tr><td>车牌：</td><td>副驾驶员姓名：</td></tr>
<tr><td>车型：</td><td rowspan="2">起飞时间：</td><td rowspan="2">发车时间：</td><td>车牌：</td></tr>
<tr><td>接客地址：</td><td>车型：</td></tr>
<tr><td>接客时间：</td><td rowspan="2">起飞机场：</td><td rowspan="2">发车站台：</td><td>接客地址：</td></tr>
<tr><td>行车线路：</td><td>接客时间：</td></tr>
<tr><td>□已确认</td><td>□已确认</td><td>□已确认</td><td>□已确认</td></tr>
<tr><td colspan="4">火车，大巴餐食标准及详情，参考附件</td><td>□已确认</td></tr>
<tr><td colspan="4">领队（全陪）姓名： 联系电话：</td><td>□已确认</td></tr>
<tr><td colspan="4">客人资料信息（参考附件），已确认无误，名字无模糊，身份证号码无错误</td><td>□已确认</td></tr>
<tr><td rowspan="6">地接社信息</td><td colspan="2">地接社全称：</td><td colspan="2">导游：</td></tr>
<tr><td colspan="2">地接社电话：</td><td colspan="2">联系方式：</td></tr>
<tr><td colspan="2">地接社传真：</td><td colspan="2" rowspan="3">注意事项：</td></tr>
<tr><td colspan="2">地接社负责人：</td></tr>
<tr><td colspan="2">负责人联系电话：</td></tr>
<tr><td colspan="4">□以上地接社信息已确认</td></tr>
</table>

续表

出团前的准备资料		备注：
1. 计调业务操作确认单	□已确认	
2. 导游费用报销单	□已确认	
3. 导游联系卡	□已确认	
4. 帽子、胸牌、水、导游旗	□已确认	
5. 宾馆确认单	□已确认	
6. 景点确认单	□已确认	
7. 餐厅确认单	□已确认	
8. 车队确认单	□已确认	
9. 旅游任务单	□已确认	
10. 保险确认	□已确认	
11. 其他补充：	□已确认	□已确认
部门经理审核：	公司副总经理审核：	公司总经理审核：

三、出境计调的业务流程

出境计调的操作流程和国内组团计调的操作流程大致一样，但由于出境旅游操作存在语言上的差异，所以应该特别细致，防止上当受骗。以下问题应该格外引起重视。

（一）审核资料

出团计划制订完毕后，通过各种渠道收到的客人在前台做好销售统计后，客人的资料会转到计调处，因此审核资料是计调人员非常重要的工作。要注意证件的时效性、证照是否相符、出游动机、担保人情况，并加以提示说明。

还未办理护照及签证的游客，由申请人本人携带以下申请材料到公安局入境管理处办理护照或通行证：

①身份证、户口本原件、复印件；

②两张2寸彩色护照照片（公安局照）；

③政审盖章后的出国申请表。

审核游客提交的个人资料：个人登记表、有效期半年以上的护照（通行证）、参团签证材料及四张2寸彩色护照照片。

护照（通行证）办理好后，游客交齐全额团费签订旅游合同、协议。计调人员确定前台人员与游客签订的出境旅游合同及出行线路、提交资料准确无误后，统一办理签证及出境手续。

（二）查看要求

游客在报名出游时，可能会有一些特殊或个人化的要求。计调在审核参团资料及与销售人员沟通时，要掌握客人的特殊要求，审查是否在可以满足的范围内。并且对产生的影响和后果等都要做充分评估，不能盲目答应，避免日后带来不必要的麻烦。

（三）选择航班

出境团基本都是选择飞机作为交通工具，因此计调在选择航班时，要做一下价格、性能及航班时间的综合比较。包括区间交通工具的选择都要考虑到游程的时间和舒适度。交通工具选择合理，团队运作顺利，自然皆大欢喜。

（四）解析成本

解析成本要求计调具备较高的职业技能。一般计调人员充其量只能对照国内同行信息加以区别，辨别能力差。其实解析境外旅游成本并不困难，和国内旅游线路的成本解析是大同小异的，不要因为地域的区别就自己主观上感觉很难。计调人员要学会查看地图，善用网络检索自己需要的信息，化繁为简。

（五）实施操作

操作只需按照出境计调人员掌握的规范操作流程进行就可以。团队出发前，通过说明会等方式教育团员遵守国外的法律以及旅游相关规定等。需要提醒的是，一切业务往来均以书面确认为准，所有的操作单都要做备份，细小的更正也要重新落实，否则因疏忽带来的损失将不可估量。

（六）全程跟踪

游客回国，计调人员要主动做好回访等善后工作。出境团队和国内团队发生问题不同，国内团队沟通得当问题容易化解，而出境团队一旦出了问题可能就不是小事，组团社远水救不了近火，全要依靠接待方的努力和协作。因此在团队行进过程中进行跟踪监控是必要的。

（七）结账归档

出境接待有地域和汇率的变化，出境计调在回馈信息与质量监督上一定要多留神、多询问，遇到问题要及时解决，要按照约定方式进行款项的结清和团队资料的整理归档。

四、地接计调的业务流程

地接计调是指在接待社中负责按照组团社计划和要求确定交通工具、用餐、住宿、游览、派发导游等事宜的专职人员。按照组团社的地区差异可分为国内接待计调和国际入境接待计调。其具体业务流程如下。

（一）报价

根据对方询价编排线路，以《报价单》提供相应价格信息（报价）。

计调人员接到客户信息，对方有意向我社寻报价时，要询问清楚团队人数、标准、大体时间及地点、单位名称、联系电话、线路等，尽量做到在30分钟内报价。要求报价快速、准确。

【知识链接】

地接报价的构成

地接报价=房价+餐价+车价+门票+导游+保险+毛利

1. 房价：房价一般根据等级不同，分为豪华等、标准等、经济等。也可以按照五星、四星、三星和经济型酒店来划分。房间类型可以为豪华标准间、豪华大床房、商务套房、普通标准间等。

2. 餐价：一般正餐可按照“餐”报价，可以为 50 元/餐、40 元/餐、30 元/餐、20 元/餐等。也可以按照“天”报价，可分为 50 元/天、45 元/天、40 元/天等。尤其注意三星级以上高星级酒店房价一般含早（中早、西早）。

3. 车价：可整车报价，也可按人报价，一般为进口空调车、国产空调车。

4. 门票：一般按照景点门市价报价，应标明为景点第一门票价格。

5. 导服费：根据等级和人数不同，分别报价，一般为 10 元/天、8 元/天、6 元/天、5 元/天或 100 元/团、200 元/团等。

6. 大交通费用及订票费：大交通一般指火车、轮船、飞机。机票不收取订票费，各航空公司对团队都有优惠政策，火车卧铺订票费一般为 30 元/张，硬座旺季 5~10 元/张。

（二）计划登录

接到组团社书面预报计划，将团号、人数、国籍、抵/离机（车）时间等相关信息录入当月团队动态表中。如遇对方口头预报，必须请求对方以书面方式补发计划，或在我方确认书上加盖对方业务专用章，并由经手人签名，回传作为确认件。

（三）编制团队动态表

编制接待计划，将人数、陪同数、抵/离航班（车）时间、住宿酒店、餐厅、参观景点、组团旅行社、接团时间及地点、其他特殊要求等逐一登记在《团队动态表》中。

【业务示例】

旅行社运行计划表见表 5-2。

表 5-2 旅行社运行计划表

<table>
<tr><td>团号</td><td colspan="2">地陪</td><td colspan="2">团队人数</td><td colspan="2">组团社</td><td>全陪</td></tr>
<tr><td rowspan="2">抵离时间</td><td colspan="6">月　　日乘　　抵达</td><td>司机</td></tr>
<tr><td colspan="6">月　　日乘　　离开</td><td>车号</td></tr>
<tr><td>时间</td><td>早餐</td><td>上午</td><td>中餐</td><td>下午</td><td>晚餐</td><td>购物点</td><td>住宿</td></tr>
<tr><td></td><td></td><td></td><td></td><td></td><td></td><td></td><td></td></tr>
<tr><td></td><td></td><td></td><td></td><td></td><td></td><td></td><td></td></tr>
<tr><td></td><td></td><td></td><td></td><td></td><td></td><td></td><td></td></tr>
<tr><td></td><td></td><td></td><td></td><td></td><td></td><td></td><td></td></tr>
<tr><td></td><td></td><td></td><td></td><td></td><td></td><td></td><td></td></tr>
<tr><td colspan="4">旅行社电话</td><td colspan="4">旅游局投诉电话</td></tr>
</table>

（四）计划发送

向各有关单位发送计划书，逐一落实。

1. 用房

根据团队人数、要求，以传真方式向协议酒店或指定酒店发送《订房计划单》并要求对方书面确认。如遇人数变更，及时做出《更改单》，以传真方式向协议酒店或指定酒店发送，并要求对方书面确认；如遇酒店无法接待，应及时通知组团社，经同意后调整至同级酒店。

【业务示例】

旅行社订房计划单如下所示：

TO：________ 酒店　　TEL：　　FAX：

FROM：________ 旅行社　　TEL：　　FAX：

团队（客人）名称：

人数：

入住时间：___年___月___日___时至___年___月___日___时共___天

住宿要求：___房___间，全陪房___床，陪同免房___床

房费标准：___房___元/天，全陪床___元/天，住宿费累计___元

膳食标准：早餐___元/人（含早，不含早），中餐___元/人，晚餐___元/人

餐费累计___元

付款方式：按付款协议约定执行（导游前台凭此单登记入住）

备注：

1. 代订费、房费结算账单，请寄到我社财务部。
2. 其他费用均由客人自理，本社不予承担。
3. 收到订房委托后，请速将订房回执传回我社。

公司名称（盖章）：　　联系人：

年　　月　　日

旅行社入住酒店更改单如下所示：

TO：________ 酒店　　TEL：　　FAX：

FROM：________ 旅行社　　TEL：　　FAX：

您好！感谢贵酒店的信任与支持，由于团号________入住计划变动，现将更改单传真给您（表 5-3），请尽快确认、回传！谢谢！

表 5-3　入住计划更改单

事项	原订情况	变更后情况
人数		
日期		
用房类型		
用房数目		
房费		

公司名称（盖章）：　　联系人：

年　　月　　日

2. 用车

根据人数、要求安排用车，以传真方式向协议车队发送《订车计划单》并要求对方书面确认。如遇变更，及时做出《更改单》，以传真方式向协议车队发送，并要求对方书面确认。

【业务示例】

旅行社订车计划单如下所示：

TO：__________ 车队　　TEL：　　FAX：

FROM：__________ 旅行社　　TEL：　　FAX：

现将我公司已落实的用车计划（表5-4）传真给贵车队，望尽快确认回传，谢谢！

表5-4　我公司已落实的用车计划

团号	人数	客源地	导游：　证号：　手机：
用车时间：　月　日 接团至　月　日送团 接团：　月　日　时在　接　航班/车次 送团：　月　日　时在　送　航班/车次			
天数	主要游览行程、景点		车价（元/天）
1			
2			
3			
4			
包车价：　元（其中，接团　元，送团　元，正常游览　元/天） 车型：　车牌：　司机：　手机：			

公司名称（盖章）：　　联系人：

年　月　日

旅行社用车更改单如下所示：

TO：__________ 车队　　TEL：　　FAX：

FROM：__________ 旅行社　　TEL：　　FAX：

您好！感谢贵车队的信任与支持，由于团号____________行程计划变动，现将更改单（表5-5）传真给您，请尽快确认、回传！谢谢！

表5-5　行程更改单

事项	原订情况	变更后情况
人数（需座位数）		
日期		
用车类型		
车费		

公司名称（盖章）：　　联系人：

年　月　日

3. 用餐

根据团队人数、要求，以传真或电话通知向协议餐厅发送《订餐计划单》。如遇变更，及时做出《更改单》，以传真方式向协议餐厅发送，并要求对方书面确认。

【业务示例】

旅行社订餐计划单如下所示：

TO：__________ 餐厅 TEL： FAX：

FROM：__________ 旅行社 TEL： FAX：

团队（客人）名称：

人数：____成人____小孩 用餐时间：________ 年____月____日

用餐要求：____菜______汤（十人一桌，____荤____素）

餐标：早餐 成人______元/人，小孩______元/人

中餐 成人______元/人，小孩______元/人

晚餐 成人______元/人，小孩______元/人 餐费累计______元

付款方式：按付款协议约定执行（导游前台凭此单登记用餐）

特殊要求：

备注：

1. 其他费用均由客人自理，本社不予承担。

2. 收到订餐委托后，请速将订餐回执传回我社。

公司名称（盖章）： 联系人：

年 月 日

旅行社用餐更改单如下所示：

TO：__________ 餐厅 TEL： FAX：

FROM：__________ 旅行社 TEL： FAX：

您好！感谢贵餐厅的信任与支持，由于团号____________用餐计划变动，现将更改单（表5-6）传真给您，请尽快确认、回传！谢谢！

表 5-6 用餐计划更改单

事项	原订情况	变更后情况
人数		
日期		
餐标		
总餐费		

公司名称（盖章）： 联系人：

年 月 日

4. 旅游景点

以传真方式向旅游景点发送《团队接待通知书》并要求对方书面确认。如遇变更，及时做出《更改单》，以传真方式发送，并要求对方书面确认。

5. 返程交通

仔细落实并核对计划，向票务人员下达《订票通知单》，注明团号、人数、航班（车次）、用票时间、票别、票量，并由经手人签字。如遇变更，及时通知票务人员。

（五）计划确认

逐一落实完毕后（或同时），编制接待《确认书》，加盖确认章，以传真方式发送至组团社并确认组团社收到。

（六）编制概算

编制团队《概算单》。注明现付费用、用途。送财务部经理审核，填写《借款单》，与《概算单》一并交部门经理审核签字，报总经理签字后，凭《概算单》《接待计划》《借款单》向财务部领取借款。

（七）下达计划

编制《接待计划》及附件。由计调人员签字并加盖团队计划专用章。通知导游人员领取计划及附件。附件包括：名单表、向协议单位提供的加盖作业章的公司结算单、导游人员填写的《陪同报告书》、游客（全陪）填写的《质量反馈单》、需要现付的现金等，票款当面点清并由导游人员签收。

（八）编制结算

填制公司《团队结算单》，经审核后加盖公司财务专用章。于团队抵达前将结算单传真至组团社催收，详见表5-7。

【业务示例】

表5-7 旅行社团队费用结算单

编号：

<table>
<tr><td>组团社</td><td></td><td>地区国籍</td><td></td><td>人数</td><td></td></tr>
<tr><td>行程天数</td><td colspan="5">月　日抵，用　餐；　月　日离，用　餐；共　天</td></tr>
<tr><td>结算项目</td><td colspan="3">计算列式</td><td>结算金额</td><td>核算金额</td></tr>
<tr><td>餐费</td><td colspan="3"></td><td></td><td></td></tr>
<tr><td>导服</td><td colspan="3"></td><td></td><td></td></tr>
<tr><td>车费</td><td colspan="3"></td><td></td><td></td></tr>
<tr><td>门票</td><td colspan="3"></td><td></td><td></td></tr>
<tr><td>住宿</td><td colspan="3"></td><td></td><td></td></tr>
<tr><td rowspan="2">大交通</td><td colspan="3"></td><td></td><td></td></tr>
<tr><td colspan="3">手续费：　　　　行李费：</td><td></td><td></td></tr>
<tr><td rowspan="3">附加费用</td><td colspan="3"></td><td></td><td></td></tr>
<tr><td colspan="3"></td><td></td><td></td></tr>
<tr><td colspan="3"></td><td></td><td></td></tr>
</table>

续表

组团社		地区国籍		人数	
全陪费用	住宿：				
	交通：				
合计	结算金额：万　千　百　十　元　角　分				
	核定金额：万　千　百　十　元　角　分				
备注	儿童餐费、导游服务费按成人费用半价收取，其余项目按实际发生费用收取				

开户银行：

账号：

复核＿＿＿＿＿＿＿　　　　　　　　　　　　　　　　制表＿＿＿＿＿

年　　月　　日　（公章）

（九）报账

团队行程结束，通知导游员凭《接待计划》《陪同报告书》《质量反馈单》、原始票据等及时向部门计调人员报账。计调人员详细审核导游填写的《陪同报告书》，以此为据填制该《团队费用小结单》及《决算单》，由部门经理审核签字后，交财务部并由财务部经理审核签字，总经理签字，向财务部报账。

（十）登账

部门将涉及该团的协议单位的相关款项及时登录到《团队费用往来明细表》中，以便核对。

（十一）归档

整理该团的原始资料，每月底将该月团队资料登记存档，以备查询。

五、会展计调业务流程

会展计调的操作流程包括会前策划、会场布置、会期服务、会后考察、会后总结。

（一）会前策划

一是进行会展服务沟通，按客户要求提供参展期间的服务，并根据展会的条件提供相应的建议，确认合作意向。二是根据客户要求，提供布置、音响、投影、会场、横幅等相关安排。三是根据服务方案，双方进行细化调整并确认，明确双方负责人，补充相关服务内容。

（二）会场布置

按客户及会展要求提供布展方案，客户审定，签字。

（三）会期服务

会展策划沟通，出设计方案，模拟效果图，报价签约，进行会议布展及撤展。

（四）会后考察

与客户沟通，按客户要求的天数标准策划旅游考察内容，设计几条旅游线路，双方确定价格，签约，确定线路的落实及跟踪接待反馈。

（五）会后结算

双方财务人员认真核对各类单据，严格按照协议执行核算。根据会展策划、布置的工作情况总结沟通，将其资料文案保存入档。

【知识链接】

计调工作“五化”法

一、人性化

计调人员在讲话和接电话时应客气、礼貌、谦虚、简洁、利索、大方、善解人意、体贴对方，养成使用“多关照”“马上办”“请放心”“多合作”等“谦词”的习惯，给人亲密无间，春风拂面之感。每个电话，每个确认，每个报价，每个说明都要充满感情，以体现你合作的诚意，表达你作业的信心，显示你的实力。

书写信函、公文要规范化，字面要干净利落、清楚漂亮、简明扼要、准确鲜明，以赢得对方的好感，换取对方的信任与合作。一个优秀的计调人员，一定是这个旅行社多彩“窗口”的展示，它像“花蕊”一样吸引四处的“蜜蜂”纷至沓来。

二、条理化

计调人员一定要细致地阅读对方发来的接待计划，重点是人数、用房数，是否有自然单间，小孩是否占床；抵达大交通的准确时间和抵达地点，核查中发现问题及时通知对方，迅速进行更改。此外，还要看人员中是否有少数民族，或宗教信徒，饮食上有无特殊要求，以便提前通知餐厅；如果发现有在本地过生日的游客，记得要送他一个生日蛋糕以表庆贺。如人数有增减，要及时进行车辆调换。条理化是规范化的核心，是标准化的前奏曲，是程序化的基础。

三、周到化

“五定”（定房、定票、定车、定导游员、定餐）是计调人员的主要任务。尽管事物繁杂缭乱，但计调人员头脑必须时刻清醒，逐项落实。这很像火车货运段编组站，编不好，就要“穿帮”“撞车”，甚至“脱节”。俗话说：“好记性不如烂笔头。”要做到耐心周到，还要特别注意两个字。第一个字是“快”，答复对方问题不可超过24小时，能解决的马上解决，解决问题的速度往往代表旅行社的作业水平，一定要争分夺秒，快速行动。第二个字是“准”，即准确无误，一板一眼，说到做到，“不放空炮”，不变化无常。回答对方的询问，要用肯定词语，行还是不行，“行”怎么办？“不行”怎么办？不能模棱两可，似是而非。

四、多样化

组一个团不容易，价格要低、质量要好，计调人员在其中往往发挥很大作用。因此，计调人员要对地接线路多备几套不同的价格方案，以适应不同游客的需求，同时留下取得合理利润的空间。

同客户“讨价还价”是计调人员的家常便饭。有多套方案、多种手段，计调就能在“变数”中求得成功，不能固守“一个打法”，方案要多、要细、要全，你才可“兵来将挡，水来土掩”，纵然千变万化，我有一定之规。

五、知识化

计调人员既要具有正常作业的常规手段，还要善于学习，肯于钻研，及时掌握不断变化的新动态、新信息，以提高作业水平，肯下功夫学习新的工作方法，不断进行“自我充电”，以求更高、更快、更准、更强。如要掌握宾馆饭店上下浮动的价位；海陆空价格的调整、航班的变化；本地新景点、新线路的情况，不能靠“听人家说”，也不能靠电话问，应注重实地考察。只有掌握详细、准确的一手材料，才能沉着应战、对答如流，保证作业迅速流畅。

计调人员不仅要“埋头拉车”，也要“抬头看路”，要先学一步，快学一步，早学一步，以丰富的知识武装自己，以最快的速度从各种渠道获得最新的资讯，并付诸研究运用，才可以“春江水暖鸭先知”。虚心苦学、知识化运作其实是最大的窍门。

任务实施

实训项目：计调工作实训。

实训目的：学生通过实地调研和操作，能更深入地了解计调工作的流程与特点，提高实际操作能力。

实训内容：

（1）把所在班级学生分成小组，每组10人左右，确定组长，实行组长负责制，到不同旅行社计调部门进行实训。

（2）告知学生实地实习的注意事项。

（3）小组完成实训报告后，在课堂上进行讲解交流。

实训指导：

（1）指导学生深入了解计调工作的具体流程。

（2）帮助同学联系实习基地旅行社计调部门，让小组进行实地调研和学习。

（3）指导小组同学写出计调工作实训报告。

实训考核：

（1）根据每组所写报告，由主讲教师进行评分和点评，占50%。

（2）课堂讲解完后，进行小组互评，由其他小组各给出一个成绩，取其平均分，占50%。

【案例分析题】

订错机票令游客出游泡汤　判旅行社赔偿损失

郑州市民何某和冯某与一家国际旅行社签订出国（境）旅游合同一份，并交纳团款7 400元，约定旅游线路为“塞班6日游”。后两人要求旅行社为他们代订机票。旅行社为二人订了6月27日17时20分由郑州机场至上海虹桥机场CZ3597号航班的机票，本次航班正点到达的时间为18时35分。6月27日，两人前去旅行社取机票时，旅行社将出团通知书交给他们，通知书上明确写着：“请您于6月27日18时30分在上海浦东国际机场东航登机集合。”

6月27日，何、冯二人在上海虹桥机场下飞机后，才知道这不是他们旅游团集合的机场，造成“塞班之旅”不能成行。他们同旅行社代表胡某联系说明情况后，胡某表示团费全退，所产生的实际费用也由旅行社承担。但他们返回郑州后，旅行社却不愿退还团费，也不愿承担赔偿责任。二人因此将这家旅行社告上法庭。

郑州市金水区法院审理后认为，何、冯二人委托旅行社为他们订郑州至上海的机票，旅行社作为专业从事旅游服务的机构，接受委托后，应确保二人在出团通知书要求的18时30分到达上海浦东机场集合，而旅行社为二人订的航班正点到达上海虹桥机场的时间为18时35分，二人根本无法在团队要求的时间到达上海浦东机场，致使二人无法出行。作为受托人的旅行社，应当赔偿给二人造成的损失，遂判令旅行社于判决生效后10日内赔偿二人损失8 999元。

问题：在该案例中，计调部门该承担什么责任？在以后的工作中应如何吸取教训，避免类似错误出现？

【思考与讨论题】

根据地接计调的业务流程，理论联系实际，讨论应该如何做好地接计调工作。

项目六

旅行社接待业务

项目分析

旅行社的接待业务，是旅行社按合同向游客提供其预订的保证质量的服务，而对游客来说，则是对其购买的旅行社产品的消费过程。因此，旅行社的接待业务，即指旅行社直接面向游客提供服务，游客享受旅行社产品的全过程，是旅行社产品的实现形式。接待业务是旅行社经营管理中的核心内容。本项目详细介绍了旅行社接待计划的制作、送达、变更和实施；团队及散客旅游接待服务。

学习目标

※知识目标

(1) 熟悉旅行社接待计划的制作、送达、变更和实施；

(2) 掌握旅行社团队的接待业务；

(3) 掌握旅行社散客旅游接待业务。

※ 能力目标

(1) 具备编制旅游接待计划的能力；

(2) 具备旅游团队及散客接待业务操作能力。

任务一　旅行社接待计划

任务介绍

接待计划不仅是旅行社日常接待工作的重要文字依据，更是组团社与接团社的财务依据。本任务主要包括旅游接待计划的制作、送达、变更和实施。通过本任务的学习，可以对旅行社接待计划进行一个全面、清晰的认知和了解。

任务目标

掌握旅行社接待计划的制作、送达、变更和实施。

相关知识

一、旅游接待计划的制作

接待计划主要由旅游团的基本情况和要求、旅游日程表以及团员名单三部分组成。制作过程大体分核实接待项目、拟订接待计划两部分。

（一）接待项目核实

要核实以下项目：

（1）团号、团名、组团社名称。

（2）旅游团人数及所要求的旅游服务等级和方式。

（3）入出境口岸、日期、航班、车次或船次时间。

（4）旅游路线及游览城市。

（5）住房及早餐安排要求。

（6）城市间交通工具安排要求。

（7）旅游团名单，最后确认人数，及成员的性别、年龄、职业、国籍、护照号码等。

（8）特殊参观要求。

（二）拟写接待计划

在以上事项得到确认后，可以按以下内容拟写接待计划：

（1）按旅游路线所经城市的先后，排列出各地接待单位，并注明印发份数（每发送单位一式三份）。

（2）注明旅游路线。

（3）注明旅游团的类别（游览团、参观团、学习团、考察团、专业团、重点团等）。

（4）注明服务等级（团体标准 A 等或 B 等、10 人以下标准 A 等或 B 等）。

（5）注明住房的预定方式（游客自订、本社代订、委托接待社代订或其他），用早餐情况（饭店及早餐结算方式）。

（6）注明风味标准、次数。

（7）注明旅游团（者）出境机票情况。

（8）注明全程导游员人数、姓名、性别及返程票的日期、航班、车次等，如无全陪人员注明“该团无全陪，请上下站接待社加强联系”字样。

（9）注明旅游团（者）的航班、车次、航次的抵离时间。

（10）注明加收费用的服务项目，如超公里、特种门票、游江游湖、风味标准、次数、专业活动及次数等。

（11）注明旅游团（者）详细名单，包括姓名、性别、年龄、职业、国籍及护照号码等。

（12）注明组团社名称、地址、电话、传真及联系人姓名。

二、旅游接待计划的送达

将制订完毕的接待计划经过审核后，向有关部门和有关接待社发送，并实行发送接待计划确认的程序。

三、旅游接待计划的变更

在收到对方最后要求变更通知时，对原接待计划内容进行调整及修改、补充，并及时通知有关接待社、饭店等合作单位，然后以文字形式，补发更改通知，并追加因临时变更而发生的特殊费用。

四、旅游接待计划的实施

销售后应及时编制“接待计划”发送给有关接待单位。要对团队接待要求和基本情况做出详尽说明，其程序和标准是：

（一）书写标题和编号

标题应按规定格式写清旅游团组团客户（海外中间商或代理商）所在国名，客户简称，旅游团号、编号，应注明编发部门和编序号码。

（二）文件书写发送单位，即委托接待单位名称

文件书写发送单位，即委托接待单位名称要求名称书写准确，发送单位与文内委托接待事项相吻合，不出现漏发、重发、错发等现象。

（三）文件正文首先要书写接待标准和接待服务要求

接待服务一般分为综合服务、小包价、零星委托接待、选择旅游、组合旅游等几类。接待标准通常有豪华等、标准等、经济等的不同，淡季价销售应予以详述。

（四）正文包括旅游团游客名单、人数和基本情况

人数应有男女人数和总人数，名单应按序号注明游客身份、护照号码、夫妻关系、性别、职业、民族、国籍、住房要求等，如了解到游客其他特殊情况，如个人饮食习惯、爱好、兴趣、病史、特殊要求等，应尽可能书写全面，反映清楚。

（五）正文还包括预定要求

根据客户要求委托办理预订，如委托接待单位代订饭店、城市间交通工具、市内游览用车、文娱节目及要求安排专业考察、参观、座谈、访问活动等，都应一一予以注明。若是属于客户或组团社预订内容，且已进行了预订和确认，应将其有关情况在文中加以备注，以便使接待单位了解全面接待安排情况。

（六）正文主体是旅游日程安排

书写时，要求写清旅游团抵离城市（包括出入境）、航班（车次）日期和时间，市内游览应注明参观项目、就餐和风味安排等。若以上内容尚有不明确之处，应在文中注明“待告”，并在得到确切消息时，及时补发通知给有关接待单位。

（七）文件要签写联系人员的一系列情况

文件要签写联系人员的一系列情况，如姓名、单位、电话、编发日期等，以备遇到特殊情况进行联系，或变更有关委托事项等。

旅行社团队接待计划具体见表 6-1。

表 6-1 旅行社团队接待计划

旅行社名称： 团号 国籍（地区）： 语种：

组团社					接待标准		人数		男： 女： 其中 岁儿童 人		
出车单位（车型/车号）					司机		地陪		全陪		
日 时 分乘 航班（车次）由 到					月 日 时 分乘 航班（车次）去				出发时间		
时间 内容	月	日	早餐标准	上午	午餐标准	下午	晚餐标准	购物点	酒店	娱乐项目	备注
日程安排											
通信联络	地陪					司机					
	全陪					紧急应急电话					

说明：1. 本表一式三份，旅行社、地陪、全陪各持一份，务必在宾客到达的前一天提前审定。

业务部（章）：

2. 填写清楚，如有变化，及时更正。
3. 团队抵达后，人数、日程、全陪等如有变化，务必及时报告公司。 年 月 日
4. 此表盖章方为有效。

地陪签字： 全陪签字：

任务实施

实训项目：练习编写旅游接待计划。

实训目的：根据实训资料所提供的旅游线路行程单，编制旅游接待计划。

实训内容：（1）以小组为单位，组长负责制，编写接待计划；

（2）教师对旅行线路行程单做详细介绍，要求同学们以行程为依据制订接待计划，并在此过程中对同学们进行指导、答疑；

（3）以小组为单位，进行成果汇报。

实训考核：由主讲教师点评，小组间互评。

实训资料：内蒙古呼和浩特某旅行社旅游线路行程单（表 6-2）。

表 6-2 希拉穆仁大草原、库布其沙漠、成吉思汗陵、塞外青城五日游

天数	行程安排	早餐	中餐	晚餐	住宿酒店
第一天	—呼和浩特	不含	不含	不含	呼和浩特速八酒店或悦嘉商务酒店
第二天	呼和浩特—草原—呼和浩特	酒店早餐	含手扒肉	含	呼和浩特速八酒店或悦嘉商务酒店
第三天	呼和浩特—库布其—鄂尔多斯	酒店早餐	含	含	达拉特旗政府宾馆或速八酒店
第四天	鄂尔多斯—成陵—呼和浩特	酒店早餐	含	含	呼和浩特速八酒店或悦嘉商务酒店
第五天	呼和浩特送团—	酒店早餐	含		

行程安排：

第一天　出发地—呼和浩特（白塔）航班号（起飞时间— 抵达时间）（不含餐）住呼和浩特。

乘机飞往中国优秀旅游城市、历史文化名城——呼和浩特。“呼和浩特”意为青色的城市，故有“青城”之称。因其历史上召庙较多，故又称“召城”。抵达后导游出口处举（蓝底白字“内蒙古××旅行社”）方旗接团后入住酒店，晚餐自理，可品尝当地特色小吃。

第二天　行车：呼市—希拉穆仁草原（90 千米，盘山路，约 2 小时）—呼市（早、中、晚餐）住呼和浩特。

早餐后前往广阔无边、天地一线的大草原——希拉穆仁草原（游玩 3 小时左右）。一路欢歌笑语，欣赏阴山山脉高原风光。抵达后接受蒙古族最隆重的欢迎仪式——下马酒，中午品尝蒙古风味食品——手扒羊肉；午餐后观看“男儿三艺”之博克（摔跤）、赛马表演（10 分钟左右），感受马背民族文化。然后自由活动（时间约 1.5 小时）；深呼吸草原新鲜空气。后乘车返回呼市。

第三天　行车：呼市—库布其沙漠（210 千米高速，约 3 小时）—鄂尔多斯（达拉特旗）（早、中、晚餐）住达拉特旗。

早餐后赴中国三大鸣沙山之一的库布其沙漠旅游区（不含小交通沙漠车），经过中华母亲河——黄河；抵达后感受“大漠孤烟直”的雄浑与壮美。这里的沙子，只要受到外界撞击，或脚踏，或以物碰打，都会发出雄浑而奇妙的“轰隆—轰隆”声。因此，人们风趣地将响沙称作“会唱歌的沙子”。后自由活动（时间大约 2 小时），拍照，与沙子亲密接触，体验人动声移，人停声止的神奇。之后乘车赴鄂尔多斯达拉特旗。

第四天　行车：鄂尔多斯—成陵（130 千米高速，约 1.5 小时，参观 2 小时）—呼和浩特（早、中、晚餐）住呼和浩特。

早餐后赴国家 AAAAA 景区“一代天骄”——成吉思汗陵新景区（游览约 1.5 小时），参观气壮山河门景、铁马金帐群雕、亚欧版图、蒙古艾力、蒙古历史长卷等景点，从中心广场乘电瓶车到天骄大营用中餐，餐后观看由专业演员表演的大型舞台剧《一代天骄》（40 分钟），现场演绎圣祖成吉思汗伟大的一生。这里孕育了一统天下的豪情，是神奇的蒙古民族深厚的文化底蕴。您会震撼于一代天骄争霸世界的风采，叹服于蒙古武士的所向披靡，在亚欧版图领略蒙古帝国广阔的疆域 。在“天下第一包”，拜谒人类历史上伟大的征服者成吉思汗。后返回呼市。晚餐后入住酒店。

第五天　行车：呼和浩特—市内游—航班（起飞时间— 抵达时间）（早、中餐）

早餐后参观内蒙古地区的藏传佛教寺院——大召（市内玉泉区，游览 40 分钟），后参观国家级综合性博物馆、内蒙古 60 周年大庆献礼工程——内蒙古博物院（市内新城区，免费游览 2 小时，周一闭馆，不去不退费用）午餐后送团，返回温暖的家乡，结束愉快的草原之旅！

报价包含及标准（2014 年 4 月价格）：

1. 用餐：全程 4 早 7 正餐，正餐八菜一汤，十人一桌，人数不够酌情减菜。

2. 住宿：呼市 3 晚、达拉特旗 1 晚，市内三星双标间（全程不提供自然单间、出现单男单女安排三人间，如没有三人间补齐房差）（由于是少数民族地区、酒店设施与发达地区有差异）。

3. 用车：当地空调旅游车。

4. 景点：所列景点第一大门票（不含景区内的小交通，如库布其沙漠接送车、成陵内的电瓶车）。

5. 导服：中文优秀导游讲解服务。

6. 旅游保险：旅行社责任险。

地接成人价格：740 元/人（市内待评三星） 单房差：200 元/人

860 元/人（呼市挂三、达旗待评四星） 单房差：310 元/人

900 元/人（市区待评四星） 单房差：350 元/人

1 040 元/人（呼市挂四、达旗待评四星） 单房差：490 元/人

儿童价格：360 元（含车位、正餐半餐，不占床、不含门票、不含早餐）。

备注：

参考酒店：待评三星：呼市速八酒店、悦嘉商务酒店。达拉特旗：政府宾馆或速八酒店。

挂牌三星：呼市蒙达宾馆、金蓝港会议中心。

待评四星：呼市锦颐假日酒店、凯基酒店、苏力德大酒店。

达拉特旗：嘉兴商务酒店、东达假日。

挂牌四星：呼市金仕顿大酒店、华辰大酒店。

【思考与讨论题】

如何编制旅游接待计划，在编制过程中应该注意哪些问题？

任务二 团队旅游接待业务

任务介绍

旅游接待业务是旅行社的基本业务之一，是旅行社对客接待服务方面进行综合管理的过程，其主要宗旨是保证向游客提供高质量的接待服务。通过本任务的学习，学生对团队旅游接待业务可以有一个比较全面、清晰的认知和了解。

任务目标

（1）了解团队旅游接待业务的特点；

（2）掌握入境旅游接待业务；

（3）掌握出境旅游接待业务；

（4）掌握国内旅游接待业务。

相关知识

一、团队旅游接待业务的特点

团队旅游接待是旅行社根据事先同旅游中间商达成的销售合同规定的内容，对旅游团在整个旅游过程中的交通、住宿、餐饮、游览参观、娱乐和购物等活动提供具体组织和安排落实的过程。不同类型团队旅游接待业务有以下三个共同特点。

（一）计划性强

团队旅游一般均在旅游活动开始前由旅行社同旅游者或者旅游中间商签订旅游合同或旅游接待协议。这种合同是契约性文件，除了不可抗力的原因外，旅行社不得擅自改变旅游团的旅游线路、旅游时间、服务等级等。否则，旅行社是违约，需要对旅游者进行赔偿。对于旅游线路途中所经停的各地接社来说，它们还必须根据组团旅行社下达的旅游团接待计划，制定旅游团在当地的活动日程。由此可见，旅游团体接待在进行之前，所有的行程及其他安排等都是已经计划好的，导游或者其他工作人员只需要按照计划行事就可以。

（二）技能要求高

由于团队旅游的人数多，需要在有限的旅游期间内相互适应，因此旅行社需要选派技能较高的导游员来做接待工作。技能包括讲解技能、人际交往技能等。

（三）协调工作多

团队旅游接待是旅游接待中一项综合性很强的旅行社业务，需要旅行社在接待过程中及接待工作开始前和结束后进行大量的沟通和协调。协调的各方工作大致有三个方面：

1. 旅行社与其他旅游企业

旅行社要同许多其他旅游服务企业共同协作才能够完成团队旅游的接待工作。

2. 各地旅行社工作人员

在团体旅游接待集体中，往往存在旅游团领队、全程陪同和地方陪同。他们既要维护各自旅行社的利益，又要共同维护旅游者的利益，因此需要经常就接待中出现的问题进行磋商，相互协调。

3. 旅游团队客人

旅游团队的旅游者来自四面八方，各有不同的生活经历和习惯，旅行社在接待旅游过程中必须及时沟通，保持旅游团的和谐气氛。

【知识链接】

导游员的分类

1. 按业务范围划分，导游人员分为海外领队、全程陪同导游人员、地方陪同导游人员和景点景区导游人员

海外领队是指经国家旅游行政主管部门批准可以经营出境旅游业务的旅行社的委派，全权代表该旅行社带领旅游团从事旅游活动的工作人员。

全程陪同导游人员（简称全陪）是指受组团旅行社委派，作为组团社的代表，在领队和地方陪同导游人员的配合下实施接待计划，为旅游团（者）提供全程陪同服务的工作人员。这里的组团社或组团旅行社是指接受旅游团（者）或海外旅行社预订，制定和下达接待计划，并可提供全程陪同导游服务的旅行社。这里的领队是指受海外旅行社委派，全权代表该旅行社带领旅游团从事旅游活动的工作人员。

地方陪同导游人员（简称地陪）是指受接待旅行社委派，代表接待社实施接待计划，为旅游团（者）提供当地旅游活动安排、讲解、翻译等服务的工作人员。这里的接待社或

接待旅行社是指接受组团社的委托，按照接待计划委派地方陪同导游人员负责组织安排旅游团（者）在当地参观游览等活动的旅行社。

景点景区导游人员亦称讲解员，是指在旅游景区景点，如博物馆、自然保护区等为游客进行导游讲解的工作人员。

2. 按职业性质划分，导游人员分为专职导游人员和兼职导游人员

专职导游人员是指在一定时期内以导游工作为其主要职业的导游人员。目前，这类导游人员一般为旅行社的正式职员，他们是当前我国导游队伍的主体。

兼职导游人员亦称业余导游人员，是指不以导游工作为其主要职业，而利用业余时间从事导游工作的人员。目前这类人员分为两种：一种是通过了国家导游资格统一考试取得导游证而从事兼职导游工作的人员；另一种是具有特定语种语言能力受聘于旅行社，领取临时导游证而临时从事导游活动的人员。

3. 按导游使用的语言划分，导游人员分为中文导游人员和外语导游人员

中文导游人员是指能够使用普通话、地方话或者少数民族语言，从事导游业务的人员。目前，这类导游人员的主要服务对象是国内旅游中的中国公民和入境旅游中的港、澳、台同胞。

外语导游人员是指能够运用外语从事导游业务的人员。目前，这类导游人员的主要服务对象是入境旅游的外国游客和出境旅游的中国公民。

4. 按技术等级划分，导游人员分为初级导游人员、中级导游人员、高级导游人员和特级导游人员

初级导游人员：获导游人员资格证书一年后，就技能、业绩和资历对其进行考核，合格者自动成为初级导游人员。

中级导游人员：获初级导游人员资格两年以上，业绩明显，考核、考试合格者晋升为中级导游人员。他们是旅行社的业务骨干。

高级导游人员：取得中级导游人员资格四年以上，业绩突出、水平较高，在国内外同行和旅行商中有一定影响，考核、考试合格者晋升为高级导游人员。

特级导游人员：取得高级导游人员资格五年以上，业绩优异，有突出贡献，有高水平的科研成果，在国内外同行和旅行商中有较大影响，经考核合格者晋升为特级导游人员。

二、入境旅游接待业务

（一）入境旅游的概念

入境旅游，主要是指我国国际旅行社到境外旅游客源地招徕或委托境外旅行社组织境外签约游客前来我国进行的旅游活动；也应包括国外旅行社组织的来华旅游团队通过与国内的国际旅行社签约委托接待，前来我国进行的旅游活动。

（二）入境旅游的特点

1. 停留时间长

由于在旅游目的地停留的时间长，一则消费较多，给接待的旅行社带来较多收益；同时也使得接待内容更为丰富、工作任务更为繁杂。

2. 外籍人员多

入境游客以外籍人员为主，其语言、宗教信仰、生活习惯、文化传统、价值观念、审美情趣等与我国存在较大差异，当然增加了接待工作的难度。

3. 预订日期长

虽然这期间有利于充分做好准备，但由于其不确定性的存在，同样使得接待工作的调整、协调变得较为复杂。

4. 接待环节多

在旅行社的各类接待工作中，入境接待的业务环节最多。虽然不断重复，却又由于景点和城市的不同而存在很大区别，工作量较大。

5. 接待规格高

相对于国内游客来说，我们接待入境旅游的规格都要高一些，无论是接待的人员素质，还是接待工作计划的安排落实，都应该保证很高的接待工作质量，这就要求更细致、更周全、更热情。

6. 消费水平高

入境团队的消费水平普遍比国内团队高，在食、住、行、游、购、娱各方面其游客的支付能力都比较强，所以接待质量要求高，接待的经济效益也好。

（三）入境旅游接待程序

入境旅游接待的程序，主要有接待前期准备、实际接待操作和接待后续完善三大部分。

1. 接待前期准备

由国内组团旅行社的计调部门或与相关部门共同完成，包括做好计划、落实食、住、行、游、购、娱的行程安排、安排接待人员、准备机动经费、整理提供团队的完整信息等前期准备工作，并向全陪导游详细交代任务和注意事项。

（1）制订接待计划。接待计划的内容由团队基本情况和要求、日程安排、团队成员名单（最好附有每个成员的照片）三部分组成。

（2）配备合适的全陪导游。国内组团旅行社应根据旅游团的特点和具体要求，选择配备合适的导游作为全陪人员。同时，也要对各地的地接旅行社的地陪导游选择提出要求。

（3）与境外组团社保持联系。国内接待旅行社必须随时与境外组团社保持联系，尽可能详细掌握该团队的情况及变化状态。

（4）全陪和地陪必须全面熟悉接待计划，掌握所接待团队的全部信息。

2. 实施接待工作

全陪负责协调并监督各地导游实施接待计划，各地的地陪导游负责操作当地的接待计划。国内组团旅行社及各地接待旅行社负责全程跟踪、监控。主要环节有：

（1）入境接团。

（2）入住饭店。

（3）核对计划日程。

（4）参观游览。

（5）餐饮、购物及文娱活动。

(6) 出境送站。

三、出境旅游接待业务

(一) 出境旅游的概念

出境旅游，是指国内的经批准经营国际出境旅游的旅行社或分支机构招徕本国公民、组团前往其他国家和地区进行的旅游活动。

根据《中国公民自费出国旅游管理暂行办法》规定，目前中国公民自费出国旅游主要以团体方式进行。出境旅游的接待，主要是由国内的国际旅行社组团并委派领队负责对整个旅游计划的实施过程进行监督实施。领队代表组团旅行社，负责与境外接待旅行社接洽，担任全过程接待的指挥、协调工作。领队应沿途照顾游客，协助各旅游目的地国家的全陪、地陪等接待人员，落实吃、住、行、游、购、娱等各项旅游活动，并维护游客的正当权益，保证整个团队在境外旅游的顺利进行。同时，国内组团旅行社应全程跟踪协助、支持。

(二) 出境旅游的特点

出境旅游主要有以下特点：

(1) 境外时间长。

(2) 出境手续复杂。

(3) 消费期望值高。

(4) 文化差异大。

(三) 出境旅游接待程序

1. 前期准备工作

(1) 制订接待计划。

国内组团旅行社根据与旅游团的协议，制订详尽的境外接待计划，内容由团队基本情况和要求、日程安排、团队成员名单（最好附有每个成员的照片）三部分组成。

(2) 办理出境手续。

按照国际惯例，凡进入他国旅行的游客，必须持有三种基本证明，即护照、签证和预防接种证明。

(3) 准备具体交通票证、单据、证明及资料。

落实出境机票（车、船票），及境外各站之间的交通票据。准备各国出入境卡、海关申报单、必要的外币机动经费等。

(4) 配备合格的领队。

旅行社应选派业务精通、外语熟练的导游担任领队。领队最好懂外语，或者整个旅游团队应至少有一人懂外语。

2. 接待工作的实施

这里所说的出境旅游接待工作，实际上是组团旅行社在与旅游团队签订旅游合同的基础上，与境外接待旅行社商定的全程接待计划的具体实施。在操作上是由境外接待旅行社执行，领队或组团旅行社选派的全陪主要是全程监督、协助落实，并维护旅游团队全体成员的正当合法权益。

（1）行前说明会。

会议内容包括：介绍领队，详细通报行程安排，检查每位成员随身携带的旅行证件是否办理完备有效，说明办理出入境手续的程序，介绍旅游目的地国家概况，提出旅游纪律要求等。

（2）团队出发。

按规定的时间、地点，集中团队全体成员，清点人数，前往出境口岸。再次提醒每位参加出境旅游的成员检查其随身携带的出境所必需的证件、随身行李是否带齐，强调出境纪律和注意事项。

（3）团队出境。

包括以下手续：

①办理登机手续。

②办理我国的出境手续。

③按要求办理好行李托运，保管好行李卡。

④进行我国的边防安全检查。

（4）途中服务。

出境旅游往往在飞机上有很长的旅途，需要领队提醒并带领全体团员按照飞机上的要求，礼貌乘坐。

（5）进行境外的入境边防检查。

（6）入住饭店。

在前往饭店的途中，领队应当和导游交代团队所需的房间数量及种类。到达饭店，在协助导游进行入住登记后，将导游办好的住房卡分发给全体团员，宣布用餐、叫早、出发游览等时间和集合地点，然后安排大家进房间休息。

（7）核对旅游安排计划。

领队应该及时地与当地导游核对旅游计划日程及游览项目等，要严格按双方达成的旅游合同办事，原定的游览项目不能少，但超计划的自费项目，应充分征求全体团员的意见后再定，游客自愿参加。如接待计划有与原定合同有出入，经协商仍不能达成一致时，可以向国内组团旅行社汇报请示再定。

（8）组织参观游览。

领队要监督游览计划项目的完整实施，切实保障游客的消费者正当权益。游览期间，领队负有对全体游客的召集责任，有义务带领大家按照预定的时间地点进行游览，防止丢失人员，杜绝出现意外事故。

（9）在国外的出境。

出境程序大体同我国出境手续。

①办理登机手续。

②办理国外的出境手续。

③按要求办理好行李托运，保管好行李卡。

④通过外国的边防安全检查。然后，登机踏上返程。

(10) 回国的入境。

进行我国的入境边防检查。从飞机下来直接进行入境的边防安全检查，一般比较简单，如果是我国航空公司运送的游客，往往也不进行边防安检，直接去领取行李，办理我国的海关入境手续。通过海关检查后，领队须集中全团人员，收拾好所携带的全部行李，与国内组团旅行社安排的接待导游联络，组织全体人员和行李上车，返回出发城市，最后解散旅游团队，完成整个旅程。

3. 接待后续完善工作

(1) 由领队撰写“领队工作小结”。内容包括团队人员基本情况、旅游行程主要安排及实施情况、团员们对本次旅游活动的基本反映和建议、改进旅行社接待工作的主要建议等。

(2) 领队应协助旅行社办理旅游者委托的遗留问题。如果旅游中发生了事故，还要协助旅行社做好事故的善后工作，或协助游客向有关保险公司索赔等。

(3) 领队应尽早去旅行社办理结账手续和归还出国时借出的物品。

【知识链接】

护照、旅行证简介

护照及颁发对象

中华人民共和国护照是中华人民共和国公民出入国境和在国外证明国籍和身份的证件。中国护照分为以下几种：外交护照、公务护照、普通护照、特区护照。公务护照又分为公务护照和公务普通护照。特区护照分为香港特别行政区护照和澳门特别行政区护照。外交护照、公务护照和公务普通护照统称为“因公护照”，普通护照俗称“因私护照”。

外交护照由外交部颁发给中国党、政、军高级官员，全国人民代表大会、中国人民政治协商会议和各民主党派的主要领导人，外交官员、领事官员及其随行配偶、未成年子女和外交信使等。

公务护照由外交部、中华人民共和国驻外使、领馆或者外交部委托的其他驻外机构以及外交部委托的省、自治区、直辖市和设区的市人民政府外事部门颁发给中国各级政府部门副县、处级（含）以上公务员、中国派驻国外的外交代表机关、领事机关和驻联合国组织系统及其专门机构的工作人员及其随行配偶、未成年子女等。

公务普通护照由外交部、中华人民共和国驻外使、领馆或者外交部委托的其他驻外机构以及外交部委托的省、自治区、直辖市和设区的市人民政府外事部门颁发给中国各级政府部门副县、处级以下公务员和国有企事业单位因公出国人员等。

普通护照由公安部或者公安部委托的地方公安机关，以及驻外使、领馆和驻香港、澳门公署颁发给前往国外定居、探亲、学习、就业、旅行、从事商务活动等非公务原因出国的中国公民。

香港特别行政区护照由香港特别行政区入境事务处颁发给享有香港特别行政区居留权及持有有效香港永久性居民身份证的中国公民。海外符合条件者可向我使、领馆提出申请。

澳门特别行政区护照由澳门特别行政区身份证明局颁发给澳门特别行政区的永久性居民中的中国公民和持有澳门特别行政区永久性居民身份证的中国公民。

旅行证件及颁发对象

中华人民共和国旅行证是代替护照使用的国际旅行证件，由中国驻外国的外交代表机关、领事机关及其他外交部授权的驻外机关颁发给以下人员：①未持港澳居民来往内地通行证或台湾居民来往大陆通行证需回内地的港澳台同胞；②持台湾旅行证件无法申请外国签证的台胞；③因时间等条件限制来不及申领护照的中国公民。

中华人民共和国香港特别行政区签证身份书由香港特区政府入境事务处颁发给符合下列任何一项要求的人士：①已获准在香港有逗留期限居留，但无法取得任何国家的护照或其他地区的旅行证件的人士；②已获准在香港不受条件限制居留，但不拥有香港居留权，且无法取得任何国家的护照或其他地区的旅行证件的人士；③已取得香港居留权及持有香港永久性居民身份证，但无法取得任何国家的护照或其他地区的旅行证件的非中国籍人士。

中华人民共和国香港特别行政区入境身份陈述书由使、领馆颁发给丢失、损毁香港特区护照、特区其他旅行证件，特区护照或其他旅行证件过期且急需返港的中国籍香港居民。

中华人民共和国澳门特别行政区旅行证由澳门特区政府身份证明局颁发给满足下列所有条件者：①澳门特别行政区的非永久性居民中的中国公民；②持有澳门特别行政区非永久性居民身份证；③无权取得澳门特区其他旅行证件。

回国证明由使、领馆颁发给被驻在国遣返的中国公民，仅供其返回中国时证明其国籍和身份，有效期为3个月。

四、国内旅游接待业务

（一）国内旅游的概念

国内旅游是指我国公民在国内旅游，不离开自己的国家，因而不涉及出入境的各种手续。国内旅游与出境、入境旅游（出境入境旅游又可称之为国际旅游）的划分，主要是从地域上来区别的。国内旅游通常又包括国内组织的团队旅游接待和散客旅游接待。

（二）国内旅游的特点

国内旅游与国际旅游相比，有如下特点：

（1）旅游者主要是国内公民，语言交流基本没有困难。减少了出、入境的复杂手续，接待工作相对简单，组织起来也相对容易。

（2）预订的时间相对较短，旅行的时间也相对较短。如果是散客，则预订的时间更短，有些单项的服务可能就是即时要求。

（3）消费的层次、规格、费用相对较低。

（三）国内旅游的团队接待服务

国内旅游的团队接待，与国际旅游的入境接待基本相同，只是少了入境和出境的手续。对领队和导游的外语也没有要求。除非有些在我国工作的外国人，组团在国内旅游，当然还是要求懂外语的导游。

国内旅游的具体接待工作程序与国际旅游基本一致，都有接待的前期准备、实施接待工作、接待后续完善工作三个部分。

团队旅游接待服务的程序见表6-3、表6-4。

表 6-3 全程陪同导游员（全陪）的接待服务程序

<table>
<tr><th>不同阶断</th><th>全陪导游的接待服务程序</th></tr>
<tr><td>准备阶段</td><td>1. 熟悉接待计划
（1）记住旅游团的名称（团号）、地区、人数等信息；
（2）了解旅游团成员的民族、职业、姓名、性别、年龄、宗教信仰、生活习惯；
（3）了解团内较有影响的成员、需特殊照顾的对象和知名人士的情况；
（4）掌握旅游团的行程计划，抵离旅游线路各站的时间、所乘交通工具的航班次、交通票据是否订妥或是否需要确认有无变更；
（5）熟悉主要参观游览的项目；
（6）了解全程各站安排的文娱活动、风味饮食、额外游览项目及是否收费；
（7）摘记有关地方单位的电话传真号码；
（8）了解计划内要去的城市和地区的天气情况。
2. 做好物质和相关知识的准备
（1）携带必备证件（身份证、导游证、胸卡等）；
（2）携带途中所需费用；
（3）旅游团接待计划、旅游宣传品、行李卡、徽记、全陪日志；
（4）落实自己要前往首站的交通票据及住宿等事宜；
（5）认真准备旅游团到各站的相关知识。
3. 详细了解有关情况
4. 与首站接待社联系</td></tr>
<tr><td>迎接服务</td><td>1. 进行自我介绍，并代表组团旅行社向旅游者表示欢迎；
2. 介绍旅游线路及线路上的主要旅游景点概况；
3. 介绍旅游目的地的风土人情；
4. 介绍旅游线路沿途各城市或地区的接待条件；
5. 介绍旅游目的地居民对外来旅游者的态度；
6. 介绍旅游者应注意的其他有关事项；
7. 向旅游团成员分发一些有关旅游目的地的资料；
8. 介绍地方导游员，并请其向旅游团介绍当地的活动日程；
9. 在地方导游员的协助下办理旅游团入住饭店的手续，为旅游团分配在饭店的住房</td></tr>
<tr><td>途中服务</td><td>1. 做好旅游线路上各站之间的联络，通报旅游团旅游情况和旅游者在参观游览和生活上的特殊要求；
2. 协助各站地陪导游员的工作，提醒他们认真落实旅游团在当地的抵离交通工具、饭店或旅馆的入住与离店手续、旅游景点的导游讲解服务等；
3. 照顾旅游者的旅途生活，并解答旅游者提出的各种问题；
4. 注意保护旅游者的人身和财物安全，提醒旅游者保管好自己的随身物品及行李和在旅游活动中远离危险地区和物品；
5. 征求旅游者对整个旅游接待工作的意见和建议；
6. 带领旅游团返回原出发地，代表组团旅行社对旅游者在旅途中的合作致以谢意，并欢迎他们再度光临</td></tr>
<tr><td>结束阶段</td><td>1. 结清账目
全陪导游员在回到旅行社后，应立即到财务部门结清各种账目，退还在准备接待阶段所借的款项，上交在各地旅游期间向当地旅行社提交的旅游费用结算单副本，并解释在途中所发生费用的具体情况。
2. 处理遗留问题
全陪导游员应协助旅行社领导处理好旅游过程中发生事故的遗留问题，认真办好旅游者的委托事项。
3. 填写“全陪日志”
全陪导游员应认真、按时填写“全陪日志”，实事求是地总结接待过程中的经验和教训，详细、真实地反映旅游者的意见和建议。
4. 归还所借物品
全陪导游员在返回旅行社后应及时向有关部门归还因接待旅游团所借的各种物品，如行李箱、话筒、标志牌（旗）等</td></tr>
</table>

表 6–4 地方陪同导游员（地陪）的接待服务程序

不同阶断	地方导游员的接待服务程序
准备阶段	1. 熟悉旅游接待计划 （1）旅游团的基本信息； （2）旅游团员的基本情况； （3）全程旅游线路； （4）所乘交通工具情况、交通票据情况； （5）特殊要求和注意事项。 2. 安排和落实旅游活动接待事宜 （1）旅游车辆、住房、用餐； （2）行李运送； （3）了解不熟悉的景点； （4）与全陪联系。 3. 做好知识准备和物质准备等 4. 做好心理准备 准备面临艰苦复杂的工作、准备承受抱怨和投诉
迎接服务阶段	1. 出发接站前，再次核实旅游团所乘交通工具抵达当地的确切时间，并通知旅行社的行李员。 2. 在旅游团抵达当地前半小时到达接站地点，并与司机商定停车等候的位置。 3. 当旅游团乘坐的交通工具抵达后，应持接站标志牌（旗）站立在醒目的位置，迎接旅游团的到来。 4. 旅游团出站后，主动上前同旅游者及全陪导打招呼，进行自我介绍，向他们表示热烈欢迎。 5. 与全陪导游员核实旅游团成员的实到人数和托运的行李件数，并与旅行社行李员办妥行李交接手续。 6. 及时引导旅游者上车，协助旅游者就座，并清点人数。待全部人员到齐后，请司机发车。 7. 致欢迎词并进行沿途导游。在汽车行驶到旅游团预定下榻的饭店或旅馆的附近时，向旅游团介绍饭店或旅馆的概况。 8. 旅游者下车并进入饭店或旅馆后，引导他们办理入住手续，介绍饭店或旅馆的各项服务设施及其位置以及营业时间、用餐时间、就餐形式。 9. 旅游团的行李抵达后，与行李员进行核对，协助将行李送至旅游者房间。 10. 同旅游团全陪导游员一起商定旅游团在当地活动安排并及时通知每一位旅游者。 11. 掌握全陪和旅游团其他成员的房间号码，并安排第二天叫早服务。 12. 带领旅游团到餐厅用好第一餐
途中服务阶段	1. 在每次活动之前的 10 分钟到达预定集合地点，督促司机做好出发前的准备工作。 2. 旅游者上车后，应及时清点人数，向旅游者报告当日的重要新闻、天气情况、当日的活动安排和午、晚餐的就餐时间及地点。 3. 当全部旅游者到齐后，应请司机发车，并开始介绍沿途的风景、建筑物等。 4. 到达景点后，应介绍景点的历史背景、风格特点、地理位置和欣赏价值，并告知旅游者在景点的停留时间、集合地点和游览注意事项。 5. 在游览过程中，应始终同旅游者在一起生活，注意旅游者的安排，随时清点人数以防旅游者走失。 6. 除导游讲解服务外，还必须在旅游者就餐、购物和观看文娱节目时提供相应的服务，如介绍餐馆、菜肴特色、酒水类别、餐馆设施、当地商品特色、节目内容及特点，回答旅游者的各种问题，随时解决出现的问题等。 7. 旅游团结束在当地参观游览活动的前一天，应向有关部门确认交通票据和离站时间，准备好送站用的旅游车和行李车，与全陪程导游员商定第二天叫早、出行李、用早餐和出发的时间，并提醒旅游者处理好离开饭店前的有关事项。 8. 在旅游团离开饭店乘车前往飞机场（火车站、船舶码头）前，应主动协助饭店与旅游者结清有关账目，并与全陪导游员和接待旅行社的行李员一起清点行李，办好行李交接手续。然后招呼旅游者上车。上车后，地方导游员应清点人数，并再次提醒旅游者检查有无物品或旅行证件遗忘在房间里。 9. 当为旅游团送站的旅游车到达飞机场（火车站、船舶码头）后，应与全陪导游员和接待旅行社的行李员交接行李，帮助旅游者办理行李托运手续，并将交通票据和行李运票据移交给全程导游员、领队或旅游者。 10. 如果旅游团乘坐国内航班（火车、轮船）离开当地前往国内其他城市或地区旅游，地方导游员须等到旅游者所乘的交通工具启动后，才能离开送别地点
结束阶段	1. 送走旅游团后，应及时认真、妥善地处理旅游团在当地参观游览时遗留下的问题； 2. 按规定处理旅游者的委托事项； 3. 与旅行社结清账务，归还所借物品； 4. 做好旅游团在当地活动期间的总结工作，并填写“地方陪同日志”

（四）大型旅游团队接待服务

1. 有序接待

（1）化整为零，分而不散。如果团队住在不同的宾馆，那么可以分成若干个小团来完成旅游活动，甚至各小团的行程都可以不同。比如：两团队第一天和第二天的行程可以对调，这样可以避免在一些比较小的景点游客堆积太多，从而影响旅游质量。如果把团队化整为零，就必须在团队到达前做好充分的准备。把人数合理分割，并把各小团安排的导游和司机通知给组团社。

（2）统一指挥，分工合作。大型团队由于人多、车多、导游多，虽然有时候各个小团各自为政，但是也有不少的时候需要统一行动，这就需要在各团间有一个为主调度的导游，甚至派一名专门协调各团队之间行程进度，并协调其他相关部门，如饭店、餐馆等的专门人员。

有人统一调度后，还是需要各团队间的服务人员能分工合作。比如在景点参观的时候，由于人数众多，有时候导游不一定能让自己所带团队的成员都听清讲解，这时候可以采取分段讲解法，各导游把景点分成几个部分，各自在部分景点上反复讲解。或采取分批讲解法，根据总团队游客快慢的速度，把所有的游客分为快团、中团、慢团，进行分批讲解，最后统一集合。这样，能让更多的游客听到讲解，更好地参观景点。

（3）准备充分，落实稳当。大型团队在预订房、餐、车的时候就要考虑到人数比较多的问题。有的宾馆不一定能住下团队所有的游客，有的餐馆也不一定能同时容纳所有的游客就餐，为了防止“撞车”事件，就需要提前分散预订。出团时，导游人员应做好相应的物质准备，必须持证上岗，携带计调单、导游旗、喇叭、意见反馈单等相关物品。大型团队除此之外，还应该准备下列物品：旅游车编号、带有小团编号的导游旗、分发给游客的标志、用餐桌签等。

2. 严格控制

（1）加强与领队、全陪的合作。地陪、全陪与领队是以遵守协议为前提进行合作共事的工作集体，他们的关系是合作伙伴关系。处理好这种关系，是旅游团队旅行活动顺利进行的重要保证。大型团队很容易发生游客走失、丢失财物等意外情况，为了减少、杜绝此类情况的发生，就需要地陪、全陪与领队合作。大家分清自己的责任，通力合作。一般说来，在团队行进过程中，地陪负责在前带领团队并讲解，全陪、领队负责查看游客动向，以防走失。在团队入住的时候，由全陪、领队分发房卡等。

（2）做好安全保障工作。在导游过程中，保障旅游者的人身和财产安全，是导游服务的头等要事，特别是大型团队，人多，人员构成复杂，导游人员对此更不能有任何麻痹思想，不能存有任何侥幸心理，若出现事故苗头和安全隐患，不能有任何怠慢，因为任何麻痹、侥幸与怠慢都有可能酿成大祸，尤其是对旅游者的人身安全，导游人员必须做到万无一失。

（3）使旅游团的活动始终处于控制状态。

首先，要能分清自己所带团队的游客。在大型团队中很多游客彼此都是熟人，常常发生“串门”的事情，有的混乱团队整个行程下来还不清楚总体人数的，就是因为游客在旅游过程中甲车的游客跑到乙车，乙车的游客又跑到丙车。

其次，导游人员必须做出详细的计划，在做计划的时候还要能把游客可能拖延的时间考虑进去，尽量让游客能按既定计划完成行程。

再次，各车导游要及时相互联系，协调行动。

最后，最重要的就是要不停地提醒游客遵守活动时间，激发他们的团队精神，相互帮助，相互提醒，不要出现走失等情况。否则，导游联系再紧密，游客不配合也是枉然。

【案例分析】

接待大型旅游团

四川某旅行社承办的由成都发往昆明的“蓝叶号旅游专列五日游”，组团人数逾千人，是旅行团里的“巨无霸”，但缺点却无处不在，致使游客怨声载道。

首先，无端耗费时间。由于此团是一个超级旅行团，抵达昆明后，仅来火车站接客的大客车就达二十多辆，还要求统一行动，因交通拥挤不堪，光编队过程便多耗费了游客一个多小时。而且，大型车队行驶起来并不快，比正常行车多花半个小时，导致游览景点的时间大大缩短。

其次，吃饭也成了大问题。在“七彩云南”吃自助餐时，因人太多分两轮轮换吃，由于旅行社负责人安排不当，吃饭场面混乱，浪费惊人，气氛紧张，以致最后一批客人吃饭时无碗可拿、无饭可吃、无菜可夹，只有乱哄哄地胡抢。

最后，组织工作漏洞大。团队下榻滇池边的福保文化城时，居然有二三百人安排不上铺位，第二天又因双方接待单位闹矛盾，大队人马被迫搬出福保文化城，被安置在荒郊野外非二星酒店，要求游客以不进餐方式向接待方施压，游客成了双方纠纷的筹码。而且，因人太多，导游已形同虚设，几乎见不到导游的身影了。

分析：接待大型旅行团要慎之又慎。超级旅行团声势浩大，规模庞大，具有很好的市场轰动效应，对于宣传旅游，树立企业形象，推出旅游产品都颇具优势。但营销这种“巨无霸”有许许多多难以想象的困难。在我国现阶段的基础设施条件下，千余人的吃住行要整齐划一，还要快速优质，相当困难；大部分景点还不适宜于千余人同时到达、迅速散开、同步离去的要求；再加上部分地区管理的低效率，可以说是雪上加霜，极有可能乱成一锅粥。

如本例所述，“编队过程便多耗费了游客一个多小时”“行车多花半个小时”、吃饭“乱哄哄地胡抢”、住宿“二三百人安排不上铺位”，以及“导游已形同虚设”，等等，均属团队规模过大，要求机械呆板，管理效率不高所导致的直接结果。除此之外，人多则易乱，乱则易躁，躁则多纠纷。因而违背了我们组织大型旅行团的目的，容易由此砸旅游企业的牌子，砸旅游产品的牌子。

大型旅行团的内容可有所选择。我们认为：如果接待能力有限，旅游景点容量不大，则不妨在超级旅行团的旅游主题及内容安排上有所选择，选择那些气氛喧闹热烈、旅游容量高的项目，如庙会，庆典，草原采风，某些文艺、体育项目等。在接待方式上可以有分有合，以分为主。接待大型旅行团，可由数家甚至十数家旅行社接待，或分为数个甚至十数个小团队接待。在游览安排上，不必强调整齐划一、统一行动，可安排个别项目隆重并烘托气氛，主要活动分散进行、穿插安排。通过这种统一规划之下的有分有合，取超级旅行团之长，避接待安排能力之短，效果也许会好。

大型旅行团列车之上的安排应有所强化。组成“旅游专列”之后，列车上的长途旅行为旅行社展示自己的能力与才华提供了空间，也是游客取得良好旅游体验的重要组成部分。旅行社应根据列车的特点和途经路线，利用列车广播、各车厢列车员、导游等，积极组织有分有合、相互呼应的娱乐项目，以凝聚游客，活跃气氛。

（五）高龄旅游团队接待服务

1. 景点组合符合老年人的品位

导游人员要根据老年旅游者的生理特点与欣赏习惯，对旅游团的游览行程进行科学合理的安排，使整个旅游过程真正成为一次既开心又轻松的经历。

2. 旅游交通方面体现宽松、舒适

老年团队时间宽裕，经济上有预算，乘坐火车是老年游客的主要选择。导游人员要做好列车上的各项服务，把旅途变成一次舒适、愉快的经历。

3. 安全第一

行程的安排，要充分考虑安全因素，避免安排那些消耗体力、刺激、冒险的活动，以静态观赏为主、动态观赏为辅。

4. 提供耐心、细致的服务

为老年游客服务，要处处体现出导游人员对游客的关怀与尊重。老年游客因其生活自我料理能力相对较低和求安全、求尊重心理的加强，相应地也提高了对导游人员服务水平的要求，并且往往由于导游人员工作中的疏忽或者是无意识的不当言谈，而使游客产生不必要的误解。导游人员对老年游客的服务，要表现出极大的耐心和热情，多做细致的工作，多提供个性化的服务。

（1）生活上关心。在安排游客住宿、饮食方面，要了解游客的特殊需要，必要时还要与饭店、餐馆联系，尽量予以满足。如，住房不愿住高层，愿住离电梯较近的房间；吃饭忌讳吃高脂肪、高糖分的食物；喝水多，去厕所次数多。了解了这些特点，导游人员就应针对性地提供服务，安排活动。真正做到“老吾老以及人之老”。

（2）游览中留心。老年游客的腿脚不如年轻人利索，在游览中要多做提醒，多留心游客的动向。在登山、爬坡、上台阶时尤其要多注意，必要时导游人员要对个别游客给予搀扶帮助。每次到达景点下车前，在宣布集合时间和地点时，要多说几遍，争取让大家都听清楚。在景点讲解中，语速要适当地慢一些，声音高一点，多讲一些文化含量高的内容。在离开景点时，注意清点人数，待游客全部到齐后再统一离开。

（3）服务上耐心。导游服务的耐心主要表现在：一是对游客的各种提问给予耐心的解答，尽管有些问题显得幼稚。二是对游客提出的各种要求耐心，合理而可能的要给予满足，确有困难不易办到的也要给予耐心解释说明情况。三是在向游客交代某些事情的时候要耐心，因为老年人的听力与反应能力都多少有些下降，导游人员有时候就需要不厌其烦地反复提醒、说明。能否为老年游客提供耐心而细致的服务，实际上也是衡量一位导游员道德水平的标准。

5. 景点门票以灵活为主，不求统一

各地对不同年龄段的老人有不同的优惠政策，对持有老年人优惠证的游客，要按照有关政策执行。对自费景点的参观不强求，使其量力而行。

（六）青少年儿童团队接待服务

1. 每天的行程不宜过于紧密

过密的行程容易造成青少年走失；而且过度劳累还会使孩子身体不适。宜配备随团医生，并携带各种应急药物、驱蚊水等。

2. 由于青年学生大都处于生长发育期，每日食量较大，导游人员应注意让餐厅提供充足的饭菜，上菜速度也应比普通团队快，让团员尽量吃饱吃好

3. 特别关注安全问题

导游人员要主动配合组织者做好安全防范工作，使团队确实做到有组织、有纪律、听指挥；旅途中应尽量安排孩子在一些空旷的地方活动，以舒展筋骨；在山区、水域等危险区旅行，应禁止团员嘻哈打闹，不断提醒团员注意安全，且原则上不安排自由活动。同时也要告诫团员不要随意买小摊上的食品，不喝生水，注意个人卫生。

4. 景点讲解要突出爱国主义教育，语言要生动形象，富有激情，语速要亲切、缓慢

导游要多使用提问式或启发式的手法，使小朋友对景物产生浓厚的兴趣，同时也要让他们了解一些相关的历史知识和文化内涵，适当地进行美学教育和社会实践。

5. 游览重要景点应留足时间，让团员细细观赏，尽情提问，满足他们的求知欲和好奇心

（七）宗教型旅游团队接待服务

1. 注意掌握宗教政策

导游人员平时应加强对宗教知识和我国宗教政策的学习，接待宗教旅游团时，既要注意把握政策界线，又要注意宗教游客的特点。例如，在向游客宣传我国的宗教政策时，不要向他们宣传“无神论”，尽量避免有关宗教问题的争论，更不要把宗教、政治、国家之间的问题混为一谈，随意评论。

2. 提前做好准备工作，认真落实有关活动日程

导游人员在接到接待宗教团的计划后，要认真分析接待计划，了解接待对象的宗教信仰及其职位，对接待对象的宗教教义、教规等情况要有所了解和准备，以免在接待中发生差错；如果该团在本地旅游期间包括星期日，要征求领队或游客的意见，是否需要安排进行宗教活动，如需要，要了解所去教堂宗教场所的位置及开放时间。

3. 尊重游客信仰习惯

一忌称呼不当。对寺庙的僧人应尊称为“大师”“法师”，对道士应尊称为“道长”，对住持僧应尊称为“长老”“方丈”“禅师”。对喇嘛庙中的僧人应尊称“喇嘛”，即“上师”之意。

二忌礼节失当。与僧人见面的行礼方式为双手合十、微微低头，或单手竖掌于胸前，头略低，忌用握手、拥抱、摸僧人头部等不当礼节。

三忌谈吐不当。与僧人、道人交谈，不应提及杀戮之辞、婚配之事，以及使用腥荤之言，以免引起僧人反感。

四忌行为举止失当。游览寺庙时不可大声喧哗、指点议论、妄加嘲讽或随便乱走，不可乱动寺庙之物，尤忌乱摸乱刻神像。如遇佛事活动，应静立默视或悄然离开。

4. 满足游客特殊要求

宗教界人士在生活上一般都有一些特殊的要求和禁忌，导游人员应按照旅游协议书中的规定，不折不扣地兑现，尽量予以满足。例如，对宗教游客在饮食方面的禁忌和特殊要求，导游人员一定要提前通知餐厅做好准备；又如，有些伊斯兰教人士用餐时，一定要去有穆斯林标志牌的餐厅用餐，导游人员要认真落实，以免引起误会。

任务实施

实训项目：大型旅游团队接待。

实训目的：模拟大型旅游团队接待业务。

实训内容：

(1) 以小组为单位，组长负责制，要求进行人员分工，各司其职；

(2) 同学根据所学知识，策划一次大型旅游团队的接待业务；

(3) 以小组为单位，以文本资料和 PPT 的形式进行成果汇报。

实训考核：由主讲教师进行点评，小组间互评。

【思考与讨论题】

出境旅游团队接待与国内旅游团队接待有何异同之处？

任务三　散客旅游接待业务

任务介绍

近年来在国际旅游市场上散客旅游迅速发展，已超过团体包价旅游，成为国际旅游业的主要经营业务。通过本任务的学习，学生对散客旅游接待业务可以有一个全面、清晰的认知和了解。

任务目标

(1) 了解散客旅游业务的类型；

(2) 了解散客旅游接待业务的特点；

(3) 掌握散客旅游接待业务的流程。

相关知识

一、散客旅游业务的类型

（一）单项委托服务

单项委托服务是指旅行社为散客提供的各种按单项计价的可供选择的服务。

单项委托服务主要有：抵离接送；行李提取、保管和托运；代订饭店；代租汽车；代订、代购、代确认交通票据；代办出入境、过境临时居住和旅游签证；代向海关办理申报检验手续；代办国内旅游委托；提供导游服务等。

单项委托服务分为受理散客来本地旅游的委托、办理散客赴外地旅游的委托和受理散客在本地的各种单项服务委托。

1. 散客来本地旅游的委托业务

旅游者在外地委托当地的旅行社办理前来本地旅游的业务，并要求本地的旅行社提供该旅游者在本地旅游活动的接待或其他旅游服务。

2. 散客赴外地旅游的委托业务

多数旅行社规定，散客旅游者应在离开本地前3天到旅行社办理赴外地旅游的委托申请手续。

旅游者在旅行社办理旅游委托后又要求取消或变更旅游委托时，应至少在出行前一天到旅行社办理取消或变更手续，交纳加急长途通信费并承担可能由此造成的损失。

3. 散客在本地的单项旅游委托业务

散客旅游在到达本地前并未办理任何旅游委托手续，只是当其到了本地后，由于某种需要到旅行社申请办理在本地的单项旅游委托手续。旅行社散客部人员在接待这些旅游者时，应首先问清旅游者的委托要求，并讲明旅行社所能提供的各项旅游服务项目及其收费。然后，根据旅游者的申请，向其提供相应的服务。

（二）旅游咨询服务

一般散客出游前都会向旅行社咨询有关旅游行程中的食、住、行、游、购、娱方面的情况，旅行社产品种类，旅游项目价格等。旅行社则要及时开展咨询服务，向前来咨询的散客提供相关的建议、旅游方案和信息等。

旅游咨询服务业务形式可分为：电话咨询、信函咨询、人员咨询、网络咨询。

（三）选择性旅游服务

选择性旅游服务是旅行社通过招徕，将赴同一旅游目的地的来自不同地方的旅游者组织起来，分别按单项计价的旅游方式进行计价。

选择性旅游服务产品的形式主要有：

第一，小包价旅游中的可选择性部分（除住房和早餐、接送费、城市交通费以外）。

第二，某一景点游览、观赏文娱节目、品尝当地风味食品等单项服务项目。

第三，“购物旅游”“半日游”“一日游”和“数日游”等。

开展选择性旅游接待业务，关键在于销售和接待两个环节。

1. 选择性旅游的销售

旅行社销售选择性旅游产品的主要渠道是散客部的门市柜台，此外，还有外地的旅行社、饭店、旅游交通部门、海外经营出境散客旅游业务的旅行社等销售渠道。旅行社在销售选择性旅游产品方面应做好以下三个方面的工作：

（1）设立门市柜台。门市招徕是组织选择性旅游的主要途径。旅行社应根据散客的客源结构、旅游习惯等特点，有针对性地开展门市招徕业务。除了在旅行社散客部所在地设立门市柜台外，旅行社还应设法在当地的飞机场、火车站、长途汽车站、水运码头、旅游饭店及闹市区设立销售柜台招徕散客旅游者。

（2）建立销售代理网络。建立销售网络是旅行社销售选择性旅游产品的另一种途径。旅行社应与国内其他地方的旅行社建立相互代理关系，代销对方的选择性旅游产品。此外，旅行社还应设法与海外经营出境散客旅游业务的旅行社建立代理关系，为本旅行社代销选择性旅游产品。

(3) 设计选择性旅游产品。旅行社应针对散客旅游者的特点设计和编制出各种适合散客旅游者需要的选择性旅游产品。这些产品包括“半日游”“一日游”“数日游”等包价产品；游览某一景点、品尝地方风味、观赏文娱节目等单项服务产品；“购物游”等组合旅游产品。

2. 选择性旅游的接待

由于选择性旅游具有品种多、范围广、订购时间短等特点，所以选择性旅游的接待工作比团队包价旅游更为复杂和琐碎。旅行社在选择性旅游的接待业务中应重点抓住以下两个方面的工作：

(1) 及时采购。由于选择性旅游产品的预订期极短，所以旅行社的采购工作应及时、迅速。旅行社应建立和健全包括饭店、餐馆、景点、文娱场所、交通部门等企业和单位的采购网络，确保旅游者预订的服务项目能够得以实现。

(2) 搞好接待。选择性旅游团队多来自不同地方的散客旅游者临时组成，一般不设领队或全程陪同。因此，与团队包价旅游团队的接待相比，选择性旅游团队的接待工作的难度较大，需要配备经验比较丰富、独立工作能力较强的导游人员。

二、散客旅游接待业务的特点

随着旅游业的不断发展，散客旅游越来越受到游客的青睐，散客旅游越来越多。因此，对散客旅游接待服务的要求也就越来越高。

旅游者自身日渐成熟，随着经验的积累，远距离旅行的能力也越来越自信，他们不再将旅游视为畏途，而是作为日常生活的一个组成部分，用以调节身心、恢复疲惫和增长阅历。旅游散客对旅游服务的效率和质量的注重往往比团体旅游的游客更甚。根据散客旅游的特点，旅行社对散客旅游的接待具有以下特点：

（一）增加旅游产品的文化含量，提供个性化服务

散客旅游是一种自主的旅游形式，参加散客旅游的游客一般都是知识面广、对旅游期待较高的旅游者，更希望享受到自己未曾感受到的见闻。正因为这样，为了满足散客的需求，旅行社在为他们设计旅游产品时，要特别增加旅游产品的文化含量，使得这些旅游产品具有较高的文化内涵和地方特色或者是民族特色，满足散客追求个性化、拓宽视野的要求。

除了旅游产品要增加文化含量外，旅行社在给散客分派导游时，也务必要为他们提供知识面广、文化素养高的导游人员，以丰富拓展他们的知识领域。

（二）建立计算机网络化预订系统

散客旅游者的购买方式多为零星购买、随意性较大。因此旅行社的预订系统必须要迅速、高效、便利、准确地运行，这样才能够满足散客购买者的要求，为他们提供方便快捷的服务。为此，旅行社应采用以计算机技术为基础的网络化预订系统，这样不仅可以方便游客，还可以拓宽旅行社的业务，增强经济效益。

（三）建立广泛、高效、优质的旅游服务供应网络

散客旅游者多采用自助式的旅游方式，在旅游过程中，他们的计划经常会发生变动，对于旅游目的地的各类服务设施要求较高。为此，对旅行社提供的旅游服务项目在时间上要求快，对旅游服务质量要求较高。旅行社为了满足散客这一特点，务必建立广泛、高效、优质的旅游服务供应网络，以满足游客的需求。

三、散客旅游接待业务流程

旅行社散客旅游接待服务的程序是指受组团社的委托，根据双方长期协议或者临时约定，由地方接待旅行社向外地组团社发来的散客团体提供的旅游接待服务。只要是组团社发送来的散客，一个人也可以享受散客团的待遇。

散客旅游接待从业务洽谈开始到游客行程结束，有以下的接待服务程序：

（一）咨询洽谈

在旅游者决定购买旅行社旅游产品前，旅游者会通过各种方式向旅行社工作人员进行咨询，了解相关信息，例如，通过电话咨询服务、信函咨询服务，以及人员咨询服务等。因此，在这个阶段，旅行社工作人员主要是与旅游咨询者洽谈工作，旅行社接待员回答旅游者关于旅行社产品及其他旅游服务方面的问题，并向其提供购买本旅行社有关产品的建议。

（二）签订合同

签订合同是每一个在旅行社报名的旅游者在出行前都要和旅行社签订的协议，这是对旅游者的保障，也是对旅行社的一种保障。当旅游咨询者决定购买相关的旅游产品后，旅行社会向旅游咨询者出示相关的旅游合同，旅游合同里明确标示了旅游者和旅行社在该次旅游行程中各自的责任和义务，以及其他的事项等，旅游者在认真阅读无异议后将和旅行社签订该合同。

（三）采购旅游产品

旅行社针对游客提出的要求，对相关的旅游产品进行采购工作。旅行社及时给散客旅游者采购或者预订符合散客旅游者要求的饭店、餐馆、景点、文娱场所、交通等，使得散客旅游者的行程能够按时顺利进行。

（四）选派导游

在散客旅游者的旅游行程开始之前，旅行社需要为散客旅游者分派导游，在游客整个行程中，导游为其提供满意的导游服务，包括食、住、行、游、购、娱等方面的服务。散客旅游的接待工作难度较大，旅行社需要为其配备经验比较丰富、独立能力较强的导游人员。

（五）导游的接待工作

在接待过程中，导游人员应组织安排好各项活动，随时注意旅游者的反应和要求，在不违反对旅游者承诺和不增加旅行社经济负担的前提下，对旅游活动内容做适当的调整。

任务实施

实训项目：散客旅游者接待。

实训目的：通过模拟表演，掌握接待散客旅游者的业务流程。

实训内容：

（1）学生以小组为单位，分角色进行模拟表演；

（2）学生需根据表演需要来扮演旅行社工作人员和散客报名者，从双方最初的洽谈到最后的导游接待，模拟整个散客接待的操作过程。

实训指导：主讲教师对模拟情景及人员角色分工进行指导。

实训考核：以同学间点评为主，主讲教师点评为辅。

【案例分析题】

美国威廉夫妇是来华工作的专家，由于他们对G市的山水非常的向往，于是他们决定利用“黄金周”的时间去G市旅游。他们在B市一家旅行社签订了去G市包接送及游览L江的多项委托的旅游合同。他们于5月2日14：20抵达G市后，导游人员小王带他们来到一辆旅行车上，并告诉他们说，还有几位游客来自B市，马上就要到了，请他们等一会儿。可是那几位游客乘坐的航班晚点了。威廉夫妇在车上等了两个多小时，直到16：45导游员才带着那几个游客上车。等到达饭店，安排好房间，已经是用晚餐的时间了。威廉夫妇非常不高兴，因为他们本想利用下午的时间，自己游览一下G市的其他景点。小王对他们说，他们是5月4日13：15的航班离开G市，还有时间去看其他的景点。威廉夫妇听了此话更加不高兴。他们在饭店大厅看到G市的投诉电话，向G市“假日办”进行了投诉。

问题：你认为导游小王的服务有哪些不足？

【思考与讨论题】

1. 散客旅游业务的类型有哪些？

2. 散客旅游接待业务的流程是什么？

项目七

旅行社销售业务

项目分析

旅行社销售是旅行社在市场营销观念指导下经由策划、促销、管理，而将旅行社产品以符合旅行社利益及市场规律的价格销售出去的一种以盈利为目的的现代企业行为。在运作中，旅行社销售业务包含制定产品价格、选择产品销售渠道、促销及销售业务洽谈四个环节。通过本项目的学习，可以系统掌握旅行社产品的定价方法，熟悉旅行社销售渠道策略以及旅游中间商的选择，掌握旅行社产品促销策略和旅行社门市销售业务流程。

学习目标

※知识目标

（1）了解影响旅行社产品价格的因素；

（2）掌握旅行社产品的定价方法和价格策略；

（3）熟悉旅行社销售渠道策略；

（4）掌握旅行社产品促销策略；

（5）熟悉旅行社门市销售业务流程。

※能力目标

（1）能够选择适当的方法和策略进行旅行社产品定价；

（2）能够对旅行社销售渠道进行分析选择；

（3）能够针对旅行社产品特点选择适合的促销策略；

（4）具备旅行社门市销售业务能力。

任务一 旅行社产品价格

任务介绍

旅行社产品价格是指旅游者为满足自身旅游活动的需要而购买的旅游产品的价值形式，它是由生产同类旅游产品的社会必要劳动时间决定的。影响旅行社产品价格的因素主要有旅游商品的价值、市场需求弹性、货币汇率、国家政策等。根据不同类型旅行社产品，可以采取多样的产品定价方法及定价策略。通过本任务的学习，同学们可以熟悉旅行社产品价格的影响因素，掌握旅行社产品的定价方法及定价策略。

任务目标

（1）了解旅行社产品价格的构成要素；

（2）熟悉影响旅行社产品价格的因素；

（3）掌握旅行社产品定价方法；

（4）掌握旅行社产品定价策略。

相关知识

一、旅行社产品价格概述

（一）定义

所谓旅行社产品价格，是指旅游消费者为实现旅游活动的需要，而向旅行社购买旅游产品所支付的货币总值，是旅行社所提供的服务产品价值的货币表现形式。

旅行社产品的价格是旅行社营销活动中一个十分敏感、十分重要的因素，对价格的管理关系到旅行社产品营销的成败。旅行社产品需求弹性较大，它的价格强烈影响到旅游者的购买行为，影响到旅行社的销售量及利润。同时，价格又是一种重要的竞争手段，尽管近年来非价格因素对旅游者选择产品的重要性日益突出，但价格是双方最具理性的行为指标，决定了旅行社的竞争能力。

（二）构成要素

旅行社产品的价格，从游客的购买方式看，可以分为单项服务价、全包价和部分包价。单价就是各个单位旅游产品的价格，如客房价格、景点门票价格、机票价格、餐饮价格等。包价就是旅游者借助旅行社对完成旅游活动所需的各项服务进行一次性购买而支付的整体价格。游客可根据需要，选择不同的购买方式。

根据我国目前旅游价格体系和国家有关价格政策要求，旅行社包价旅游产品价格主要包括综合服务费、房费、城市间交通费和专项附加费四个部分。

1. 综合服务费

其构成包括餐饮费、基本汽车费、杂费、导游服务费、领队减免费、全程陪同费、接团手续费等。

2. 房费

游客可以根据本人意愿，预定高、中、低档各类饭店，旅行社按照与饭店签订的协议价格向游客收费。

3. 城市间交通费

城市间交通费包括飞机、火车、轮船、内河及古运河和汽车客票价格。

4. 专项附加费

专项附加费包括汽车超公里费、游江游湖费、特殊游览门票费、风味餐费、专业活动费、保险费、不可预见费等。

【知识链接】

旅游线路的报价

旅游线路报价就是将旅游线路产品的内容结合价格以信息的形式传播给旅游者或旅游中间商，做到产品质量与销售价格相符。

（一）旅行线路报价计算明细

1. 综合服务费：计算单位为××元/人（天）

综合服务费=实际接待天数×综合服务费/人（天）

2. 房费：计算单位为××元/人（天）

房费=实际入住天数×房费/人（天）

3. 餐费：计算单位为××元/人（天）

餐费=实际用餐天数×餐费/人（天）

4. 城市间交通费用：计算单位为××元/人

城市间交通费用=实际乘坐交通工具客票累加/人

5. 专项附加费：计算单位为××元/人

专项附加费=（汽车超公里费累加+特殊门票费累加）/人

（二）旅游线路报价公式

旅游线路报价=综合服务费+房费+餐费+城市间交通费用+专项附加费

旅游线路报价计算单位为××元/人

（三）旅游线路的报价说明

1. 旅行社一般为旅游者安排双人标准房，因性别原因出现单男或单女需补房价差额；

2. 旅游团内旅游者人数达到16人时，应免除1人的综合服务费，只需缴纳城市间交通费、房费等；

3. 12周岁以下的儿童收取30%~50%综合服务费（不占床位和车位），12周岁以上儿童收取全额综合服务费；

4. 旅游线路报价一般不包含旅游意外保险费（自愿投保）、火车上用餐费、各地特殊自费旅游项目；

5. 超公里费指汽车长途客运的收费，各地按照本城市收费标准来收。

案例：

按照下列数据计算应向每个旅游者收取的费用和应向全团旅游者收取的总费用。

某大理地接旅行社接待一个16人的团队，游览路线为大理三日游。第一天早晨从昆明出发（不含早餐，其他时段均要含餐），中午到达，第三天用完午餐后返回昆明。该旅行社计划收取每人的综合服务费是50元/天，住宿标准为三星级标准间100元/间，正餐费用为20元/人/顿，早餐的费用为10元/人/顿，行程中包含的景点门票费用共为200元/人，车费200元/人。

每人收取费用：

50×3+200+100+(20×5+10×2)+200=770（元/人）

全团旅游者收取费用：

770×(16−1)=11 550（元）

二、影响旅行社产品价格的因素

供求规律影响着旅游产品价格。除此以外，旅游产品价格还受其他一些因素的影响，如产品的成本、需求弹性、货币汇率、国家政策等。旅行社在定价时，通常会受到诸多内部因素与外部因素的影响。

（一）内部因素

1. 旅游产品成本

旅游产品的成本是旅游产品定价的基础，应作为首要考虑因素。商品的价格是由其内部所包含的价值决定的，旅行社产品的价格同样决定于其价值，具体由旅行社购入产品的价值量和旅行社服务的质与量决定。旅行社产品的成本包括固定成本和变动成本。固定成本是指在一定的时间和范围内，旅行社经营业务的增减对某些产品成本没有影响，包括旅行社的房屋租金、房屋折旧费、员工固定工资、宣传促销费、通信费、旅行社其他设施固定资产折旧费等。变动成本指随着旅行社产品销售量的变化而变化的某些成本，包括导游费用、销售人员提成、交通费用、住宿费用、餐饮费用、门票费用等。变动成本在旅游产品价格构成中所占比重较大。

2. 企业发展战略

企业经营发展战略主要有三种形式，即密集型战略、一体化战略和多样化发展战略。其中，对旅游产品定价影响最大的是密集型发展战略。因为企业要占有新的市场份额或者开拓新的目标市场，就必须调整或确立新的产品价格，以适应市场发展的需要。

3. 营销目标尺度

旅行社的市场营销目标具体表现为营业收入总额、接待人数或旅游者停留夜次等数量指标。为达到短期成长期的市场经营目标，旅行社会根据市场发展的状况，频繁地调整价格来适应不断变化的市场需求。

4. 产品特点

不同旅行社提供的产品特色各有不同，对价格决策也会产生不同的影响。产品和服务的综合程度越高，包括的单项产品越多，营销人员对价格变动的控制能力也就越低。对一个旅游目的地而言，旅行社产品的可替代性大，就决定了该产品的价格弹性大，出现削价竞争的机会也就很大。

（二）外部因素

1. 市场供求关系

市场供求在很大程度上决定了产品价格的高低。一般来说，市场供不应求，市场价格往往高于市场价值或生产价格；市场供过于求，市场价格往往低于市场价值或生产价格。

例如：旅游旺季出行人数较多，机票价格飙升，而一到淡季，票价高位跳水，折扣从7折、5折降至3折不等。除此之外，在旅游淡季一些旅游酒店在食宿方面均有较大程度的优惠，住宿折扣甚至高达50%，因此，淡旺季出游费用相差至少30%左右。

【案例】

节后旅游，产品价格玩蹦极

据北京晚报2012年2月7日报道，随着昨天“正月十五”这个标志性的日子结束，2012年春节已经正式成为历史，绝大多数休假人群也已陆续回归正常生活轨道，此前火爆的旅游市场终于趋于“冷静”，进入节后第一个重要调整期。经过了春节各长短旅游线路的火爆，见识了不少旅游度假产品的天价，接下来的旅游市场价格似乎也可以用“天价”来形容，只是另一个极端。打开各大旅行社官方网站，首页上各种“节后”“错峰”“特惠”“经济”等字眼吸引眼球，进入产品详情会发现，价格与春节期间同类产品相比的确优惠很多。可以说，节后这一段时间旅游产品价格的大幅下降，正为时间自由、关注成本、注重体验的人群提供了一个很好的错峰出游时机。

众所周知，每次长假、小长假结束，旅游产品价格都会下降，许多时间自由的旅行者会聪明地选择这段时间开启自己的旅行，不但成本大大压缩，也不会冒着高峰期“只见人头不见山”的热浪破坏自己的兴致。也许常出门的您，早已规划好了错峰行程，也许还有很多朋友仍在计划中，为了帮大家更好地梳理目前市面上的旅游产品，记者采访了国旅、中青旅、中旅、神舟、携程、凯撒、众信等主要旅游服务商，调查了其部分旅游产品报价数据，我们一起来看一看节后去哪儿最划算！

旅游产品总体降价约30%

结合旅行社提供的信息及其官方网站上的线路报价，我们发现，节后旅游产品价格平均降幅可达30%，极端的如海南线路降幅高达50%，波动较小的如欧美等非旺季线路降幅也多在10%~15%以上。其他，正值旺季的澳大利亚新西兰线路下降30%~40%；同处旺季的非洲产品由于其自身价位较高，且个性化较强，波动不大，下降约10%；日韩地区除北海道、冲绳外，由于目前不属于旺季，且日本多少仍受地震余因影响，因此涨幅不及东南亚海岛、澳新等地，节后降价也不是很剧烈，约15%~20%。国旅总社出境部副总经理李萌表示，2月底3月初是日本旅游的全年价格最低点，随着三四月樱花季的到来，日本价格将迅速回升。对于今年日本樱花季旅游产品及全年旅游形势，神舟国旅市场总监郭玲梅等业内人士都表示看好，郭玲梅说，由于去年日本受地震、核辐射影响，原计划前往赏樱的游客不得不取消行程，今年这些游客很可能会选择重圆樱花梦，他们与新增游客的叠加，或将带来日本春季旅游热爆发。

另外，对于节后实惠旅游产品的选择，业内人士还透露了一个秘诀，就是多关注包机产品，由于提供相关产品的旅行社已经为之先期预付了费用，不管是迫于回收成本的压力，还是已经度过盈亏平衡点完成了固定成本回收，这类产品在节后这样的淡季只要还有剩余名额，价格就会非常优惠，正适合抄底，包机产品多涉及热带海岛目的地，如巴厘岛等，现在前往非常适合。

机票不乏“白菜价”　酒店价格有升有降

为什么春节与节后旅游线路价格相差如此悬殊？旅游产品最大的成本来源是什么？通过调查我们了解到主要是受机票、酒店价格影响。高峰过后热门旅游地机票、酒店价格大幅下降，带来了旅游产品整体报价下降。那么，对于想自由出行、自主安排行程的游客，我们不妨来单独关注一下机票、酒店的价格。

登录国航等各家航空公司网站，在促销、优惠专区里，国内航线一两百元的机票比比皆是，在携程等各家提供机票预订的网站，情况也大抵如此，许多国内出发的机票都打出了1~2折的折扣，携程旅行网华北区公关广告经理马瑜在接受采访时戏称这些机票简直是“白菜价”，虽然只是玩笑，也的确反映了节后机票价格大跳水的市场情况。

酒店方面，旅游热门目的地和其他地区价格走势显现差异。旅游热门地酒店节后价格大幅下降，我们再以海南为例，春节期间三亚亚龙湾一线酒店每间改房价在6 000元左右，目前回落至1 000多元，其他如丽江、哈尔滨等地也有明显回落。与此不同的是，对于一些不以旅游业为支柱的城市，春节期间人们回家过年，商务客人减少，入住率下降，是其销售的淡季，比如上海、南京、杭州、无锡这样的华东城市；而现在随着工作秩序和商务活动恢复正常，入住率的回升将不免带来其价格的同向变动。

资料来源：http：//news. xinmin. cn

2. 市场需求弹性

市场需求弹性是指商品的需求量随着该商品价格的变化而发生变化的量。需求弹性高的商品响应快，反之则响应慢。需求弹性大的商品，价格上扬时，需求量很快下降；反之，需求弹性小的商品，其需求量下降较少。当价格下跌时，需求弹性大的商品，需求量很快上升；需求弹性小的商品，则需求量增加较少。

3. 市场竞争状况

旅行社产品市场竞争主要表现为同行价格竞争。所谓同行价格，就是某旅游产品在同一市场范围内由其他旅游企业所定的产品价格。之所以参考同行价格，一方面是旅游者在购买同一类产品时在价格上有习惯性价位；另一方面是可根据市场情况和企业市场发展战略，或高于或低于同行价，便于企业来确定最后的具体价格。如旅游产品的独特性突出，旅行社在给旅游产品定价时必须充分了解本产品与其他企业产品之间存在的优势和劣势，以及本产品在市场上的需求和影响。

4. 汇率变动

两种货币之间的比价称为汇率，是一国货币与另一国货币之间的比值。无论用哪一国货币来表示旅游产品价格，在国际旅游业务中都会受到汇率变动的影响。当旅游产品的价值不变时，旅行社对外报价应该与汇率变化协调，以保持或扩大旅游市场。由于旅行社的对外交易都是预约性交易，因此汇率对产品价格的影响就特别重要了。

【行业动态】

受人民币汇率持续上涨影响吉林市出境旅游升温

2012 年 11 月 16 日消息称，中国货币网公布数据显示，人民币对美元汇率连续数日触及涨停上限。人民币升值，对于在国外留学或者近期有到国外旅游计划的市民来说，是一个好消息，因为这意味着可以少花钱了。记者了解到，受人民币升值影响，吉林市出境游人数显著增多。

吉林市雾凇旅行社副总经理陈重介绍，11 月份以来，选择出境游的旅客明显增多，相比前几个月提升了三四成。陈重介绍，现在出境游一周发十几个团，能达到 1 000 余人次。陈重说，人民币汇率持续上涨是出境游人数增加的一个主要原因。

对于“血拼族”来说，人民币升值的最大好处就是在境外购物可享受更便宜的价格，这也是吸引他们出境旅游的最大动力。业内人士提醒游客，在境外购买美元标价的商品时，最好选择刷卡消费，即以美元价格购物，然后以等值人民币还款，这样不但免去了出行前手续烦琐的购汇过程，而且，由于人民币汇率目前一直处于上升势头，所以还款日越靠后可能就越划算。

资料来源：http：//www. jlsina. com/news/jilinshi/2012-11-16/108298. shtml

5. 国家政策

为维护市场秩序、规范市场行为，政府往往会通过对旅游产品的价格干预来制止不正当竞争或者牟取暴利，这样既维护了消费者的利益，也维护了企业的正常效益。

6. 季节影响

旅行社在制定产品价格时，必须将产品销售的季节因素考虑进去。一般情况下，旅行社在旅游旺季时会保持其产品售价不变或将产品售价上调；在旅游淡季时则往往将产品售价做适当的降低，以吸引更多的旅游者。

【行业动态】

台湾旅游淡旺季价格差异大

旅游行业门户综合新华网消息：重庆2013年11月4日专电（记者茆琛）从今年2月初的9 000多元到11月初的4 000多元，重庆至台湾旅游线路开通4年来，价格犹如“过山车”，同类旅游产品淡旺季的价格相差超过4 000元，不少游客在对比淡旺季同类台湾游的行程内容和住宿品质后发现，旺季高价产品的内容并未明显优于淡季低价同类产品。

11月3日，记者从重庆多家旅行社获悉，重庆至台湾往返均为直飞的“台湾环岛8日游”价格跌至4 180元。这是渝台开通台湾游旅游线路4年来出现的直飞最低价格。业内人士透露，明年春节黄金周，台湾8日游产品的价格可能会再次飙升至9 000元左右。

旅游百事通重庆地区的工作人员小黄介绍，4 180元的“台湾环岛8日胜景游”不仅包括台湾多个经典景点，游客还将全程入住台湾四星酒店。此外，记者了解到，和旺季高价台湾游产品一样，参加这一低价“台湾环岛8日游”的游客在台湾期间可能产生的200多元人民币小费也将由旅行社负担，温泉酒店、小火车车票等也包括在团费之内。

记者从重庆市旅游局获悉，自2008年7月重庆启动赴台湾旅游以来，直飞台湾的“环岛8日游”价格随着旅游旺季和淡季的变化，在4 500~9 000元徘徊。

随着重庆至台北航班的不断增加，重庆直飞台湾的旅游产品价格逐渐缩水。不少重庆游客表示，错过旅游高峰时节赴台游，不仅免去拥挤带来的疲惫，还能省下近三分之一的旅费用来购物。一些重庆旅游业内人士分析说，临近年底，旅行社在追求业绩时，不排除推出更多优惠产品吸引游客赴台观光。业内人士提醒游客，选择价格偏低的旅游产品时，需注意与旅行社签订规范、明确的旅游合同，以便维权。

资料来源：http：//www. zglyhymh. cn/news/13719358. html

三、旅行社产品的定价方法

旅行社进行旅游产品定价时，一般遵循的原则是：旅游产品成本是旅游产品价格的下限，竞争者与替代产品的价格是旅游产品定价的出发点，旅游者对旅游产品特有的评价是旅游产品价格的上限。因此就形成了成本导向、需求导向、竞争导向三种基本的定价方法。

（一）成本导向定价法

成本导向定价法是指以旅游产品的成本为基本依据，再加上预期利润确定产品的价格。这种方法不考虑市场需求方面的因素，简单易行，是目前旅行社最基本、最常用的一种定价方法。有以下三种具体方法：

1. 成本加成定价法

这是一种最简单的定价方法。即在产品单位成本的基础上，加上预期利润作为产品的销售价格。售价与成本之间的差额就是利润。由于利润的多少是有一定比例的，这种比例就是人们俗称的“几成”，因此这种方法就称为成本加成定价法。采用这种定价方式，一

要准确核算成本，二要确定恰当的利润百分比（即加成率）。成本加成定价法用公式表示为

单位产品价格=单位产品的成本×(1+利润率)

例如，某旅行社一款市内一日游的成本为120元，旅行社确定的预期利润率为20%，则

一日游旅游线路价格=120元×(1+20%)=144（元）

成本加成定价法是旅行社的一种常见定价方法，其主要优点是计算简便，而且在市场环境基本稳定的情况下能够保证旅行社通过销售产品获得一定比例的利润。然而，这种方法是以成本为中心的定价方法，它只是从保证旅行社本身的利益角度制定产品价格，忽视了市场需求多变的现实。所以，利用这种方法制定出来的产品价格有时不能够被广大的旅游消费者普遍接受，甚至会因此而造成旅行社产品在市场上缺乏竞争力。

2. 边际贡献定价法

边际贡献定价法，即在定价时只计算变动成本，不计算固定成本，在变动成本的基础上加上预期的边际贡献，以预期的边际贡献补偿固定成本并获得盈利。边际贡献是产品销售收入和变动成本的差额。若边际贡献大于固定成本，企业就有盈利，反之则亏本；若边际贡献等于固定成本，则企业保本。边际贡献定价法的公式为

单位产品价格=单位产品变动成本+单位产品边际贡献

例如，某旅行社在旅游淡季时推出一日游团体包价产品，每人市内交通费50元，正餐费30元，导游费18元，门票费25元，共计123元。其中固定成本为导游费用18元。变动成本为其余3项的总和105元。由于是淡季，旅行社难以以123元的价格吸引顾客。因此采用边际贡献定价法将价格降为115元，即减少导游收入8元。这样，该项产品的单位售价高于变动成本105元，仍可获得边际贡献10元。

这种定价方法的优点是，旅行社在市场条件不利的情况下仍能保住市场份额，并随时可根据市场需求和季节的变化对价格进行调整，具有较大的灵活性。缺点是使旅行社蒙受一定的利润损失。另外，产品的变动成本经常因旅游服务供应市场的变化而发生变动，迫使旅行社不断地重新计算和调整产品的价格。

3. 目标收益定价法

旅行社开发产品和增加服务项目要投入一笔数目较大的资金，且在投资决策时总有一个预期的投资回收期。为确保投资按期收回并赚取利润，旅行社要根据产品成本和预期的产品数量，确定一个能实现市场营销目标的价格。这个价格不仅包括投资回收期内单位产品应摊派的投资额，也包括单位产品的成本费用。利用投资回收期确定价格的方法，即目标收益定价法。此法必须注意产品销量和服务设施的利用率。目标收益定价法的公式为

单位产品价格=(总成本+目标收益额)/预期销售量

在理论上，这种定价方法可以保证目标利润的实现，但由于此方法是以预计销售量来推算单价，而忽略了价格对销售量的直接影响，只有经营垄断性产品或具有很高市场占有率的旅行社才有可能凭借其垄断力量按此方法进行定价。

（二）需求导向定价法

需求导向定价法是指企业在定价时不以成本为基础，而是以消费者对产品价值的理解

和需求强度为依据，确定自己产品的价格。

1. 理解价值定价法

这里所指的价值是旅游者理解和认同的旅游产品价值，而非旅游产品的实际价值。旅游企业采用这种方法定价的关键在于利用各种手段，在心理上增加旅游者对所购旅游产品的附加值认同。旅游企业定价时首先要确定好产品的市场定位，突出产品特征，树立好良好的市场形象，使消费者感到购买该产品受益颇多，从而提高其接受价格的限度。旅行社可采取以下途径获得旅游者的认同：

第一，在产品定位方面，从符合顾客的价值观念、消费观念、审美情趣出发，设计和开发旅游产品。因而旅行社所制定的价格易于接受。

第二，展示对旅游产品特色的宣传与介绍，使旅游者充分了解该产品的价值。

第三，运用品牌策略来影响与吸引旅游者，从而建立起消费者的品牌忠诚度。

2. 需求差异定价法

需求差异定价法以不同时间、地点及不同旅游者的旅游需求强度差异为定价的基本依据，针对各种差异决定其在基础价格上是加价还是减价。主要有以下几种形式：

第一，针对不同旅游者的定价。因收入、阶层、年龄等原因，不同的旅游者消费水平不同，在定价时给予相应的优惠或提高价格，可增加企业的销售量。

第二，根据不同地理区位的定价。同一旅游产品，如果销售的地理位置不同，经营环境发生改变，旅游产品的价格也可做相应调整。例如：旅游热点地区的三星级旅游酒店的客房售价就会高出冷点地区的三星级酒店。

第三，根据不同时间的定价，即同一旅游产品在不同的时间制定不同的价格。例如淡旺季的酒店住宿价格、景点门票价格等的调整。

实行需求差异定价法要具备以下条件：市场能够根据需求强度的不同进行细分；细分后的市场在一定时期内相对独立，互不干扰；高价市场中不能有低价竞争者；价格差异适度，不会引起旅游者的反感。

（三）竞争导向定价法

竞争导向定价法是指旅行社通过研究竞争对手的商品价格、生产条件、服务状况等，以竞争对手的价格为基础进行定价。竞争导向定价法以市场上相互竞争的同类商品价格为定价基本依据，以竞争状况的变化确定和调整价格水平为特征，主要有随行就市定价、率先定价等方法。

1. 随行就市定价法

随行就市定价法就是旅游企业根据市场中同类旅游产品的现行价格进行定价，即本企业制定出的产品价格要与该类产品的现行价格大致相当，现行价格通常是本行业的平均价格水平。这种定价方法充分考虑了市场竞争的因素和旅游者的反应，所制定的产品价格容易为旅游者所接受，并能够使旅行社在市场竞争中取得优势地位。尤其是中、小旅行社应用此种定价方法，可以规避风险。

这种定价方法的不足之处是：旅行社采用随行就市定价法与其他同类旅行社竞争，容易引起竞争对手的报复，从而导致恶性削价竞争的局面。

2. 率先定价法

率先定价法与随行就市定价法相反，它不是追随竞争者的价格，而是旅行社根据市场竞争状况，结合自身实力，率先打破市场原有的价格格局，制定出具有竞争力的产品价格。在定价时，一是将市场上竞争产品的价格进行比较，分为“高”“中”“低”3个价格层次。二是将本产品质量、成本、特色等与竞争产品进行比较，分析造成价格差异的原因。三是根据以上综合指标确定本产品的特色、优势和市场定位，在此基础上，核定价格所要达到的目标，确定产品价格。四是跟踪竞争产品的价格变化、分析原因，相应调整本产品价格。采用此种定价方法的旅行社一般要有雄厚的实力，或者在产品上具有竞争对手无法比拟的特色优势，这样才能在价格竞争中处于主动地位。

四、旅行社产品的定价策略

旅行社除要根据不同的定价目标，选取不同的定价方法，确定产品的基本价格外，还应注意在不同情况下，运用各种价格策略对基本价格进行调整，以使其更加适应外部环境。常用的定价策略主要有以下几种：

（一）新产品定价策略

新产品的定价问题十分重要，关系到新产品是否能及时打开市场、占领市场，并获得满意的利润。常用的新产品定价策略有以下几种。

1. 撇脂定价策略

撇脂定价，是指新产品投放市场时，在短时期内采用高价，获得高额利润的定价策略。新的旅游路线推出初期，需求弹性较小，旅游者对产品价格的反应不敏感，竞争对手也较少，因而可能在短时期内获得最大的利润。撇脂定价策略的优点是利润大，能及时回收投资成本，高价位也有利于树立高质量的产品形象，并给旅行社留有一定的降价空间，以吸引对价格敏感的旅游者。但是，如果最初定价太高，则不利于开拓市场，也会引来大批竞争者的加入，因竞争激烈而造成利润下降。所以，撇脂定价是一种短期的价格策略，旅行社若想长期使用这种策略，就必须不断地进行产品创新。在旅游业中，对于一些具有高度差异性和独特意义的产品可采取市场撇脂定价。

2. 渗透定价策略

渗透定价策略与撇脂定价相反，将新产品以低价投放市场，以便尽快扩大产品的销售量。获得较大的市场份额。市场渗透定价策略的优点是有利于迅速渗透市场，打开销路，提高占有率，薄利多销，销售量增加，成本下降，从而获得长期收益；也利于排斥竞争对手的介入。其缺点是旅行社的利润偏低，资金回收期长，价格变动余地小，不太可能以降低价格来吸引更多的游客。有时旅行社采用“亏本”定价，用其他线路的利润来弥补这种“政策”的亏本，以便在新的市场上站稳脚跟。

【案例分析题】

低价港澳游走进百姓

2007年9月28日，“十一”黄金周由宁夏发出的首列旅游专列缓缓驶出银川火车站，800多名宁夏游客带着他们的期待，开始了为期10天的香港全程旅游，这也是今年以来我区赴香港的最大旅游团队。

此次专列由宁夏铁发集团铁道旅行社和宁夏中国国际旅行社共同组织。1 980元的低价，吸引了宁夏及周边地区的游客。宁夏中国国际旅行社陈志新总经理介绍，随着香港回归祖国10年，宁夏赴香港、澳门旅游的线路也逐渐成熟，适中的价格也被更多的平民游客所接受。此次专列以低价运营，目的正是希望让曾经高昂的港澳游真正走入寻常百姓中。(来源：宁夏网)

产品定价策略分析：

众所周知，常规的港澳游，价格为1 800~2 000元（含自费），而港澳纯玩团的价格基本上在4 000元左右。而此次推出的1 980元为什么说是低价呢？这就要考虑到当时的社会环境。因为当时正处于“十一”黄金周期间，而在2007年的“十一”黄金周期间，各地区的港澳游纷纷水涨船高，涨幅近千元。宁夏能推出如此低价的专列旅游团实属不易。

由于此次宁夏首次港澳旅游专列的相关细节没有被披露，其营运状况很难去量化地估计，但其对营运商产生的效益与影响是值得肯定的。

港澳地区不仅拥有世界级的旅游娱乐设施，而且有着不同于祖国大陆的生活方式。这对于大陆居民，尤其是深居大陆西北的宁夏人来说具有很大的吸引力。因此，港澳游在宁夏有着广阔的市场。港澳游对宁夏人来说最关心的可以说就是价格，加之港澳游的竞争者越来越多。所以本次的营运商在推出宁夏首次港澳游专列时，有针对性地运用了市场渗透定价策略。将新产品以较低的价格投放市场，这样就很容易地迅速占领市场，取得较高的市场份额。经营商最终组织了800人的旅游团就是最好的证明。

市场撇脂策略和市场渗透策略都是旅行社在新产品定价时经常采用的策略。这两种策略各有特点，适合在不同的情况下使用，见表7-1。

表7-1　旅行社新产品定价策略的选择标准

考虑因素	撇脂定价	渗透定价
价格弹性	小	大
与竞争产品的差异	大	小
投资回收目标	快	慢
市场潜力	小	大
市场需求水平	高	低
扩大接待能力的可能性	小	大
仿制的难易程度	难	易

3. 满意定价策略

满意定价策略是一种介于撇脂定价和渗透定价之间的价格策略。它所定的价格比撇脂价格低，但比渗透价格要高，是一种中间价格。这种定价策略由于能使生产者和消费者都比较满意而得名，有时又称“君子价格”或“温和价格”。这种价格策略由于兼顾了供给者和需求者双方的利益，既能使企业有稳定的收入，又能使消费者满意，产生稳定的购买者，因而各方面都会满意。但是采用这种策略也有不足之处：由于产品的定价是被动地适应市场，而不是积极主动地参与市场竞争，因此可能使企业难以灵活地适应瞬息万变的市场状况。

（二）心理定价策略

为了刺激和迎合游客购买的心理特点，旅行社运用适度的心理策略对产品价格进行一定结构调整，即为心理定价策略。常用的心理定价策略有如下几种。

1. 声望定价策略

声望定价也称整数定价，是指旅行社用高价位或整数价位来显示产品的高品质形象。该旅游产品是一种较为高档的消费品，因此大多数旅游线路的价格往往都是整数，而且旅行社会根据旅游者的偏好有意识地选择旅游者偏爱的数字，如“6”“8”等。

2. 尾数定价策略

尾数定价又叫零头定价。尾数定价策略是相对于整数定价策略而言的，它使产品价格低但又非常接近下一个整数的价格，使消费者获得一种享受价格优惠的印象，如售价为999元和1 000元的同种产品给消费者的心理感觉就不相同，前者产品销量要大于后者，尽管两者只差1元。尾数定价策略另一体现为吉祥定价，如产品价格尾数带8、6、9，购买此产品给人以吉祥的感觉，故产品好销。

3. 组合定价策略

组合定价策略是降低综合性产品中一种或几种产品的价格，在吸引消费者购买廉价品的同时，也购买其他产品，从而扩大产品的销售量。旅行社可有意识地降低购买人数多的产品价格，使之趋之微利，让消费者认为其他产品价格也便宜，从而带动其他购买人数少、利润高的产品的销售。

4. 分级定价策略

分级定价策略是指根据不同层次游客的不同消费心理来定价。旅行社可将同类产品分为几个等级，价格不同。采用这种定价策略，能使游客产生货真价实的感觉，易于接受。

（三）折扣定价策略

折扣定价策略是指根据不同交易方式、数量、时间及条件，对成交价格实行降低或减让的一种定价策略，主要包括数量折扣、现金折扣、季节折扣和同业折扣。

1. 数量折扣

数量折扣是根据顾客购买产品数量的多少从而相应地降低产品销售价格，用以鼓励购买者多购买，从而扩大产品销量和收益的一种方法。一般购买数量越大，折扣也越大，如旅游团队人数越多，线路产品的价格折扣也越大，旅游者享受的价格优惠也越多。

2. 现金折扣

现金折扣又称付款期限折扣，是指旅行社对现金交易或按期付款的产品购买者给予价格折扣，在国外旅行社对分期付款的旅游者不给予价格折扣而对一次性付款的旅游者给予价格折扣。目的是为了加快旅行社的资金周转率，减少因赊欠造成的利息损失和坏账损失。

3. 季节折扣

季节折扣是指旅行社对客户购买淡季产品或冷点旅游线路时的一种折扣方式，又称为季节差价。旺季价格高、淡季价格低，热点价格高、冷点价格低。还有，在举行大型节庆或其他活动（如奥运会、世界博览会等）时，客流量集中，也可临时提高旅游价格等。可以根据情况灵活运用。

4. 同业折扣

同业折扣是旅行社对同一集团网络或联盟内部接收的客源给予价格折扣，如某地中国旅行社对当地华侨大厦的住客报名参加该社旅游时给予一定的价格优惠，因为中旅社与华侨大厦同属于中旅集团。

任务实施

实训项目：旅游线路报价。

实训目的：通过旅游线路模拟报价，掌握旅行社产品定价方法。

实训内容：

(1) 学生以小组为单位，组长负责制，要求小组内部分工明确；

(2) 学生通过网络、报纸等途径搜集资料，设计一条“北京三日游”的旅游线路；

(3) 结合旅行社产品定价方法进行线路报价。

实训指导：

(1) 指导学生搜集旅游线路资料；

(2) 对线路设计、报价中出现的问题给予指正。

实训考核：由主讲教师对各小组成果进行点评。

【案例分析题】

旅游淡季“团购游”抢手价格过低背后或藏猫腻

据燕赵晚报2011年11月10日载，日前，随着旅游市场进入传统淡季，团购旅游开始热销。而团购旅游作为一个新生事物，越来越受到市民的追捧，尤其受年轻人的偏爱。但其背后也暗藏猫腻，游客稍不留神就可能落入陷阱。

旅游团购市场如火如荼

网络团购日益红火，旅游团购更是如火如荼。日前，在拉手网（石家庄站）、58同城（石家庄站）等一些团购网站上，记者看到不少景点、旅游线路都在进行团购，如三亚亚龙湾热带天堂森林公园一日游、北京轻松一日游、华东五市6日游等，团购给出的折扣一般都很低，大约在4~5折，有的甚至在3折左右。如西双版纳四天三晚游，产品报价在560元，但团购价为190元，可以说是非常的诱人。

眼下，旅游市场进入传统的淡季。为吸引游客的眼球，一些旅行社在团购网站上开始主推热门旅游线路，通过“团购价”的低折扣来招揽游客。

在拉手网、58同城等团购网站，记者看到团购线路的成交量非常大，如西双版纳四天三晚游已有100人购买，上海世博冰雕艺术展的团购成交量更是达到了1 424人。“前段时间，我在团购网上买了两张空中花园的门票，算下来便宜了20元钱。”市民曹女士说，她认为团购确实能得到实惠。年轻人成为“团购游”的主力军。

团购旅游暗藏猫腻

在旅游团购受宠的背后，也被爆陷阱重重。业内人士认为，旅游产品的利润本来就低，不可能有太大的折扣，如果价格远远低于成本，必将通过安排游客消费、增加自费景点等来获取利润。而旅游部门也曾曝光一些打着“团购价”实则为“零负团费”的违规行为。

市民王女士曾团购一家网站的旅游产品到云南旅游，回来后才明白她低价报名参加的是"购物游"，"团购套餐里是包了景点门票、酒店住宿、机票这些大项费用，但是很多必要的交通费、餐费和一些门票还是要自费的，人都到那里了，只能自己掏钱玩，一圈算下来根本没有比旅行社便宜到哪去。"王女士对此表示失望。

游客不要盲目追求"团购价"

"旅游行业毕竟不像服装行业那样有很高的利润，所以也不可能像卖衣服的那样有太大的折扣。"河北康辉的梁韬经理认为，如果团购中的价格低于成本太多，就必将通过安排游客消费、增加自费景点等来获取利润，"羊毛出在羊身上"。

当然，对于酒店、景点、一日游等旅游产品的单一元素来说，团购确实是一个很好的淡季营销方式。但如果涉及组合旅游产品，如果价格超低，就应该给予更多的考察和考虑。对此，提醒消费者选择团购旅游产品时要谨慎，不要盲目只追求便宜、超低价。

资料来源：http：//www. chinanews. com/cj/2011/11-10/3451712. shtml

问题：请根据此案例进行分析，旅游产品价格过低，为什么不可信？

【思考与讨论题】

旅行社产品进行定价时应该综合考虑哪些因素？

任务二　旅行社销售渠道管理

任务介绍

旅行社产品的销售渠道是指旅行社将其产品提供给最终消费者的途径，其中不仅包括旅行社依靠自己的力量向旅游消费者出售产品的直接销售方式，也包括旅行社借助旅游中间商向旅游消费者出售其产品的间接销售途径。因此，旅行社产品销售渠道就是指旅行社通过直接和间接的方式，将其产品提供到最终消费者手中的整个流通结构。旅行社销售渠道管理对旅行社的经营成败至关重要，通过本任务的学习，同学们可以了解旅行社销售渠道的类型，掌握旅行社销售渠道策略。

任务目标

（1）了解旅行社销售渠道的类型；

（2）熟悉旅行社销售渠道策略；

（3）掌握对旅游中间商的选择方法与管理方法。

相关知识

一、旅行社销售渠道的类型

旅行社销售渠道是指旅行社将产品转移给最终消费者的实现途径。任何一个旅行社在具有足够的生产能力时，都希望能尽量扩展销售渠道。一方面，这是因为销售渠道能使旅行社接触到更多的消费者，扩大产品的销售量，增加旅行社的市场份额，实现旅行社的发展壮大，具有强大的竞争优势；另一方面，由于旅行社的目标市场与本企业空间距离较远，像很多以经营入境旅游业务为主的旅行社，其目标市场甚至遍布世界很多地方，旅行社必须借助销售渠道中各中间商的力量，才能接触到目标市场，实现产品的销售。

旅行社销售渠道的选择对于旅游产品的销售起着越来越重要的作用。旅行社作为供求关系的中介环节，按照销售环节的多少可以将影响渠道划分为直接式渠道和间接式渠道。直接式渠道是指旅游企业把旅游产品直接出售给消费者或使用者，中间不经过任何形式的商业企业、代理机构等中间环节的营销渠道结构。间接式渠道是指旅游产品从旅游企业转移到消费者或使用者的过程中，经过若干旅游中间商向旅游消费者推销的营销渠道，如图7-1所示。

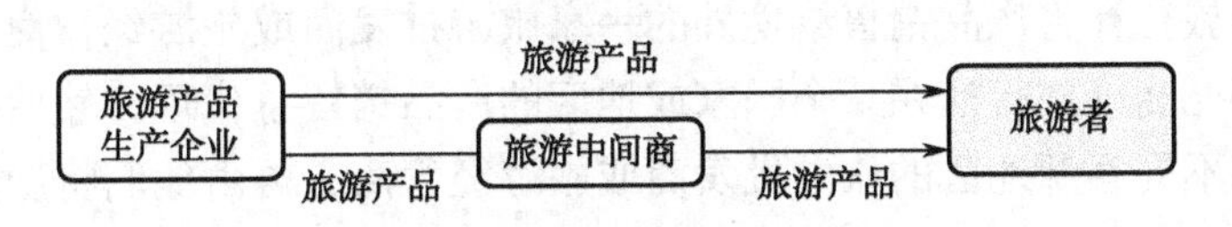

图7-1　旅行社营销渠道示意图

（一）直接销售渠道

直接销售渠道又称为零层次营销渠道，是指旅行社直接向旅游者出售其旅游产品，两者之间不存在任何中间环节介入，即达成旅游产品的流通与消费，具体如图7-2所示。

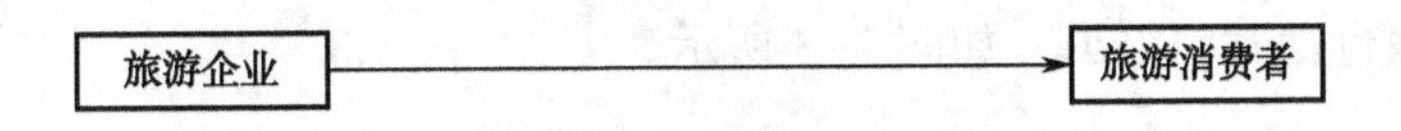

图7-2　直接营销渠道示意图

直接销售渠道有两种基本形式。第一种是采用直接销售渠道进行产品销售的旅行社，在其所在地直接向当地的消费者销售旅游产品，比如旅行社门市部销售，或者通过旅行社自身网站面对广大上网消费者进行网络直销。第二种是旅行社在主要客源地建立分支机构或销售点，向客源地居民直接销售该社的旅游产品。比如，旅行社在客源地设立的分社。

直接销售渠道的优点是方式灵活、手续简便、信息传递快捷及时，且所有利润一概归己，不需要与其他旅行社分享利润；但是直接销售的弊端是销售范围与销售量有限、销售成本高，一般需在客源地设立办事处或设立旅行社，会耗费较多的人力、物力。

（二）间接销售渠道

间接销售渠道是指在旅行社和旅游产品的最终消费者之间介入了中间环节的销售分配系统，如我国经营出入境旅游的旅行社通过国外的旅游批发商或旅游零售商销售其旅游产品时，采用的就是间接销售渠道。按照旅行社产品销售过程所包含中间环节数量的不同，可以将间接销售渠道分为单环节销售渠道、双环节销售渠道和多环节销售渠道。

1. 单环节销售渠道

单环节销售渠道是指在生产旅游产品的旅行社和购买该产品的最终消费者之间存在一个中间环节。由于各种旅游业的差异，旅游中间商的角色总是由不同的旅行社来充当。在国内旅游和出境旅游方面，充当这个中间环节的主要是旅游客源地的组团旅行社。在入境旅游方面，往往由境外的旅游批发商、旅游经营商或旅游代理商担任中间商的角色。

2. 双环节销售渠道

双环节销售渠道是指在生产旅游产品的旅行社和购买该产品的最终消费者之间存在着

两个中间环节。这种销售渠道多用于入境旅游产品的销售。在双环节销售渠道中，生产旅游产品的旅行社先将产品提供给境外的旅游批发商或旅游经营商，然后再由他们出售给不同客源地的旅游代理商，并由旅游代理商最终销售给消费者。

3. 多环节销售渠道

多环节销售渠道包括三个或更多的中间环节，主要用于销售量大、差异性小的某些入境旅游产品，如某个旅游线路的系列团队包价旅游产品等。多环节销售渠道的操作程序是生产旅游产品的旅行社将产品销售给境外的一家旅游批发商或旅游经营商，这家旅游批发商或旅游经营商充当该旅行社在某个国家或地区的产品销售总代理，然后把产品分别批发给该国或地区内不同客源地区的旅游批发商或旅游经营商，再由他们将产品提供给散落各地的旅游代理商，最后由旅游代理商把产品销售给最终消费者。

与直接营销渠道相比，间接营销渠道由于增设了中间环节及扩大了合作者的队伍，因此，旅行社销售活动的辐射范围增大；又由于分工协作，销售活动深层次的内容也得以发展，这是有利的一面。但是，旅行社在经营间接营销渠道中，对销售活动的控制力减弱，难以控制产品的最终售价，费用结算相对较慢，容易延缓旅行社资金周转的速度；同时，旅行社需支付中间商一笔佣金，这也增加了旅行社的成本。

各类型的旅行社营销渠道，如图 7-3 所示。

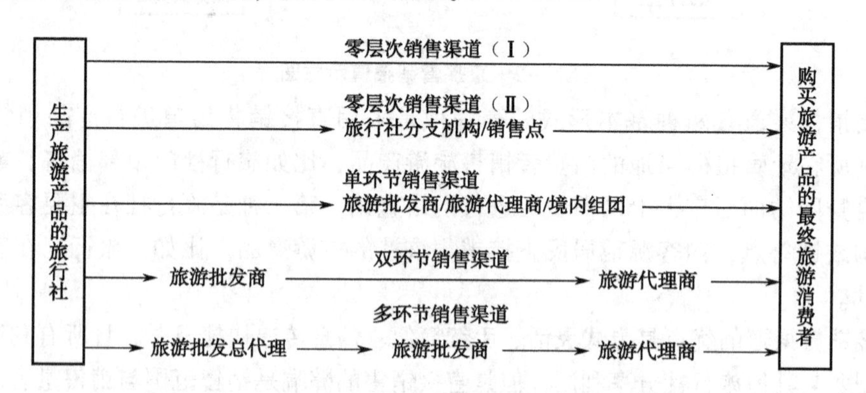

图 7-3 各类型旅行社产品销售渠道示意图

直接营销渠道和间接营销渠道两种模式的优缺点比较，见表 7-2。

表 7-2 直接营销渠道与间接营销渠道优缺点比较

渠道模式		优点	缺点
直接营销渠道		生产者可以了解旅游者意见；节省了中间环节费用；电话、网络销售突破了时空限制	生产者与旅游市场接触面有限，销售量有限，适应于生产规模小或接待量有限的企业
间接营销渠道	单环节	营销渠道环节较少，有利于把旅游产品快速推向市场	销售范围有限，规模有限
	双环节	生产者借助旅游批发商，可以把旅游产品分销到更大的范围和更远目标市场，适用于规模大的旅游企业	生产规模小或供给能力有限的旅游企业不宜采取这种渠道模式，渠道速度较慢，渠道费用上升
	多环节	销售范围进一步扩大，销售量进一步提高	渠道最长，推销速度慢，渠道费用最高

【知识链接】

旅行社销售渠道的功能

总的来说，旅行社销售渠道具有两大主要功能：一方面，能够拓展远离旅游产品生产者和传递地点以外的销售点的数量；另一方面，能在旅游产品生产之前实现其购买。销售渠道作为旅行社产品从生产者到消费者之间转移的通道，克服了如时间、地点和所有权等将产品与消费者分离开的主要障碍。具体说来，销售渠道中的成员具有以下主要功能：

(1) 通过旅行社销售渠道，建立起旅游产品生产者（旅行社）与旅游消费者之间的经济联系，使旅行社生产的旅游产品通过销售渠道源源不断地进入旅游市场的消费领域，从而使旅行社所生产的旅游产品的价值得以实现，再生产得以顺利进行，而旅游消费者也满足了其消费需求。

(2) 通过旅行社销售渠道中的渠道成员，调查研究市场上旅游消费者的需求变化情况，进行市场预测，并及时地把消费需求变化情况反馈给具有产品生产职能的旅行社，促使这些旅行社根据市场需求，调整旅游产品结构，不断推出新产品，源源不断供应畅销产品。

(3) 通过旅行社销售渠道，在旅游产品种类和档次上调节旅行社和旅游消费者的矛盾。由于生产的专业化，旅行社生产的旅游产品的种类和档次是很有限的。但消费者却需求档次、品种、规格齐全的旅游产品，并且随着消费水平的提高，购买选择性的提高，这种要求更为强烈。而且不同类别旅游消费者的需求的特殊性也大为增强。旅行社销售渠道的中间商购买旅游产品之后，把旅游产品分成不同等级，对旅游产品的规格和档次进行编配分类，有的旅游产品还需进行重组、包装、宣传以适应不同地区、不同要求消费者的需求。

二、旅行社销售渠道策略

旅行社的销售渠道策略在一定程度上决定了产品的销售成本和收益水平，所以旅行社都十分重视对销售渠道策略的研究。旅行社在营销活动中，基本都同时采取直接营销渠道和间接营销渠道相结合的方式。对于近距离目标市场，旅行社多采取直接营销渠道。而对于庞杂、分散的目标市场，旅行社多采取间接营销渠道，借助各类型中间商的力量，扩大旅行社销售活动的辐射空间。间接销售渠道通常采用以下三种销售策略。

（一）广泛性销售渠道策略

广泛性销售渠道策略是指旅行社对旅游中间商不加限制，通过众多的旅游批发商，把旅游产品广泛地散发给各个旅游零售商，以便及时满足旅游者需求的渠道策略。广泛性销售渠道策略的优点是采用间接销售方式，选择较多的批发商和零售商销售产品，方便旅游者购买。由于销售渠道广泛，所以便于旅行社联系广大旅游者和潜在旅游者，扩大产品的销售范围，提高经济效益。在旅行社开始向某一市场推销产品时，采取这种渠道策略有利于发现理想的中间商。这种渠道策略的不利之处在于销售成本较高，产品销售过于分散，不利于旅行社的集中管理；而且客户流动性大，难以建立较固定的销售网络。一般适用于旅行社开辟新市场时期对客源比较分散的大众化观光旅游产品的销售。目前，我国旅游产品处于买方市场，即入境旅游市场处于供大于求的状况，旅行社普遍感到客源不足，都希望与更多的海外旅游中间商建立业务关系，故大多采用广泛性销售渠道策略。

（二）选择性销售渠道策略

选择性销售渠道策略是指旅行社只在一定时期和一定市场中选择少数几个信誉较好、推销能力较强、经营范围和自己又比较对口的旅游中间商进行产品销售的渠道策略。在旅游市场中采用广泛性销售渠道策略的旅行社，在经过一段时间后往往可以根据中间商在市场营销中的作用、组团能力以及销售量的变化情况，选择其中有利于产品推销的几家中间商。所以这种销售渠道策略的成败在很大程度上取决于对旅游中间商的考察。这种策略的优点是有目的地集中少数有销售能力的中间商进行产品推销，可以降低成本，市场覆盖面宽，合作关系稳定；缺点是如果中间商选择不当，则有可能影响相关市场的产品销售。这种策略适用于专业性较强、成本较高的旅游产品。比如，旅行社推出的探险旅游、登山旅游、沙漠旅游等旅游项目。

（三）专营性销售渠道策略

专营性销售渠道策略是指旅行社在一定时期、一定地区内只选择经验丰富、信用高的一家旅游中间商来推销旅游产品的渠道策略。通常是在一个客源市场内只找一家旅游批发商作为自己在当地的独家代理或总代理，也就是说旅行社只向该旅游中间商提供本旅行社的产品，该中间商则只向本旅行社提供客源，双方均不得在当地同对方的竞争对手进行业务往来。例如，英国的促进社、日本的日中旅行社分别只经销中国在该地区的旅游产品。专营性销售渠道策略的优点在于可以提高中间商的积极性和推销效率，更好地为旅游者服务。此外，旅行社与中间商联系单一，可以降低销售成本，而且产销双方由于利害关系紧密，能更好地相互支持与合作。这一销售渠道策略的缺点在于市场覆盖面窄、风险大；如果专营中间商经营失误，就可能在该地区失去一部分市场；若中间商选择不当，则可能完全失去该市场。因此，专营性销售渠道策略适用于旅行社开辟新市场之初，推销某些客源层比较集中的特殊旅游产品以及品牌知名度和美誉度高的豪华型旅游产品。目前我国旅行社面向欧美等地区国际旅游市场提供的包价旅游产品，基本上都是采用这一策略进行销售。

【案例分析】

专营性渠道策略的得失

1983 年 5 月，我国北方 S 市的 WP 国际旅行社在承接一次大型国际服装展览会期间，遇到了一位来自欧洲某国的旅游代理商施密特先生。施密特先生是陪同由他组织的一个参展商团到该市参加这次服装展览会的。他在展览会期间，考察了 WP 国际旅行社接待人员的工作，对他们的工作效率和服务质量极为赞许。

施密特先生向负责此次接待服务的 WP 国际旅行社接待部程经理提出建立合作关系的要求。程经理立即将这个信息向徐总经理做了汇报。当天，徐总经理带着该社市场部的严经理来到施密特先生下榻的饭店，同他就双方合作一事进行了商谈，并且达成了合作的协议。

施密特先生回国后不久，便开始在该国组织旅游团来华，并交给 WP 国际旅行社负责接待。徐总经理十分重视这个客户，指示接待部程经理亲自担任该旅游团的全程导游员。程经理选派了得力的导游员小汤担任该旅游团在S市游览期间的地方导游员。徐总经理还责成计调部鲍经理亲自负责该旅游团在华期间的旅游服务采购工作。

旅游团回国后，对WP国际旅行社的接待服务十分赞赏，向施密特先生表示感谢，并表示今后还会参加施密特先生的旅行社所组织的其他旅游活动。施密特先生对WP国际旅行社的接待服务水平十分满意。在此后的两年里，他经常组织旅游团来华，并将这些旅游团都交给WP国际旅行社接待。施密特先生是个十分注重信誉的旅游中间商，从不拖欠旅游团费。WP国际旅行社也非常重视与施密特先生的合作，将他所组织的每一个旅游团队都作为重点团队来接待。旅游者们对双方的服务都很满意，回国后主动介绍他们的亲朋好友参加由施密特先生的旅行社组织的旅游活动。经过了数年的苦心经营，施密特先生的旅行社已经成为该国颇具实力的大型旅行社。

出于长期经营该国旅游者来华旅游业务和保证旅游服务质量的考虑，施密特先生向WP国际旅行社提出了建立紧密合作关系的建议。WP国际旅行社的徐总经理召开管理层会议，研究施密特先生的建议。会上，大家对施密特先生的旅行社与WP国际旅行社数年来的合作进行了回顾，认为该旅行社具有很强的输送客源能力和良好的信誉，赞成与之发展进一步的合作关系。会后，徐总经理专门致信施密特先生，邀请他来华就合作意向进一步商谈。双方经过认真商谈，最终达成协议：施密特先生的旅行社作为WP国际旅行社在该国的唯一代理商，将其所组织的该国来华旅游者全部交给WP国际旅行社接待；WP国际旅行社不得接待该国其他旅行社组织的来华旅游者；双方在联合促销方面加强合作，共同承担风险，共同发展。

此后的十余年里，施密特先生的旅行社向WP国际旅行社输送的旅游者人数逐年增加，WP国际旅行社则向其提供优质接待服务。旅游者对这两家的接待服务十分满意，施密特先生的旅行社在该国旅华市场上的声誉不断提高，市场份额也不断扩大。WP国际旅行社通过与施密特先生的合作不仅获得了稳定的、逐年上升的入境旅游客源，而且还获得了良好的市场声誉和可观的经济收益。期间，一些来自施密特先生所在国家的旅行社也曾经试图与WP国际旅行社接触，建立合作关系，都被坚持诚信的WP国际旅行社所婉拒。施密特先生得知这些情况后，非常感动，更加坚定了与WP国际旅行社之间的合作。

然而，WP国际旅行社在施密特先生的旅行社精诚合作的20年里，也有人曾经几次向该旅行社的总经理提醒：尽管双方的合作卓有成效，互相信任，但是为了防止发生意外，WP国际旅行社应该未雨绸缪，制定预案，以免施密特先生的旅行社因人事变动或其他突发事件致使合作无法继续。然而，该旅行社的领导人总是以“疑人不用，用人不疑”的古训予以拒绝。

2004年，施密特先生突患重病去世。施密特先生的女儿将旅行社出让给了他人。旅行社的新任总经理将其经营方向转向非洲地区，退出了旅华市场。由于WP国际旅行社事先没有思想准备，也没有制定应对的预案，结果，WP国际旅行社不仅失去了一条稳定的客源渠道，而且丧失了在该国旅华市场上的立足点，被迫重新开发该国的旅游市场。

分析：WP国际旅行社在开发欧洲某国的旅游市场过程中，采取专营性销售渠道策略，选择既有合作诚意，又有经营能力的施密特先生及其旅行社作为合作伙伴。双方精诚合作，互不猜疑，互不背叛，双方在长达20年的合作中均获得了可观的经济效益，达到了双方合作的目的。WP 国际旅行社通过与施密特先生的旅行社合作，在该国的旅游市场上长期保持较大的市场份额，获得了稳定的客源供给。由此可见，WP 国际旅行社在产品销售渠道策略方面是十分成功的，值得国内其他旅行社经营者借鉴和学习。然而，该旅行社在合作过程中没有保持清醒的头脑，没有制定合作伙伴一旦发生变故时的应对预案，结果，当危机出现时，束手无策，丧失了长期经营的旅游市场，其损失是惨重的，教训也是深刻的。

【知识链接】

中西方旅行社销售渠道之比较

我国旅行社与西方旅行社由于市场机制、旅游需求发展水平以及企业的自身实力和市场营销观念及手段的不同，导致在销售渠道上存在差异。

我国旅行社的销售渠道选择比较单一和狭窄，在国内业务上一般采取直接销渠道，但由于利用现代信息技术较少，直销力度效果较差，没有形成自己的竞争优势。在国际业务上采取间接的广泛性销售渠道，对海外中间商有两种选择：一类是经营许多旅游目的地或者是兼营输出和输入客源业务的大旅行社；一类是专门经营中国生意的中小旅行社。但往往我们没有最佳的选择优势，对于这两种选择需要我们取舍得当。而西方旅行社的选择十分广泛灵活，它的旅游批发商选择销售渠道时十分谨慎，不断根据外部和自身的条件而变化，一般有实力选择最有利的零售代理商，而零售代理商的专业化经营也为供求双方同时节约了成本，同样具有选择的优势。并且较大的旅行经营商往往采取直接销售和间接销售并重的销售渠道策略。往往这些企业实力雄厚，直销效果较好。同时在间接销售上，销售方式也具有多样性，并且它涉及的中间商较多，关系较为密切，形成互相支持的优势。

我国旅行社之间缺少良好的配合，它们之间缺乏双方合作销售的那种相对稳定的市场契约关系，呈水平一体化趋势，大多形成过度竞争的局面，使整个旅游市场呈现“小、弱、散、差”的局面，集中化程度不高。而西方旅行社之间的合作较为密切，以垂直分工体系为主，形成纵向一体化旅游企业集团。连锁旅行代理商的发展迅速，形成全方位的紧密联合。大的旅游批发商以其雄厚的资金技术优势，不断扩大自己的规模，形成生产、批发、零售一体化，形成自己的直销优势，从而控制整个旅游产品的销售渠道，实现销售渠道最短化。

三、旅游中间商的选择与管理

目前我国的旅行社广泛采用间接销售渠道策略，因此旅行社对中间商的选择与管理就显得尤为重要，直接决定着旅行社间接销售渠道策略的成败。

（一）旅游中间商的类型

旅游中间商是指介于旅游产品生产者与旅游消费者之间，专门从事销售旅游产品的组织或个人。它可以形象地理解为是旅游产品从生产者到消费者的分销链条上的连接环。旅游中间商包括旅游批发商、旅游零售商或旅游代理商等。

1. 旅游批发商

旅游批发商，是指专门从事各种旅游产品的组合，然后通过零售商网络或航空公司向公众进行推销的旅行社。国际官方旅游组织联合会指出：旅游批发商是一个销售企业。它在旅游消费主体提出要求之前，准备好旅游活动和度假地，组织好旅游交流，统计好各类客房，安排好各种活动及提供整套服务，并事先确定价格以及出发和返回日期，即事先做好完备的旅游产品，由其下属销售处或作为零售代理商的旅行社将旅游产品出售给团体或个体消费者。

旅游批发商的主要职能有：向目的地及中转地的外联社购买并组合包价旅游产品，然后通过旅游零售商销售出去。因此，国外旅游批发商经营我国包价旅游产品的主要办法是：由我国组团旅行社通过外联谈判将旅游线路卖给外国旅游批发商，由其印发产品宣传册分发给各地的旅游零售商，委托零售商向旅游消费者出售，然后将各地零售商招徕的旅游者汇集起来组成旅游团，送到目的地进行旅游。

在大多数情况下，这些旅游批发商也向团体旅游者销售包价旅游产品。如果旅游批发商本身没有零售机构，则除了委托独立的旅游零售商销售这些包价产品外，自己也担任零售商的角色。

2. 旅游零售商

旅游零售商，又称零售旅行代理商，是指从事旅游产品零售业务，直接面向广大旅游者销售旅游产品和提供旅游咨询等旅游服务的组织或个人。旅游零售商是世界旅游产品、销售渠道的主要环节，它可以独立经营，也可以是某一批发商的下属机构，受其指导和控制。国际官方旅游组织联合会指出：旅游代理商属于服务性企业，它的主要特征是：作为旅游者的决策顾问，提供有关旅游产品的信息，向其出售所需的旅游产品；受各旅游产品供应商的委托，按照合同的约定条款出售旅游产品。旅游零售代理商起到交易中间人的作用，并不承担任何风险，接受旅游产品供应商的酬劳方式主要是按照合同，从旅游产品销售总额中提取一定比例的佣金。

旅游零售商的主要职能有：在其所在地区代理旅游批发商和提供行、宿、游等旅游服务的旅游企业，向其顾客销售旅游产品，接受预订后将旅游者介绍给批发商并索取佣金。

（二）旅游中间商的选择

在选择旅游中间商之前，旅行社应首先进行综合分析，明确自己的目标市场；建立销售网的目标；确定产品的种类、数量和质量、旅游市场需求状况和销售渠道策略，在此基础上才能有针对性地选择适合自己需要的旅游中间商。旅行社可以通过有关专业出版物、参加国际旅游博览会、派遣出访团、向潜在的中间商分发信件资料或通过接团等方式发现中间商，对旅游中间商的情况进行详细的调查与分析，并主动与旅游中间商进行接触和联系。旅行社对旅游中间商的考察应从以下几个方面进行：

1. 中间商可能带来的经济效益

旅行社选择中间商的目的在于扩大销售、增加收益。因此，旅行社应选择成本相对较低、利润相对较高的销售网和中间商。经济效益的追求要求注重风险与利润的对称。一般来说，在利润相同的情况下，风险最小的销售渠道便是最理想的销售渠道。但是，风险小利润也小，风险大往往利润也大。所以，旅行社应根据自己的经营实力，在利润大小和风险高低之间进行平衡与选择。

2. 中间商目标群体与旅行社目标市场的一致性

中间商的目标群体必须与旅行社的目标市场相吻合，而且在地理位置上应接近旅行社客源较为集中的地区，这样便于旅行社充分利用中间商的优势进行产品推销。例如：美国是我国出境旅游的主要目标市场之一。而美国只是一个大的地理概念，其出国旅游市场并非均匀分布，而是相对集中地分布在有限的区域。据美国旅行与旅游局的统计，美国出国旅游的50%集中在加州、纽约、新泽西、佛罗里达、得克萨斯和伊利诺伊6个州，日本的出国旅游者相对集中在东京都、京阪神和东海3大城市圈，比例高达68%。在德国，北威州的杜塞尔多夫、多特蒙德等城市，巴伐利亚州的慕尼黑和斯图加特，以及北部的汉诺威、不来梅等都是出国旅游较集中的地带。英国出国旅游者的13%来自伦敦、27%来自英格兰东南部、12%来自西北部，共占52%。因此，旅行社选择的旅游中间商，在地理位置上应接近这些客源相对集中的地区，并在此基础上考虑旅游中间商的目标群体与旅行社的目标市场是否一致。而针对国内旅游业务，海南或者广西的旅行社最好选择北京、上海、广州等大城市的旅游中间商代理销售其产品。因为这些城市经济发达，人们的思想比较开放，旅游意识较强，出游率高。因此在这些地区选择旅游中间商代理销售旅行社产品，对于提高产品销售量很有帮助。

3. 中间商的声誉与能力

旅游中间商应当有良好的信誉和较高的声誉，并具有较强的推销能力和偿付能力。讲究信誉是旅行社利益不受侵害的保证，较高的声誉将决定旅游者对中间商的信任程度，从而直接影响其推销能力，而中间商的偿付能力是双方合作的经济保障。这方面的情况一般可从有关银行或咨询调查机构中进行了解，摸清中间商在业务活动中是否守信用，有无长期拖欠应付款或无理拒付应付欠款的历史等。国外旅行社在考察与选择中间商时，一般首先了解旅行社的资信和满足合同要求的能力。其次了解旅游中间商的人力、物力和财力状况、服务质量、销售速度及开展促销和推销工作的经验和实力等。经营实力不能完全以企业大小来判断，应依据相关的统计和调查资料进行综合分析、评估，并按评估结果排列有关中间商的顺序。

【案例】

中间商恶意拖欠

Q旅行社地处国际上较有影响力的旅游胜地，经过多年的经营，该社已具备了一定的经济实力，不少境外旅游公司都希望与该社建立业务关系。一家境外的K旅游公司却把恶意的眼光瞄向了Q社，经过了一番“考察”后，与Q社签订了一份销售协议。根据这一协议，K旅游公司向Q社送团预付定金、团到后结款。双方签约后，K旅游公司按协议不断地小批量送团，在一段时间内K旅游公司显得十分“诚信”，并以此取得了Q社的信任。然而一段时间后，K旅游公司就以小批量形式拖欠但很快又结付团费，Q社也没有在意。随着送团规模的扩大，拖欠团费越来越多。为追讨欠款，Q社经理亲赴国外与K旅游公司进行交涉，对方早有应付的准备，Q社经理最终被K旅游公司以贿赂的方式拉下水，于是状况一发不可收拾，一个好端端的旅行社因被恶意拖欠而濒临破产。

4. 中间商对旅行社的业务依赖性

中间商的业务范围各不相同，对旅行社的依赖程度也存在差异。有的国外旅游中间商专营或主要经营中国旅游业务，对中国比较了解，与我国旅行社合作紧密，对中国旅游产品的推销也很尽力，如英国促进旅行社、日本日中旅行社、日中和平观光公司等。这些专营中国业务的旅行社大都为中小规模，其中有许多旅行社经济实力不强，销售渠道不够宽，抵御风险的能力差。有的海外旅游中间商经营多个旅游目的地的产品，对某个具体旅行社依赖较小，甚至不存在任何依赖性。这类旅游商一般经济实力雄厚，商业信誉好，经营方法比较正规，企业的规模也较大，销售渠道宽，抵御风险的能力比较强。对我国旅行社而言，这两类中间商都有可取之处。通常许多旅行社与这两类中间商都发展业务关系，但专营中国业务的中小旅行社的发展潜力总不如大旅行社，因此开辟客户的重点应放在大旅行社上，要通过旅游宣传提高他们对中国旅游产品的兴趣。大旅行社一般注重长远发展战略，大规模经营也是其主要特点，所以我国旅行社应多设计有利于他们的价格策略，如数量折扣等，但最重要的问题始终在于产品质量保证，因为有影响的旅游中间商很珍视自己的商业信誉，只有在他认为所合作的旅行社质量高、信誉好、配合默契时，才会稳定地大批量输送客源。

5. 中间商的规模和数量

旅行社在同一地区应选择适当数量、适当规模的中间商。因为中间商过多，会造成促销方面不必要的重复与浪费，而且中间商本身也会因僧多粥少而影响推销积极性；中间商过少有可能形成垄断性销售或销售不力的局面。中间商规模大、实力雄厚、组团能力强，但也往往机构庞大、层次较多，而且也会形成垄断性销售的局面，使旅行社受制于人；中间商规模太小，往往组团能力差，不利于旅行社的产品推销。中间商的规模与数量取决于旅行社的经营实力和销售渠道策略。

6. 中间商的合作意向

旅行社和旅游中间商之间的合作关系实际上是一种双方情愿的关系，因此，旅行社在选择中间商时，所选取的对象必须有与我方合作的诚意。有些中间商是为多家同类旅游产品供应者代理零代业务，那么合作诚意就更为重要，否则无法保证其积极推销我方产品。

总之，选择中间商是旅行社在开拓销售渠道工作时必须加以认真对待的课题。它不仅需要有战略的眼光，而且需要有务实的精神。只有综合考虑上述因素，才有可能获得与条件理想的旅游中间商的合作。

（三）旅游中间商的管理

科学地选择旅游中间商只是工作的一个方面，而有效地管理同样是不可缺少的组成部分，旅行社对旅游中间商的管理主要通过以下四条途径进行：

1. 建立中间商档案

建立中间商档案，通过对旅行社名称、国别、组团能力、偿还能力、推销速度、合作情况、经济效益等方面的情况，使旅行社随时了解中间商的历史与现状，通过综合分析与比较研究，探索进一步合作与扩大合作的可能性，并对不同的中间商采取不同的对策。同时，为了更好地加强与旅游中间商的合作，培养稳定的客户关系，就很有必要建立中间商档案。

2. 及时沟通信息

一方面，向中间商及时、准确、完整地提供本旅行社的旅游产品信息，是保证中间商有效推销的重要途径；另一方面，从中间商处获得旅游消费者的需求动态和市场变化趋势，则是旅行社产品改造和产品开发的重要依据。

3. 有针对性地实行优惠与奖励

有针对性地优惠和奖励中间商，可以调动中间商销售本社产品的积极性。旅行社常用的优惠和奖励形式包括减收或免收预订金、组织奖励旅游、组织中间商考察旅行、实行领队优惠、联合推销和联合进行促销等。

4. 适时调整中间商队伍

旅行社应根据自身发展情况和中间商发展情况，适时调整中间商队伍。旅行社在下述情况下应做出调整中间商的决策：原有中间商质量发生变化；旅行社产品种类和档次发生变化；旅行社需扩大销售；旅行社要开辟新的市场；旅行社客源结构发生变化；市场竞争加剧等。

任务实施

实训项目：旅行社产品销售渠道分析。

实训目的：通过旅行社实地调研，了解旅行社产品销售渠道。

实训内容：

（1）学生以小组为单位，分组进行实训；

（2）各小组有针对性地选择当地一家旅行社进行实地调研，了解该旅行社的产品销售渠道；

（3）根据调研情况进行讨论、总结，上交调研报告。

实训指导：

（1）主讲教师帮助同学联系调研单位；

（2）指导同学拟订调研计划。

实训考核：主讲教师根据各组调研情况，结合调研报告进行点评，打分。

【案例分析题】

同一种销售渠道策略带来的不同效果

随着中国改革开放步伐的加快，越来越多的境外旅行社开始将目光转移到中国，组织本国居民到中国旅游观光。J市的TF国际旅行社在姚总经理的领导下，积极开展与欧洲旅游批发经营商的接触，寻求与他们的合作。对于销售渠道，姚总经理有个人的见解。他认为，广泛地接触大量旅游批发经营商，并同他们都保持合作关系，可能会导致客源的不稳定和销售成本的大幅度上涨。因此，他决定采取专营性的销售渠道策略，选择一家实力雄厚、信誉良好、目标市场与TF国际旅行社一致或接近的旅游批发经营商作为长期合作的伙伴。

经过一段时间的考察，TF国际旅行社发现欧洲地区A国的奥林巴斯旅行社基本上符合姚总经理对合作伙伴的要求，遂决定立即与其联系。由于TF国际旅行社在J市的旅行社行业颇有知名度和良好的信誉记录，因此奥林巴斯旅行社也欣然同意与其合作。这样，双方的合作关系便正式地确立了。一年后，TF国际旅行社和奥林巴斯旅行社签订了长期合作的协议，约定TF国际旅行社授权奥林巴斯旅行社为其在A国旅游市场的唯一的合作伙伴，并不再同A国的其他旅行社进行业务方面的联系，也不再接待除了奥林巴斯旅行社之外任何一家A国旅行社组织的来自A国的旅游团队或散客。作为回报，奥林巴斯旅行社将其在A国组织的全部旅游客源交给TF国际旅行社接待，并且不再授权J市的其他旅行社为其接待旅游者。

在此后的10余年里，TF国际旅行社和奥林巴斯旅行社一直进行着十分愉快的合作，并且都获得了良好的经济效益。

在欧洲市场上获得成功之后，姚总经理决定继续采取专营性销售渠道策略，打开北美地区的旅游客源市场。然而，TF国际旅行社的市场开发部副经理小王却对此提出了不同的看法。小王认为，在A国的旅游市场上，旅游客源集中程度比较高，采取专营性销售渠道策略完全符合当地的市场条件，是一项正确的决策。但是北美地区旅游客源市场条件与地处欧洲的A国不同。北美地区的地域广阔，人口是A国的3倍，拥有3万多家旅行社，其中大型的旅游批发经营商不下百余家，它们都拥有较强的客源招徕和组织能力。另外，像美国运通公司这样的超大型旅行社不可能屈尊与J市的一家中型旅行社建立如同奥林巴斯旅行社与TF国际旅行社那样的排他性合作关系。因此，小王建议，TF国际旅行社在北美地区的旅游市场上先采取广泛性销售渠道策略，同众多的旅游批发经营商建立起比较松散的合作关系，并通过一段时间的考察，逐步在该地区的不同州（省）选择数家具有强烈的合作愿望、良好的市场声誉和企业信誉、较强的客源招徕和组织能力的旅游批发经营商建立较为稳定的合作关系。换言之，小王建议TF国际旅行社在北美地区旅游市场上采取选择性销售渠道策略，而不是采取专营性销售渠道策略。姚总经理对小王的建议不以为然，认为他是“嘴上无毛，办事不牢”，所提的建议是“书生之见，不切实际”。姚总经理在TF国际旅行社享有较高的威信，加上他本人历来十分自负，所以他总是听不进他人的意见，尤其是年轻人的不同意见，导致社内的民主空气稀薄，员工们不敢也不愿向姚总经理提出不同意见。所以，小王的建议被轻率地否决了。TF国际旅行社决定选择北美地区的一家旅游批发经营商作为在该地区旅游市场上唯一的合作伙伴。

在这种销售渠道策略的指导下，TF国际旅行社很快就同位于美国旧金山的新大陆旅行社建立起专营性销售关系，并正式签订了对双方都有很大约束力的合作协议，规定双方不得在对方的旅游市场上与其他旅行社进行合作。

在合作初始阶段，双方都表现出一定的诚意，合作也是愉快的。但是，不久TF国际旅行社发现，新大陆旅行社只在旧金山地区拥有较大的影响，而对北美地区的其他州（省）的旅游者和广大公众则毫无影响力。因此，TF国际旅行社无法通过新大陆旅行社打开整个北美地区的旅游市场。后来新大陆旅行社开始拖欠TF国际旅行社的旅游团费，使TF国际旅行社出现了坏账的风险。财务部的马经理多次提醒姚总经理，但是姚总经理总是以“疑人不用，用人不疑”为由不听劝谏。一年后，新大陆旅行社通知TF国际旅行社终止双方的合作关系，并拒绝偿还拖欠的旅游团费。这时，姚总经理才如梦初醒，后悔当初听不进别人的不同意见，导致TF国际旅行社既丢失了北美地区的旅游客源市场份额，又蒙受了重大的经济损失。

问题：旅行社在选择产品的营销渠道时，应该考虑的因素有哪些？姚总经理的成功之处在哪里？失败之处在哪里？

【分析与讨论题】

请根据所学知识并联系实际，分析讨论不同类型旅行社营销渠道的特点及优劣之处。

任务三 旅行社市场促销

任务介绍

现代旅行社大多有着复杂的营销沟通系统，其进行产品促销的策略和方法也是多种多样，主要包括人员推销和非人员促销两大类。人员推销是指旅行社销售人员直接接触潜在消费者，面对面地介绍产品，并促进其实现产品销售。非人员促销主要包括旅游广告、公共关系、网络促销等。

任务目标

（1）了解旅游促销的含义；

（2）熟悉旅行社促销基本策略，主要掌握旅游广告、旅行社人员推销、公共关系和网络销售。

相关知识

一、旅游促销

促销的定义有很多，但在营销工作中对其最一般的理解是“营销沟通”。一般来说，促销是指企业把产品或实物向目标顾客进行宣传说明，促使顾客采取购买行为的活动。旅游促销则可理解为旅游营销者通过各种媒介将旅游地、旅行社及旅游产品的有关信息传播给潜在购买者，促使其了解、信赖并购买，以达到扩大销售目的地的一种活动。旅游促销的根本目的在于激发潜在旅游者的购买欲望，最终导致购买行为的发生。

根据旅游促销侧重的促销目的，旅游促销有以下三种类型：旅游目的地促销、旅游产品促销和目的地旅行社促销。其中，旅游目的地促销侧重于向目标市场或有关公众传递特定旅游目的地的宣传信息，所以又称为目的地形象宣传。旅游产品促销侧重点在于向目标市场或有关公众传递某种旅游产品的宣传信息。目的地旅行社促销准确地说，属于旅行社的企业促销，这类促销是旅行社侧重于目标市场、客户或有关公众传递本企业形象的宣传信息。

【行业动态】

海南万宁2014年“清爽万宁·绿色森活”活动推出

2014年5月30日，由海南省万宁市旅游局主办、海南爱哪哪旅行网协办的万宁市2014年“清爽万宁·绿色森活”夏季旅游产品营销活动将正式推出，有多款特色旅游优惠产品和组合套餐，游客可以通过爱哪哪旅行网站领取旅游代金券、网上抢礼、景点门票、酒店住宿折扣、餐饮优惠、购物优惠等方式直接体验。同时，参与的旅游企业也将获得增量、促销等奖励。

万宁以“建设花园城市、打造度假胜地”为目标，坚持政府主导、企业主体、多方参与、市场运作、媒体放大、游客获益的原则，6月1日至9月30日，通过开展一系列夏季旅游产品营销活动，整合旅游资源，推出各类产品线路组合和惠民旅游套餐，不断提升自己的旅游形象，逐步引导旅游由“过境游”向“目的地游”转变，势力打造成中外游客的度假胜地和万宁人民的幸福家园。

为期四个月的活动，在万宁市政府的精心组织下，万宁夏季旅游促销将在吃、游、购、娱等方面包装推出“免费游”“优惠游”以及12项主题营销活动，充分体现了联合营销、整合营销的特点，也表现了万宁市委市政府对开发旅游产品的决心和实际行动。

“免费游”方面，政府将向省内外散客发放万宁市旅游代金券500万元，游客可通过各大社区和门户网站领取，每人限领1张；同时，景区将推出特定时间和节假日免费游园活动，三十余家酒店、景区和演艺场每天提供一定免费客房和门票，凭券可享受企业一定的折扣优惠；此外，兴隆美食街各餐饮店每天赠送若干份万宁特色美食，送完为止。

“优惠游”方面，酒店、景区及相关企业向散客联合推出优惠套餐和折扣产品。如，周末家庭游、自驾游入住酒店优惠；暑假亲子游、学生游、夏令营活动入住酒店优惠；单位会奖游、拓展游入住酒店优惠；婚纱摄影游入住酒店优惠；等等。此外，节假日期间奥特莱斯推出部分商品优惠折扣抢购，种类繁多，适应各种需求。

12项主题营销活动包括：中华名博万宁体验游和广州推介会、跨国骑行花园绿道体验、影视明星下基层体验万宁旅游、“发现万宁”深度体验、幸福周末乡村主题游、大学生周末暑期万宁游、“发现中国之美——微视随手拍”万宁首发活动等。

此外，为了方便散客到万宁旅游，万宁6月份将开通大兴隆旅游区旅游公交，完善兴隆旅游区交通标识系统，建设智慧旅游微信平台，不断完善旅游公共配套服务。

万宁市旅游局局长陈宏跃表示，此次“清爽万宁·绿色森活”夏季旅游产品营销活动，是万宁创新旅游营销工作的一次尝试，希望实现夏季旅游淡季不淡的目标，促进旅游企业体质增效和旅游产业转型升级。

资料来源：http：//travel. 163. com/14/0530/17/9TGSK0EL00064L77. html

二、旅游广告

广告是什么？现代广告之父阿伯特·莱斯克称之为“印在纸上的推销术”，那时是一个许多现代化的媒体尚未出现的年代。今天，伴随着各种现代化传播手段的横空出世，广告已像毛细血管一样触及现代生活的方方面面。我们可以将广告理解为一种经济和社会的过程，一种说服性沟通的工具，一种以人们的注意和信任为预期回报的投资，等等。

旅游广告则是旅游目的地国家、地区、旅游组织或旅游企业以付费的方式，通过非人员媒介传播旅游产品及自身的有关信息，以扩大产品影响和知名度，树立自身形象，最终达到促进销售目的的一种沟通形式。

【知识链接】

旅游广告的类型及特点

旅游广告的类型很多，按照不同的划分标准，有不同的类别。

（一）按广告表现形式划分，主要有：

1. 静态广告。有以文字为主，有以图画为主，有以图文并茂为主的多种静态形式的广告。

2. 动态广告。有以人物活动配上解说词、道白的动态广告；也有以广告物为对象，以人物的吟诗、唱歌、舞蹈的动态广告；还有广告物人格化描写的动态广告。

（二）按传播媒体划分，主要有：

1. 报刊广告。这种广告传播快、影响大、读者广，且不易消失，可长期保存，其中报纸广告是旅游线路、旅游交通等产品信息传播的主要渠道。

2. 电视广告。这种广告形声兼备，重视造型技巧，能给观众留下深刻的印象，电视广告是旅游地形象宣传推广的重要表现形式。

3. 广播广告。这种广告占有空间优势，传播迅速，不受地区、交通和气候的限制。

4. 橱窗广告。这种广告量大、面广，顾客感受真切。

5. 户外广告。这种广告包括路牌广告、交通广告、灯箱广告等。它们明朗夺目，容易引人注意。

6. 网络广告。这种广告花费成本低，信息量大，是最佳的旅游广告形式和日后发展趋势。

（三）按旅游企业类别划分，主要有：

旅行社广告、酒店广告、旅游城市、景区广告、旅游节日庆典广告、会展广告。

旅游广告种类很多，旅行社为了达到广告目标，必须根据自身的情况正确选择广告媒介种类。旅行社在广告决策时，应了解各主要媒介的优缺点，同时考虑目标群体的媒介习惯、产品的特点、广告信息的特点、广告信息的内容和广告费用等。

广告促销具有传播速度快、覆盖范围广、利用手段多、宣传效果好等许多优点，因此，它是旅行社产品促销中使用最频繁、最广泛的一种促销方法。旅游产品促销广告根据使用媒体的性质不同，又可将其分为自办媒体广告和大众媒体广告两种基本形式。

（一）自办媒体广告

自办媒体广告根据其所凭借的媒介物不同，可以分为广告宣传单、户外广告牌以及载有旅行社信息的旅游纪念品三种常见的具体形式。

1. 广告宣传单

广告宣传单有单页宣传单、折叠式宣传单以及各种各样的宣传小册子，由专人在公众场所散发或在公共广告栏内张贴。广告宣传单具有信息量大、内容介绍比较详细、制作与传播成本低廉、容易保存等诸多优点。图 7-4 为某地旅游广告宣传单。

图 7-4 旅游广告宣传单

2. 户外广告牌

户外广告牌是一种影响力较大的自办媒体广告。其位置一般选择在飞机场、火车站、长途汽车站以及水运码头等流动人口频繁出入的公共场所、公路侧旁、建筑物顶部等醒目地带。广告牌制作要求文字简洁，语言生动，字体大小适当，并配备相关彩色图片。另外，旅行社应加强对户外广告牌的维护，确保完好无损，否则就会影响视觉效果。图 7-5 为某地户外广告牌。

图 7-5　户外广告牌

3. 印有旅行社产品信息的纪念品

现在大多数旅行社通过载有企业或产品信息的旅游纪念品进行宣传促销。旅行社可以向消费者赠送印有自己公司名称、主要产品、通信地址以及电话号码等内容的旅行包、太阳帽以及 T 恤衫等纪念品，如图 7-6、图 7-7 所示。旅游者在日常生活中携带这些纪念品出入各种公众场所时，无疑就为旅行社做了免费的广告宣传。

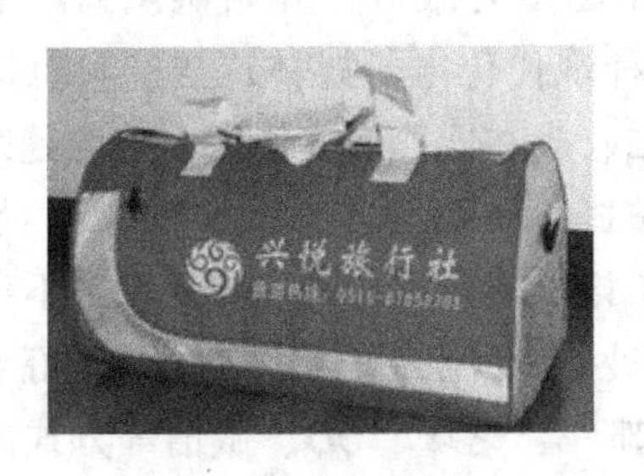

图 7-6　旅游包

图 7-7　旅游帽

（二）大众媒体广告

在现代社会生活中，各种类型的大众媒体特别多，包括电视、报纸、杂志、广播和网络等。

1. 电视

在当今的大众媒体中，电视广告促销对潜在消费者的影响最大。电视作为旅游宣传媒体的优点是视听共存、图文并茂、传送及时、真实生动、感染力强、覆盖面广、可重复播放、效果明显。不足的地方就是制作技术难度大，成本费用高，所以，一般中小旅行社没有能力负担昂贵的电视广告费用，目前只有少数大型旅行社进行电视广告宣传。同时，电视广告驻留时间较短，干扰较大，观众选择性较差。

2. 报纸

报纸是普及率最高的大众传媒。一般可分为全国性报纸、地方性报纸和专业性报纸三大类。报纸广告的价格各不相同，旅行社应根据旅游产品的不同目标市场与自身的财力状况来选择不同的报纸作为广告宣传媒体。报纸作为旅游广告媒体的优点是传播面广、使用率高，而且在一定时间内可反复查阅翻看，受众对广告内容比较信任，且费用相对较低，大多数旅行社财力均可承受。缺点是版面太多，内容繁杂，印刷纸不理想，表现力较低。

3. 杂志

杂志广告是一种以一定阶层读者为宣传对象的特殊媒体。具有针对性强、保留时间长、制作质量好、信息量特别大等优点。尤其是旅游专业杂志，旅游消费者往往对其介绍的产品信息信赖度较高，是旅行社针对具体目标市场开展广告宣传促销的理想工具。国内著名的旅游杂志有《中国国家自然地理》《国家人文地理》《华夏地理》《新旅行》《时尚旅游》等。杂志广告的不足之处就是出版周期太长、时效性差、费用较高，并且传播范围有限。

4. 广播

广播电台广告是一种以地方性受众为主要宣传对象的传统媒体，具有信息播送快速、重复率高、价格低廉等优点。其缺点是播放的声音转瞬即逝，不能产生视觉效果，很难使信息在听众头脑中长久保留。一般较适合旅游交通与观光旅游产品销售信息的辅助广告媒体，尤其是地区性旅游信息发布的媒体。

5. 网络

近年来，随着信息产业的迅速发展，越来越多的旅行社开始认识到网络的功能和作用，选择在互联网上开展广告宣传活动。这种现代化电子媒体广告，具有信息传播速度快、覆盖面特别广、形式灵活多变、交互性强、成本低等诸多优点，成为越来越多旅行社行业重视的广告发布媒体。比如，中青旅网站将各地著名景区景点、饭店、航空机票、旅游线路等信息，分别用中文、英文和日文做了详尽的介绍，其广告效果是不言而喻的。

旅行社应该不断地完善这个供各地消费者网上交流的平台，使旅游爱好者之间可以更好地互动交流。上网消费者还可以通过电子邮件、论坛、QQ、微信等方式向旅行社提问或咨询。旅行社应安排专门的网络销售或客服人员，及时答复网上顾客的要求和询问，有效地解决网上顾客的问题，从而为旅行社赢得更多顾客的信任，获得理想的客源和效益。

【知识链接】

世界各地旅游广告语

澳大利亚：令人心旷神怡的澳大利亚

佛罗里达州：佛罗里达，与众不同

宾夕法尼亚州：美国从这里开始

香港：魅力香港，万象之都；动感之都；我们是香港

上海：新上海、新感受

桂林：桂林山水甲天下

平遥：华夏第一古县城

北京密云区：山水大观与首都郊野公园——北京旅游卫星城
苏州、杭州：上有天堂、下有苏杭
深圳：畅游深圳，了解中国
海南省：椰风海韵醉游人
宁夏回族自治区：多姿多彩的塞外主题公园
锦绣中华：一步跨进历史，一日畅游中国
中国民俗文化村：24个村寨，56个民族
世界之窗：世界与你共欢乐，您给我一天，我给您一个世界
苏州乐园：迪士尼太远，去苏州乐园
宋城：给我一天，还你千年
美国好莱坞宇宙城公园：让游人进入侏罗纪时代

三、旅行社人员推销

旅游人员推销是指由旅游企业通过推销人员直接与顾客接触，传递旅游产品信息，以促成购买行为的活动，是旅游促销活动的重要组成部分。旅游人员推销是最古老的一种传统促销方式，同时也是现代旅游企业中最常用、最直接、最有效的一种促销方式。

（一）旅行社人员推销的特点

与非人员推销比较，人员推销具有以下主要特点。

1. 推销的直接性

推销人员在与旅游中间商和旅游消费者直接接触中，可以通过自己的言语、形象、持有的各种宣传材料等，直接向顾客解说、展示，通过交谈进行思想沟通，并当即回答顾客所提出的有关产品的各种问题。

2. 较强的针对性

旅游企业的推销人员在开展推销业务之前，一般事先要对旅游消费者进行调查研究，在选好推销对象后，再有针对性地进行推销活动。针对性强不仅可以获得更好的销售效果，同时也能节省人力、物力和财力。

3. 节省成交时间

人员的直接推销可以把有关产品的信息直接传递给顾客，并可当面商谈购销的各种事宜，如果双方交易意向一致，就可当即成交。若是通过媒体广告传递有关产品的信息，顾客接收到信息后，往往还有一个认识、思考、比较，到最后决定购买的过程，这就花费了许多时间。人员直接推销可大大缩短从促销到顾客购买之间的间隔时间。

4. 推销的灵活性

旅游人员推销与客户保持着最直接的联系，可以在不同环境下，根据不同潜在客户的需求和购买动机以及客户的反应，调整自己的推销策略与方法，可以解答客户的疑问，使客户产生信任感。

5. 具有公共关系的作用

旅游人员进行推销的过程，实际也是代表旅游企业进行公关活动的一个组成部分。

（二）旅行社人员推销的方式

旅游人员推销属于直接促销，主要有以下几种方式：

1. 营业推销

营业推销包括两种类型：一种是旅游企业内部销售人员在办公室内用电话来联系洽谈业务，接待来访购买者和咨询者。另一种是旅游企业其他各个环节的从业人员，在为旅游消费者提供服务过程的同时销售自身产品的活动。这种推销方式的特点是：顾客主动向推销人员靠拢，推销人员能依靠良好的销售环境和接待技巧完成推销，满足顾客需求。

2. 派员推销

派员推销是指旅游企业派专职推销人员携带旅游企业及旅游产品的说明书、宣传材料及相关资料走访客户进行推销的方式。这是一种古老的、存在时间最长的推销形式。这种方式适用于在推销人员不太熟悉或完全不熟悉推销对象的情况下，及时开展推销工作。这种方式的特点主要体现在：推销人员主动向顾客靠拢，推销员同顾客之间的感情联系尤为重要；它要求推销人员有百折不挠的毅力、良好的沟通能力与谈话技巧。

3. 会议推销

会议推销是指旅游企业利用各种会议，如各种类型的旅游订货会、旅游交易会、旅游博览会，介绍宣传本企业的旅游产品的一种推销方式。这种方式的特点是群体集中、接触面广，交易中客户心理较为轻松，因设防而产生的抵制阻力较小，对客户影响力极大，因而成交量大。

【案例分析】

以情动人的销售策略

河北省某市光彩旅行社的主要目标市场，是当地的各类学校。该旅行社的王总经理认为，这个目标市场的购买方式是团体购买，由学校领导做出购买决策。针对目标市场的特征，王总经理认为最适宜的促销方式应是人员推销，而不是其他的促销方式。为此，旅行社没有像其他的旅行社那样，在媒体上大做广告，而是派出精干的销售人员到学校，与校长、学工部负责人、学校团委、学生会负责人等进行直接的接触。

2004年春季，光彩旅行社决定利用该市距离北京较近的区位优势，策划以观看天安门广场升旗仪式，进行爱国主义教育为主要内容的“北京一日游”活动。王总经理亲自带着一名销售人员来到该市一所小学推介此项活动。接待他们的是张校长和教务主任李老师。经过商谈，经校长原则上同意组织该校学生参加“北京一日游”活动。但是，李主任却提出了一个难题。

原来，该校共有1 000余名学生。其中，计划参加此次“北京一日游”的三、四、五、六年级四个年级800余名学生。在这些学生中，虽然这次旅游的费用每人仅40元（含往返交通费、高速公路过桥费和午餐盒饭），但是有些困难家庭的学生可能无法承担这笔费用；而且学校由于经费困难，亦无法为这些学生负担活动的费用。因此，这些家庭困难的学生可能被迫放弃此次活动。她认为这样将会给困难家庭的学生造成一定的心理压力。

王总经理听了李主任的介绍，十分激动地表示，他也出身于贫困家庭，对于这些孩子们的处境十分理解和同情。他向张校长和李主任承诺，绝不能让一个孩子因家庭困难而失去参加这次活动的机会。为此，光彩旅行社不仅让这些学生免费参加这次活动，而且还向他们免费提供一份和其他学生一样的午餐盒饭、一瓶“娃哈哈”牌纯净水和一顶光彩旅行社定制的旅行帽。听了王总经理的话，张校长和李主任都很感动。张校长对王总经理说：“以前，其他的旅行社销售人员来到我这里，总是千方百计地说服我，让我们组织学生参加他们组织的旅游活动。他们在价格上斤斤计较，从来不肯为学校和孩子们考虑。今天，您的善举让我很感动。我代表学校和孩子们向您表示感谢。”

在这次旅游活动中，王总经理选派了经验丰富的导游员，并且亲自带队。他们不仅在生活上关心孩子们，而且讲解也十分认真和投入，让孩子们度过了快乐的一天。回来后，学校专门组织学生开会，畅谈参加这次活动的心得体会。学生们都表示，他们参加了一项十分有意义的活动，受到了爱国主义的教育，更加认识到祖国的伟大，一定要好好学习，长大后为建设祖国贡献力量。

张校长和李主任十分感谢光彩旅行社，并且主动介绍其他学校参加光彩旅行社组织的旅游活动。光彩旅行社和王总经理这种以情动人的销售策略，为他们赢得了大量的客源，并获得了良好的经济效益和社会效益。

分析：光彩旅行社销售“北京一日游”产品的成功案例，向人们展示了情感销售策略在旅游产品促销方面所能够发挥的重要作用。在本案例中，光彩旅行社针对学校中普遍存在的贫困学生现象，采取以情动人的促销策略，积极向学校推销其旅游产品。在促销过程中，关心和体贴贫困学生，鼓励支持他们积极参加旅游活动，使得学校的领导深受感动，最终决定接受光彩旅行社的旅游建议。光彩旅行社在这次促销活动中，不仅获得了预期的经济效益，而且赢得了良好的社会效益，并为进一步扩大其在当地学生旅游市场上的份额和提升企业在旅游市场上的声誉迈出了坚实的一步。

四、旅游公共关系

旅游公共关系是指以社会公众为对象，以信息沟通为手段，树立、维护、改善或改变旅游企业或旅游产品的形象，发展旅游企业与社会公众之间良好的关系，营造有利于旅游企业的经营环境而采取的一系列措施和行动。

旅游产品具有很强的综合性，它的“生产”需要社会各方的支持和配合，也就需要旅游企业与社会公众有着良好的关系。同时，在旅游市场竞争中，旅游产品所在的旅游目的地整体形象的好坏对于产品的销售将产生很大的影响。另外，旅游公共关系还有助于企业树立良好的法人形象，应对可能发生的不利谣言，增强员工的归属感、自豪感和凝聚力。所以，旅游公共关系对旅游业搞好市场营销，树立良好的社会形象有着重要意义。根据针对的对象不同，旅游公共关系主要有新闻媒体公关和社会公众公关两大类型。

（一）新闻媒体公关

针对新闻媒体的旅游公共关系活动就是通过提供有吸引力的新闻事件，以不付费的方式获得媒体对旅游企业或旅游产品的新闻报道，使企业的目标群体看到或听到，以达到特定的销售或宣传目的。由于公众一般倾向于认为新闻的可靠性大于广告，因此，通过媒体的新闻报道所产生的影响可能与花费巨大的旅游广告相当，而且新闻报道不需向媒体付费，所以旅游企业通常只需要投入很少的额外费用。

（二）社会公众公关

针对社会公众的旅游公共关系活动重在通过各种途径和方法，加强与社会公众的沟通，例如定期或不定期地出版介绍企业发展、产品信息、员工生活的刊物，免费向公众发放；捐助和参与希望工程等公益事业；赞助旅游交易会、优秀导游员评选等各种社会活动；饭店积极参加创建“绿色饭店”的活动等，从而提高旅游企业的知名度、美誉度和信誉度。

在针对社会公众的公关活动中，特别强调的是针对旅游者的公关活动，因为它与旅游企业有着直接的关系。据统计，50%以上的旅游者是通过朋友、熟人介绍而来购买旅游产品的。由于旅游产品生产与消费的同时性，旅游服务是向旅游者面对面提供的一种服务，因此旅游企业的每一位员工在提供服务时都需具备公关意识，把每一位旅游者都看作公关对象，努力提高服务质量，让旅游者满意。这不仅有助于包括旅游者在内的社会公众对旅游企业的了解和信赖，产生良好的口碑效应，也有助于增强潜在旅游者的购买决心，对扩大旅游企业经营业务是十分有效的。

【知识链接】

旅游公共关系的特点

旅游公共关系是一种促进旅游企业与公众良好关系的方式，如通过新闻报道宣传企业、通过参与社会公益活动展示企业奉献社会的良好形象等，其主要特点包括：

（1）通过第三者发布信息，可信度高，往往有一定情节或趣味性，可接受性强。

（2）有效的公关活动有利于赢得公众对旅游企业的好感，建立企业与社会公众的良好关系，对企业的发展也是十分有利的。

（3）活动设计的难度较大，需要充分利用一些机会，并把握好时机。

（4）公关活动的影响很大，有利于迅速树立被传播对象的良好形象。

（5）公关活动不追求直接的销售效果，其运用受外部条件的限制较多。

【业务示例】

乐途旅行社公共关系计划

旅游行业中的公共关系是指旅游业发展过程中旅游者、旅游企业及相关行业为方便沟通信息共享实现共赢而建立的一种良好的营销环境。这种关系一般强调旅游形象传播，重视双向交流，加强组织与公众之间的沟通管理。它以全面公正的客观事实为依据，以个人组织或大众为媒介，以互惠互利为根本目的，帮助旅行社做出明智的决策。针对企业在日常经营中所能接触到的周围环境，我公司制订了本年度的公关计划。

首先要做到的是根据我们进入市场的策略，以高中毕业生暑期游为市场缺口，与当地组团社合作，承办高考减压讲座，学术交流研讨，提高企业知名度。

其次作为一个新兴的国际旅行社，我公司将企业形象定位于高端和品质的象征。我们的广告标语是：“乐在其中，途我自在。”对此，我公司计划未来一年内开展一系列活动，凸显“畅游”与“休闲”的企业形象。

一、公共关系

1. 全年公关活动计划：

进行专项旅游活动和盛大的企业展示活动，与各种单位和媒体进行合作，塑造高端品质形象，活动范围以京津唐为中心，辐射整个目标市场，力求制造巨大的社会影响力。

2. 全年媒介计划：根据旅行社涉及的业务范围，与各大主流媒体合作，设立论坛、征文等，并配合所有活动，按季节、分主题进行传播。

3. 自办杂志计划：旅行社的社刊将成为持续广泛传播旅游资讯专家、旅游目的地大课堂、新兴理念的权威载体，以及客户服务的重要桥梁。

4. 广告计划：少而精的广告投放策略，主攻目标市场，扩大在市场的影响力，兼顾户外1~2个常年广告和专业商务旅游杂志，顶级高档DM杂志的广告投放。主要分为以下4类：

A. 高档时尚、休闲类杂志，如《时尚旅游》等。

B. 航迹杂志如《空中生活》等。

C. 专业旅游杂志，如《旅游天地》《中国城市旅游》。

D. 直投杂志如《港城时尚》等。

5. 未来一年具体活动计划（表7-3）：

表7-3 未来一年具体活动计划

活动分类	时间	内容	地点
企业庆典	6月	企业开业庆典以及“暑期体验月，乐享途中景”新闻发布会启动	按照实际情况选择场所举办，开通免费咨询热线
慈善活动	9月	为贫困儿童捐赠入学书本以及生活用品，新闻报道，并且与高校的学生会、社团相互联系，赞助其比赛、晚会等活动	
品牌活动	10月	红色旅游路线发布主动联系各大公司单位，以优惠的价格承接年度团体旅游活动	
企业联合	11月、12月	开展合作管理，建立合作联盟。与其他旅行社进行旅行团合作业务，包括拼团、组团等，以及与一家车队建立良好伙伴关系	
特色活动	次年1—2月	联系媒体重磅推出元旦春节“亲海旅”特色活动新闻报道，并邀请社会知名人士参与活动开幕式	
学术研讨	3月	节后参加有关旅游学术研讨，了解其他旅行社经营动向以及行业规则	
记者招待会	4月	解答关于旅游交易会的一些内容，并鼓励人们积极参与，促进公司与媒体代表的联系	
内部刊物发布会	5月	经过一年的成长，推出属于本企业的刊物，扩大市场影响力	
节事	6月	一年成果展览会	

二、客户管理

1. 建立客户的满意和忠诚度：建立客户满意度的程度具体在提供满意的导游服务和售后反馈工作。

2. 建立顾客数据库：公司设立顾客数据库，储存现有及潜在的顾客的需求及偏好特征，以便为客户提供服务。

三、会展公关

今年来会展旅游市场蓬勃兴起，我们要拓展会展旅游市场。一方面，在进行业务操作时，与饭店业、餐饮业、交通业、娱乐业、商品物流业要不可避免地发生联系。协调好与这些部门的关系，处理各种突发情况，是我们的主要工作之一；另一方面，要加强同政府的联系。因为如果想要争取到会展，特别是大型会展的举办权时，必须得到政府的支持，而政府无可替代的权威性可以帮助我们招徕更多的参展商。所以为了得到政府的支持，公司需要苦练基本功，增强实力，扩大业务范围，树立起良好的公众形象和声誉。此外，还要加强同参展商的沟通联系，做好客户的维系工作。建立客户档案，对客源预测、市场促销、后续利用等方面予以关注。这样就可以提高品牌优势，加快旅行社会展业务的发展。

资料来源：http：//blog. sina. com. cn/u/2654282157

五、网络促销

网络促销是指利用计算机及网络技术向虚拟市场传递有关商品和劳务的信息，以引发消费者需求，唤起购买欲望和促成购买行为的各种活动。旅行社传统的宣传手段宣传范围较狭小，是单向的点轴式信息交流，当接收者不需要旅游时对广告不在意，当他们需要旅游时又感到信息量不足，因此促销效果不理想。而网上促销的宣传面广泛、网页设计图文并茂、表现手法灵活、内容容易更新、成本低廉，而且与上网者可进行双向信息交流，引人入胜，说服力强。促销信息还可及时调整，为满足旅游者个性化的旅游需求创造了条件，同时多语种表达也为国际旅游者提供了方便，因而促销效果好。目前我国的大部分旅行社都开始进行网上促销，并且多数旅行社都已建立了自己的网站，如国旅、青旅、中旅、春秋旅行社及康辉旅行社等。随着互联网电子商务的迅速发展，旅行社要采取相应的策略，努力提高网络促销的有效性。

（一）合理设计网页

旅行社的网上促销宣传不仅只是建立一个网址，而且要建立一个有效率的网页。这个网页应该是动态的，不断充实的，以满足不断变化的市场需求，介绍不断丰富的旅游产品，随时向用户提供最新的、实用的信息，以激发上网者的出游欲望。大量研究表明，旅游者希望能够在旅游活动开始之前，通过互联网观看到旅行社产品所涉及旅游目的地的民俗风情、照片、视频等资料，并能够同已经消费过该产品的人相互交流，以获得有关旅行社产品的详细信息。因此，旅行社应注重网上信息的准确性、丰富性和实用性，并做出不断的更新，将有价值的信息及时发布在自己的网站上，如新产品信息、优惠促销信息、产品价格、游程安排等，使顾客通过网站能够轻而易举地找到他们需要的信息，为其出行和选购旅游产品提供方便。

（二）加强网上交流

网上促销逐渐成为旅行社和旅游消费者之间进行信息沟通的桥梁。上网者不仅可以接收旅行社发出的信息，也可在其网站上发布自己的旅游日志和旅游常识等，与其他旅游者交流旅游体会和经验。满意的顾客在网上的实话实说，对旅行社来说无疑是最好的宣传，这样对旅游者所产生的促销效果会更好。

（三）提高网站访问量

互联网促销能否取得成功的最基本表现是旅行社网站或网页的访问者数量和次数，访问量越高，说明旅行社的知名度越高，购买其产品的概率也就越大。因此，旅行社应采取有效的宣传策略，使更多的网民了解和访问旅行社的网站或网页。这些宣传策略包括：

第一，在旅行社印发的宣传资料和小册子中提醒旅游者识别该旅行社在网上的网址；

第二，在电视广告、广播广告中宣传旅行社的站点；

第三，向顾客发送电子邮件；

第四，在热点网站、旅游相关部门，特别是饭店、旅游交通部门的网站中链接自己的网址。

（四）适时更新限时促销活动

除了常规的网络促销以外，还可针对不同的节日或季节等进行如下几种限时促销活动。

1. 网上赠品促销

一般情况下，在新产品推出之初、产品更新、开辟新市场情况下利用赠品促销可以达到比较好的促销效果。赠品促销的优点：可以提升旅行社和网站的知名度；鼓励人们经常访问网站以获得更多的优惠信息；能根据消费者索取赠品的热情程度而总结分析营销效果和产品本身的反应情况等。

2. 网上抽奖促销

抽奖促销是以一个人或数人获得超出参加活动成本的奖品为手段进行旅游产品的促销，网上抽奖活动主要附加于销售产品、扩大用户群、推广某项活动等。消费者或访问者通过填写问卷、注册、购买产品或参加网上活动等方式获得抽奖机会。

3. 积分促销

积分促销一般设置价值较高的奖品，消费者通过多次购买或多次参加某项活动来增加积分以获得奖品。积分促销可以增加上网者访问网站和参加某项活动的次数；可以增加上网者对网站的忠诚度；可以提高旅行社的知名度等。

4. 网上折价促销

网上商品的价格一般都要比传统方式销售时要低，为的是吸引人们购买。加上配送成本不高、购买及付款方式方便，使得旅游者网上预定和购买的积极性不断上升。

【知识链接】

旅行社网络营销的优点

互联网作为信息双向交流和通信的工具，已经成为众多商家青睐的传播媒介，被称为继纸质媒体、广播、电视之后的第四种媒体。近年来，网络的功能和作用也引起了旅行社界的广泛重视，利用国际互联网促销已成为旅行社新兴的促销方式。旅行社不仅可以利用广告传播范围广、交互性强，成本较低的特点为企业和产品做宣传，还可以在互联网上建立自己的网站，开展网络营销和电子商务。

1. 适应国际旅游散客潮的需求，网络营销，散客成团

网络除了预订、查询功能之外，便于散客成团，常规旅游线路因客流量较大，用不着拼团；而有一些生僻的项目就可以在网上组团，在网上设计产品。如上海春秋旅行社在网上就做这个散客成团的业务，他们提出的口号是“网上成团，散客享受团队价”。

随着旅游设施的不断完善和旅游者自主意识的增强，散客旅游日益成为潮流。由于散客的居住地分散、旅游时间随意以及旅游产品的需求多样化，因而旅行社对散客市场的促销存在一定难度，而网络促销可以解决这方面的难题，每一个电脑网络终端都联系着潜在的散客市场，旅行社在网上开辟电子信箱也为招徕散客提供了直接的便利。可以预见，在旅行社的客源开发中，国际互联网对客源市场的促销作用会越来越明显。

2. 成本低廉，效果强大

网络营销，制作和上网费用低，内容丰富，易于旅游产品开发、修改和补充，便于新产品的迅速投放，宣传面广，覆盖全球。网络营销越过了批发商、零售商，减少了销售环节，节省了佣金和费用，降低了销售成本。

3. 网络营销便于旅行社与旅游消费者之间的双向沟通，满足旅游者个性化的旅游需求

旅游业的市场具有分布广泛、客源分散的特点，因此，网络利用其信息量大、覆盖面广、传输迅速的优势，通过各种旅游信息站点及主页，进行供需双方全天候的信息交流，从而提高销售效率。对旅游消费者而言，拥有充分的信息来源，对旅行社等旅游企业的选择范围更大；对旅行社而言，进行信息处理和传输的能力迅速增强，对市场的调研、细分和定位更深入可靠，并通过一对一的营销模式，实现了个性化服务。

4. 网络营销，具有结算功能

网络营销以银行为中介，采用类似于外贸信用站证的形式，为交易双方提供担保，进行电子商务结算，解决旅行社拖欠款的问题。同时，网络营销还具备信用卡销件、收款等功能，方便了旅游者，更有吸引力。

总之，旅行社网络技术的发展和应用使人们在信息和交流方面摆脱了时空的局限，进而对传统营销模式产生了巨大的冲击。目前，发达国家的旅游企业已有80%上网促销，1997年全球互联网上仅休闲旅游的网上销售额就达6.5亿美元，2000年达47亿美元，2003年则增至290亿美元。截至2012年6月底，中国网民数量达到5.38亿，互联网普及率近40%，越来越多的消费者通过网络获取旅游信息，自助游需求迅速增长。可见，旅游网络是极有前途的事业，其全球化将是必然的趋势。可以说，网络营销是旅行社销售的新型武器。

【案例】

雁荡山旅游营销进入“微时代”

七天长假连续阴雨，景点数量没有增加，交通状况尚未明显改观，但今年春节长假，雁荡山共接待海内外游客17.36万人次，同比增长100.6%。缘何出现游客接待的“小井喷”？这与过去一年，雁荡山风景旅游管委会创新营销方式，全力实施“微营销”不无关系。微博、微信、微小说、微电影、微旅游……在这个无“微”不至的时代，雁荡山紧跟潮流进入了“微时代”。

微电影　《雁南归》开启雁荡微营销

一段跨越60年的美丽爱情故事，在如诗如画的雁荡上演。去年（2012年）11月28日，由雁荡山风景旅游管委会出品的微电影《雁南归》，在2012中国旅游新媒体营销大会上首映，同步在优酷、土豆等视频网站首播。

该微电影不仅以雁荡山的秀丽景色为背景，同时也摄入了本地的风土人情，情与景相融合，为世人展现了一个灵秀生动的“寰中绝胜”。微电影拍摄期间，剧组现场还成为雁荡山景区里另一道引人注目的风景线，吸引了大量游客驻足观看并摄影留念。

正如业界专家魏小安所说，以微博的迅速兴起和普及化为代表，一个微时代已经来临。

正是基于对“微时代”的准确把握和对微电影这一新的传播形式的准确判断，雁荡山风景旅游管委会早在2011年就委托央视开始筹备微电影《用心聆听的美景》来替代常规的景区宣传片。清脆的鸟鸣响彻空中，龙湫的飞瀑流泉声，佛院内清风翻阅经书声，观音洞内悠远的木鱼笃笃声……在乐清乡土民歌《对鸟》中，一个录音师和雁荡山女导游在如诗如画的美景中情意绵绵，让灵秀的美景愈发生动有韵味。该片去年（2012年）6月刚一上优酷视频网，就引来好评如潮，点击率超过6 500多次。网友“大脸圆嘟嘟”说：“从来没感觉到雁荡山会是如此的美丽！”网友“薛程丰”说：“要赶紧考出驾照，自驾游雁荡。”

微营销　旅游营销新模式

一部《雁南归》，一部《用心聆听的美景》给雁荡山带来了超高人气。其实，在微电影之前，雁荡山就试过一系列“微营销”模式：雁荡山管委会官方微博于2011年7月在新浪和腾讯同步开通，目前新浪微博粉丝已有1.35万人，发布的微博近千条，分“早安，雁荡山”“文化雁荡”“雁荡微景”“景区天气”“春节旅游微直播”等10多个专题，每天定时更新，向游客介绍雁荡山旅游亮点，并及时回复博友提问、处理旅游投诉，打造成良好的互动平台。

去年（2012年）“5·19”中国旅游日期间，雁荡山管委会还在微博发起了征集19名微博宣传员，和微博有奖问答活动，使得雁荡山的官方微博与其聘请的微博宣传员，以及“中国乐清网”“微博乐清”等众多当地的政务微博，组成了微博矩阵，相互转发，扩大传播面。

如今，雁荡山管委会官方微博已成为浙江人气旺、点击率高的微博之一。今年（2013年）2月5日，新浪浙江于杭州举行的“2012新浪浙江微封面网络盛典”上，雁荡山管委会因其在新浪微博上的活跃度，互动率、粉丝量获得“2012新浪浙江人气旅行目的地”。

微服务　无微不至打造微旅游

雁荡山在开展个性化的微营销的同时，还在微服务上下功夫。

目前景区通过与同程网、乐途旅游网、中国旅游视频网等旅游销售平台开展景区网络宣传销售，全国各地的游客随时随地可通过微博、网站了解各种旅游线路、服务等。

“在全民微博的时代，微博的影响力早已摆脱了时间、地域的限制，哪怕远在千里之外，只要动动手指，就可以了解或订购你需要的东西。”雁荡山风景旅游管委会有关负责人介绍，正是看到了“微时代”网络的巨大能量，雁荡山将在今年更加注重网络营销和电子商务平台的开发，为游客提供更到位的线上微服务。同时，在线下，则做足文化旅游的内涵，今年将开展中国雁荡山文化旅游节系列活动，做好原有的旅游节庆品牌活动，如雁荡山夫妻文化旅游节、海鲜节、中秋之夜啤酒文化节，同时结合世界地质公园地质文化资源，开展国际性的地质文化网络课堂、地球日科普宣传等活动。线上线下结合，无微不至服务，以期培育时下正流行的微旅游市场。

资料来源：http：//www. wzrb. com. cn2013-02-19

任务实施

实训项目：旅游广告的设计。

实训内容：

（1）以小组为单位进行实训；

（2）某旅行社正准备推行一项沙漠探险旅游，旅游时间为半个月左右，目标市场主要是年轻人，主要促销手段是广告，请协助他们确定旅游产品推出的时间，选择广告媒体的类型、时间和频率，并确定广告主题；

（3）各小组提交实训成果，并以 PPT 的形式向全班进行展示。

实训考核：以同学间互评为主，教师点评为辅。

【案例分析题】

武陵源风景区“五项策略”做活旅游市场营销

2012 年 4 月 16 日，记者从武陵源区旅工委获悉，该区 2012 年旅游营销将继续坚持“政府引导，企业主体，抱团营销”的总体原则，全面实施形象营销、网络营销、活动营销、节庆营销和口碑营销等五项策略，进一步巩固和提升武陵源在国内山岳型景区旅游市场所占份额，实现全区旅游业又好又快健康发展。

齐心协力　做好形象营销。在央视推出以核心景区为主、二级景区（点）为辅的震撼性形象广告；在全国所有高铁动车组上投放平面广告；继续加强对以泰国、马来西亚、新加坡为代表的东南亚市场促销，充分挖掘市场潜力，力促境外市场多元化。

与时俱进　做好网络营销。加强与国内知名门户网站（搜狐、新浪、网易、腾讯）、知名旅游网站（携程、艺龙、驴妈妈）及知名社交网站（开心网、人人网）的合作，建立武陵源旅游休闲度假信息网络服务平台，在新浪等网站推出网络形象广告、建立武陵源网络形象商店；在国外微博网站“推特”推出武陵源官方账号；利用新浪旅游官方微博“张家界武陵源风景区”平台，按网站的要求把微博的管理日常化、制度化。

不断创新　做好活动营销。举办潘多拉太远·张家界很近“宝峰湖杯”第二届国际网络摄影大赛；以“追爱张家界之旅”为主题，全力组织好泛珠三角地区、西南地区等客源地的促销活动；做好首届“世界砂岩地貌大会”申办工作，在中央 10 套《地理中国》栏目推出两期关于张家界地貌的专题节目。

精心策划 做好节庆营销。利用森林公园建园30周年、武陵源世界自然遗产申遗成功20年，张家界国家森林保护节等策划好相关庆典活动；做好中国旅游日暨“2012欢乐健康游”主题活动；参加青岛国内旅游交易会；办好中国湖南国际旅游节；组织好特色旅游产品参加上海国际旅游交易会。

立足本职做好口碑营销 按照“文明武陵源·笑迎天下客”的要求，深入开展“平安满意在张家界”专项活动，增加全民的旅游服务意识，树立旅游的主人翁意识，强化旅游市场监管力度，建立旅游行业诚信体系，建立服务质量管理体系，完善旅游服务标准体系，建立旅游休闲度假信息服务平台，提升游客的满意度。

资料来源：张家界旅游网 http：//www.zjj1.com

问题：请根据案例进行分析旅游产品的营销策略有哪些？各有什么特点？

成功的促销个案——迪士尼

谈到美国的旅游景区，许多人可能不知道尼亚加拉瀑布或科罗拉多大峡谷，但是恐怕没有人会不知道迪士尼乐园。早在1964年，美国总统约翰逊在授予公司创始人沃特·迪士尼国家自由勋章时，就曾赞许到：“作为一名艺术家，沃特·迪士尼在旅游娱乐业领域，已经创造出了一个美国大众文化的奇迹。”如今，迪士尼与可口可乐、麦当劳、玛利莲·梦露一起，被称为美国娱乐消费的“四大天王”。

迪士尼的促销之道可总结为：

(1) 卡通电影树立品牌形象。从1928年《威利蒸汽船》里倾倒无数世人的欢乐天使米老鼠开始，70余年来迪士尼不断创造出人见人爱的卡通形象，无论是唐老鸭、三个小猪、白雪公主、辛巴还是花木兰、木须龙，无不是光彩夺目、熠熠生辉的超级巨星。然而走红的并不只是卡通自身而已，作为传递欢乐的载体，迪士尼公司也在传递着它的品牌内涵，树立着它的品牌形象。

(2) 浪漫而神奇的童话王国。1955年第一家迪士尼乐园在洛杉矶建成，以后又在佛罗里达、日本和巴黎相继建立了迪士尼乐园。在每一家乐园里，欢乐如同空气般无所不在，无论是建筑风格、娱乐项目，无不努力营造一个超凡脱俗的梦幻世界。在这里，孩子可以延续他们童话故事中的美梦，而成年人可以拾起他们未泯的童心，体会真实与纯洁。迪士尼乐园还尽量使用现代化的电子设备，每年补充更新娱乐内容和设施，使乐园成为一个容纳新鲜、纯真的“欢乐王国”。

(3) 服务营销，沟通无限。迪士尼公司找到了欢乐的四项要素：安全、礼貌、优美和效率。并由此升华出“迪士尼礼节”，围绕这四项要素的要求，迪士尼斥巨资训练员工以提供优良的服务，并专门成立了迪士尼大学。公司还在整个组织机构中统一服务绩效；通过顾客建议和投诉系统等了解顾客的满意情况，力求以服务创造市场。

(4) 迪士尼频道传播迪士尼信息。1983年，迪士尼创建了“迪士尼频道”，专门用来播放迪士尼制作的影片、卡通及电视节目。1994年通过与中国台湾博新公司、英国天空电视台签约及收购大都会——美国广播公司，使迪士尼走向了世界。到1994年，该频道的订购数升到了四百万。

(5) 迪士尼形象遍地开花。迪士尼通过特许经营发展玩偶消费品，每年利润近1亿美元。同时，玩偶消费品又成为迪士尼公司营销其卡通形象的重要手段。例如，1995年

《玩具总动员》上映之前，迪士尼公司动用了一切它所能使用的传媒和途径对其进行宣传，包括迪士尼频道、迪士尼商店、迪士尼的宣传画册、迪士尼的合作伙伴 Burgerking（汉堡王快餐连锁店）。而该片上映之后，共同的主角玩偶又出现在玩具商店中，圆领衫、书包上，这样，卡通片又促进了迪士尼商品的销售。1993 年，在推出了《谁杀了兔子罗杰》之后，迪士尼乐园中马上开了一个重现电影场面的立体娱乐点——卡通城。

问题：请根据案例进行分析，迪士尼成功开展促销的原因何在？

【分析与讨论题】

请根据所学知识联系实际，分析并讨论，旅行社应该如何在经营过程中综合利用各种类型的促销手段进行产品促销？

任务四　旅行社门市销售业务

任务介绍

旅行社门市部是指旅行社在注册地的市、县行政区域以内设立的不具备独立法人资格，为设立社招徕游客并提供咨询、宣传等服务的收客网点。旅行社门市部门销售能树立旅行社产品的品牌效应，强化在游客心中的形象。同时，旅行社门市部是旅游销售活动中的零售商，是商品从生产者到消费者流通过程中的最后一个中间商业环节，它处于销售渠道的出口处，对于保证商品流通的正常进行，有着重要的作用。通过本任务的学习同学们可以系统掌握旅行社门市销售业务的流程及技巧。

任务目标

（1）熟悉旅行社门市销售业务流程；

（2）掌握旅行社门市销售技巧。

相关知识

旅行社门市是旅游者与旅行社第一次面对面进行“接触”的地方，是旅行社给旅游者留下“第一印象”的地方。旅行社做好门市接待工作对整个旅行社的经营具有重要意义，够提升门市业绩，是旅行社赢得市场占有率的保证，将为旅行社带来巨大的利润。

一、旅行社门市销售业务流程

对于旅行社门市来说，标准化、规范化的对客服务是其成熟的标志；只有标准化、规范化的对客服务工作做好了，门市才能进一步追求个性化服务。在不同旅行社的门市中，旅行社门市销售业务与步骤大体相同，以下是比较标准的、规范的旅行社门市销售业务流程。

（一）欢迎问候

门市服务人员看到旅游咨询者已经进入门市后，就要转向对方，用和蔼的眼神和亲切的微笑来表达关注和欢迎，注目礼的距离以五步为宜；在距离三步的时候就要面带微笑，热情地问候："您好，欢迎光临，请问有什么可以帮您?"并用手势语言敬请旅游咨询者坐下。

（二）抓住机会沟通交谈，主动了解旅游者需求

旅游咨询者进入门市后，门市服务人员应注意观察，寻求与咨询者进行沟通的机会，一般情况下，以下情形是进行沟通交谈的好机会。

（1）旅游咨询者较长时间凝视某条宣传线路时；

（2）旅游咨询者把头从青睐的线路上抬起来时；

（3）旅游咨询者临近资料架停步，用眼睛看某条线路的图片时；

（4）旅游咨询者拿起某条线路的资料时；

（5）旅游咨询者在资料架旁边寻找某条线路时；

（6）旅游咨询者把脸转向门市服务人员时。

以上情形出现时，一般意味着旅游咨询者已经注意到某项旅游产品。或者希望得到门市服务人员的帮助，门市业务人员可通过接触谈话引导旅游咨询者的注意，从无意注意转向有意注意，或者从对旅游产品的浏览发展到对该产品的兴趣。此时，门市服务人员可以适时与旅游咨询者进行沟通交谈。与旅游咨询者接触交谈方法主要有打招呼法、介绍旅游产品法和服务接近法。

打招呼法适用于随意浏览的旅游咨询者，或者因门市服务人员正忙于接待其他咨询者无暇顾及的旅游咨询者，以避免这位旅游咨询者产生被冷落的感觉而离去。

介绍旅游产品法适用于正注意观察某种线路的旅游咨询者。实际操作过程中旅游产品法应该注意以下几个要点：

第一，门市业务人员应扼要地介绍该旅游产品的亮点以引起旅游咨询者的兴趣，旅游咨询者可能会说"我只是随意看看"，但这也意味着获得了推销线路的机会。

第二，介绍线路时需要直接、快速切入正题，不需要多余的礼貌用语。

第三，常见的错误方法如："需不需要我帮您介绍一下?""能不能耽误您 5 分钟时间?"正确的方法应该是："请允许我来帮您介绍一下。"

服务性接近法通常用于那些明确表示想要购买旅游产品的咨询者。

（三）展示旅游产品，激发游客兴趣

当顾客明确表示自已对某种旅游产品感兴趣时，门市服务人员应立即取出该产品的宣传资料递给旅游咨询者，以促进其产生联想，刺激其消费欲望。并且应尽可能地为旅游咨询者提供相关旅游资料，使咨询者有事可做，有东西可看，以引起其兴趣。

【知识链接】

向旅游咨询者出示旅游产品的方法

1. 示范法

示范法就是旅游产品的展示。例如可以让旅游咨询者欣赏其感兴趣的旅游产品的精美图片。这是进一步激发旅游兴趣、打消旅游咨询者疑虑的好方法。

2. 感知法

感知法就是尽可能地让旅游咨询者想象、感受、体验旅游产品，比如说通过网络信息论坛中的评论，让旅游咨询者实际感知旅游产品，以消除旅游咨询者的疑虑；根据从众心理，绝大多数游客说好的、值得去的，一般来说，旅游咨询者也会认为是好的、美丽的、值得去的。

3. 多种类出示法

多种类出示法适用于旅游咨询者对具体购买某种旅游产品还不确定时，旅行社接待人员可出示几种行程相似或价格相近的旅游产品供其选择，但这并不是说出示的旅游产品越多越好。

（四）旅游产品说明，解答旅游咨询者的相关疑问

出示旅游产品的同时应向顾客提供旅游产品的有用信息。门市接待业务人员应相对客观地说明和介绍旅游产品的一些卖点或者特色、线路的行程、住宿酒店的标准、所乘坐的交通工具等。具体可参考以下几个方面：

1. 参谋推荐

根据顾客的情况，在顾客比较判断的阶段刺激顾客购物欲望，促成其购买。一般分为三个步骤：

（1）列举旅游产品的一些特点。

（2）确定能满足顾客需要的特点。

（3）向顾客说明购买此种商品所能获得的利益和享受。这就是将旅游产品的特征转化为顾客所向往、所理解、所需要的东西，即顾客利益和享受的过程。

2. 促进顾客的信任

促进顾客信任就是抓住顾客对欲购旅游产品的信任，坚定顾客购买决心的步骤。促进顾客的信任的机会有以下几种：

（1）顾客对购买的旅游产品的提问结束时。

（2）当顾客默默无言独立思考时。

（3）当顾客反复询问某一问题时。

（4）当顾客谈话涉及旅游产品的售后服务时。

门市接待人员在把握这四个机会时不应在一旁默默等待，而应把握机会坚定顾客的购买决心，消除其疑虑，建议购买。但也应注意的是，接待员建议顾客购买绝不等同于催促顾客购买。门市接待员若不断催促顾客购买，可能会引起顾客的反感。但是一味等待也会失去销售的机会。因此接待员只能用平缓的语调建议顾客购买。

【案例】

旅行社门市的体验营销

我们先来比较两个旅行社门市接待案例。案例中，A表示接待人员；B表示顾客。

案例1：

A：您好，欢迎光临，请问您要旅游吗？（B可能会想：来看看不行吗？）

B：啊？是的，有什么好的线路吗？

A：西藏旅游近期非常火爆，您不妨试试。（太主观了，根本不了解游客的需求和旅游预算。）

B：西藏旅游太贵了，我可没有那么多钱。

A：那去北京吧，伟大的首都，价格便宜。（被动应付游客心理变化，不了解游客消费偏好）

B：北京没什么好看的，我都去了好几次了。

A：北京市确实没什么好看的。那么香港、澳门游怎么样？价格适中又是新线路。（让游客牵着鼻子走，游客一变，自己马上就否定了自己的线路产品。到现在都没搞清楚B先生是一人出游，还是家庭集体出游。）

B：那里多热啊，人多又拥挤，孩子受不了。

A：还有小朋友呀，那您不妨去胶东半岛，还可以去青岛看海底世界，小朋友都喜欢。（绕了一圈又回到家门口。）

B：青岛这么近，完全可以自己去，如果要去，也没必要找你们旅行社呀。我还是到其他地方看看吧。

A：……（无言以对，失去了潜在顾客。）

案例2：

A：您好，欢迎光临，请问我可以为您做点什么？（温文尔雅，又不硬性推销。）

B：我想趁暑假出去旅游，放松一下。

A：您是和您的家里人一起去享受快乐的假期吧？（委婉地了解出游人数。）

B：对，我们三口人一块去。

A：看起来先生一家经常外出旅游。都去过哪些地方呢？（了解游客的旅游经历。）

B：本省我们都已经去遍了，另外还去过北京、上海等许多国内的大城市。现在我对都市旅游已经不太感兴趣了。

A：现在是夏天，天气炎热。去亲近山水是个不错的选择，您说呢？就像我们这个门市布置得一样，清凉舒畅。（有针对性地试探游客的旅游偏好，并充分利用门市为夏季促销而特别进行的布置。）

B：有道理。

A：那您看，我们这里有几条适合夏季旅游的线路，距离较远的有四川九寨沟、湖南张家界等线路；距离较近的有河南云台山、浙江千岛湖等。价钱适中，行程也都比较轻松，适合家人一起出游。您可以具体了解一下这几条线路的具体情况，这里有线路介绍的小册子和精美的图片。（有针对性地提供不同选择，及时为游客提供直观的资料、图片，便于游客决策。）

B：那河南天台山怎么样？

A：非常漂亮，而且是消夏避暑的好选择。这里有我们的旅游团队在云台山旅游的录像资料，我给您播放一下。（在较简单直观的图片等资料的基础上，对有强烈意向的潜在游客播放时间更长、效果更直观的录像，推动其做出正确选择。）

B：真的非常漂亮。

A：您还可以用这台电脑上网，登录云台山的网址，仔细浏览一下该景点的详细情况。（通过游客上网进行自行浏览，促使其最终做出决策。）

B：没问题，就是云台山了。既清凉避暑，距离又近，还不至于让孩子感觉过分疲惫。（促销成功。）

资料来源 http：//wenku. baidu. com/view/9047be1fa300a6c30c229f36. html

（五）促成交易，留住客人

为了促成旅游产品的交易，门市接待人员可以根据实际情况，选择直接建议、二选一、印证法、化短为长等方法，促成交易。

（六）签订旅游合同

旅游咨询者做出购买决定后，门市接待人员下一步的工作是与旅游咨询者签订旅游合同。签订旅游合同是为了保护旅游者与旅游经营者合法权益的重要手段。因此，旅游者在出游前应当与旅游经营者（通常为旅行社）签订书面旅游合同。现在的旅游合同不仅限于书面合同，有些地区还推出了电子合同。

【知识链接】

《中华人民共和国旅游法》中有关旅游服务合同的规定

第五十七条　旅行社组织和安排旅游活动，应当与旅游者订立合同。

第五十八条　包价旅游合同应当采用书面形式，包括下列内容：

（一）旅行社、旅游者的基本信息；

（二）旅游行程安排；

（三）旅游团成团的最低人数；

（四）交通、住宿、餐饮等旅游服务安排和标准；

（五）游览、娱乐等项目的具体内容和时间；

（六）自由活动时间安排；

（七）旅游费用及其交纳的期限和方式；

（八）违约责任和解决纠纷的方式；

（九）法律、法规规定和双方约定的其他事项。

订立包价旅游合同时，旅行社应当向旅游者详细说明前款第二项至第八项所载内容。

第五十九条　旅行社应当在旅游行程开始前向旅游者提供旅游行程单。旅游行程单是包价旅游合同的组成部分。

第六十条　旅行社委托其他旅行社代理销售包价旅游产品并与旅游者订立包价旅游合同的，应当在包价旅游合同中载明委托社和代理社的基本信息。旅行社依照本法规定将包价旅游合同中的接待业务委托给地接社履行的，应当在包价旅游合同中载明地接社的基本信息。安排导游为旅游者提供服务的，应当在包价旅游合同中载明导游服务费用。

第六十一条 旅行社应当提示参加团队旅游的旅游者按照规定投保人身意外伤害保险。

第六十二条 订立包价旅游合同时，旅行社应当向旅游者告知下列事项：

（一）旅游者不适合参加旅游活动的情形；

（二）旅游活动中的安全注意事项；

（三）旅行社依法可以减免责任的信息；

（四）旅游者应当注意的旅游目的地相关法律、法规和风俗习惯、宗教禁忌，依照中国法律不宜参加的活动等；

（五）法律、法规规定的其他应当告知的事项。

在包价旅游合同履行中，遇有前款规定事项的，旅行社也应当告知旅游者。

第六十三条 旅行社招徕旅游者组团旅游，因未达到约定人数不能出团的，组团社可以解除合同。但是，境内旅游应当至少提前七日通知旅游者，出境旅游应当至少提前三十日通知旅游者。

因未达到约定人数不能出团的，组团社经征得旅游者书面同意，可以委托其他旅行社履行合同。组团社对旅游者承担责任，受委托的旅行社对组团社承担责任。旅游者不同意的，可以解除合同。因未达到约定的成团人数解除合同的，组团社应当向旅游者退还已收取的全部费用。

（七）收取费用

签好旅游合同后，门市接待人员需要收取旅游咨询者的费用，并为旅游咨询者开具发票。收取费用时一定要注意做到“三唱一复”。“三唱”即“唱价”（确认旅游咨询者所购买的旅游产品的价格）、“唱收”（确认旅游咨询者的现款金额）、“唱付”（确认找给旅游咨询者的余额），“一复”即复核，确认所付旅游产品与收取费用相符合。

除了收取现金，现在很多旅行社也可以提供刷卡付款，如果是刷卡付款，门市接待人员要注意刷卡金额的准确数字，以免出现错误。提醒顾客在银行卡的回执单上签名，签完后，一份留给顾客，另外一份门市部门留存。

（八）做好收尾工作

门市接待人员在为旅游者开好发票、结束销售时，应提醒咨询者出发前的注意事项、与导游约定联系的时间，并告知咨询者在旅游中的注意事项，这都能让旅游咨询者体会到门市的真心服务理念。咨询者离开时，门市工作人员应主动向其表示感谢，从而使得旅游咨询者对门市甚至对旅行社的整体形象留下美好的印象。

（九）资料归档

完成每一个旅游咨询者的报名工作后，门市接待人员需要把该旅游咨询者相关信息资料录入电脑归档，以便后面的导游出团工作或者客户服务管理工作需要查询使用。

门市服务代表整个旅行社的服务，门市服务可以实现产品价值，好的门市服务可以减轻压力、减少投诉，门市的服务和形象也是行业竞争的主要内容，因此门市接待人员在实际工作中，要不断学习提高，为旅游咨询者提供优质的服务，为旅行社带来更大的效益。

二、旅行社门市销售的一般技巧

旅行社门市销售的一般技巧有以下几种：

（一）直接建议法

当顾客对旅游产品没有问题可提了，就可以直接建议顾客购买。例如，“春节黄金周后去海南，最合适不过了，这个时候海南的天气比较暖和，黄金周后海南也不拥挤了；节后价格也大大跳水了，比黄金周期间便宜了 1 000 多元呢！你看我现在帮您报名怎么样?”

（二）二选一法则

这是采用含蓄的口气促使顾客做出购买决定的方法。门市销售人员要做一个名副其实的“旅游专家”，帮助潜在旅游者做决定，这时就可以采用“二选一”的法则，就是指门市人员以顾客购买为前提做假设，询问顾客要买哪一种旅游产品，而不是让顾客在买与不买之间进行选择。在选择的范围上，一般不超过两种，否则顾客难以做出决定选择。例如，可以让顾客在去东北看冰雕还是去海南晒太阳这两条线路进行选择。这种方法是最常使用的，也是一种较好的建议购买方法。

（三）化短为长法

当顾客面对商品的几个缺点犹疑不决时，接待人员应能够将旅游产品的长处列举出来，使顾客感到长处多于短处，这样就能促进顾客对旅游产品的信任。

（四）有限数量或者期限

旅行社门市人员一定要明确产品数量的有限性、时间的有限性的意义。这是一种让顾客感到错过机会就很难再买到的，坚定顾客购买决心的方法。顾客知道产品数量有限或者时间有限后，会担心“错过”，并进而产生此时不买，更待何时的急切心理。例如，节假日期间促销、折扣、特价等。运用此法顾客会感受到若不下决心购买，以后不是买不到，就是价格上涨。门市销售人员通过煽情的语言加大促销力度，就会进一步加强拉升顾客的购买急迫感，从而有助于交易的成功。

（五）印证法

当顾客对旅游产品的个别问题持有疑虑，迟迟不愿做出购买决定时，门市人员可介绍其他旅游者购买此种旅游产品后，对该种旅游产品的评价和满意程度，来印证门市服务人员所做的介绍，消除顾客下不了购买决心的因素。但一定要让顾客感受到门市服务人员的真诚，而不应感到这是强行推销。

（六）假设式结束法

假设式结束法是指旅行社门市销售人员直接假定旅游咨询者已经购买了本公司的旅游产品，所做的只是帮助旅游咨询者对旅游产品的介绍。例如，针对一位想去海南避寒的旅游咨询者，门市销售人员说："这个季节去海南最适合了，我们这里的温度，没有暖气，不穿厚衣服没法过，但是海南的白天有 10 多度，不用带厚衣服，还可以带泳衣到海边游泳，晒着太阳，舒服多了……"这样的谈话，轻松愉快，似乎不是在做交易，而是像朋友之间在闲聊，互相间的距离也缩短了，增大了销售成功的机会。

（七）邀请式结束法

邀请式结束法是指旅行社销售人员不停地询问旅游咨询者关于旅游产品的意见，并且引导旅游咨询者不断地赞同门市销售人员的意见，从而加强旅游咨询者对旅游产品的认可。常用最简单的表述：邀请式结束法=肯定+问句。以下都是属于邀请结束法的语句：

1. 这里的景色真的非常值得欣赏，您觉得呢？
2. 这条线路真的很适合您，您觉得呢？
3. 这条线路现在去真的很合适，您觉得呢？

（八）先顺后转法、"三明治"法

所谓"三明治"法就是"认同+原因+赞美和鼓励"的方式。这是最常见的一种语言技巧。当接待人员聆听完顾客关于价格的异议后，先肯定对方的异议，然后再用事实或者事例婉言否认后者。基本句型是"是的……但是……"。采用这种方法最大优点是可以创造出和谐的谈话气氛，建立良好的人际关系。

（九）价格细分法

旅游产品可以按不同的使用时间计量单位报价。如果接待人员把产品的价格按照产品使用时间或者计量单位分至最小，可以隐藏价格的昂贵性，这实际上是把价格化整为零。这种方法的突出特点是细分之后并没有改变顾客的实际支出，但可以使顾客陷入"所买不贵"的错觉中。

（十）价格比较法

接待员面对顾客提出的价格异议，不要急于答复，而是以自己产品优势与相同路线的产品比较，突出该旅游线路在食、住、行、游、购、娱等方面的优势。也就是用转移法化解顾客的价格异议。

（十一）对"我负担不起，价格比预期高"的处理

门市接待人员遇到顾客说"我负担不起"，或者"价格比预期高"的问题时，首先判断是借口还是事实，他们是否真正有购买意愿，然后再决定是否需要引荐其他价格稍低的旅游线路给顾客，以免错失销售机会。如果顾客说的是借口时，门市接待人员应当分析旅游产品的构成，继续刺激顾客的购买欲望和潜能。如果顾客说的是事实，门市接待人员应当推荐其他价格合适的旅游产品，让顾客能够负担得起，从而达成销售。

这里最重要的是要做出明确的判断。一般来说，门市接待人员可以从旅游咨询者的着装、谈吐、职业类别等做出综合判断，和客人聊天，让客人多说话，也是一种非常有效的手段。如果门市接待人员难以判断时则可采用最直接的方式问"负担不起"究竟是借口还

是事实也未尝不可。

（十二）把价格谈判放到最后

门市接待人员在销售产品过程中，不可避免地要与旅游咨询者谈到价格问题，在这个问题上，门市接待人员要注意的是，避免直接进入价格谈判。延缓价格的讨论，从产品的价值和旅行社的品牌等多方面进行包装和描述，从而大大刺激潜在顾客的购买欲望。

此外，由于不同的旅游咨询者性格特点等均不相同，因此门市工作人员在提供服务的过程中，还要根据咨询者的各自特点来为他们提供服务，以尽快促成旅游产品的交易，例如，冲动型客户、理智型客户、疑虑型客户、情绪型客户、随意型客户、专家型客户、挑剔型客户等，应根据这些顾客的不同特点，采取相应的销售对策，为他们提供更优质的服务。

三、旅行社门市销售人员的岗位要求

（一）礼貌待客

我国倡导的10字礼貌用语是："您好、请、谢谢、对不起和再见。"这也是旅行社门市业务人员在工作中必须掌握的基本语言。尽管只有简简单单的10个字，说好、说活且说得体也不是件容易的事情。

"您好"是热情的欢迎，是真诚的问候。一定是微笑着、正视着客人，并且要配以相应的肢体语言，如点头等。

"请"是一个万能用语，也是敬语中使用频率最高的字。对于一个有修养有素质的人而言，几乎在任何需要麻烦他人的时候，"请"都是必须说的礼貌用语。而有了"请"字，很多话就会变得委婉而礼貌，使顾客觉得舒服。

"谢谢"必须是诚心的。要注视着顾客，眼光要有情感，要用简洁的语言表达出致谢的原因，并及时注意顾客的反应。

"对不起"是门市业务人员送给顾客最廉价但同时也是最有价值的礼物：对敢于承担责任的、真诚及时的道歉，人们更容易会给予原谅。

"再见"是礼貌地送别，是诚挚地渴望下次再相见。门市业务人员一定要目视着客人说，并一直目送至客人离开。

（二）具有亲和力

亲和力，是门市服务人员留给顾客的一种心理感觉。比如，微笑就表现出温馨、亲切，能有效地缩短门市服务人员与顾客之间的心理距离，给顾客留下美好的心理感受，从而形成融洽的交往氛围。

（三）较强的口语表达能力

有人把旅行社的门市服务比喻为一场门市服务人员与顾客之间短兵相接的战斗。在这个过程中，口语表达无疑是门市服务人员最有力的武器之一。它不但代表着门市人员的个人修养、知识水平，也代表着旅行社门市的风格和管理水平。门市服务人员的口语技能、语言风格以及应变能力和表达能力，都直接影响到门市的利益。

口语表达的特点是：交流对话时间短，语言瞬间性强，常常是边想边说，语言推敲不够，句子简短，结构简单，甚至不完整。因此，门市用语就要体现出尊重性、正确性、适应性及简明性的原则。

【案例】

“这条线路很贵的”

李先生进入某旅行社门市，发现门市业务人员在电脑前忙碌，5 分钟过去了，都没人理睬他。李先生就自己拿了一些宣传资料看，当拿起一份“梦江南——云南昆明大理豪华 9 日游”产品宣传活页时，门市服务人员冷不丁地说了一句：“这条线路很贵的。”听了这句话，李先生顿时很无语，马上逃出了该旅行社的门市！

（四）一视同仁的服务态度

门市业务人员对顾客一视同仁的态度决定了门市销售的成功。顾客走进门市，最讨厌的就是受到差别对待。马斯洛需求层次理论认为，人的需求由低到高依次为：生理需求、安全需求、社交和爱的需求、受尊重的需求及自我实现的需求。旅游心理学研究表明，对于一个走进旅行社门市准备旅游的人来说，他不可能是为了满足生理需求和安全需求而来的；爱的需求也不大可能，至少传统意义上爱情、亲情等不大可能；他们更多的是为了实现受尊重的需求和自我实现的需求。不以貌取人，对待顾客一视同仁就是满足顾客受尊重的需求，为顾客创造快乐的心境。

（五）较强的推销能力

旅行社门市服务人员工作的职责之一是销售旅游产品。因此，推销能力就是门市业务人员需要具备的一项非常重要的技能。为了掌握这项技能，建议旅行社门市业务人员到大的商厦、品牌专卖店、工艺品店等销售一线进行实地感受和体会。当然，也可以去其他好的旅行社的门市学习，看看别人是怎么推销产品和线路的。这种角色互换，是一种比较行之有效的提高推销能力的训练方法。

（六）掌握相关的旅游知识

要使产品推销有真正的实效，门市服务人员：一是必须精通本旅行社产品的构成、特点与性能，与本地区同类旅游产品的差异等，让客人真切感受到本旅行社产品的价值与特色所在。二是门市业务人员必须掌握一些旅游服务学、市场营销学等重要知识和技能，如附加价值、微笑曲线、顾客价值等。三是门市服务人员必须掌握一些重要的旅游心理学知识和技能，如 AIDI 原则和“顾客满意度”等。最后，门市服务人员必须掌握一些与旅游业相关的政策、法律与法规知识，如《旅游法》《旅行社管理条例》《旅行社管理条例实施细则》《旅行社国内旅游服务质量要求》《旅行社出境旅游服务质量》《合同法》《消费者权益保护法》和《旅行社质量保证金赔偿试行标准》等。

【案例】

我们推荐“美丽”登山线路

刘小姐走进某旅行社门市，门市服务人员热情地招呼、问好，请刘小姐入座后，又为刘小姐沏了一杯绿茶，并微笑着说：“喝绿茶美容！”刘小姐被一种亲切、温暖的气氛感染，信任地问：“你能帮我推荐一条有价值的登山旅游线路吗？”

门市服务人员说：“没问题，我为美丽的您推荐一条‘美丽’登山线路！”

刘小姐听后很诧异：“还有‘美丽’登山线路？去哪里啊？美容院啊？”

“‘五岳归来不看山，黄山归来不看岳’，黄山每走一步都是美丽的，每看一眼都是美景！”门市服务人员回答。

刘小姐打断了门市服务人员的话：“黄山是太美了。有点当神仙的感觉，只是我已经去过了。”

“您对黄山的描述真精彩：那黄山的姊妹山——三清山，您去过了吗？”

“听说过三清山，但是没有去过！有索道吗？爬山累吗？”

“和黄山一样，三清山也有索道，您可以选择缆车上下，但是我建议您自己登三清山。然后缆车下山：上三清山，非常有利于健康；我健康，我美丽啊！”

听门市服务人员这样一番话语．刘小姐欣然报名去三清山旅游。

任务实施

实训项目：模拟旅行社门市接待服务。

实训内容：

（1）以小组为单位，进行模拟实训；

（2）分角色模拟旅行社门市接待情景，按照旅行社门市接待流程及岗位要求进行模拟训练。

实训指导：

（1）主讲教师可联系实训单位，让同学们在模拟训练前到当地较知名的旅行社门市部门进行实地感受、观察、学习；

（2）建议同学们在模拟表演中可以综合表现旅行社门市接待中的正确做法及错误做法。

实训考核：小组间互评，教师点评。

【案例分析题】

拘谨的客户

这是某天上午发生的事情，一位40岁左右，衣着普通，但还算整洁的先生，看得出不是有钱人，带着一个十一二岁的男孩儿，一直站在门市宣传橱窗前看图片和介绍，却不走进门市。门市服务人员觉得奇怪，便主动出门，请他们父子俩进来看看更详细的宣传活页。门市服务人员对他们很友善，一直在耐心地介绍。

这时，又一位顾客进来咨询了一会儿，门市服务人员同样热情招待，细心解说，耐心服务。最后那位顾客临走时，对那父子俩说：“你看的这条‘我到北京上大学’线路我认为不错，比较适合暑假孩子旅游，我刚刚就给女儿报名了！”这位先生，又犹豫了约半个小时，最后沉默地离开。在出门时，门市服务人员仍然礼貌送别，并主动为父子俩拉门。

下午快下班时，父子俩又来到门市，并最终购买了“我到北京上大学”经济型产品。

在收钱开发票的过程中，门市服务人员问：“我记得你们上午来过，但是没有报名，是我们产品有问题吗？”

父亲很坦率回答：“你们比另一家贵100块钱！”

门市服务人员又问："哦？那是什么吸引您最后决定参加我们的旅游线路呢？"

父亲微笑着回答："我感觉你们这儿最热情、最细心，孩子由你们带到北京，我放心。"

问题：阅读以上材料，分析旅行社门市部门工作人员的做法是否符合门市业务人员的素养要求。讨论旅行社门市部门在旅游产品营销中的意义。

【思考与讨论题】

从实际工作角度出发，谈谈与外联部、接待都、计调部等部门相比，门市部门工作有何特殊性。

项目八 旅行社人力资源管理

项目分析

旅行社业属于人力和知识密集型的服务产业，其投入主要是人力资源和知识，产出主要是服务，人力、人才是旅行社业最大最主要的资本。可以说，人是旅行社的核心，也是整个企业的精髓和支柱。旅行社市场竞争力的强弱，归根到底取决于人才的素质。因此，加强人力资源管理对旅行社的发展起着决定性的作用。人才的频繁流动在旅行社的经营管理中是普遍存在的现象，旅行社业务骨干“跳槽”甚至是业务骨干集体“跳槽”事件频频发生，对旅行社的稳定与发展造成了极为不利的影响。因此，加强旅行社人力资源的开发与管理，科学地进行旅行社员工的招聘与培训，对于保证旅行社的稳定和发展，具有非常重要的意义。

学习目标

※知识目标

（1）了解旅行社员工招聘渠道；

（2）掌握旅行社员工招聘的程序；

（3）熟悉旅行社员工培训的内容和方式。

※能力目标

（1）具备参与旅行社员工招聘工作的能力；

（2）具备筹备旅行社员工培训的能力。

任务一 旅行社员工的招聘

任务介绍

旅行社员工聘用是指为了旅行社发展的需要，通过向外招聘和对内选拔的方式吸收、挑选适合某一岗位的员工的全过程。旅行社员工选聘的目的，是要争取以合理的代价去获得能够满足旅行社需要的合格员工。通过本任务的学习，同学们可以了解旅行社员工的招聘渠道，熟悉旅行社员工的招聘程序。

任务目标

（1）了解旅行社员工的招聘渠道；

（2）掌握旅行社员工的招聘程序。

相关知识

一、旅行社员工的招聘渠道

旅行社员工招聘的基本途径可分为两类：旅行社内部招聘和旅行社外部招聘。两类途径各有利弊，应当具体情况具体分析。

（一）内部招聘

内部招聘是指旅行社内部发生职位空缺时，通过内部提升和调用的方式，优先从旅行社现有从业人员中调配解决。

1. 内部招聘的优点

（1）候选人了解旅行社工作的要求，适应较快；

（2）激励性强，有利于激励员工内在积极性，培养对企业的忠诚度；

（3）准确性高，有利于规避识人用人的失误；

（4）能节省招聘费用和上岗培训费用，成本比较低；

（5）创造了晋升的机会和防止可能的冗员。

2. 内部招聘缺点

（1）易导致“近亲繁殖”现象，甚至影响到下属对上司评价的客观性、公正性；

（2）可能因处理不公、方法不当或员工个人原因等在组织内造成一些矛盾；

（3）缺少思想的碰撞，容易抑制创新，影响组织的活力。

（二）外部招聘

外部招聘是指从旅行社外部吸引人才、挑选人才。外部招聘可以通过广告、职业介绍所或猎头公司等途径进行。

1. 外部招聘优点

（1）人员选择范围广泛，有利于招聘合适人才；

（2）可以把新方法和新思想带进旅行社，节省有关培训费用；

（3）降低了徇私舞弊的可能性；

（4）激励老员工保持竞争力，提升技能；

（5）有利于树立企业形象。

2. 外部招聘缺点

（1）增加了招聘和选拔的难度；

（2）增加了决策风险；

（3）需要更长的培训和适应阶段；

（4）影响内部员工的积极性；

（5）增加招聘成本。

（三）影响选聘途径的因素

内部选聘和外部选聘各有利弊，所以旅行社应当从实际出发，充分考虑各种因素，选择更加有利的选聘渠道。影响选聘途径的主要因素有：

1. 职务的性质或岗位

大部分基层职务或非关键岗位，可以从外部选聘；而较高层的管理人员则从内部提拔。

2. 旅行社的经营状况

小型的、新建的、迅速发展中的旅行社应当多从外部选聘人员；大型的、较为成熟的旅行社，人才储备也较多，应当多从内部选聘。

3. 内部人员的素质

能否从内部选聘到合格的人员，关键要看候选人的素质。如果内部人员的素质不高，不符合有关要求，就只能从外部选聘。

【知识链接】

表8-1为各类招聘渠道优缺点分析。

表8-1 各类招聘渠道优缺点分析

途径	优点	缺点	适合招聘人员	备注
中介机构推荐（猎头公司）	效率高，招聘有的放矢，节省人力；在人员的从业素质、职业道德上也有一定的保证	成本过高（中介成功的人员年薪的30%～50%）；有着企业本身缺乏人员储备的弊端	企业中高层管理人员；部分要求较高的基层管理人员	有广泛人才搜索网络，能根据企业所需人才的职业和职位的不同，为企业推荐不同的人才。推荐同时，会帮助企业对推荐人才进行资质审查，技术技能的评测
媒体公开招聘（如报纸招聘、电视、电台广告）	可以获得大量的人才信息，企业可选的余地较大；也会吸引到平均素质较高的人才前来；为企业做了较好的企业宣传	招聘费用相对较大；因简历多，因此短时间内带来很大的工作量	中基层管理人员及部分要求较高的基层人员	
招聘会现场招聘	比较直观，可见到应聘者本人，可了解应聘者本人的一些相关的信息。现场进行选拔，参加招聘会的人员较多，可选择余地大	时间短，不能当场对应聘者进行详细的审查和评测，需要进行下一个面试或者笔试环节；现场招聘者个人因素，易造成对应聘人员把握不准，造成真正优秀人员的流失	基层管理人员；文职类；技术类员工	招聘会是一个最现实最热烈的招聘方式
互联网人才库搜索	获得的信息量较大，可选择的面也很广；能对号入座，寻求自己需求的人才	招聘者的工作量大，想要从成千上万的求职者信息中搜索出合适的人选，需要大量的时间；通过网上的简历尽量把自己包装得尽量完美一些，造成招聘企业资源的浪费	中基层管理人员；文职类人员	
社会公共部门的推荐	招聘成本较低，选择的余地较大，应聘的人珍惜任何工作机会，稳定性较高	人选存在从业能力的问题，要么年龄较大，要么就是因为专业技能较差而失业；如是毕业生，企业需要付出大量的成本去进行培养和教育	销售代表、促销员、基层员工	社会公共部门指的是由政府主办的社会就业中心，各个大学或者专科学校的就业辅导中心

续表

途径	优点	缺点	适合招聘人员	备注
内部选拔	成本较低，选拔出的人员对企业的产品和企业文化都已经驾轻就熟，不存在融入问题，忠诚度较高，而且对企业内部人员的激励有很大的正面作用	存在过程比较漫长的弊端，一个内部员工的提升或者更换部门，需经过无数次的审查和讨论，经过谨慎的考核才最终实现，这个过程需要一定时间；获得提升的人员在提升以后，同样会给原来的岗位留下一个空缺，同样还得历经招聘的过程；在同一部门获得提升，和获得提升的人员原来同样级别的人员在产生期望的同时，也会存在心理短暂失衡，不排除个别人员过激行为	中基层管理人员	在企业内部各部门员工中进行挑选或将同一个部门的员工提升到较高的职位，或者将不同部门员工换到另外一个部门工作
推荐	成本较低，节奏较快，经推荐招聘到的人员工作上手较快，由于和推荐人本身存在一定关系，融入团队的速度也会较快	可选择的面较小，由于内部人员推荐，所以招聘者在审查方面或多或少会有些松懈，造成所招聘人员素质参差不齐；另一个较大的弊端所招聘人员与推荐者易形成“小团队”；外部人员推荐所招聘来的人员也会因为千丝万缕的关系，给以后的管理工作造成困难	中基层管理人员	是经过企业内部的人员或者和企业存在联系的外部人员推荐的合适的人员
QQ 群	传播信息速度快	推荐速度比较慢	文职；技术	利用流行技术
12580	传播信息速度快	有求职信息才能用	文职；技术；基层员工	
公交车LED	传播速度比较快	费用比较高		
手机短信	传播速度比较快	目前资源库有限	技术岗位；基层员工	
各种网络平台	传播速度比较快	反馈速度不快	文职	
人才市场户外广告	传播速度比较快	费用比较高	文职；技术；基层员工	
各社区广告橱窗	传播速度比较快	费用比较高	技术岗位；基层员工	
户外招聘	对基层岗位招聘效果较好	受环境和城市管理因素影响	服务岗位；后勤岗位	

二、旅行社员工的招聘程序

（一）制订用人计划

1. 职务分析

职务分析是对各个岗位的任务、责任、性质及工作人员的条件进行分析研究并做出明确规定。一般来说，职务分析主要包括以下内容：

①该职务的工作内容。

②该职务的工作职责。

③与旅行社内部其他工作的关系。

④该职务的“应知”“应会”。

⑤对拟任该职务的年龄、经验、资历。

⑥工作技能的培养。

⑦见习制度。

⑧工作环境条件。

2. 工作说明书

工作说明书是在职务分析的基础上，用以记载该职务的工作内容、职责、要求及其特点的文件：工作说明书一般要记载以下内容：

①工作识别事项，如工作名称、编号、所属部门等，以此将该项工作与其他工作区别开来。

②工作概要，包括工作范围、目的、内容等基本事项。

③具体工作，包括工作的具体目的、对象、方法等。

④其他特殊事项，如加班、恶劣的工作环境等事项的说明。

3. 工作规范

工作规范明确规定特定工作的操作规程、标准和具体要求。工作说明书与工作规范合二为一形成一个文件。

（二）开展招聘活动

1. 部门申请

各部门根据本部门业务活动或管理工作的需要，依据旅行社的用人计划，向人力资源部门提出书面申请。申请文件中必须详细而具体地说明所申请用工岗位的缺员情况，所需员工的技能要求及招聘人数等。

2. 申请审核

由人力资源部根据旅行社的用人计划及相关规定，逐项审核用工部门的申请。审核完毕，决定是否同意进行招聘。如果拟招聘的岗位是部门经理、副经理或业务骨干，还应上报总经理批准。

3. 招聘

人力资源部根据经过审核或批准的用工申请，进行招聘。

【业务示例】

雄狮国际旅行社（上海）有限公司在网络上发布的招聘广告

（一）企业简介

雄狮旅游创立于1977年，为中国台湾第一大旅行社，旗下员工人数超过2 000人以上。专业从事国内外旅游产品的设计、采购、生产、操作、销售和服务：产品形态上包括国内外旅游团体行程、个人自由行机票订房、企业商务出差服务，及量身定做的项目订制产品，提供企业、个人一次美好的旅游体验。

为顺应企业全球化趋势，雄狮旅游在美洲、大洋洲、亚洲、澳洲，全球共有67个实体服务据点，结合雄狮旅游网，为全球旅人提供贴心的在地服务；加上引领业界实施全面e化工作环境，让雄狮旅游创造超过100万旅客服务人次及200亿营业额的经营佳绩，已成为全球华人旅游第一品牌。

未来，雄狮旅游将持续积极拓展产业版图，以全方位生活休闲产业服务提供商的角色，导引全球华人走向一个旅游整合性加值服务的时代。

（二）招募计划

导游工作职责：

1. 热爱旅游事业，具有服务意识，且秉持服务热忱。
2. 合理安排，协调游览过程中的吃、住、行、游、购、娱各环节。
3. 安全第一，认真负责的在服务过程中就可能发生各类安全事故的地带、情况向客人做真实声明。同时，应按公司规定采取必要的防范措施。
4. 及时了解游客意见、建议、要求，并做好整理、汇报工作。
5. 协助产品经理完善带团操作说明，并就产品线路设计提出建设性建议。

导游招聘要求：

1. 大专以上（含），旅游管理相关专业优先。
2. 持导游证/导游资格证。
3. 较好的语言表达能力和理解能力、组织协调能力。
4. 熟悉导游业务知识，以及行业规范。

（三）导游保障计划

1. 导游员经培训、跟团学习、带团实践后综合评定是否录用。
2. 一经录用后，签订上海市劳动合同，按照有关规定缴纳4金。
3. 保障每月3团华东台湾入境地接团，收入稳定。
4. 台湾团入境地接不收人头费，按照团型支付导游出团津贴150~400元不等。并由公司出资支付除上海外的陪同房费用。保障所有导游无压力出团。

（四）有意者将简历发至 vivianzhu@ liontravel. com

资料来源：http：//www. dy1dy. com/showtopic-201243. aspx

【业务示例】

表8-2为某旅行社招聘登记表。

表 8-2 某旅行社招聘登记表

NO：

姓 名		性别		应聘职位		照片	
出生日期/年龄		民族		婚姻状况	未婚□ 已婚□ 离异□ 丧偶□		
最高学历	高中□ 专科□ 本科□	学制		所学专业			
何时-何校-毕业				学历类别			
户口所在地	省	市/县		是否有导游证			
身份证号码				政治面貌		身高	cm
现居住地址				联系电话		体重	kg
目前状况	在校生□	失业/待业□		兼职□	其他（请注明）□：		

家庭成员	称谓	姓名	工作单位	职务	电话
紧急联系办法 / 人				与本人关系	

社会关系				
姓名	性别	关系	工作单位（从事职业）	职务

学习和工作经历（时间由远到近，从高中学历开始填写）				
起止时间	单位名称	部门	职务	主要学习/工作范围
年 月至 年 月				
年 月至 年 月				
年 月至 年 月				

普通话程度	□较差	□一般	□熟练
爱好特长			
健康状况		是否有重大疾病/手术记录？ 否□ 是□ 病名（请注明）：	
薪酬要求	现月实际工资收入 元 期望收入（月平均） 元	其他说明	

注意：1. 填表人必须对表格中所有栏目根据自身情况逐项如实尽可能详细填写。

2. 本表格背面尚有需填写的栏目。

诚信声明
本人仔细阅读了本招聘登记表的所有栏目，并根据自身情况如实进行了填报。本人承诺，所填报的所有内容，及所附证明文件，均真实和有效；对于自身情况，没有刻意隐瞒或遗漏任何影响招聘录用的重大事项。 如果因本人提供的信息、文件和资料不实或不全，导致招聘单位作出错误的判断，由此引发的一切后果，包括法律责任，完全由本人承担。 签名：＿＿＿＿＿＿＿＿　　　　日期：
我们将在收到招聘登记表后尽快给您答复，十分感谢您对本公司工作的认可和支持。无论您的申请是否被接受，本公司将承诺对登记表中的一切材料保密，仅做公司储备之用。

（三）挑选及录用员工

1. 挑选员工

旅行社在挑选员工时可以采用履历表挑选和直接挑选两种方式。履历表挑选方式通常是根据需要，要求应聘者提交其自己的履历表以及工作意向、个人特长、学历、学位、工作经验和个人照片等，旅行社以此为依据决定是否录用。直接挑选方式一般是通过笔试、面试，以及心理学等综合检查方式，直接对应聘者进行较为深入的考察了解，并以此作为录用的依据。

2. 签订合同

旅行社在经过挑选并决定录用后，应以书面形式正式通知被应聘者。在经过被聘者的认可和接受后，双方签订录用合同。

【业务示例】

旅行社聘用导游劳动合同

甲方：　　　　　　　　　　旅行社业务许可证号：

乙方：　　　　　　　　　　导游证号：

根据《中华人民共和国劳动合同法》《旅行社条例》《导游人员管理条例》和有关规定，甲乙双方经协商，自愿签订本劳务协议，共同遵守本协议所列条款。

第一条：乙方接受甲方聘请以其导游知识和专业技能为甲方提供劳务，甲方根据乙方提供的劳务支付相应报酬；本协议期限为＿＿＿＿年，于＿＿＿＿年＿＿月＿＿日生效，至＿＿＿＿年＿＿月＿＿日终止。

第二条：甲方责任

1. 甲方根据乙方提供的劳务支付相应报酬；

2. 甲方应按时、足额支付旅游团队的各项接待、服务费用，并提供接待团队所必要的其他保障；

3. 乙方在为甲方执行带团任务时，甲方必须为其办理人身意外伤害保险，费用由甲方承担；

4. 团队任务结束后，甲方应对乙方的工作情况进行如实评价，并在乙方的带团记录上做好记录。

第三条：乙方责任

1. 乙方在为甲方工作期间，应服从甲方管理，遵照法律、法规、国家标准的规定和甲方的要求做好团队接待工作；非因不可抗力不得改变旅游计划安排的行程；

2. 严格按照甲方的接待计划安排团队活动，未经旅游者提出和同意，不在接待计划之外提供其他有偿服务；

3. 不得欺骗、胁迫旅游者购物或者参加需要另行付费的游览项目；不得以明示或暗示的方式向旅游者索要小费；

4. 发生危及旅游者人身安全的情形的，应当采取必要的处置措施并及时报告旅行社、旅游行政管理部门；

5. 在团队结束时，应主动向游客分发《宾客意见表》，收集游客的意见，并于团队结束后及时上交甲方；

6. 法律、法规、政府规章对导游带团的其他要求。

第四条：违约责任

1. 双方对劳务任务的完成无争议，甲方未按规定支付劳务报酬的，乙方有权单方主张解除本协议，并要求甲方按劳务报酬的数额根据人民银行同期贷款利率支付利息。

2. 由于乙方违背导游规范或违反约定，未尽合理义务导致甲方损失的，甲方有权追究其违约责任并拒绝支付其劳务报酬，乙方应承担相应的赔偿责任。

3. 因本协议引起的或与本协议有关的任何争议，均提请当地仲裁委员会按照该会仲裁规则进行仲裁。仲裁裁决是终局的，对双方均有约束力。

第五条：保密事项

1. 甲方应对乙方个人信息保密，不得泄露；

2. 乙方负有保守甲方商业秘密的义务。

第六条：本协议未约定内容，可由双方协商补充，补充协议作为本协议附件，具有同等法律效力。

第七条：本合同一式三份，甲乙双方各执一份，另一份报当地旅游局存档。

甲方（签章）：	乙方（签章）：
联系方式：	联系方式：
时间：　　年　　月　　日	时间：　　年　　月　　日

任务实施

实训项目：模拟旅行社招聘。

实训内容：

（1）以小组为单位进行模拟实训，实行小组长负责制；

（2）每个小组内进行人员分工，分别模拟旅行社招聘人员和应聘人员；

（3）需制订一份招聘计划书，模拟应聘人员需自制个人简历；

（4）每个小组需模拟一次招聘面试过程。

实训指导：

（1）同学可以通过所学知识以及网络资料进行前期资料收集；

（2）教师在实训中给予指导。

实训考核：教师点评与同学互评相结合。

【案例分析题】

罗森布鲁斯国际旅行社注重人才选拔

罗森布鲁斯国际旅行社是一家大规模的旅行社，该公司在美国、英国及亚洲设有582个分支机构，雇用了3 000名员工，到1992年，该公司的营业额上升到150亿美元。该公司的成功主要取决于稳定的员工队伍，在旅行社这一行里，工作强度相当大，普遍流失率高达45%~50%，而在该公司，流失率仅为6%。

公司认为，人才是自己的竞争优势，所以员工对公司来讲至关重要。为了保留住员工，公司组建了一个“幸福晴雨表小组”。该小组由从各部门随机挑选的18名雇员组成，这些雇员将员工们对工作的感受反馈给总经理。调查问卷一年两次被派发给所有的员工，以了解他们对工作的喜好程度。调查问卷计算后的结果告诉每一位员工。

每一位职位候选人均被仔细审查以确保公司招聘合格的人才。公司需要的是有良好的团队协作能力的乐观积极的人才。在挑选的过程中，公司把亲和力、爱心及对工作的狂热放在比工作经验、过往薪金等更重要的位置。符合资格的候选人会有一个3~4小时的面试。对于高层位置，公司总裁会亲自同候选人见面。例如，对于销售主管这个位置的候选人，他会邀请该候选人及其妻子，同他们共度假期。

一旦被雇用，新员工会很快熟悉他的工作环境。上班第一天，新员工将在幽默剧中扮演一个角色，目的是让这些员工知道：公司希望他的每一位员工从工作中获得欢乐。幽默剧的扮演也同样是一个学习的过程。例如，员工会在剧中因为糟糕的服务而结束他们的事业。

所有的新员工都会进行为期2~8周的培训，在培训过程中，经理人员会评估这些新员工，以了解他们是否适合罗森布鲁斯公司高强度的、注重团队合作的工作气氛。那些喜欢个人英雄主义的员工将被请出公司。

问题：请结合案例谈谈，罗森布鲁斯国际旅行社选拔人才的方式给了你什么样的启示。

【思考与讨论题】

请结合实际进行讨论，旅行社应该如何在员工招聘中选择合适的招聘形式。

任务二　旅行社员工培训

任务介绍

员工的培训是旅行社能否发展的关键。所谓培训，就是指旅行社通过创造一种学习环境，有目的、有计划、有组织地改变员工的价值观、工作态度和工作行为，从而促进其提高工作绩效和对于组织的贡献的培养和训练活动。作为旅行社人力资源开发与管理中的重要环节，员工培训贯穿于员工工作的全过程。通过本任务的学习，同学们可以了解旅行社员工培训的意义，掌握旅行社员工培训的内容。

任务目标

(1) 了解旅行社员工培训的意义和原则；

（2）熟悉旅行社员工培训内容及方法。

相关知识

一、旅行社员工培训的意义

旅行社员工培训的意义体现在以下两个层面：

（一）员工个人层面

1. 提高员工的职业能力

对于个人而言，通过培训所获得的工作能力和创新知识为员工取得好的工作绩效提供了可能，也为员工提供了更多晋升和较高收入的机会。

2. 满足员工实现自我价值的需要

培训要不断传授给员工新的知识和技能，使其能够适应或接受具有挑战的各项工作任务，实现自我成长和自我价值。这不仅使员工在物质上得到满足，而且使员工得到精神上的成就感。

3. 消除职业枯竭感

职业枯竭的调节、治理办法是多样的，但是员工培训可以完善个体自身，抓住职业枯竭调理的契机，完成自我超越。具体来看，员工培训可以帮助个体发现自己的不足，与时俱进地掌握新技能，更新观念，重新审视工作的内涵，创造性地运用自身的技能和知识，从而找到新的工作乐趣，突破职业心理极限，使个人的职业生涯产生质的飞跃。

（二）旅行社管理层面

1. 有利于旅行社保持和发展竞争优势

在知识经济时代，旅行社竞争优势的源泉在于员工的创新能力，因此旅行社的员工应与时俱进，不断更新知识与能力，适应变化中的市场环境。员工培训可以帮助旅行社提升人力资源的整体素质，保持学习、吸收新的信息和技术的活力和氛围，是培养进而保持旅行社竞争优势的重要途径。

2. 有利于改善旅行社的工作质量

工作质量包括业务流程管理质量、产品质量和对客服务质量。员工培训能改进其工作绩效，降低因失误或能力不足而带来的成本。同时员工的岗位意识、敬业精神和对旅行社的归属感都会在培训过程中得到强化，对旅行社的质量管理大有裨益。

3. 有利于旅行社团队建设

旅行社的运转过程是一个团队工作系统，员工在其中分别扮演不同的角色。通过培训，员工可以强化自己的角色意识和彼此之间的合作意识，加强与其他成员共享信息的能力，同时人际交往能力、集体活动能力、沟通协调能力等都可以得到强化训练。这些培训有助于优化旅行社的工作系统，突出团队合作的优势。

4. 有利于留住优秀人才

一方面培训提升了员工的个人成长空间，另一方面培训促进了员工对旅行社的认同，在实践中往往能留住优秀的人才，减少不必要的员工流动，促进员工队伍的稳定发展。

二、旅行社员工培训的原则

（一）系统性原则

系统性原则首先要求员工培训必须是全员培训，所有成员都有权利和义务参加相应的培训，要在整个旅行社营造培训、学习的氛围。

第一，要关注旅行社中高层人才的进步与发展，给予他们知识与能力的补给，促进其个人的发展。

第二，旅行社员工培训的内容和组织要有层次之分，突出培训的层次差异和对象差异。

第三，旅行社的员工培训应该自上而下地开展，高层和中层员工尤其要带头学习和进步。

第四，旅行社要结合自己的经营特色和市场定位确定自己的培训内容，逐渐形成自己的培训体系，有计划、有步骤地实现员工整体素质和工作绩效的提升。

（二）计划性原则

员工培训是人力资源管理的重要组成部分，需要投入人力、物力、财力等资源。为了确保员工培训的效果，旅行社要结合自身的实际需要制订中长期计划与短期计划。中长期计划为旅行社的长远发展提供智力支持，短期计划为旅行社的当前业务工作创造人力资源保障，二者各有侧重，但缺一不可。

（三）实用性原则

员工培训目标明确，围绕旅行社的发展来开展，因此要突出实用性。一方面，培训的内容要有针对性，帮助员工解决工作中的具体问题，围绕旅行社的经营发展定位来实现个人能力的增长，以便更好地为旅行社服务。另一方面，员工培训的方式要灵活多样，适应成年人的学习特点，突出在实践中引导员工的成长与发展。

（四）控制与反馈原则

控制与反馈是把握员工培训效果的重要手段，旅行社的员工培训必须要建立培训质量反馈指标体系，通过培训前质量控制、培训中质量控制、培训后质量控制来确保培训目标的实现。

三、旅行社员工培训的内容

旅行社员工培训的基本内容可以概括为“ASK”：其中，“A”即 Attitude，指员工的工作态度，主要包括思想素质和职业道德等内容；“S”即 Skill，指员工的工作技能与技巧；“K”即 Knowledge，指员工对相关知识掌握的深广程度。

（一）思想素质和职业道德培训

旅行社的员工经常是分散地、独立自主地开展工作，没有过硬的思想素质和较高的职业道德水准是难以胜任工作的。因此，员工的思想素质和职业道德培训，是旅行社培训工作的重要内容。通过这方面的培训，员工要了解国家发展旅游业的意义、旅行社在旅游业中的作用。了解本企业的经营目标和经营理念，从而树立主人翁意识和职业自豪感、荣誉感。因此，思想素质和职业道德培训可以培养员工敬业爱岗的精神，增强员工的团队意识与合作精神，使他们自觉维护国家利益和企业形象。

（二）工作技能培训

通过技能培训，使员工自己完成本职工作所必须具备的技能，如翻译导游、公共关系、谈判沟通、演讲技巧、处理突发事件的能力等；高超的技能除了通过培训掌握之外，更多要靠平时用心积累。旅行社应当把技能培训作为员工技能创新的向导，作为员工之间进行工作经验交流的重要渠道。

（三）知识培训

旅行社是知识密集型企业，应当使员工掌握工作所必需的知识，如历史、地理、政治、经济、社会、文化、自然、科技、民俗等。此外，还应当让员工了解本旅行社的基本经营情况，如发展战略、目标、经营方针、经营状况、规章制度等，以便于员工参与企业的民主管理，增强员工的主人翁意识。

四、旅行社员工培训的种类与方法

（一）旅行社员工培训的种类

1. 岗前培训

岗前培训是提高旅行社员工素质的重要措施。国家旅游局提出在旅游行业实行“先培训后上岗”的制度，新进旅行社的员工，都要进行岗前培训。岗前培训的课程有旅行社介绍、敬业精神、服务观念、服务意识、操作规范、业务知识、导游知识、外事纪律、旅行社规章制度等。导游还应参加专门的导游培训班，学习有关专业知识，通过考试获取上岗资格证书。

2. 岗位培训

岗位培训的对象一般是有一定业务知识和操作实践经验的员工。培训时一般不脱产，边工作、边培训，或可短期脱产。岗位培训的内容基本上贯穿于整个旅行社工作的过程。开展岗位培训能提高现有员工的业务素质和水平。岗位培训首先可从导游开始着手进行，其他如财会、管理、公关等各个岗位培训也应有计划分批进行。

3. 文化学历教育

学历反映了一个人接受教育的程度，并大体反映着个人的综合素质和专业知识水准。旅行社有相当一部分员工是从社会上招聘的，其中一些人学历不高，应积极动员这部分员工报考电大、夜大、自学考试、函授等成人教育相关专业，取得大专或本科学历。从总体上提升旅行社员工的文化素质，是旅行社人事部门的重要职责。旅行社还可同有关院校协商，进行委托培养或联合办学，使旅行社员工的整体学历水平有所提高。

4. 适应性专题培训

所谓适应性，也就是应用性、迫切性。例如导游员在导游过程中要掌握的外语、方言、地理知识、历史知识等都需进行专题培训。另一种情况是，旅行社员工由于工作需要，从一个岗位转到另一个岗位门，工作内容完全变了，因此对转岗人员进行培训，要求转岗的员工在短时间内掌握新岗位的工作知识和技能。具体方法可请专家上门讲课，也可走出去集中听课、观摩等。适应性培训的特点是灵活、实用，随时可安排调整。这种培训形式是旅行社主要的培训方式。

5. 心理素质的培训

这是全新的培训概念。它是将心理学的理论、理念、方法和技术应用到旅行社管理和旅行社训练活动之中，以便更好地解决员工的动机、心态、意志、潜能及心理素质等一系列心理问题，使员工心态得到调整、意志品质得到提升、潜能得到开发等。

（二）旅行社员工培训的方法

旅行社培训的方法多种多样，需视培训目的与需求、培训内容与教材、员工层次与水平、训练时间、场地与人数等因素的具体情况而选用。采用合适的培训方法，会受到受训者的欢迎并会取得最佳的培训效果。旅行社经常采用的培训方法有以下几种。

1. 课堂讲授法

课堂讲授法是传统模式的培训方法，也称课堂演讲法。基本上是老师讲，学员听，受训人员参与讨论的机会少，培训者也较难听到培训效果的反馈，针对性差。这种讲授方法比较适用于向大群学员介绍或传授某一课题内容。

2. 会议研讨法

会议研讨法是由培训人员领导讨论某一专题问题。其目的是为了解决某些复杂的问题，或通过讨论的形式使众多受训员工就某个主题进行意见的沟通，谋求观念看法的一致。这种培训方式的特点是信息交流为多向传送，参训者的参与性高，适用于巩固知识和训练受训人员分析问题、解决问题的能力以及与人交往的能力。

3. 案例研讨法

案例研讨法是一种应用集体讨论方式进行培训的方法，它与会议讨论法不同的是，通过对企业成功经验或失败教训进行讨论，不仅仅是为了解决问题，而是侧重于培养受训学员对问题的判断能力及解决能力，鼓励受训人员思考。这种培训方式，学员的参与程度较高，能有效地提高他们的分析、决策能力，帮助他们学习如何在紧急状况下处理事件。

4. 角色扮演法

角色扮演法又称职位扮演法，是一种模拟训练力法。这种方法通常用于情景培训中，培训学员创造和模拟一种实际情景，让学员在其中扮演各种不同的角色，使学员真正体验到所扮演角色的感受与行为，以发现和改进自己原先职位上的工作态度与行为表现。此种培训方法多用于改善人际关系的训练中。

5. 操作示范法

操作示范法广泛应用于旅行社在职前事务训练中，是适用于工作流程的改进、引进新设备等而广泛采用的一种方法。为了使受训员工了解和掌握新的工作，培训人员在工作现场利用实际设备采用边演示、边操作、边讲解的方法进行培训，学员反复模仿实习，经过一段时间的训练，使操作逐渐熟练直至符合规范程序与要求，达到运用自如的程度。目前，各大旅行社在兴建网站的过程中，为了让学员熟悉网站的建设、维护和网页的更新设计，通常采用操作示范方式进行现场培训。

6. 利用互联网进行培训

旅行社可以充分利用互联网这一新的快捷培训方式，但要及时、迅速地更新网页。互联网可以持续提供最新的培训资料，这样就使培训的循环和更新变得方便、容易、简单，而且可以为旅行社节省成本。互联网需要用户善于在大量的信息中收集、比较，找出自己需要的信息。开展这种培训方式的前提是旅行社的员工经常上网。

【知识链接】

如何才能做好旅行社的员工培训

一、观念要重视

目前，我国旅行社对员工培训普遍不太重视。这主要是因为：

第一，我国大多数旅行社为中小型企业，盈利水平大多处于微利状态，因此，只能更多关注企业的生存与发展，无暇顾及旅行社人力资源建设，更加忽视对员工的培训。

第二，我国旅行社行业人才流动较为频繁，使得许多旅行社不敢花费大量财力物力对员工进行培训。

以上现象的出现，造成了诸多弊端。一方面，我们知道旅行社处于微利状态大多与旅行社人力资源不强有关。因此，不重视培训，只会使企业的盈利水平停滞不前。另一方面，旅行社人才的高流动性与企业的管理制度、对人才的重视情况是息息相关的，提供培训不仅不会提高流动率，反而可以更多地留住、吸引员工。

旅行社一定要转变观念，重视员工培训，尤其是中小型旅行社，要应对激烈的市场竞争，更应该重视团队的人力资源建设。要树立“人才是旅行社可持续发展的根本动力，人力资源是旅行社重要的核心资源，是旅行社所有资源中增值潜力最大、最有投资价值的资源”的观念。

二、内容要合理

目前，我国旅行社行业在培训内容方面出现的问题，主要表现在“两重两轻”：

第一，重理论轻实践。大多数旅行社的培训内容主要集中在旅行社人力资源管理对策、旅行社导游素质提升等理论性问题上，较少直接涉及旅行社实践内容。

第二，重宏观轻微观。我国大多数旅行社的培训内容是根据整个行业的情况来定的，如“金融危机背景下旅行社的应对之策”“网络安全与旅行社的经营”等这些大问题，很少直接根据本旅行社的实际情况来设计培训内容。

旅行社培训内容应根据培训的目的、指导思想、评价培训成败的依据、培训需求分析等予以确定。培训内容的集中体现是培训课程，而课程的针对性对培训效果有着直接影响，因此培训者对培训课程要进行精心设计。

第一，根据本旅行社的实际情况，有针对性地确定培训内容。对于部门经理的培训，要更多倾向于和本旅行社相对应的旅游市场营销、旅行社管理等方面内容；而一线员工，人际沟通、心态调整、服务技巧、团队精神、企业文化等，才应是培训的重点。

第二，针对不同层次的培训对象，将培训内容模块化。旅行社应该改变以往统一打包、“两重两轻”的培训模式，根据企业发展需要，设计出内容不同的培训模块，如旅行社市场营销可将其细化为旅行社产品模块、旅行社促销模块、旅行社销售模块、旅行社价格模块等，再针对不同层次的员工进行培训模块的组合，建立内容合理的培训计划，以提高培训效率。

三、方法要灵活

旅行社培训的效果在很大程度上取决于培训方法的选择，甚至在有些时候方法比内容更重要。当前，我国旅行社对员工培训采取的主要方式是“课堂讲授”，这一方式适用于政策解读、信息传递、财务知识讲解等。除课堂讲授以外，以下两种方法可供选择：

第一，角色扮演法。指在一个模拟的工作环境中，指定参加者扮演某种角色，借助角色的演练来理解角色内容，模拟性地处理工作事务，从而提高处理各种问题的能力。如旅行社进行导游讲解培训时，教师首先为角色扮演准备好材料以及一些必要的场景工具，模拟一个在某旅游景点讲解的场景，将一名员工做导游，其他员工做游客，演出结束，教师针对各演示者存在的问题进行分析和评论，以告诉其提高导游讲解的方法和技巧。

第二，案例研究法。指为参加培训的员工提供棘手问题的书面描述，让员工分析和评价案例，提出解决问题的建议。旅行社人力资源管理培训中有关如何应对员工频繁跳槽问题的教学，可以采用此方法。首先告诉员工我国旅行社人才流动性很强这一现象，严重影响了旅行社的经营管理，然后将员工分组来完成对此问题的分析，做出判断，提出解决问题的方法。讨论结束后，公布讨论结果，并由教师对培训对象进行引导分析，直至达成共识。

当然，旅行社员工培训的方法还有很多，如工作轮换法、工作指导法、研讨法等，不同的培训方法具有不同的特点。

四、评估要到位

许多旅行社花费了很大的功夫对员工进行培训，却忽视了培训效果的评估。培训后的考核流于形式，只要参加了培训，人人都能通过，没有优劣之分。这种现状导致许多旅行社的培训形同虚设，浪费了大量的人力财力。培训也是一项企业投资，效果的好坏直接影响投资收益。

培训效果评估是旅行社对培训工作完善和提高的重要手段，也是员工培训必不可少的组成部分。一方面，培训效果评估既能对培训组织部门的业绩做出评价，也能了解接受培训的人员的培训效果；另一方面，培训效果评估还可以作为对培训投入产出的收益进行定性的统计分析，为旅行社人力资本投资和管理提供依据。

培训效果的评估主要从以下四个层面展开：

第一，反映层面：主要是了解员工对培训项目的反映。

第二，知识层面：主要是通过考试或实际操作测试，了解员工对培训涉及的一些理论知识和实际技能有多大程度的提高。

第三，行为层面：主要评估员工所学应用于工作的情况和员工的改进情况，评估中可以通过跟踪调查，由员工的上下级和同事根据其在工作中的应用情况来评价，包括工作态度、工作表现和分析解决实际问题的能力。

第四，结果层面：主要评价的是培训为公司带来的效益，可以从两个角度入手：一是员工个人绩效的提高；二是企业绩效的提高，具体的可以通过达标率、出勤率、销售额、利润率等指标来考察。

【业务示例】

旅行社新员工培训提纲

一、目的和原则

1. 端正员工的工作态度：认同企业，尊敬领导，团结同事，主动工作，及时汇报工作结果。

2. 培养员工的工作能力：规范各个工作流程，以工作内容（进程）为员工考核标准。

3. 激发员工的工作动力：精神上鼓励与包容，物质上提供与业绩挂钩的薪酬福利。

二、培训内容

（一）公司介绍

1. 目的

认识公司及同事，树立信心，产生集体归属感和荣誉感。

2. 培训内容

同事介绍、公司发展历史及荣誉、公司架构、人员配备、晋级流程、福利待遇。

3. 辅助措施

（1）列举表现优异的公司同事代表的事迹和待遇，给新员工描绘光明前景。

（2）让积极向上的同事陪同用午餐，从侧面反映公司工作氛围和良好的企业文化。

4. 布置作业

一周内与各部门同事至少聊天一次。

（二）公司行政制度培训

1. 目的

掌握公司上下班作息制度、休假制度、财务制度。

2. 培训内容

上下班作息制度、休假制度、财务制度。

3. 布置作业

对制度的学习心得，新员工个人未来一年目标和工作计划。

（三）公司办公环境培训

1. 目的

掌握办公室各类办公设备的使用方法，熟悉各类文件资料的摆放位置，电脑基本操作。

2. 培训内容

演示使用各类办公室设备（打印机上墨、换传真纸、正反复印等），告之文件资料的摆放位置。

3. 布置作业

要求其亲自演练一次设备的使用，自行建立电脑文件夹，之后接收相关资料放入文件夹。

（四）公司线路培训

1. 目的

熟悉公司各类线路产品的基本情况，及公司产品特有的卖点。

2. 培训内容

介绍公司产品。

3. 辅助措施

(1) 演示产品PPT，以景点讲解为主，吸引新员工对产品的兴趣。

(2) 学会利用地图学习行程编排。

(3) 学习相关线路产品问答题，并通过闭卷考试。

4. 布置作业

新员工逐一上台向其他人讲解PPT。

(五) 散单操作培训

1. 目的

新员工能够帮助OP和销售处理简单问题：订票、订车、订酒店、送签证、填签证表格/出入境卡等。

2. 培训内容

散单操作流程，各线路操作流程，各入境表格和签证表格的填写规范。

3. 辅助措施

(1) 新员工分配给经验丰富的销售和OP做助理。

(2) 模板的使用：提供操作流程，各类业务的模板。

4. 布置作业

自我填写一套出入境表格、以自身资料填写签证表格。

(六) 电话销售培训

1. 目的

和客户建立联系，维护客户，销售产品。

2. 培训内容

电话销售前的准备、流程、市场调查的常规问题、如何回答客户的常规问题。

3. 辅助措施

(1) 模拟对客电话销售，一对一互相模拟客户演练问答。

(2) 背诵各类常规问题，做到脱口而出，应对自如。

4. 布置作业

提交一篇电话自我介绍开场白。

(七) 公司线路操作流程培训

1. 目的

熟悉团队操作流程，以及电脑中“工作文档”的使用。

2. 培训内容

各线路操作流程，“交接表”“操作表”“结算表”“账单”等表格填写规范。

3. 辅助措施

(1) 流程的重要性，配以案例分析。

(2) 电脑实地演示一次各类表格的使用。

4. 布置作业

将公司原有操作团队以文字形式，发给新员工，让其完成各表格的填写。

（八）市场分析培训

1. 目的

熟悉我社产品的卖点，竞争对手的产品优缺点。

2. 培训内容

各线路行业十大批发商及其品牌，市场上主流产品的特点，公司产品的独特卖点。

3. 辅助措施

使用表格对比不同旅行社产品的内容差别。

4. 布置作业

获取自身市场上主要对手的产品计划和线路行程，了解同一级别对手的销售姓名。

（九）市场开拓培训

1. 目的

寻找潜在客户的方法。

2. 培训内容

寻找潜在客户的方法：网络、交易会、同行杂志广告、已有客户的推荐、实地拜访客户。

3. 辅助措施

举例说明各个方式的具体操作方法。

（十）出境旅游常识的附加培训

1. 目的

扩大眼界、激活思路、丰富知识。

2. 培训内容

中国出境旅游业的发展历史和前景、各地出境口岸、签证的种类、航空知识、旅游英语。

（十一）专题案例分析

1. 目的

通过各类案例，迅速积累经验。

2. 培训内容

遇到同业低价抢团怎么办？机位紧张时如何收客？如何收款？如何处理行程中客人投诉？

3. 辅助措施

多人会议，鼓励讨论，分析各种处理方案导致的不同结果，当场明确最佳处理方案。

（十二）工作计划的制订

（1）每天重复做目标暗示。

（2）每周提前做拜访计划，每天严格执行计划。

（3）提早跟客户约会，增加每天拜访的次数，成功的销售一天至少给30个不同客户打电话。

（4）跟行业或公司顶尖的销售员在一起，相互学习，共同提高。

（5）每天下班前总结工作，记录对自己有帮助的案例。

（6）制定工作目标，量化你的目标，并合理分配到每月和每周的工作中去。

(7) 制定每天工作流程，按小时具体划分清楚，并严格执行。

(十三) 如何与客户有效沟通，完成销售

1. 设计自己给客户的印象（销售的不是产品而是销售员本身）

2. 建立客户信赖感

(1) 倾听，问很好的问题。

(2) 出自真诚地赞美客户，表扬客户。

(3) 不断地认同客户。

(4) 模仿客户讲话的速度。

(5) 熟悉产品的专业知识。

(6) 永远为成功而穿着，为胜利而打扮。

(7) 全面地了解客户的背景。

(8) 使用客户的见证。

(9) 要有一些大客户的名单。

3. 有效的产品介绍

(1) 要引起客户的注意力。

(2) 必须证明给客户看。

(3) 让客户产生强烈的购买欲望。

(4) 引导客户行动。

4. 寻找客户的购买关键点，并反复刺激关键点

5. 解除客户不购买的三大理由

资料来源：http：//www.zjjta.com/peixun/xygrrkc-111118.html

任务实施

实训项目：模拟旅行社员工培训。

实训内容：

(1) 以小组为单位进行模拟实训，实行小组长负责制；

(2) 收集旅行社培训内容的相关资料，依据所掌握的资料，选定培训的专题；

(3) 选择适当的方法，模拟培训人员对小组其他成员进行培训。

实训指导：

(1) 指导同学利用所学知识以及网络资料进行前期资料收集；

(2) 主讲教师在实训中给予指导。

实训考核：以同学间互相点评为主，主讲教师点评为辅。

【案例分析题】

某旅行社非常重视员工的培训，并成立了专门的员工培训部门，新招聘来的员工可以接受非常系统的岗前培训。在各个岗位，对老员工定期进行在岗培训，并提供机会给优秀的员工去深造，全部费用均由该旅行社承担。

然而，在该旅行社面临改制，以及重新划分客源市场的关键时期，许多优秀员工先后离职。离职的主要原因在于：缺乏晋升机会、绩效和报酬不挂钩、福利差没保障等。未离职的员工同样因为待遇和升职空间的问题，表现出明显的懈怠情绪，服务质量差、工作效率低。

考虑到自家培训的人才都跳槽到竞争对手旗下，给本旅行社的发展带来了极大的威胁，因此，该旅行社取消了一切员工出去学习和深造的计划，并减少了对员工业务技能和应对突发事件、职业道德等方面的培训，只对新员工进行岗前培训。员工服务水平越来越差，使旅行社的声誉大不如以往，经营受到很大影响。该旅行社面临前所未有的人才危机和经营风险。

问题：阅读以上材料，分析该旅行社人力资源管理中存在的问题，并提出有效的解决方案。

【思考与讨论题】

请根据你所学习的知识，谈谈你认为旅行社员工培训应该包括哪些内容。

项目九
旅行社业发展趋势

项目分析

旅行社业的快速发展对国民经济起到了积极的作用，不但拉动内需，而且带动了相关行业的发展，具有深远的现实意义。近些年来，随着行业规模的扩大和市场竞争的加剧，加之科学技术的发展和经济全球化趋势等因素的影响，我国旅行社业形成了自身的特征，存在一定问题，面临机遇和挑战，出现一系列新的发展动向，应在外部条件变化的情况下谋求行业的升级。通过本任务的学习，可以使学生对我国旅行社业未来的发展趋势有一个相对全面、清晰的认知和了解。

学习目标

※知识目标

（1）掌握旅行社集团化意义；

（2）熟悉电子商务在旅行社行业中的运用；

（3）掌握我国旅行社品牌化发展策略。

※能力目标

掌握中国旅行社发展的趋势。

任务一　旅行社产业组织集团化趋势

任务介绍

旅行社的集团化就是指单体旅行社组建旅行社集团，进行集团化经营的动态过程。我国旅行社集团化发展在经历了三个阶段的摸索、发展后，正朝着一条真正适合我国国情的道路上迈进。采取继续发挥政府主导作用、尽快转变旅行社水平分工体系和实行横向联合为主的发展策略，是实现旅行社产业组织集团化的必由之路。

任务目标

（1）了解旅行社集团化的概念及意义；

（2）理解我国旅行社集团化的必要性和紧迫性；

（3）了解我国旅行社集团化发展现状；

（4）掌握我国旅行社集团化发展策略。

相关知识

一、旅行社的集团化

旅行社集团是以旅行社为主体，通过产权关系和生产经营协作等多种方式，由众多的企事业法人组织成的经济联合体。而旅行社的集团化就是指单体旅行社组建旅行社集团，进行集团化经营的动态过程。

世界范围的旅行社集团化潮流开始于20世纪80年代。当时，在欧美国家，服务于商务旅行市场的零售旅游代理商之间的竞争十分激烈。于是，一些规模较大的旅行社开始认识到，一定的规模是旅行社在激烈的旅游市场竞争中克敌制胜的法宝。基于这种认识，欧美出现了一批巨型旅行社代理商。这些大规模的旅行社布点广泛，有能力与供应商谈判到较低的价格，能够向客户提供最优的服务，保证通过全面管理来节约客户的费用支出，因此，越来越多的大公司开始将公司的全部旅行业务委托给一家巨型旅行社代理商代理。后来，巨型旅行社代理商开始将触角伸到了休闲市场上。在20世纪80年代末，代理商的大部分业务集中于少数大规模旅行社的形势已十分明显。如美国的运通、日本的交通公社等。近年来，亚洲的旅行社兼并风潮四起，旅行社集团化进程加剧。可见，旅行社业的集团化代表着世界旅行社业发展的趋势。

当前旅行社集团化的意义有如下几个方面：

首先，旅行社集团有助于提高旅行社业的经济效益。大型旅行社集团在经营中具有旅游产品开发、旅游服务采购、旅游市场拓展、旅游接待以及资金、信用、人才和抵御风险等方面的优势，因此易于降低经营成本，获得规模效益。

其次，旅行社集团有助于产业结构优化。旅行社集团可以跨地区甚至在全球范围内进行生产要素优化组合，对优化整个旅行社行业的结构也起到了积极作用。

最后，旅行社集团有助于增强一国旅行社业的国际竞争力。在国际竞争国内化、国内市场国际化的背景下，一国旅行社集团的实力在一定程度上反映了该国旅行社业的国际竞争力。

二、我国旅行社集团化的必要性和紧迫性

从行业内部看，一是行业盈利能力下降，且近几年一直呈下降趋势。二是行业整体及单体市场份额低，全行业及优势企业均未达到规模经济的要求，短期内难以抗衡国外大旅行社。三是我国现有旅行社绝大多数处于转轨阶段，经营效率低，抗风险能力弱，缺乏企业核心竞争能力。

从行业外部看，一是信息时代全球经济一体化缩短或减少了旅游资源与消费者之间的供应链，旅行社依赖地理资源信息、文化传统知识和专业化集中服务所形成的供应和中介能力受到挑战，专业信息局部垄断和旅游集中采购及供应服务的中介优势将被弱化；二是中国加入WTO后，形成国内市场国际化和国际市场国内化的格局，国外大型旅游批发商将对处于中下游环节的旅游服务分销商和供应商形成巨大威胁，同时也会对中国客源市场形成强有力的争夺；三是在入世承诺下，将实行普遍的国民待遇，全面放开非国有经济成

分进入旅游服务业和进一步扩大对外开放，国内旅行社的经营范围日益扩大，国内外旅游服务供应商增加，形成严酷的竞争形式。

总之，中国旅游业的迅猛发展，强烈要求旅行社以“集团”的组织形式来适应国家对市场的宏观调控，实现国家的总体战略目标，实现旅游行业的持续发展。中国已经是一个旅游大国，作为旅游大国，必须有与旅游大国地位相适应的跨国旅游集团。

三、我国旅行社集团化发展现状

自1989年国家旅游局批准设立国旅集团起步，我国旅行社集团化建设已形成了三个层次的发展格局：第一层次是老牌的国旅、中旅、青旅三大系统；第二层次是招商、康辉、铁路三大网络；第三层次是国际旅行社内以职工、体育、文化、妇女为牌子的联号旅行社。除以上三大层次的网络集团外，在国际旅行社业内还有潜在的网络，即以“海外”为牌子的联号企业，由国旅系统分化出来的许多海外旅游公司已经发展成为当地外联量最大、旅游业务开展最好的国际旅行社。在国内旅行社领域，春秋旅行社集团是中国规模最大的国内旅行社，春秋旅行社集团已在全国建有22个直属分社，网络代理商500多家。

总体来讲，我国旅行社集团化发展经历了三个阶段。第一个阶段从20世纪70年代末到90年代初中期。这个时期是根据国家的产业政策而设立的一些旅行社集团，如上面提到的1989年成立的国旅集团。第二个阶段从20世纪90年代中后期到我国加入WTO以前。这个阶段我国进行现代企业制度改革，这对我国旅行社集团化改革增加了强大的政策扶持，中央和地方都出现了一些新的旅行社集团。如广之旅、上海春秋等。这个阶段也是旅行社集团化发展的徘徊期和探索期。第三个阶段从加入WTO至今。这个阶段也是旅行社行业真正开始了集团化并且同世界接轨的时期。我国的一些旅行社集团开始朝着一条真正适合我国国情的旅行社集团化发展的道路上迈进。

【案例】

“中国中旅”并入“港中旅”

中国中旅（集团）有限公司于2007年7月19日通过国务院国资委正式公布：并入香港中旅（集团）有限公司成为其全资子企业，港中旅按照管资产和管人、管事相结合的原则依法对中国中旅履行出资人职责。

对于中国中旅和港中旅的重组，港中旅董事长张学武表示，当前，中国已是全球旅游业发展速度最快、最具生机活力的国家，我国旅游业国际排名已进入世界第五位。中国中旅的并入将使集团的总资产、净资产和销售收入年预算得到大幅增加，也将使港中旅集团在内地网络覆盖面更全、更广，酒店竞争力进一步提高，增强集团发展后劲。

他表示，我们有理由相信，实现中国中旅和港中旅强强联合、有机整合后，港中旅将会发展成为世界前列的旅游强企，我们有信心使集团的“CTS”“中国中旅”品牌驰名国内外，使红五星旅字标志在中国、亚洲和世界更放异彩。

中国中旅总经理方小榕也表示，两家重组符合港中旅和中国中旅的实际情况和总体发展需要，是一次强强联合，是互利双赢，为企业创造了更好的发展条件，也为广大员工提供了更大的发展平台和更广阔的发展空间。中国中旅将在合并重组后与港中旅团结拼搏，为打造中国旅游业的“航空母舰”而努力奋斗。

中国中旅和港中旅优势互补，协同效应明显。中国中旅在国内旅游行业地位重要，品牌知名度高，内地地面旅行社网络覆盖广，酒店经营比较成功，景区开发具有比较优势，有一批经验丰富的旅游专业人才；港中旅有80年悠久历史，有完整的旅游产业链条，在12个国家和地区拥有63家旅行社，具有较强的筹资、投资及资本运营能力，在旅游景区开发、建设与管理方面具有丰富经验。重组后实现了两家企业在境内外旅游资源的整合和信息共享，达到1+1>2的效果，有利于提升品牌形象和价值，创造具有国际竞争力的旅游品牌，从而加快实现打造中国旅游业“航空母舰”的宏伟目标。

资料来源：http：//www.chinanews.com/cj/cytx/news

四、旅行社集团化的模式

（一）资本模式

从目前大量的兼并收购以及战略重组活动可以看出，资本运作已经被公认为一种有效的方式。它的优势在于：

第一，股权联结有力地促进了企业产权主体的多元化，规范集团的经营活动，促使企业集团遵循市场规律，按经济规律办事。

第二，有利于突破资本量对企业集团的扩张的限制。通过资本市场获得增量资产，即通过发行股票或转让股权吸引外部投资帮助企业集团的发展。

第三，通过产权市场扩张一定程度上能够减少政府行政干预。

通过资本模式的运作可以从根本上改变我国旅游企业“小、散、弱、差”的现状，实现集团化经营。其具体实现方法通常有以下几种方式：

1. 投资购买兼并式

发挥集团的主体作用，通过投资、购买、兼并等方式，构建母公司对子公司的控股、参股关系。

2. 授权持股经营式

通过国有资产管理部门授权，将原来国家投资设立的成员企业的国有产权授权集团公司持股，从而确立集团公司对成员企业的母子公司关系。

3. 资产划拨式

即经出资人同意，由国有企业集团母公司持有其他国有企业的股权，使之成为国有企业集团母公司的子公司，政府行业主管部门或地方政府将其所辖的国有企业以行政划拨的方式并入企业，全资子公司由集团公司进行持股和管理。

4. 横向持股式

独立的企业购买企业集团的股份，对母公司参股，以股东的身份加入集团。

5. 收益转换式

母公司把承包、租赁、委托经营企业所得的收益作为投资留在承包、租赁、委托经营的企业，使之成为子公司。

6. 债权转换式

把母公司对其他企业的债权转换成产权，有的可以直接取得控制地位。

7. 资产剥离式

将母公司的某些部门完全独立出去，使其成为自主经营的全资子公司。

（二）非资本模式

非资本模式是指几个旅游企业通过协定、合同的手段使彼此结合在一起，达到优势互补、联合竞争的目的。但由于它是通过协定、合同对加盟企业进行相互约束的，所以其约束力较弱，其形式也不稳定。

1. 战略联盟

战略联盟是一种较新型的国际旅游竞争形式，它在一定程度上改变了旅游市场的竞争格局。这种联盟是指两个以上旅游企业出于对于整个世界市场的预期目标和自身总体经营目标的需要而采取的一种长期联合与合作的经营方式。其具体形式包括以下几种：

（1）品牌联盟。

旅行社的品牌联盟是指多家旅行社签订协议，共同冠以某特定知名品牌进行销售。例如，在去年下半年，由广之旅发起，近百家出境游组团社联合推出了“名家之旅”这一品牌，签订互为代理协议的各旅行社开发的优秀出境游产品均可以该品牌冠名，供各地的游客选购，同时还可由代理系统内的旅行社代其收客，以提高收客量和成团率。借助电脑网络的支持，成员单位可利用“商旅在线”同行协作网，通过优质高效的协作平台，在全国范围内开展出境游业务。采用这一做法，主要是通过规模经营、规范操作来共享资源、优势互补，带来价格和质量上的优势，走出恶性竞争的怪圈。实行品牌联盟对于强化我国整个旅行社业的品牌意识、进行产品创新具有推动作用。

（2）联合体。

旅行社联合体是指企业自发组成的行业组织，通常设立执行机构、起草联合章程、制定相关规章制度，联合体成员之间进行横向联合、优势互补、利益共享，以集体力量提升竞争力。组建这样的联合体，可以在一定地域内形成庞大的组团批发和零售网络，实现资源共享和集团采购，大幅降低旅行社运作成本，让旅游者受惠。同时还可以利用网络优势，细分市场，致力于特色旅游市场开发。

（3）战略合作伙伴关系。

战略合作伙伴关系是战略联盟的一种形式。企业之间可以先建立最低限度的合作联盟，然后视情况的发展，通过加进新的项目而加深和拓展合作的内容。由于这种合作开始并不要求承担很大的义务，所以也没有什么限制，当开始无法预测到双方关系的发展趋势时，这种形式的联盟是比较恰当的。

2. 契约联结式

通过契约扩大集团规模也是集团化的一条重要途径。契约方式包括特许经营、租赁经营、管理合同等主要形式。这种方式没有直接投资，突破了资本量的限制，有利于提高企业集团的扩张速度，同时减少了风险。而且，一般不涉及企业的产权问题，因此在进行跨地区、跨所有制或跨系统扩张时集团遇到的阻力较小。但是需要企业集团在各方面具备一定的实力，如一套完整的管理体制、标准化服务程序、质量控制手段、有吸引力的品牌等。

（1）特许经营。

特许经营指以特定的方式将拥有的具有知识产权性质的名称、注册商标、技术、客源开发、预订系统和物质供应等通过契约有偿提供给其他企业使用。取得特许的企业必须支付一笔款项作为挂牌的代价，必须达到特许组织制订的经营、服务、管理标准，必须接受特许组织的检查。实行特许经营的旅游批发商要保证有特许经营权的零售旅行代理商所出售产品的供给，并允许其有其他的销售渠道；拥有特许经营权的零售代理商可以分享批发商的市场营销资源，并可以利用其品牌在市场上立足。

（2）租赁经营。

有些企业集团在本国或他国租赁企业进行经营，使集团规模不断扩大，被租赁的企业其所有权不属于企业集团，但集团对其具有经营权，因而也成为集团一员。

（3）输出管理。

输出管理也叫管理合同经营。有些企业由于缺乏管理经验或者不打算自己经营，于是聘用企业集团或管理公司，使自己成为集团中的一员。但企业必须与企业集团或管理公司签订管理合同。

五、我国旅行社集团化发展策略

我国旅行社将面临国际旅行社集团在资金、品牌、规模、产业链等方面的强有力竞争。旅行社市场将出现国内竞争国际化的态势，未来单体旅行社的生存空间越来越小。走规模化、集团化的道路，变内耗为利益共同体是我国旅行社业的战略选择。

（一）继续发挥政府主导作用

集团化发展，主体是企业，政府主导是前提。政府应从产业安全的角度积极鼓励、扶持几个将来能与外国旅行社集团相抗衡的旅行社集团。目前，可采取如下政策予以扶持：

第一，发展资本市场，推动旅行社集团股票优先上市。这是解除目前旅行社集团扩张资金匮乏的好途径。我国中国青旅股份有限公司、国旅联合股份有限公司的成功上市，就是旅行社通过资本市场加快集团化建设的有益尝试。

第二，继续严格执行业务许可、进行前期归口审批的政策。

第三，应运用金融、税收方面的优惠政策诱导企业走向集团化。可借鉴日本、韩国推迟企业集团化的做法，不具体针对某个旅行社集团进行政策倾斜，而是对达到一定规模以上的旅行社集团进行政策倾斜，优胜劣汰。

（二）尽快转变旅行社水平分工体系

我国现有的旅行社分工体系是在政府的法规和政策的约束下形成的，而不是市场自然渐进的结果。根据2002年1月1日实施修订的《旅行社管理条例》，我国旅行社根据经营业务范围分成国际旅行社和国内旅行社，大小旅行社都承担了产品设计、开发、销售、接待的职能，造成职能重复、产品雷同、恶性价格竞争盛行、市场秩序混乱的后果。要解决这些难题，只有通过市场途径调整行业的不合理分工体系。随着中国加入WTO，我国旅行社将面临更为成熟的竞争者和前所未有的挑战，行业分工体系向形成更有利于竞争和发展的模式调整成为必然。大型旅行社将通过兼并、设立分支机构等手段变成旅游批发商，从事旅游产品研发；中型旅行社通过市场细分，实现专业化，变成专业化旅行社；小型旅行社通过代理制，形成网络，成为零售商，从而建立起以职能分工为基础的垂直分工体系。

（三）实行横向联合为主的经营策略

我国旅行社集团在业务发展过程中，大多采用的是多元化经营的策略。当前，我国旅行社集团化应以实现横向联合为主，纵向联合为辅，并且旅行社应该成为旅游业集团业务中的主业。这是因为旅行社行业确实是旅游业的龙头，不管是饭店业、航空业以及餐饮业，最重要的资源都是客源，而旅行社开发客源的能力比任何一个行业都要强，在进行横向一体化的过程中，可以加强和相关产业的战略联合，形成一定程度的纵向一体化，可以实现一定范围的规模经济。在旅游发达地区，应该组建若干个跨地区、跨行业、跨所有制和跨国经营的大型旅行社集团；在重点旅游城市或旅游业基础较好的地区，可组建相应的地区和全国性旅行社集团。而在旅行社实现了横向联合之后，纵向联合也将是必然的趋势。

任务实施

实训项目：旅行社组织集体化模式分析。

实训目的：通过实训资料分析，掌握我国旅行社组织集体化的主要模式。

实训内容：

(1) 学生以小组为单位，进行任务实训；

(2) 阅读并分析所给实训资料，总结我国旅行社目前已经形成的几种集体化模式；

(3) 根据所学知识，对我国旅行社集体化模式的优缺点进行分析，并写出分析报告。

实训指导：主讲教师对同学在资料分析与讨论中遇到的问题进行指导。

实训考核：主讲教师对分析报告进行点评。

实训资料：

中国已形成的几种集团化模式

模式一：以上海春秋为代表的、发展迅速的新兴旅行社集团化模式

春秋模式——上海春秋在近几年的集团化发展是比较有特点的，上海春秋连续10年位居国内旅游榜首。上海春秋从20世纪80年代发展至今，已经在国内实现了直辖市、所有省会城市的网络布点工作，并在美国、东南亚地区都建立了分社。这一层面是春秋的骨干层，大都为春秋的全资分社或控股公司。而上海春秋自从1997年以来就一直在摸索休闲客包机项目，并且在2002年达到了18亿元人民币的销售额，并且实现了全线盈利。包机和产品网络化使得春秋建立有几百个地方旅行社加盟的代理商网络。

模式二：以中旅总社为代表的老牌旅行社模式

走集团化发展道路，国旅、中旅、青旅具有大致相同的思路和策略。这样的旅行社集团先前就有全国网络和集团化的雏形，虽然问题很多，比如集团内是契约式联合体的模式，没有资产链接；就是有资产链接的话，程度也很低，总社集团中心没有对地方企业的控制权。但是，先前的体系为国、中、青走兼并扩张的集团化道路打下了良好的基础，所以，它们在当前所采取的模式主要是对网络内的旅行社进行并购重组，并且并购原则就是控股收购，即使现在不能控股，也要有能够控股的可能性和余地。而国旅总社的扩张思路与中旅总社不谋而合，不过它所选择的海外合作对象是国际旅游巨头美国运通；国内也是以“国旅系”为收购重组的重点，而青旅总社同国旅、中旅一样也已经宣布2007年以后

全国地方青旅必须同总社有资产链接，没有链接的将取消其使用品牌的权利。

模式三：以桂林“甲天下旅游联合体”为代表的旅游联盟模式

2001年，桂林市16家旅行社联合组建“甲天下旅游联合体”，实行统一线路，统一价格，统一品牌，迈出了联合第一步。2002年在大连成立的“东北三省及内蒙古自治区旅游协作网”则更为清晰地向业界传递出旅行社跨区域联合的信息。

任务二 电子商务在旅行社行业中的运用

任务介绍

旅游电子商务是指以通信网络为载体，以现代信息技术为支撑，以旅游信息为基础，以旅游商务活动为对象，运用电子化手段运作旅游业及其分销系统的商务体系。国外的旅游电子商务发展迅速、成熟，国内的旅游电子商务方兴未艾。在线旅行服务的兴起与发展，从根本上改变了国内旅游业的发展。基于产生条件、业态、服务内容、经营模式等标准的分类，旅游在线服务有不同的商业模式。旅游网络营销是现代营销理念与互联网技术相结合的绿色营销方式，是旅游电子商务的主要模式。我国旅行社电子商务发展策略主要表现在国家政策的扶持和引导、加快旅游专业复合型人才培养、培养广大消费者的网上消费观、完善旅游网站建设、加强网站维护建设等几方面。

任务目标

（1）了解我国旅游电子商务发展的现状；

（2）掌握在线旅行服务商业模式的分类标准及具体分类；

（3）认识旅游网络营销的概念及具体营销模式；

（4）掌握我国旅行社电子商务发展策略。

相关知识

一、旅游电子商务

世界旅游组织在其出版物《旅游电子商务》（E-Business for Tourism）中，将电子商务定义为“通过增进信息交流改进商务活动”和“利用互联网科技改进或变革核心商务流程”。综合这两个定义，对于旅游目的地管理机构和旅游企业而言，电子商务就是通过先进的信息技术手段改进旅游机构内部（通过内联网）和对外（通过互联网）的连通性（Connectivity），即改进旅游企业之间、旅游企业与上游供应商之间、旅游企业与旅游者之间的交流与交易，改进旅游企业内部业务流程，增进知识共享。

旅游电子商务是电子商务在旅游产业领域的应用，因此应从“现代信息技术”和“旅游商务”这两方面来理解旅游电子商务的概念。一方面，辅助旅游商务活动的现代信息技术应涵盖各种以电子技术为基础的通信和处理方式。旅游电子商务主要基于计算机网络技术，但随着现代通信技术的发展，出现了通过移动电话和移动终端等开展的商务活动。信息技术的发展将不断创造出更便捷、更可靠的旅游商务活动方式，为游客在旅行前、旅行中和旅行后的各阶段提供便利的商务服务。另一方面，对旅游商务应从更广义的角度来理解，它包括契约型和非契约型的以商业为目的的各种活动，包括旅游市场营销、市场交易和旅游企业运作等。如果把“现代信息技术”和“旅游商务活动”看作两个集合，旅游电子商务将是这两个集合的交集，即现代信息技术与旅游商务过程的结合，是旅游商务流程的信息化和电子化。

综上所述，旅游电子商务是指以通信网络为载体，以现代信息技术为支撑，以旅游信息为基础，以旅游商务活动为对象，运用电子化手段运作旅游业及其分销系统的商务体系。它集合了客户心理学、消费者行为心理学、商户心理学、计算机网络、信息技术等多门学科，展现和提升了网络和旅游的价值，具有营运成本低、用户范围广、无时空限制以及能与客户直接交流等特点，为客户提供了更加个性化、人性化的服务。

相对其他行业电子商务而言，旅游电子商务可用“三个元素”和“两个优势”来简单描述。“三个元素”指旅游电子商务系统由互相作用的三个方面组成：电子商务应用软硬件平台及其供应商（平台供应商）、旅游企业对旅游企业的在线电子商务模式（B2B）服务商、旅游企业对网上游客的在线电子商务模式（B2C）服务商。“两个优势”指旅游电子商务相对于其他行业电子商务具有两个优势。

首先，作为服务领域的旅游行业较少涉及实物运输，因此旅游电子商务基本上不用处理复杂且成本高的物流配送问题；

其次，通过网上支付实现资金流转，免去了旅游者携款办理各种手续的麻烦。

【案例】

2011年6月24日消息，中国领先的旅游搜索引擎去哪儿网与领先的中文搜索服务提供商百度共同宣布，双方达成一项深度战略合作协议，去哪儿网获得百度战略投资3.06亿美元，百度将成为去哪儿网第一大机构股东。去哪儿网将和百度在全线产品线和品牌方面保持紧密合作，共同推动在线旅游的蓬勃发展。3.06亿美元投资可以称之为在线旅游领域最大的一笔战略投资，也是百度投资历史上最大的一笔战略投资。据悉，除了现金投资外，深度战略合作还包括各项很有价值的商务框架。获得投资后，去哪儿网仍保持独立运营，维持原有的战略方向，继续加大开拓中国在线旅游市场的目标，加大对酒店、酒店团购及重塑酒店在线营销格局的投入。

与百度通用搜索采用的全文搜索技术不同，去哪儿网机票、酒店价格等信息采用了实时搜索技术，是目前世界上实时搜索应用最优秀的旅游网站。此外，去哪儿网酒店搜索结合了地理位置搜索、房型搜索甚至混合了关键词意图识别、全文搜索、混合排序等手段，也是目前最智能的旅游搜索技术。

去哪儿网与百度在某种意义上，非常相似，都是媒体平台类型的网站。百度是通用搜索，是网民上网的入口，而去哪儿网在旅游领域提供更精准的搜索结果，对通用搜索是有利的补充，去哪儿网和百度的合作能够为网民提供更加便捷、精准的旅游服务和旅行产品。

除搜索外，去哪儿网还推出了全程式机票交易的安全保障体系——“担保通”，为用户的搜索质量及交易安全全面负责，成为传统搜索平台的延伸。

2009年年底，去哪儿网进行第三轮融资时，其估值为1亿美元，仅仅不到两年估值就翻了数倍。一方面，由于去哪儿网自身技术和产品上的优势。另一方面，在线旅游无疑是目前中国互联网最炙手可热的领域，也是潜力最大的领域。

2011 年 1 月 19 日 CNNIC（中国互联网络信息中心）发布的《第 27 次互联网报告》数据显示，中国拥有 4.57 亿互联网用户，其中 7.9%使用在线旅游预订服务。而在美国，在线旅游渗透率达到 66%，中国在线旅游发展拥有巨大空间和潜力。

CNNIC 报告认为，在大力推进城市化、加快信息化发展的中国，在线旅行预订产业发展潜力较大。2010 年在线旅行预订行业开始分化，旅游产品网站直营力度加大、第三方代理服务提供商提供更加细致的信息整合服务，垂直旅游搜索引擎服务产品渗透率加大等，这些细分服务满足了网民更多需求，旅行预订市场继续增长。

在美国，在线旅游也同样是一个巨大的市场，有数个市值几十亿美元的公司，以提供高性价比旅游产品著名的 Price line 市值为 260 亿美元，排名世界第一。Expedia 市值也接近 70 亿美元。

旅游调研公司 PhoCus Wright 分析师认为，欧美市场在线旅游发展已经趋缓，而亚洲市场却才刚刚起飞，特别是中国和印度市场。去哪儿网被美国媒体认为是这一趋势的最大受益者。其技术创新优势和高性价比旅游产品的提供，将对传统的“类携程”模式，产生巨大的冲击和旅游行业的重定义。

资料来源：http：//baike. baidu. com/view/1664686. htm？fr=aladdin

二、我国旅游电子商务的现状

我国旅游电子商务的建设目前尚处于起步和发展阶段。从信息技术的应用来看，计算机技术真正应用于我国旅游企业是在 20 世纪 80 年代初期。1981 年，中国国际旅行社引进美国 PRIME550 型超级小型计算机系统，用于旅游团数据处理、财务管理和数据统计。1984 年上海锦江饭店引入美国 Conic 公司的计算机管理系统，用于饭店的预订排房、查询、客户账务处理。在此之后，航空公司的网络订票系统、旅游企业办公自动化系统等计算机系统在旅游企业开始得到逐步推广，然而能实现全球预订的网络还是极少。从旅游信息的提供来看，还存在着信息渠道不畅和失真的现象，更不用说获取信息的迅速与便捷。因此，面对来自国际旅游一体化大市场的信息化浪潮的挑战，为了避免被淘汰，必须加快我国旅游业信息化建设的步伐。

为适应旅游业的迅速发展，国家旅游局从 1990 年起开始实施信息化管理并筹建信息中心，先后投资了 1 000 多万元用于机房改造和设备的配置，并根据客观实际与发展的可能性，建设了一些旅游信息网络及信息传递系统。1994 年，信息中心独立出来为国家旅游局和旅游行业的信息化管理提供服务和管理技术。起步于 1992 年的国家旅游局旅游管理业务网，经过 1997 年的大规模改造，建设成为内部办公网络。当时在国家旅游局内部已普及了电脑和业务流程的网络化管理，其也成为中央机关第一批上网单位。

国家旅游局在 1997 年就开通了中国旅游网，为“三网一库”总体目标中的公众信息网建设打下了基础。2000 年信息化建设最主要的成果包括三个方面：一是启动了建设中心主站的工作，网络节点增加了 4 倍，实现了全局机关和直属单位的人员都能够上网；二是建立了节假日旅游预报系统，在旅游高峰到来之前做好准备，把全国各地的旅游情况及时汇总到国家旅游局；三是根据国家“十五”规划要求在 2000 年下半年制定出实施信息化建设的总体框架，并确定了相关的技术方案和技术规划。2001 年，国家旅游局全面推动信息化建设的重大项目“金旅工程”实施，建立覆盖全国各省、计划单列市、重点旅游城市的管理业务网络节点，开始通过网络进行业务数据处理。目前国家旅游局网站已链接了30个省市旅游管理部门的网站。各地方网站已经开始介绍当地旅游资源，提供旅游相关信息。然而由于国内各地区和行业的发展程度参差不齐，电子商务模式尚在探索中，尽管市场发展潜力巨大，但欲发展成熟还需要一定的时间。

由于国家相关政策的支持以及整个经济的高速发展，近年来旅游互联网站如雨后春笋般涌现。短短的几年时间内，全国各种规模的旅游网站和旅游频道已发展到50 000多个，成为旅游业内发展最快、资本最密集、科技含量最高的新兴产业群。这些旅游网可分为六大类：

（1）全国性的旅游网，如携程旅行网（http：//www. ctrip. com/）、乐途旅游网（http：//www. lotour. com/）、去哪儿网（http：//www. qunar. com）。

（2）以订房、订票、订团为主的旅游网站，如信天游（http：//www. travelsky. com）。

（3）地区性、区域性的旅游网，如中国北方旅游网（http：//www. zgbfly. gov. cn/）。

（4）综合性门户网站的旅游频道，如新浪网、搜狐网、网易等的旅游频道。

（5）旅游机构和企业为宣传自身形象而制作的网页，如中华人民共和国国家旅游局网站（http：//www. cnta. gov. cn）、云南旅游电子政务网（http：//www. ynta. gov. cn）等。

（6）一些专题性个人旅游网站。

【知识链接】

旅游电商已占据中国旅游集团20强榜单五分之一席位

旅游集团是企业集团的一种特殊类型，由两个以上满足旅游者相关需求的企业构成。从国际经验来看，旅游集团表现为以产权为基础性的联结纽带，并能够在投融资、计划财务、产品研发、市场营销、品牌培育、人力资源等商业活动中保持密切联系，并能够为了集团的总体战略目标而协调行动的企业联合体。旅游集团是旅游产业先进生产力的代表，在旅游业的发展中起着核心和主导的作用，其变动情况在很大程度上表征了我国旅游产业的发展趋势。

旅游集团企业的排名的倡议来源于2009年首届中国旅游发展论坛，根据参会企业的倡议，为把研究成果更好地服务于业界，增强社会和业界对旅游集团业绩和品牌的认知，以后将在企业调查的基础上发布旅游集团前20强排名，每年发布一次，作为中国旅游产业界的第三方、非营利性质的权威排名，目前已经发布2009年、2010年、2011年、2012年四届年度排名，为了解我国旅游大企业竞争格局的变动提供了有益的参考。

2012年12月7日在杭州召开的第四届中国旅游发展论坛上，戴斌院长代表中国旅游研究院和中国旅游协会正式发布2012年度“中国旅游集团二十强”名单。按课题组监测统计的旅游集团年度合并营业收入总额排序，分别是中国港中旅集团公司、携程旅游集团、锦江国际（集团）有限公司、华侨城集团公司、北京首都旅游集团有限责任公司、海航旅业控股（集团）有限公司、中国国旅集团有限公司、南京金陵饭店集团有限公司、广州岭南国际企业集团有限公司、去哪儿网、上海春秋国际旅行社（集团）有限公司、杭州市商贸旅游集团有限公司、中青旅控股股份有限公司、开元旅业集团有限公司、同程网络科技股份有限公司、安徽省旅游集团有限责任公司、景域国际旅游运营集团、黄山旅游集团有限公司、大连海昌旅游集团有限公司、宝中旅游、华天实业控股集团有限公司。

从这一榜单来看，旅游电子商务企业的发展势头不容小觑，纯旅游电子商务企业占据了四个席位，除了排序第二的携程之外，还有去哪儿旅行网、景域集团（主要集团主体为驴妈妈旅游网）、同程网络科技股份有限公司等三家公司上板；此外港中旅拥有芒果网、青芒果两个OTA品牌，锦江国际有开发自建的电商平台，中青旅下辖遨游网也是重要的有影响力的旅游电子商务实体。旅游电商占据排行榜五分之一席位的背后，简而言之，可以解读为技术与资本的双重驱动。

旅游电子商务是互联网技术生活化应用的一种形式，在第三次信息化浪潮的大背景下，互联网已势不可挡，深刻影响着人们的旅游消费方式，孕育了丰富的旅游新业态，重新构建了旅游业的产业链条，新兴业态不断涌现，为技术推动型的旅游企业商业模式创新提供了强大的动力。全球范围内出现了如Expidea、TripAdvisor、Priceline等一大批新兴业态的旅游企业。相应地，我国的在线旅游企业也不断成长，携程、芒果、去哪儿、艺龙、同程、欣欣等一批新兴业态增长迅速，除了庞大的旅游网站群体之外，综合门户网站、旅游垂直搜索引擎、旅游网店、SNS、社会网络、博客等电子营销渠道也得到了飞速发展，整个旅游电商的产业生态链条逐步形成并向纵深发展。

回顾这些旅游电子商务企业的成长历程，除了技术的主导性因素之外，越来越多的战略投资者、金融机构、产业基金和风险投资者进入旅游电子商务领域，以其专业能力加速了旅游电商的成长，也是使得在短周期内，旅游电商企业异军突起的重要因素。携程网自不必说，已经成为海外上市中概股的典范，为投资者持续创造了高额的红利；去哪儿网也引入了百度等战略股权投资者3亿多美金的注资；同程在兑付腾讯股权投资后，正在计划进行A股IPO程序；驴妈妈的发展背后也活跃着花桥基金、道杰资本等风险投资的身影，在此之外，欣欣旅游网、蚂蜂窝、青芒果、悠哉网、途牛网、冰点酒店控、今夜酒店特价等一大批新兴电商企业也获得了风险资本、股权基金等不同类型的资本支持。

据泰山创投估计，2013年，各类资本与旅游业的联姻将会达到30宗左右，资本进入旅游业，不仅给旅游企业快速发展带来了资金上的支持，更为旅游企业提升管理、吸引人才提供了空间。随着各类旅游企业在模式上、效益上、规模上的表现越来越抢眼，预期未来几年资本的进入规模仍将保持增长，技术与资本仍将成为驱动旅游电商高速发展的双重引擎。

资料来源：http：//column. iresearch. cn/u/yangyanfeng/628826. shtml

三、旅游在线服务模式与网络营销模式

（一）旅游在线服务模式

经过30多年的发展，中国旅游业取得了辉煌的成就，进入了以散客旅游和自助旅游为特征的大众旅游时期，同时也发育了最具活力、增长最快的在线旅行服务市场。1997年我国第一家旅游网站华夏旅游网成立，开启了中国旅游业网络化的新纪元。1999年以全新的服务和商业模式亮相的携程旅行网则开启了中国在线旅行服务的先河，随后在线旅行服务如雨后春笋般层出不穷，艺龙旅行网、同程网、驴妈妈、途牛、去哪儿、酷讯、游多多、到到网等多种商业模式不断涌现，盛大、淘宝、腾讯以及各类社会媒体也相继加入。至今，有数以万计的在线旅行服务运营商活跃在市场中，已初步形成百花齐放、百家争鸣

的格局，成为推动旅游业从传统服务业向现代服务业转变的重要力量。

在线旅行服务的兴起与发展，从根本上改变了旅游业的发展曲线、旅游企业的操作方式及业务流程，影响了旅游业与旅游企业的营销方式、销售渠道、盈利模式、相关利益群体的关系等多个方面。目前，虽然国内外学者对在线旅行服务的经营情况、商业模式、成功经验等已有较多研究，但主要停留在个别企业商业模式的研究上，较少进行细致的概念分析和总结。

从服务方式上，相对于传统的旅行服务商而言，在线旅行服务利用先进的网络技术、广阔的网络平台向旅行者提供更为方便、快捷、多样与个性的旅行服务，创造更多的服务价值，使得旅行服务发生了翻天覆地的变化。而从服务内容上，在线旅行服务既可以是一项服务，也可以是一系列的服务，主要由旅行者根据自己的旅行需求而进行选择。因此，在线旅行服务包括在线提供的单项服务、核心服务、全包价服务和附加服务。根据以上分析，在线旅行服务是基于互联网的旅行服务，是以互联网为平台，围绕需求链条满足旅行者全部或部分旅行需求的服务。

在线旅行服务商业模式，即是基于网络环境和信息技术的一种新型的旅游企业运作方式，是在线旅行服务企业进行价值创造的内在机制，是在内外部资源和条件明确的前提下实现企业经营运作的结构体系，是在整合多方资源的情况下为顾客提供增值产品和服务从而获取超额利润的战略创新。当今的在线旅行服务市场，已经不是以机票、酒店为主流的单一商业模式，而是多种模式百花齐放，根据消费者需求提供不同的产品与服务。在线旅行服务商业模式分类如下：

1. 基于产生条件的分类

在线旅行服务起步较晚，是在旅游业发展相对成熟的阶段产生的，有的与传统的旅游业相结合，有的直接产生于新兴的互联网业。由于产生的条件多种多样，因而出现了不同的模式。

（1）传统旅行社自有的在线旅行网站。

随着互联网的兴起与发展，传统旅行社现有资源遭遇瓶颈，开始运用自身优势注册域名建立网站。这类在线旅行网站主要为本旅行社服务，提供线路与景点信息、旅游咨询及附加服务等。一般规模不大，点击率不是很高，很少有实现直接在线预订的。代表网站：环境国际旅行社有限公司、青旅在线。

（2）传统旅行社所有的自主经营的在线旅行网站。

一些较大的传统旅行社，资金充足，在服务本社业务的基础上，为了分得在线旅行市场的一杯羹而建立在线旅行网站。这类网站虽然最初由母社出资，但是独立核算，自主经营。这类网站最大的特点是依靠母社强大的实力和充足的客源，在市场竞争中占有一定的优势。他们提供的产品与服务多样，规模较大，点击率较高，在一定程度上可以实现在线预订与支付，可以与综合性的在线旅行服务提供商相抗衡。代表网站有中青旅的遨游网、港中旅的芒果网。

（3）门户网站的旅游频道。

随着在线旅行服务的出现与快速发展，巨大的市场空间和利润空间吸引了诸多眼球。门户网站也纷纷抢滩在线旅行服务，推出了旅游频道并迅速壮大。如搜狐、新浪、网易的旅游频道，主要以提供旅游资讯为主，近期还推出了机票查询业务。而谷歌、百度、淘宝、腾讯等门户网站也瞄准了这块大蛋糕。这类网站的主要优势在于其大量而忠实的客户群。淘宝网依托与携程不同的商业模式——平台战略与其自有的支付工具——支付宝使得旅游频道在开放初期其机票的预订量就大幅增加。代表网站有搜狐旅游频道、新浪旅游频道、淘宝网的“淘宝旅行”、腾讯的QQ旅游平台。

（4）由市场需求推动的新兴在线旅行服务商。

随着旅游市场的成熟、消费者需求的增长以及互联网技术的完善，资本市场的运作催生了新兴的在线旅行服务商。最早的在线旅行服务商是1999年成立的携程旅行网，随后艺龙旅行网、同程网、去哪儿网、酷讯网、乐途网、相约久久网、到到网等多种商业模式在市场需求的推动下不断涌现。这类网站基本都复制了美国电子商务的模式，有的以网上预订为主，除了提供旅游资讯外，开始在网上预订和销售机票、酒店、度假产品等；有的是搜索引擎，为旅行者提供搜索、比较服务；有的是旅游社区，为旅行者提供分享、评论的平台。代表网站有携程旅行网、去哪儿网、到到网、万花筒、游多多。

2. 基于业态的分类

旅游业的综合性决定了旅游业涵盖了多个行业，主要包括食、住、行、游、娱、购。为了满足不同业态消费者的需求，出现了以业态划分为基础的在线旅行服务。

（1）酒店类在线旅行服务。

酒店类在线旅行服务出现得较早。最早的中央预订系统（CRS）就是由假日酒店研制开发的。全球预订系统（GDS）每年为全球各地的酒店输送大量的客源，Hotels. com也是提供全球酒店预订的网站。除了综合性的酒店类在线旅行网站外，还有大量的酒店自建的网站在进行直销，如Hilton、Accor、金陵酒店、7天连锁酒店等，这类网站为旅行者提供本酒店的咨询及预订服务，很多预订服务是与呼叫中心共同完成的。代表网站有GDS、Hotels、7天连锁酒店。

（2）旅行社类在线旅行服务。

旅行社类在线旅行服务较多，主要以提供旅行社的旅游线路、景点门票、旅游度假、自由行等服务为主。现在越来越多的旅行社网站也开始为旅行者提供旅游攻略、点评、交流社区、照片视频分享等服务。其中有提供B2B和B2C模式的同程网，它不仅是中国最大的旅游B2B交易平台，搭建包括旅行社、酒店、景区、交通、票务等在内的旅游企业间的交流交易平台，同时也是中国网上最大的旅游超市，整合资源直接为消费者服务。代表网站有同程网、遨游网、佰程网、途牛旅游网、国旅在线。

（3）景区类在线旅行服务。

景区类的在线旅行服务起步较晚，与其他业态相比较也是最不成熟与完善的一类。景区类在线旅行服务主要有景区门票在线预订网站和景区自办资讯类网站。前者以景点票务为切入点，拥有自己的预订平台，同时提供相关资讯与社区类服务。有的在线旅行服务商根据自由行游客的行为特征，为游客推出了个性化的自由行服务。后者主要以提供资讯为主。代表网站有驴妈妈、乐途网、中国古镇网、黄山旅游服务网。

（4）票务类在线旅行服务。

票务类在线旅行服务主要包括机票和火车票预订。其中机票服务因其自身的标准化与规范化成为目前发展最为成熟的在线旅行服务，基本实现了完全的线上搜索、预订与支付。机票预订占据了在线旅行服务代理商较多的市场份额。搜索类网站“去哪儿网”也以搜索机票起家，而后扩大到酒店与火车票。而航空公司也大力投资自身的直销网站，提供查询与预订服务。火车票的在线服务目前也更加完善，查询、订购等票务服务越来越完善。

(5) 其他。

除了以上业态之外的其他旅行服务网站，如旅游购物网、大众点评网等。

3. 基于服务内容的分类

不同的在线旅行服务商其市场细分与目标顾客不同，因而其提供的产品与服务也有所差异。

(1) 综合性的“一站式”服务。

综合性的“一站式”服务的在线旅行商提供全面的旅行资讯服务与在线预订，包括机票预订、酒店预订。旅游线路主要是自由行的预订和商旅服务等，采取线上与线下呼叫中心相结合的方式，可以在线支付也可以线下支付。这类资讯+预订+交流的一站式服务目前在在线旅行市场占据最大的市场份额，具有一定的垄断地位。代表网站有 Expedia、携程旅行网、艺龙旅行网、芒果网。

(2) 垂直搜索服务。

垂直搜索服务通过一套庞大的智能比价系统，可以让消费者在几千个网站中搜寻机票、酒店、度假、签证等最有效的旅行信息，它们不参与直接交易，只是用无形之手来推动所有行为的运转。垂直搜索在消费者和供应商之间搭建了一座桥梁，这种货比三家的做法，吸引了大批对价格敏感的用户。同时，这类网站的初始页面简单洁净，巧妙运用“频道间切换”节省空间，采用“人工追踪”方式使信息更为准确、客观，所有这些看上去都是试图优化用户体验的举动。代表网站有 kayak、去哪儿网、酷讯网、麟讯网。

(3) 旅游社区服务。

现在是社会媒体的时代。旅游社交网站为出行者提供了交流与分享的平台，具有相当的实用性。旅行者可以从拥有本地知识或者有过真实旅行体验的人们身上获得个性化的建议与旅行窍门，获得更有价值的出行信息。同时分享与评论不仅使自身的旅行得以延续，也为其他旅行者提供了更多的出行参考。这类网站越来越受到出行者的关注与好评。代表网站有到到网、游多多、万花筒等。

(4) 旅行衍生品服务。

互联网经济中，传统的产业价值链得以延伸与扩展，相关辅助服务必不可少。金融、旅行保险、第三方支付网站与工具随着在线旅行服务的发展越来越多地被在线旅行服务商所应用，并为在线旅行服务提供了强有力的支持与保障，使在线旅行服务更为方便快捷。代表网站与工具有银联电子支付、支付宝、财付通、环迅支付、汇付天下。

4. 基于经营模式的分类

不同类型的在线旅行服务商有不同的价值提供范围，也有不同的运作方式和价值实现方式。

(1) 在线旅行代理商。

在线旅行代理商以旅游代理为基础，它们没有属于自己的产品，而是通过代理的方式帮助供应商分销产品，从酒店和航空公司那里获取较低的折扣，交易完成后从中收取代理费用或者佣金。如对机票销售商，航空公司的机票代理费是3%~5%，虽然目前出现了下调和取消代理费的情况，但代理商仍有盈利空间。在酒店市场中，在线旅行代理商根据出售的客房收取佣金，一般为客房价格的15%~20%。代理商抓住了旅游行业中最能标准化的3个环节：机票、酒店和自由进行标准化流程的运作及销售量来提供较有竞争力的产品和价格。这类在线旅行服务商通常拥有大量的会员卡式的客户群和与消费者直接沟通的能力，并且有相应的服务团队为消费者服务。代表网站有Expedia、Orbit、Travelocity、Priceline、携程、艺龙、芒果、一起飞。

（2）在线旅行供应商。

在线旅行服务供应商是直接生产旅游产品和服务的企业，涉及旅游中食、住、行、游、娱、购的方方面面。它们采取的销售模式多种多样，通常有3种在线销售模式：一是它们可以与携程这样的在线旅行服务代理商合作，虽然成本较高但是省心省力；二是它们也可以将自己的产品放在在线旅行服务平台，让消费者更多地接触与了解它们，不仅成本较低而且能实现品牌传播与产品销售的双重目的；三是它们自建在线旅行网站进行产品与服务的直销，虽然这种方式成本高，但是可以一劳永逸且不受代理商的盘剥与控制，这种形式比较适合集团化有实力的供应商。目前航空公司与高星级或连锁酒店都已经推出了自己的在线直销网站。代表网站有AA、国航、南航、酒店类网站。

（3）在线旅行服务销售平台。

在线旅行服务销售平台即在线旅行服务商为供应商开辟一个展示自己的平台，使其可以与消费者实现深入沟通。如淘宝采用的就是平台战略，为航空公司、票务代理公司以及旅行社提供机票销售的平台，并收取少量的服务费用。这类网站通常拥有庞大的客户群，除了本身收取的服务费较低外，其开放平台战略也为其积聚了大量的资源，其中不乏能够提供低价机票的资源。例如，目前东航、深航、联航、幸福航空等航空公司已经在淘宝旅行平台开设了官方旗舰店，航空公司通过机票直销可以提供更低价的机票。不仅是航空公司，包括不夜城航空、网逸航空、滕邦、深圳达志成等200多家实力强劲的一线机票代理商也已入驻淘宝，这些代理商规模巨大，能够从航空公司拿到较高的代理费返点，因此在机票价格上也很有竞争力。代表网站有淘宝网。

（4）在线旅行服务搜索比价。

与收取佣金和构建平台的方式不同，搜索比价网站采用“谷歌+携程”式的搜索引擎技术手段，借助庞大的智能比价系统，将数以千计的机票和酒店提供商网站的价格信息呈献给用户。当消费者需要对比多家旅游预订公司网站时，搜索比价网站就成了旅游预订公司、航空公司、酒店集团与消费者之间的桥梁。这类网站收取费用较低，在推广产品的时候也为供应商的网站提供了额外的流量。艾瑞的数据显示，在日均覆盖人数规模上，在线旅游垂直搜索网站——去哪儿网日均覆盖人数已经超越了携程网，排名第一，增速迅猛。最近，全球互联网企业两大巨头谷歌和Facebook分别收购了ITA和Nextstop两家在线旅游企业，表明了他们进军在线旅游行业的决心。同时。早已涉足在线旅游的微软也必将推出旅游搜索。代表网站有kayak、去哪儿、酷讯。

（5）社会媒体。

社会媒体对旅游业的影响越来越明显，从预订机票到挑选餐厅，社会媒体正渗透到旅途的每一个环节。酒店、航空公司正在大举进军社会媒体领域，利用Facebook和Twitter等网站建立品牌忠诚度。航空公司在YouTube上展示品牌，并通过Loopt等社交地图网站发布优惠产品信息。酒店让博客用户们帮助宣传，并利用社交网站来收集反馈信息、监控动态和提供礼宾服务。航空公司和酒店在社会媒体渠道上发布优惠产品信息、奖励和免费赠送礼品，以此来培养新客户。如美联航就曾经通过 Twitter 发布“twares”独家产品。穿越航空也举行了“星期五 Facebook 特惠机票”（“Facebook Friday Fares”）活动，为其 Facebook 页面粉丝提供特别的优惠。而旅游社区也成为出行者获取与分享信息的平台。代表网站有万豪酒店的 Marriott Courtyard 的 Facebook 页面、凯悦酒店的 Twitter 账户。

（二）旅游网络营销模式

旅游网络营销是旅游业通过因特网、有线网络和无线网络、专业网等来计划、执行、控制关于旅游商品的生产、定价、促销和分销，进而实现组织目标的管理过程。

旅游网络营销是现代营销理念与互联网技术相结合的绿色营销方式，是企业整体营销战略的重要组成部分，也是旅游电子商务的主要模式。旅游电子商务已经有将近 40 年的历史。世界旅游组织指出，2006—2010 年旅游电子商务占所有旅游交易的 25%左右。我国旅游电子商务网站 1996 年开始出现，其发展主要有 2 个走向：门户网站（如新浪、搜狐等的旅游频道；专业旅游网站如携程等）；中青旅、春秋、国旅等传统旅游企业创办的旅行网站。目前，具有一定旅游资讯能力的网站已有 5 000 多家，其中专业网站已过 700 家。

我国旅行社开展网络营销的主要模式可以分为以下几种：

1. “资产+业务”模式

以中国旅行社（以下简称中旅）为典型代表。中旅总社从 2000 年开始实施以资产为纽带，以业务协同为基础的旅行社经营网络重构活动，以此推进规模扩张战略。在借助品牌优势和资金实力完成对国内重点区域“中旅系”旅行社的控股、重组和改制后，基本形成以区域总部为中心、以资本为纽带、辐射全国的国内旅行社经营网络。

2. “资产+直营连锁”模式

以中青旅控股股份有限公司（以下简称中青旅）为典型代表。中青旅上市后，凭借资金和品牌实力，着手对原有青旅系统旅行社经营网络进行再造，通过收购、兼并等方式加强了对网络环节中处于重要地位的地方青旅的控制，以资产纽带代替以前的行政纽带，形成了更加紧密的国内旅行社经营网络。2001 年起，中青旅又在北京地区以直营连锁的方式开设了 18 家连锁店，使其经营网络在以接待为主的基础上向零售端有了实质性的突破。

3. “控股与参股”模式

以中国康辉旅游集团为典型代表。中国康辉旅游集团早在 20 世纪 80 年代就开始了经营网络建设步伐，主要采取的是以品牌为基础的低成本扩张策略，合作对象是那些想发展壮大的中小旅行社。这些加盟社构成了康辉自己的经营网络。经过 30 多年的发展，基本形成了康辉旅行社网络化经营体系。截至 2007 年年底，中国康辉集团的网络化经营体系中有旅行社 108 家，这些旅行社中康辉总社有的控股、有的参股。

4. “旅行社联合体”模式

以中国金桥旅游公司为典型代表。中国金桥旅游公司在全国旅行社中算不上大型旅行社，而且网络化起步也比较晚，2003 年采取的是在产权关系上比较松散的联合体形式。由于联合体并不是以资产为纽带的紧密联系，因而容易解散。针对这种不足，中国金桥要求联合体各成员在全国统一使用“金桥旅游”标志、标牌和标徽，统一财务结算、统一名片、统一导游旗、统一旅游帽、统一旅游包等，并逐步带领联合体由初期的业务合作型向产品统一、价格统一型过渡，这也是中国金桥的网络化经营体系得以维系的关键所在。2008年开始金桥总部开始在境内外设立分公司，不断完善经营网络。

5. “IT系统+全资子公司”模式

以上海春秋旅行社为典型代表。上海春秋旅行社非常敏锐地认识到信息技术对旅行社的重要作用，这种作用对传统旅行社而言并非颠覆，而是互补性极强地融合，是在融合基础上的补充与促进。因此早在1994年上海春秋旅行社就开始应用电脑实时预订系统，2001年又建立起旅游电子商务网站。为克服网络经营和地方化服务这一矛盾，上海春秋旅行社又陆续在全国主要旅游城市建立了全资分支机构，初步形成了线上和线下呼应的网络化经营体系。为使服务的触角延伸得更广，上海春秋旅行社又以地方分支机构为基点，不断吸引代理商加盟，逐步形成了辐射全国的经营网络。

6. “特许经营”模式

以广之旅为典型代表。广之旅通过品牌入股、特许经营方式，走出了地方旅行社通过品牌扩张实施网络化经营的新路。从2001年开始先后成立了惠州广之旅、顺德广之旅，邮政广之旅、茂名广之旅、清远广之旅、佛山广之旅、汕头广之旅、四川峨眉广之旅、上海广之旅、北京有朋广之旅、广州广联旅游有限公司、广州康泰国际旅行社等。从1988年首次在香港参股并经营“新广州”（香港）国际旅游有限公司至今，广之旅目前在广州市内已拥有40多家营业点，在广东全省有200多家营业网点，构建了华南地区最为完善的旅行社经营网络；在北京、云南、四川、我国香港、澳门以及马来西亚等地设有分支机构，形成了具有广之旅特色的网络化经营模式。

7. “IT系统+加盟连锁”模式

以宝中旅游为典型代表。宝中旅游凭借独家开发的电脑软件管理系统和“宝中旅游”品牌，通过品牌加盟实施网络化经营，并不断创新经营模式。在门店管理方面，采取“统一采购、统一产品、统一广告、统一财务、统一人事、统一选址、统一形象、统一组团”的“八统一”措施，提升标准化程度，严控产品及服务质量。自2009年8月18日重庆宝中旅游公司正式组建，仅两年时间宝中旅游就在全国开设了22家子公司，全国的营业网点有2 000多家。2011年名列中国旅游集团营业额20强第15名。宝中旅游网络化经营模式的构建重在IT操作系统和品牌的输出，既有通过品牌加盟的形式取得网络成员的控制权或参股权，也不排除对有些网络成员存在资本输出，但大部分网络成员和宝中旅游本身并无产权关系，他们只是以加盟商的形式使用宝中旅游的品牌，而宝中旅游也只是收取一定数量的加盟费。

【知识链接】

关于智慧旅游

1. 智慧旅游的含义

智慧旅游，就是利用云计算、物联网等新技术，通过互联网、移动互联网，借助手机、电脑等便携设备主动感知旅游资源、旅游经济、旅游活动、旅游者等方面的信息，及时安排和调整工作与旅游计划，从而达到对各类旅游信息的智能感知、方便利用的效果。其主要包括在线服务、网上

查询、网络营销、网上预订、网上支付等智慧旅游服务。

2. 智慧旅游的体现

智慧旅游的“智慧”体现在“旅游服务的智慧”“旅游管理的智慧”和“旅游营销的智慧”这三大方面。

〈服务智慧〉

智慧旅游从游客出发，通过信息技术提升旅游体验和旅游品质。游客在旅游信息获取、旅游计划决策、旅游产品预订支付、享受旅游和回顾评价旅游的整个过程中都能感受到智慧旅游带来的全新服务体验。智慧旅游通过科学的信息组织和呈现形式让游客方便快捷地获取旅游信息，帮助游客更好地安排旅游计划并形成旅游决策。智慧旅游通过基于物联网、无线技术、定位和监控技术，实现信息的传递和实时交换，让游客的旅游过程更顺畅，提升旅游的舒适度和满意度，为游客带来更好的旅游安全保障和旅游品质保障。智慧旅游还将推动传统的旅游消费方式向现代的旅游消费方式转变，并引导游客产生新的旅游习惯，创造新的旅游文化。

〈管理智慧〉

智慧旅游将通过与公安、交通、工商、卫生、质检等部门形成信息共享和协作联动，结合旅游信息数据形成旅游预测预警机制，提高应急管理能力，保障旅游安全，实现对旅游投诉以及旅游质量问题的有效处理，维护旅游市场秩序。智慧旅游依托信息技术，主动获取游客信息，形成游客数据积累和分析体系，全面了解游客的需求变化、意见建议以及旅游企业的相关信息，实现科学决策和科学管理。智慧旅游还鼓励和支持旅游企业广泛运用信息技术，改善经营流程，提高管理水平，提升产品和服务竞争力，增强游客、旅游资源、旅游企业和旅游主管部门之间的互动，高效整合旅游资源，推动旅游产业整体发展。

〈营销智慧〉

智慧旅游通过旅游舆情监控和数据分析，挖掘旅游热点和游客兴趣点，引导旅游企业策划对应的旅游产品，制定对应的营销主题，从而推动旅游行业的产品创新和营销创新。智慧旅游还充分利用新媒体传播特性，吸引游客主动参与旅游的传播和营销，并通过积累游客数据和旅游产品消费数据，逐步形成自媒体营销平台。

3. 智慧旅游的功能

从使用者的角度出发，智慧旅游主要包括导航、导游、导览和导购四个基本功能。

〈导航〉

智慧旅游将导航和互联网整合在一个界面上，地图来源于互联网，而不是存储在终端上，无须经常对地图进行更新。当 GPS 确定位置后，最新信息将通过互联网主动地弹出，如交通拥堵状况、交通管制、交通事故、限行、停车场及车位状况等，并可查找其他相关信息。与互联网相结合是导航产业未来的发展趋势。通过内置或外接的 GPS 设备/模块，用已经连上互联网的平板电脑，在运动中的汽车上进行导航，位置信息、地图信息和网络信息都很好地显示在一个界面上。随着位置的变化，各种信息也及时更新，并主动显示在网页上和地图上，体现了直接、主动、及时和方便的特征。

〈导游〉

在确定了位置的同时，在网页上和地图上会主动显示周边的旅游信息，包括景点、酒店、餐馆、娱乐、车站、活动（地点）、朋友/旅游团友等的位置和大概信息，如景点的级别、主要描述等，酒店的星级、价格范围、剩余房间数等，活动（演唱会、体育运动、电影）的地点、时间、价格范围等。

〈导览〉

导览相当于一个导游员。我国许多旅游景点规定不许导游员高声讲解，而采用数字导览设备，如故宫，需要游客租用这种设备。智慧旅游则像是一个自助导游员，有比导游员更多的信息来源，如文字、图片、视频和3D虚拟现实，戴上耳机就能让手机/平板电脑替代数字导览设备，无须再租用这类设备了。

〈导购〉

通过全面而深入的在线了解和分析，已经知道自己需要什么了，那么可以直接在线预订（客房/票务）。只需在网页上自己感兴趣的对象旁点击“预订”按钮，即可进入预订模块，预订不同档次和数量的该对象。

四、我国旅行社电子商务发展策略

旅行社电子商务通过先进的网络信息技术手段实现旅行社商务活动各环节的电子化，以电子化手段进行旅行社宣传促销，开展旅行社售前售后服务，通过网络查询、预定旅行社服务产品并进行支付，包括通过网络发布、交流旅行社基本信息和旅行社商务信息，旅行社企业内部流程的电子化及管理信息系统的应用等。

首先，从技术基础的角度看，旅行社电子商务是采用数字化电子方式来进行信息数据交换和开展旅行社商务活动的。如果将“现代信息技术”看作一个集合，“旅行社商务活动”看作一个集合，“旅行社电子商务”无疑是这两个集合的交集。即旅行社电子商务是现代信息技术与旅行社商务活动的结合，是旅行社商务流程的信息化和电子化。

其次，从应用类型和环境来看，旅行社电子商务可分为三个层次：一是面向市场，以市场活动为中心，包括对促成交易实现的各种商业行为进行网上信息发布、网上公关促销、市场调研以及实现交易的电子贸易活动，包括网上业务洽谈、售前咨询、网上交易、网上支付、售后服务等。二是利用网络重组和整合旅行社企业内部的经营管理活动，实现旅行社企业内部电子商务，包括旅行社建设内部网，实现旅行社内部管理信息化。三是旅行社商务活动基于 Internet 开展还需要外部环境的支持，包括整个旅游业电子商务的通行规范，旅游行业管理机构对旅游电子商务活动的引导、协调和管理以及旅游电子商务的支付与安全环境等。

旅游电子商务已成为我国未来旅游产业发展的必由之路。在目前旅游电子商务发展的大背景下，我国旅游产业要正视与国外旅游电子商务发展的差距，在发展中要有一种紧迫感。同时，要结合我国旅游电子商务的实际状况，采取相应措施，推动我国旅游产业整体电子商务的发展水平，从根本上提高旅游产业的整体竞争力。我国旅行社电子商务发展策略主要有以下几种。

（一）国家政策的扶持和引导

近10年来，我国旅游业以政府主导型发展战略取得了很大成就，旅游电子商务要取得长远发展，政府主导和政策扶持必不可少。政府主管部门应成为全国旅游电子商务应用方面的组织者，制定旅游信息化发展的全局性和长远性总体规划和一系列旅游电子商务规范体系，加强对电子商务发展的宏观指导，在旅游信息网建设、旅游信息开放、旅游信息网络上的电子商务等各个方面提供相应的法律和政策保障。由于我国区域经济发展的不平衡，电子商务发展水平差异很大，政府应扶持弱势地区的电子商务发展。另外，要加快制定、完善和修正电子商务的法律法规，解决网上的电子商务交易安全、消费者权益保护等方面的问题。在旅游资源的整合方面，政府和行业协会要一起合作，发挥行业协会的民间组织作用，推动全国旅游资源的整合，加快旅游电子商务的标准体系建设，实现旅游企业内部信息系统与旅游电子商务平台之间，旅游业与银行、海关、公安的信息系统之间的互联互通，建立一个全国范围的、完整的大旅游电子商务系统。

（二）加快旅游专业复合型人才培养

旅游电子商务涉及电子商务、旅游业、信息网络、市场营销等多方面的知识，在发展旅游电子商务的过程中需要既精通电子商务又熟悉旅游管理和计算机网络技术的复合型人才。而目前我国传统的教育体制培养这方面的人才还很少，制约了旅游电子商务的进一步发展。因此，大力培养旅游电子商务人才，为我国旅游电子商务的长远发展提供人才储备，是一项长久的系统工程。一方面，高校要结合实际，调整专业培养方向，开设与旅游电子商务相关的课程，培养市场需要的旅游人才；另一方面，旅游机构要转变观念，顺应时代的要求，主动与大中专院校等教育研究机构合作，灵活采用各种方式，大量培养高科技人才，并鼓励在校学生参与旅游企业电子商务项目的研究开发。有条件的教育机构还可以建立电子商务研究培训中心，为旅游企业培训电子商务技术人员，提供技术咨询和项目开发。旅游企业要制订人员培训计划，通过长、中、短期的派员工进修与学习，提高员工自身素质和企业整体文化素质，从而为企业发展旅游电子商务奠定良好基础。

（三）培养广大消费者的网上消费观念

旅游网络营销离不了消费者的参与，消费者对网络营销的认识很大程度上影响着网络营销的进程。虽然这些年我国网络的普及率和网民的数量飞速增长，但是真正体验网上消费的比例还很小，这阻碍了旅游电子商务的发展。和美国相比，美国邮购和电话订购比较成熟，信用卡比较发达，消费者习惯使用信用卡而不是现金交易，在这样的环境下，实现电子商务不会有重大障碍。而我国目前正是缺乏这种网络交易的良好环境，民众对网上支付方式存在一定程度的不信任，但这只是一个方面，关键是民众对旅游电子商务这种新生事物的认识不够深入，缺乏深层次的了解。因此，要发展电子商务，必须调动消费者广泛参与的积极性，政府和企业应当运用舆论工具引导和培养人们的新观念，来推动电子商务的快速发展。

（四）完善旅游网站建设，加强网站维护建设

目前我国旅游电子商务网站已经超过300家，但其中多数为网络人创办，传统旅行社上网并没有占据主导地位，这就形成了旅游公司不了解网络，网络不熟悉旅游业务的现象。这种现象带来的后果就是网站的内容空洞、没有吸引力，都是一些泛泛而谈，没有旅游者真正感兴趣的内容，所以各个网站的访问量差强人意。所以，完善网站建设对于发展

旅游电子商务来说至关重要。网站建设方面最重要的内容就是强化旅游信息的开发。传统旅游业的劣势在于信息的不对称性。在传统的旅游市场上，游客获取信息的渠道较少，成本较高，不确定性也大，旅游公司给他们提供的信息很不充分，有时甚至带着明显的欺骗性。旅游网站应该建立完善的旅游信息体系，包括旅馆预定系统、旅游线路动态信息网、旅游管理系统、旅游咨询、车船票预定、信息反馈等内容，形成一份完整的“套餐”。同时要注意确保信息的直观性、细致性、准确性、时效性、动态性。尤其要重视信息反馈的环节，因为它是一个企业与客户互动的环节，能体现游客对企业提供服务的满意程度，在很大程度上决定企业的生死存亡。传统的信息反馈方式大多是旅行社向旅游者打电话、寄反馈卡、召开招待会等形式，不仅费用高，而且反馈速度慢。而互联网的电子信息传递是双向的，商家可以发送和收到信息，可以大大提高信息反馈速度，有利于旅游企业及时收集信息，改进工作，缩短旅游产品的生产周期，促进企业良性循环。

【知识链接】

携程旅行网商业模式分析

一、背景介绍

携程旅行网是中国领先的在线旅行服务公司，创立于1999年，总部设在中国上海。携程旅行网成功整合了高科技产业与传统旅行业，向超过五千余万注册会员提供包括酒店预订、机票预订、度假预订、商旅管理、高铁代购、特惠商户以及旅游资讯在内的全方位旅行服务。凭借稳定的业务发展和优异的盈利能力，携程旅行网于2003年12月在美国纳斯达克成功上市。

二、商业模式分析

（一）对目标客户以及这些客户与公司关系的描述，包括客户角度的价值主张（客户价值定位）携程旅行网的目标客户分为两类：

（1）最为主要的一类是需要搭乘飞机、预订酒店或度假休闲的零散客户，他们可以通过检索网站上提供的信息，选择所需的服务，方便快捷地完成飞机、酒店的预定和各种各样的度假产品；

（2）另外一部分主要是有长期需要商旅服务的大型企业与集团公司。携程旅行网可以为企业提供定制性的服务产品。

（二）对企业所提供的产品和服务的说明

1. 酒店预订

携程旅行网拥有中国领先的酒店预订服务中心，为会员提供即时预订服务。其中酒店预订是携程运作和发展的基础。目前，网站的合作酒店超过32 000家，遍布全球138个国家和地区的5 900余个城市。不仅为会员提供优惠房价预订，并且在酒店拥有大量保留房，为会员出行提供更多保障。

2. 机票预订

携程旅行网拥有全国联网的机票预订、配送和各大机场的现场服务系统，为会员提供国际和国内机票的查询预订服务。机票直客预订量和电子机票预订量均在同行中名列前茅，业务量连续两年保持3位数的增长率，成为中国领先的机票预订服务中心。

3. 度假预订

携程旅行网倡导自由享受与深度体验的度假休闲方式，为会员提供自由行、团队游、半自助、巴士游、自驾游、邮轮、自由行PASS、签证、用车等全系列度假产品服务。目前，携程旅行网已开拓30多个出发城市，拥有千余条度假线路，覆盖海内外200余个度假地，年出行人次超过百万，是中国领先的在线旅行社。

4. 高铁代购服务

携程旅行网2011年7月5日推出高铁频道，为消费者提供高铁和动车的预订服务。

5. 商旅管理

商旅管理业务面向国内外各大企业与集团公司，以提升企业整体商旅管理水平与资源整合能力为服务宗旨。依托遍及全国范围的行业资源网络，以及与酒店、航空公司、旅行社等各大供应商建立的长期良好稳定的合作关系，携程充分利用电话呼叫中心、互联网等先进技术，通过与酒店、民航互补式合作，为公司客户全力提供商旅资源的选择、整合与优化服务。目前已与可口可乐、宝钢及海尔等多家国内外知名企业达成合作。

6. 特约商户

特约商户是为VIP贵宾会员打造的增值服务，旨在为VIP会员的商务旅行或周游各地提供更为完善的服务。携程在全国15个知名旅游城市拥有3 000多家特约商户，覆盖各地特色餐饮、酒吧、娱乐、健身、购物等各方面，VIP会员可享受低至5折消费优惠。

7. 旅游资讯

旅游资讯是为会员提供的附加服务。由线上交互式网站信息与线下旅行丛书、杂志形成立体式资讯组合。目前，携程还推出旅游书刊《携程走中国》《携程自由行》《私游天下》《中国顶级度假村指南》等。通过大量的旅游资讯、精美的文字信息、多角度的感官体验，为客户提供周到体贴的出行服务，打造独具个性的旅游方案。

（三）对生产和销售的产品、服务所需的业务流程的描述

大致来看，携程旅行网的业务由五个环节构成：

（1）网站与酒店、航空公司机票代理机构签订合作协议。

（2）在网站上发布酒店、航班及旅游度假等相关信息。

（3）网站呼叫中心接受客户预订。

（4）将客户的预订信息传给酒店、航空公司。

（5）与酒店、航空公司结算佣金。

资料来源：http：//wenku. baidu. com/view/432dd21fff00bed5b9f31dfe. html

任务实施

实训项目：旅行社电子商务体验。

实训目的：通过登录旅游网站，体验旅行社电子商务。

实训内容：

（1）学生以小组为单位，进行任务实训；

（2）登录国内知名旅游电子商务网站和当地大型旅行社网站，进行电子商务体验，比较分析其异同点，并对当地大型旅行社如何进行电子商务业务进行合理化建议，并形成书面报告。

实训指导：主讲教师指导同学选择相关网站，进行电子商务体验。

实训考核：主讲教师点评各组上交的书面报告，评分。

【思考与讨论题】

根据所学知识，登录相关旅游电子商务网站，分析并讨论如何大力发展旅行社电子商务。

任务三　旅行社竞争品牌化趋势

任务介绍

品牌化是旅行社业发展的一个大趋势。旅行社需要采取何种品牌化战略模式是由旅行社的整体经营战略所决定的。我国旅行社品牌化实施策略主要包括：树立强烈的品牌意识、努力提高产品的质量、增强品牌的识别度、加大品牌宣传的力度、打造我国民族品牌等。

任务目标

（1）了解旅行社的品牌化战略选择的特点；

（2）认识旅行社品牌化发展趋势；

（3）掌握我国旅行社品牌化实施策略。

相关知识

一、旅行社品牌化战略

品牌是用以识别旅行社所提供产品的名称、术语、标记、符号、图案或它们的组合。品牌化战略也称品牌的形态和层次决策，即企业决定是否建立产品或企业品牌，以及决定建立何种品牌结构模式。旅行社需要采取何种品牌化战略模式是由旅行社的整体经营战略所决定的，但是由于受到旅行社产品特征的影响，旅行社的品牌化战略选择的特点表现在以下两个方面：

（一）旅行社的品牌建设一般以企业品牌为主导

这是由旅行社产品的服务性所决定的。旅游者在购买旅行社产品之前没有直观的感受，无法进行客观的评价，因此，企业的实力、形象、口碑等往往成为直接影响旅游者购买决策和消费后评价的重要依据。旅游者在进行购买决策时，将会更多地考虑旅行社的信誉，以寻求一种质量保证。世界上许多旅行社都很注重自身企业品牌的建设，如美国运通、英国的托马斯·库克旅行社、日本交通公社以及我国的中国青年旅行社等。

（二）旅游产品复杂化的特点决定了旅行社也需要打造品牌

随着旅游市场竞争日益激烈、旅游者的偏好日渐差异化和个性化，旅行社产品的形式和内容也越来越丰富多彩。旅行社需要通过对不同种类的产品进行品牌化的方式来向消费者传达产品的特征，并强调产品具有满足目标消费者特定需要的独特价值。

旅行社在进行产品品牌建设时，一般来说为一个产品线设立品牌比较合适，而不适合采用单个产品品牌战略。这是因为旅行社的单个产品主要是指一条旅游线路，而旅游线路的可模仿性是非常强的，市场上众多旅行社都在做着同一条旅游线路，单从旅游线路本身来说，旅游者感知到的各个旅行社之间的差异并不大。因此，建立单一旅游产品品牌的风险较大、成本也较高。从实践中看，目前旅行社所推出的产品品牌也大都是根据目标市场划分的产品大类品牌。例如，吉林省某旅行社推出的海南环岛 6 日游就是按照档次不同推出了海南环岛超值团、海南环岛精品团以及海南环岛纯玩团。

【案例分析】

随着 2004 年度全国国际旅行社百强的出炉，又一年度的旅行社座次之争在一片争议之中尘埃落定。国旅、中青旅、康辉位居三甲。而一个非常奇特的现象是，所有旅行社包括位次靠前，被消费者熟知的国、青、中三大社，却没有一个在全国性比较有影响的媒体上露过面，真正的“电视无影、电台无声、报纸无名”。同时在最近中央电视台的“品牌中国”栏目中发布的众多品牌中，旅行社品牌无一入选。

是什么原因导致了在我国旅游消费日益增长的情况下旅行社的宣传推广却乏善其陈？又是什么原因导致了在我国自有品牌风起云涌的时代，旅行社行业却缺乏一个具有自身特色且具有强大实力的品牌？

无品牌，无特色，无推广，正是我国旅行社企业的现状，也是将影响我国旅行社进一步发展的软肋。面对入世承诺“后过渡期”即将结束，外资大举进入在即，如何走自己的品牌之路，对中国旅行社而言，关乎输赢成败，决定生死存亡。

资料来源：http：//www. emkt. com. cn/article/208/20887. html

二、旅行社品牌化发展趋势

当今世界，品牌正成为主宰市场的重要砝码。旅游产品的品牌是最为关键、最强劲的竞争力，是旅行社在市场竞争中战无不胜的王牌。品牌化是旅行社业发展的一个大趋势。

（一）品牌是信息化时代旅行社的核心竞争力

品牌是强化旅游产品差异化的有力手段，是旅行社赢得竞争优势的关键环节。旅行社赢得市场的程度往往取决于它们使自己的产品差异化的成功程度。旅游产品差异化程度越高，旅行社制定高价的可能性就越大，竞争者也越难以模仿。哈佛大学商学院知名教授迈克尔·波特在其名著《竞争战略》中把产品差异化视为企业竞争的三大战略之一。他认为产品差异化战略“是将公司提供的产品或服务标新立异，形成一些在全产业范围中具有挑战性的东西”。他把设计或品牌形象视为实现标新立异战略的首要手段。一件产品可以被竞争对手模仿，但品牌则是独一无二的。产品很快会过时，而成功的品牌则是持久不变的。因此，旅行社一旦拥有强势品牌，旅游者对产品的认知度就大大提高了，企业因而获得了自己独特的“卖点”，在市场上的竞争优势就会大增。

品牌还是提高旅游产品附加值的有力武器，能给旅行社带来可观的经济效益。通常产品分为三个层次：核心层、形式层、附加层。核心层是产品满足消费者最基本的利益属性，形式层是附着在核心层之外，是指旅游产品的外在表现形式，附加层是旅游产品的延伸部分，主要是指产品增加的服务和利益。在旅游产品相似度较高的今天，产品之间的主要区别在于“附加层面”即通常我们所说的“产品附加值”。旅行社加强品牌建设，则有利于提高旅游产品的附加值，那是由于以下几点：

第一，旅游消费者购买某一成功品牌的旅游产品，不仅能取得实际利益，更重要的是能获得一种心理利益，即购买著名品牌带来的心理满足。

第二，品牌就是市场。在旅游产品的供给极其丰富的今天，旅游企业拥有知名品牌，就能增强对市场的感召力，获得较高的市场占有率，提高企业的竞争实力。

第三，品牌是旅行社的无形资产。旅行社品牌是其开展网络化经营的前提。享誉世界的优秀品牌不仅能给旅行社带来强大的增值功能，而且本身也具有很高的价值。

（二）品牌是旅行社集团化经营的必备条件

发展旅行社集团，必须有一个“名牌”的旅行社为核心企业。只有这样，旅行社集团才有可能被社会公众所认可，为众多成员旅行社带来客源，从而得到他们的认可，愿意成为集团成员。同时，也使旅行社集团自身规模不断发展，知名度不断上升。目前，一些规模较小、实力弱的旅行社依附品牌知名度较高的旅行社集团，成为其销售网点，利用大型旅行社的强势品牌优势“借船出海”，也取得了不错的经营业绩。

（三）品牌是旅行社进行国际化经营的旗帜

旅行社进行国际化经营，不仅能就地宣传、扩大客源，而且可方便本国公民境外旅游，并成为国家旅游创汇新的增长点。因此，国际上一些有实力的旅行社已经在积极开拓国际旅游市场，这是大势所趋，势在必行。旅行社开展国际化经营，最需要的是品牌。品牌不仅是旅行社形象的集中体现，更是一国旅游产业形象的浓缩和标志。

【知识链接】

中小旅行社品牌化战略中后期发展思路

在中国二三线城市，中小旅行社遍地开花，笔者所在廊坊市共有人口400余万人，仅旅行社就有73家，企业间的竞争更多地集中在价格竞争这一低端层面。要从“诸侯混战”中脱颖而出，实施品牌战略是中小旅行社实现自身建设和发展的理性战略选择。

在一定区域内，实施品牌战略并小有名气的旅行社并不鲜见，他们在当地的知名度、美誉度、信誉度越来越高，旅游消费者“看牌购买”者越来越多，生意也越来越好，这是一件好事，我们姑且视之为“品牌化战略的中后期”。那么，企业发展到这一时期又该如何呢？

中小旅行社品牌化战略中后期发展思路的核心应该定位在：巩固形象，提升品质——进一步提高品牌的含金量。具体来讲，就要扎实做好以下工作：

产品差异化。旅游产品高度同质化是当前各旅行社普遍存在的一个重要问题，特别是旅游线路产品，由于很难得到相关法律的保护，同质化程度更高，旅行社间的竞争也越来越激烈；实现产品差异化，可以比竞争者更有效地满足旅游消费者的差异化需求，是企业有效竞争的利器；产品差异化，不必求大，在一些细节上做足文章就可，如互动项目的有效安排，旅游线路各景点游览顺序的科学调整等；另外，进一步细分市场，调整目标市场，不断推陈出新，可有效地实现旅游产品的差异化。

服务细节化。大礼不辞小让，细节决定成败。旅游业是典型的服务业，在市场竞争日益激烈的今天，企业竞争的焦点也日益集中到服务上；服务的好坏，集中表现在细节上。

员工忠诚化。“上下同欲者胜”；旅行社人力资源的流动性大，这是整个行业的难点。要实现企业的大发展，仅实现员工满意是远远不够的，企业必须在员工忠诚上下大力气。员工为什么会“死心塌地”地跟着你干？经济收入水平和相关保证是基础，人性化的企业文化建设是保证。各旅行社要充分开动脑筋，在这一点上做得越好，企业的发展后劲就越大。如实行股份制改造，推出期权；为员工购买保险、提供住房公积金；把“为员工服务、为员工排障”列入老总日常工作范畴并有效执行；重组、兼并、整合其他旅游企业，把蛋糕做大，给员工以发展空间等。

人才素质化。高等教育的大众化时代已经到来，国民综合素质越来越高，这就要求旅游企业的员工必须不断地提高自身素质；除了在招聘时关注应聘者的学历等硬指标外，企业必须把员工的“学习、培训”当作企业员工的重要“福利”来发放；要坚决做到员工学习、培训工作科学化、制度化。

管理专业化。企业做到一定程度，“家族化”的问题就显得突出了。要做大做强，有必要打破这一壁垒，或委托经营，或引进人才。加强制度建设和企业文化建设。不断提高经营管理水平。

思路战略化。人无远虑，必有近忧。以战略的眼光和思路对企业进行领导，是实现企业大发展的必要条件。如企业人力资源的合理配置，资金的科学管理与投资的战略选择，企业发展方向的把握与调整，市场的深度开发，市场的进一步细分及目标市场的必要调整。

资料来源：www.toptour.cn

三、我国旅行社品牌化实施策略

目前，我国大多数旅行社处于发展初期，在面临激烈的市场竞争时，往往走入低水平的价格竞争圈子中去。在单纯的价格竞争中，多数旅行社都是失败的，结果是导致整个行业的利润水平由于价格竞争出现整体下降。旅行社大打价格战的目的，无非是要以低价吸引更多的旅游者。旅行社提供的产品中包含了大量的人工服务，在激烈的市场竞争中，想得到游客对旅行社的认同，削价绝不是一个能够长期有效的手段，取胜的真正秘诀在于旅行社要树立良好的形象。品牌作为企业产品和服务形象及经济实力的集中体现和象征，已成为竞争的重要手段，因此，企业如何实施品牌战略是目前我国旅行社经营管理者重点研究的课题。

（一）树立强烈的品牌意识

美国运通公司一位服务总监说：“品牌是一种手段，是以感情手段来与消费者之间建立一种契约。一个商业品牌要么发展，要么消亡，没有中间状态。”目前，我国旅行社以品牌区分产品的意识仍然比较淡薄。从旅行社的内部结构看，不同规模的旅行社之间没有在经营上的专业分工，都以相似的方式参与竞争，提供的产品名称大多是“某某地几日游”的模式，主题形象不突出，旅游者无法从中了解到旅行社的经营特色和其提供的旅游产品内容。更无法判断他们能从旅游产品消费中得到的什么利益。其结果是：一味追求短期利润的低价竞争的直接后果就是服务质量低劣，规范经营的旅行社提供的品质卓越的旅游产品难以脱颖而出，而且由于其经营成本较高。因而在价格大战中反而处于劣势。因此，对旅行社来说，强化品牌意识，努力把旅游产品优势转化为品牌优势，已迫在眉睫。

（二）努力提高产品的质量

质量和品牌是紧密相连的，品牌的竞争力源于旅游产品的质量。世界驰名旅游品牌成功背后的一个共同特征就是对质量的孜孜追求。某一旅游品牌诞生后，如果其产品质量下降，所产生的直接后果就是旅游消费者信任的丧失，随之该品牌的竞争力将江河日下。并且，旅行社产品的“质量工程”是无止境的工程，即使一万次的质量安全，有一次质量事故，则会导致旅行社产品品牌价值迅速贬值，即使恢复也需花费大量的时间和金钱，更严重的是如果在“恢复期”遭遇竞争对手强烈的攻击，企业则有可能再也“无力回天”。因此，我国旅行社企业，尤其需要走出重知名度、轻品牌内涵的误区，应该视质量为品牌的生命。而要确保品牌质量，我国旅行社不仅在质量标准上要与国际接轨，而且必须强调产品创新，不断开发特色旅游产品。

（三）增强品牌的识别度

品牌的识别度的强弱，往往在于旅行社的品牌符号设计是否科学、有吸引力。旅行社的品牌符号主要指旅行社或其产品的品牌名称和品牌标志。品牌名称是促人联想的重要来源，而联想是形象树立的必备条件。一个好的品牌名称应有以下特征：独特、容易记忆、暗示产品类别、支持标志物和标志语、易于用法律加以保护。标志物与标志语是品牌形象的感官识别系统的主要组成部分。它要能让人产生丰富的联想，表达美好的感受，能为产品或服务提供指示器等。目前我国大部分旅行社对品牌建设的重视不够，相当一部分旅行社的名称及标志识别性差，形象不鲜明，往往不舍得花钱找专业的设计公司设计，而由本企业的管理人员凭感觉设计。旅行社更热衷于对所提供的产品或服务命名或是更改企业的名称，事实上，名称是事物的名字，具有使人将事物辨别开来的功能，并体现事物的个性。品牌不只是一个名称，一种标志，而是消费者心中的一组“无形价值”，它对消费者具有强大的吸引力，是让他们宁愿出较高的价格购买该项产品或服务。

（四）加大品牌宣传的力度

“好酒不怕巷子深”的理论在如今激烈的市场竞争中早已变得不再适用，而我们现今所提倡的是“好酒也要勤吆喝”。促销实质上是企业与消费者之间的信息沟通。通过促销将旅行社品牌下的产品的质量、特色及个性信息传递给游客，并不断强化游客对该品牌的良好印象。在促销手段上，应该明确不同方法对不同受体的影响效果，合理安排营销手段，直接促销方式中最重要的是广告。广告、宣传活动无疑是品牌扩大知名度不可或缺的工具；而间接的促销方式则是公共关系。成功的公共关系活动也可以协助展现一家企业品牌形象，因此积极投身于公益活动已成为许多企业的又一策略。公益活动对消费者的日常生活影响很大，在公益活动中大量的长期投入及活动本身所反映的独到创意，能大大提高企业品牌的知名度。通过宣传，形成和加强了消费者对旅行社品牌的认知，对他们的消费选择产生较大的影响。此外，在利用传统营销手段的同时积极利用网络等先进的科技手段，实施全方位的品牌战略，在品牌的渗透、扩张和强化上大做文章。

（五）打造我国民族品牌

一个全国性、国际性品牌的竞争力，首先来自所在地区的市场竞争力，因此中国旅游市场全面开放后，中国旅行社业必须比境外旅行社业抢先一步，牢牢地占领国内市场，民族文化是无法复制的，我国旅行社应力争打造民族品牌，与外资军团抢夺国际客源。

旅行社创品牌与上规模是相辅相成、相得益彰的。品牌化经营是旅行社发展的必然趋势，我国旅行社要有创品牌与上规模联动的战略眼光，努力实现资产在品牌旗帜下的集中、优化、扩张，从而形成大品牌与大企业之间互相影响、互相渗透、共同发展的良性循环，从而更有力地参与国际竞争。

品牌的层次与其顾客参与的程度存在一种正比的关系。如果企业品牌在顾客心目中的层次和地位越低，顾客参与企业的愿望也相对较弱，而如果一个品牌在顾客心目中的层次和地位越高，甚至认为这个品牌关系到自己的切身利益，那么顾客就越愿意参与这个企业的各种活动，企业与顾客的关系越紧密，特别是当他们将品牌视为一种精神品牌，这种参与程度可以达到最高境界。因此，这就要求企业必须改变以往的单向的灌输式信息传播方式，而尽量与顾客进行沟通和互动，让顾客参与其中，才能建立起长期的稳定的顾客感情和友谊，从而立于不败之地。

任务实施

实训项目：旅行社品牌化经营。

实训目的：通过对实训资料阅读与讨论，理解旅行社品牌化经营策略。

实训内容：

（1）学生以小组为单位，进行小组实训；

（2）阅读并分析所给实训资料，总结旅行社品牌化经营策略，写出总结报告。

实训指导：主讲教师对同学在资料分析与讨论中遇到的问题进行指导。

实训考核：主讲教师对总结报告进行点评。

实训资料：

略论旅行社管理中的品牌化经营战略

随着旅游业的迅猛发展，旅游市场竞争越来越激烈，各旅行社都在极尽所能，不断地加快市场开拓的步伐。但可分享的蛋糕将越来越小，市场已经进入了一个低价格、微利的时代。为了生存，许多旅行社纷纷加入到价格战、广告战之中，有的甚至搞起了不正当竞争。这不仅损害了旅游行业的整体形象，还制约着旅行社自身的发展，甚至影响着旅行社的生存。因此，旅行社要树立正确的经营观念，打造自己的品牌，向深层次的价值竞争、品牌竞争转变。

一、实施品牌化经营战略的必要性

品牌是用来识别一个（或一群）卖主的商品或劳务的名称、术语、记号、象征或设计，或其组合，并使之与竞争对手的产品和服务相区别。而品牌化则是指企业为其产品规定品牌名称、品牌标志，并向政府有关主管部门注册登记的一切业务活动。旅行社为什么会向品牌化发展呢？主要有以下几个方面的原因：

1. 品牌化经营是旅行社适应旅游市场发展的需要

一般情况下，游客想外出旅游，往往需要亲自跑很多家旅行社了解价格、线路安排、就餐住宿标准等情况。特别让游客拿不准的是旅行社的服务质量和信誉等。游客在选择时不得不亲力而为、费尽周折，进行反复考察；有时一个单位要组织旅游，几家旅行社找上门来，出游者仅凭旅行社的宣传也难以定夺，旅游者选择时，总要背负着一定的消费风险。市场迫切需要出现一批有规模、信誉好、有较高品牌知名度的旅行社。旅游市场呼唤品牌化经营。

2. 品牌化经营是旅行社自身发展的需要

旅行社是随着旅游业的振兴而发展起来的，并且已成为一个供大于求的买方市场。随着市场竞争的日益加剧，可能有一部分旅行社要淘汰出局。这给所有的旅行社提出了一个严峻的课题：怎样才能增强自身抵御风险的能力？怎样才能在竞争中不断地发展壮大、做大做强？综观国内外成功的企业，无不把经营品牌、创建品牌作为重要的发展战略。如果一个旅行社没有长远的发展战略，一味地参与价格战这种低层次的竞争之中，就会越战越疲惫，越战越不能保证质量，越战越没有信誉，进入一个恶性循环、不能自拔的境地。当然，有些旅行社凭多年的关系，或是游客出于一种消费习惯，拥有一些老客户，但这毕竟市场面太小，而且是不够稳定的，也经不起市场的波动。所以，实施品牌化战略，是旅行社走出困境，走向成功的必由之路。品牌化经营是建立良好客户关系的需要。

3. 品牌化管理

能够形成以消费者为中心的营销理念和品牌的口碑效应。市场经济已经将企业的经营运作聚焦在消费者这一个中心上，这已成为包括旅行社业在内的各行各业的共识，其内涵就是设计的产品和服务都要从消费者的需求信息入手，而标志着产品和服务突出特质的品牌，自然要源于消费者的心理认知。品牌源于消费者，品牌形象如何能够为消费者认同，只有消费者知道，从这一点上讲，品牌萌芽于消费者的心理认知。“众口铄金，积毁销骨”，消费者口碑的“誉”与“毁”直接关系到品牌发展的“成”与“败”。

品牌化经营是旅游消费的特殊性所决定的。旅游消费本身是一种精神满足，它不同于一般物质产品的消费，旅行社的线路产品易被模仿，旅行社在盲目追求销售同类产品的同时，不可避免地造成产品特色单一，缺少叫得响的品牌，满足不了顾客的需求，所以能让消费者辨识的就是企业的品牌。在旅行社行业，很难树立长久的产品特色，真正的也是唯一的品牌就是企业与消费者日久弥深的客户关系，舍此而言它，则是舍本逐末，旅行社的长久发展也就成了无源之水。

二、建立良好的客户关系是品牌化管理的核心内容

旅行社与客户的关系应该是一种情感沟通。实际上，优秀品牌的战略就是进行大量的情感投资。旅行社该如何一步步地发展这种关系，最终达到客户的品牌忠诚？一个简洁的答案是：“方法”“制度”。“工欲善其事，必先利其器”，不学会灵活运用沟通的方法，建立客户关系就是空谈。而相应的制度安排则会让我们的沟通活动规范持久，让消费者对这份关系更有信心，对旅行社更放心。就亲近客户的方法而言，旅行社可以考虑建立专门的客户服务部，具体负责操作如下业务：

1. 体验沟通

在游览过程中，旅行社可以通过与游客的直接沟通来了解他们的感受和评价，同时，旅行社也是通过服务向游客们进行有形展示，让他们直接感受到旅行社的品牌特色。应该说，这是一种旅行社与客户之间双向的认知过程。这一过程也是旅行社建立客户关系的关

键环节。旅行社的企业文化、服务水平都要在这个过程中集中展现给客户，事实胜于雄辩，如果失败，任何其他的沟通方式都会变得苍白。旅行社在这一阶段的任务主要有两个：一是将自身的企业文化和服务水平全部展示出来；二是了解游客对旅行社服务的感受和评价，并适时建立和发展与客户的关系。

2. 客户拜访

旅行社应该学会通过拜访顾客来了解他们对本旅行社的品牌期望和品牌评价。旅行社应抓住时机拜访新老客户，通过拜访既可获取信息，进行市场调研，又能够让客户感受到旅行社对自己的尊重，满足其受尊重的需求，达成合作意向。可见，客户拜访是旅行社建立客户关系的重要方式。

3. 顾客联谊

此方法的目的是，要让客户在非游览时间也能感受到旅行社的品牌气质和企业文化，通过增强情感交流发展更深的客户友谊。旅行社可以邀请客户参与各种联谊活动，增进员工与顾客之间的联系，提升亲和力。

4. 客户评价

旅行社可以尝试建立这样一种客户评价机制。一方面，让客户对旅行社的品牌建设进行评价，提出建议；另一方面，也可以征求客户对其他旅行社品牌建设方面的看法，作为借鉴。让客户自由参与到旅行社的品牌建设和推广中来。在客户获得尊重的同时，发展与客户的友谊和信任。

5. 协助顾客制订计划

旅行社的服务不仅停留在旅游的全过程中，应该拓展到其他过程。比如，为客户制订全部的会议组织和接待计划，为各组织设计全年的奖励旅游计划和考察计划等。这是与客户合作发展，实现双赢的一种方法，而这种方法是建立在客户对旅行社品牌充分信任的基础之上。

6. 客户参与品牌的设计与推广

可以考虑设计一些方法和途径鼓励客户为品牌的设计出谋划策。这一过程可以让客户感受到与旅行社之间的相互信任与友谊。通过这种方式可以建立客户与企业品牌间的紧密关系，客户会比以往更关注品牌的发展，并以前所未有的热情来推动品牌的发展。

三、实施品牌化经营战略的基本途径

旅游与品牌说到底都是在做关系的文章，旅游服务其实是与品牌建设相通的，旅游要做的就是统筹资源并把一切细节做好，品牌真正要做的也就是细节，把每一个标志、每一句口号、每一种色彩，甚至每一处细小的字间距都做得恰到好处，分毫不差。实施旅游品牌化经营战略，可从以下几方面努力：

1. 强化品牌的形象塑造

品牌形象是指企业或某个产品、某种服务在市场上、社会公众中所表现出的个性特征，它体现公众特别是消费者对品牌的评价与认知。品牌形象与品牌不可分割，形象是品牌表现出来的特征，反映了品牌的实力与品牌实质。品牌形象是赢得消费者忠诚的重要途径，从某种程度而言，它甚至影响企业乃至整个产业的生存环境。俗话说得好，产品是企业的，品牌却都在消费者心里。要想在消费者心中建立起一定的品牌，必须塑造良好的品牌形象。塑造良好的品牌形象，除了要有优势的品牌品质和服务外，建立良好的诚信制度和价格形象不失为塑造良好的品牌形象的有效途径。在人们的日常交往中，诚信是非常重要的，许多企业和产品提出“顾客至上”的口号或者“产品三包”的承诺，其目的和实质就是想在消费者心目中塑造一种良好的品牌形象。市场经济从某种意义来说，就是契约经济、信誉经济，竞争越激烈，就越要讲究信誉，缺乏诚信的品牌，是不会有生命力的。价格也是品牌形象的重要组成部分之一，良好的价格形象往往构成某种产品、服务或企业先声夺人、争取消费者的先决条件。对于消费者而言，他们所关心的是支出的货币是否得到相应的利益满足。当消费者买到价值相符、称心如意的产品和服务时，就会对企业、产品和服务产生好感和信赖，使企业、产品和服务在消费者心目中留下深刻印象。

2. 加强品牌的全面管理

品牌的成功离不开全方位的管理，离不开科学的、规范的、动态的管理。所谓管理，是指如何充分利用各种资源，使其发挥最大效用。所谓品牌的全面管理，是指品牌的发展要依靠管理，利用管理来规划，推出优质产品或服务，利用管理科学地、合理地开展品牌营销，利用管理来解决和处理品牌发展过程中出现的各种新问题和新矛盾，利用管理来实现旅游品牌的发展壮大与长盛不衰，利用管理来创造品牌发展的环境。管理与品牌，就像是一对孪生兄弟，世界上的一些著名品牌从创立到发展无不依靠管理。可口可乐是世界第一品牌，在其多年的发展过程中，一直通过对其配制秘方的严格管理来实现其品牌的强势扩张。同样，肯德基从创立到发展至今天的规模也透射出科学管理的气息。人们一想到肯德基，就会想起它的管理带来的标准化的服务——快捷、卫生、方便。肯德基管理的特许经营方式不仅在美国，而且在全世界取得了巨大的成功。我们完全可以说成功的品牌无不依靠管理创立、发展、创新，管理是品牌成功的依靠，是品牌得以健康成长的基础。旅游品牌的建设，同样离不开管理。管理应贯穿于整个旅游品牌的体系建设中。加强旅游品牌的管理，关键是要建立一套科学的、规范的管理制度和体系。具体而言，在旅游品牌的发展建设中要严格遵循旅游业的各种国家服务标准，严格按照国家旅游服务标准体系来进行管理和建设。

3. 重视品牌的不断创新

21世纪是知识经济时代，创新是知识经济最根本、最显著的特征。从某种意义上来讲，旅游品牌的竞争，就是旅游品牌创新的竞争。江泽民同志说，“创新是民族之魂”“创新是民族永远不竭的动力”。品牌的创新是永恒的。品牌创立以后并非一成不变，品牌的长远发展要依靠品牌的不断创新。在市场竞争日趋激烈的现代社会，只有通过持续、稳定的不断创新，品牌才能立于不败之地。从这个意义来讲，创新是品牌发展的活力之源，什么时候停止了创新，品牌的尽头也就到来了；什么时候品牌创新迷失了方向，品牌就会随之走向无序和混乱。品牌的创新，应该是全面深刻的创新，即包括内涵的创新、表现的创新和基础的创新。世界上许多著名的品牌都是在不断创新中得以生存、发展起来的。具体而言，旅游品牌的创新，包括产品创新、服务创新、营销创新、文化定位创新以及产品形象创新等各个方面，要实现旅游品牌的创新，最关键的是要树立创新意识，体现人文关怀，要用科技的手段来打造品牌，提高旅游品牌的科技含量。

4. 开展品牌的立体营销

市场的选择往往是无情的。亨利·福特的“不管顾客需要什么颜色的汽车，我只生产黑色的汽车”已经在现代商业和服务业的竞争中被淘汰，被以消费价值为导向的崭新的经营管理理念取而代之。旅游业的发展同样必须顺应这种趋势。人们完全有理由断言，21世纪旅游业的成功者只会属于那些既懂旅游业经营管理，同时又深谙营销之道的人们。在新的世纪，电子化、信息化、网络化、全球化的交响乐将构成旅游产业的背景音乐和时代进行曲，这昭示着新的旅游需求时代、竞争时代和营销时代业已到来。在旅游业发展的新时代，为了适应不断变化的、多样化的旅游需求，适应全球化、白热化、日益细分化旅游市场竞争的需求，多样化的全方位的旅游立体营销，是打造旅游精品和品牌的必然选择。在未来的旅游营销中，面对经济全球化发展和我国旅游市场进一步开放，国外旅游集团纷纷抢滩我国旅游市场的竞争态势，市场营销必须实现新的突破。除了要加强传统意义上充分利用广播、电视、电影、报纸、杂志等营销媒体和巡回促销、旅游交易会等营销方式和手段外，还要大力加强连锁营销、网络营销、观念营销、绿色营销、服务营销、形象营销等新型营销方式，使之成为旅游企业营销工作的重中之重。

5. 加快品牌的体系建设

旅游活动的综合性，决定了旅游产业的综合性，进而也就决定了旅游品牌建设的综合性。旅游品牌建设，如同自然界的生物链一样，必须一环扣一环，环环相扣，时刻保持一种平衡状态。生物链一旦发生脱链现象，自然界的生态平衡就会被打破，就会产生自然灾害，使人类遭到自然界的报复。同样，旅游品牌的建设，从旅游线路、旅游区（点）、旅游目的地、旅行社、旅游宾馆、旅游车船公司、旅游商品、旅游文化娱乐设施到旅游服务的提供，都必须注意品牌的打造。任何一个环节出现偏差，整个旅游的品牌形象就会受到影响。从国际品牌、全国品牌到地方品牌，旅游景点品牌必须同时具备。否则，在旅游市场竞争全球化的背景下，旅游品牌就会缺乏竞争力，最终将会自动退出旅游市场。因此，旅游品牌的建设，不只是建设好某一个品牌就可以了，而是必须建立一整套的品牌体系，实行品牌的系统工程建设。

品牌是企业的核心竞争力，旅行社有了自己的品牌，才能赢得市场的信任，有了市场才能实现规模扩张，有了规模才能凝聚人才，有了人才才能不断创新、保持鲜活的生命力，进入一个良性发展轨道。

资料来源：http：//www. cntour2. com/viewnews/2008/5/7/0507151132_ 3. htm

【思考与讨论题】

请思考并讨论，为什么说品牌化是旅行社发展的必然趋势？如何进行旅行社品牌化建设？

参 考 文 献

[1] 潘燕，李志强. 旅行社经营管理实务[M]. 北京：人民邮电出版社，2010.
[2] 方澜. 旅行社经营管理[M]. 上海：上海财经大学出版社，2008.
[3] 徐云松. 旅行社经营管理[M]. 杭州：浙江大学出版社，2011.
[4] 王健民. 旅行社产品理论与操作实务[M]. 北京：中国旅游出版社，2004.
[5] 梁智. 旅行社经营管理[M]. 北京：旅游教育出版社，2003.
[6] 陈锋仪. 旅行社经营与管理案例分析[M]. 天津：南开大学出版社，2004.
[7] 王宁. 旅行社经营管理[M]. 北京：清华大学出版社，2014.
[8] 李云霞. 现代旅行社管理与运作[M]. 昆明：云南大学出版社，2007.
[9] 王斌，刘长洪. 旅行社管理与实务[M]. 武汉：武汉大学出版社，2009.
[10] 戴斌. 旅行社经营管理[M]. 北京：旅游教育出版社，2007.
[11] 王慧元，陶艳红. 旅行社经营管理实务[M]. 北京：中国地质大学出版社，2012.
[12] 杨宏伟，孔繁嵩. 旅行社经营与管理[M]. 广州：广东旅游出版社，2013.
[13] 伍建海. 旅行社经营管理[M]. 北京：中国轻工业出版社，2010.
[14] 刘德光. 旅游市场营销学[M]. 北京：清华大学出版社，2006.
[15] 肖升. 旅游市场营销[M]. 北京：旅游教育出版社，2010.
[16] 万剑敏. 旅行社产品设计[M]. 北京：旅游教育出版社，2008.
[17] 蔡海燕. 旅行社计调实务[M]. 上海：复旦大学出版社，2011.
[18] 刘丽萍. 旅行社计调与营销实务[M]. 大连：东北财经大学出版社，2012.
[19] 刘雪梅，张虹薇. 导游业务[M]. 沈阳：东北大学出版社，2012.
[20] 周艳春. 旅行社运营操作实务[M]. 上海：上海交通大学出版社，2011.
[21] 国家旅游局. 中国旅游50年[M]. 北京：中国旅游出版社，1999.